IT in der Finanzbranche

Jürgen Moormann
Günter Schmidt

IT in der Finanzbranche

Management und Methoden

Mit 148 Abbildungen
und 31 Tabellen

 Springer

Professor Dr. Jürgen Moormann
HfB – Business School of Finance & Management
Sonnemannstraße 9–11
60314 Frankfurt am Main
moormann@hfb.de

Professor Dr. Günter Schmidt
Universität des Saarlandes
Lehrstuhl für Betriebswirtschaftslehre
insbesondere Informations- und Technologiemanagement
66041 Saarbrücken
gs@itm.uni-sb.de

Aus Gründen der besseren Lesbarkeit werden in diesem Buch Begriffe wie Mitarbeiter, Kunde usw. im Maskulinum verwendet. Daraus sind keine geschlechtsspezifischen Differenzierungen abzuleiten.

Namen von Firmen, Produkten und Dienstleistungen können Marken oder eingetragene Marken ihrer jeweiligen Inhaber sein.

Bibliografische Information der Deutschen Bibliothek

Die Deutsche Bibliothek verzeichnet diese Publikation in der Deutschen Nationalbibliografie; detaillierte bibliografische Daten sind im Internet über http://dnb.ddb.de abrufbar.

ISBN-10 3-540-34511-6 Springer Berlin Heidelberg New York
ISBN-13 978-3-540-34511-4 Springer Berlin Heidelberg New York

Springer ist ein Unternehmen von Springer Science+Business Media

springer.de

© Springer-Verlag Berlin Heidelberg 2007

Herstellung: LE-TeX Jelonek, Schmidt & Vöckler GbR, Leipzig
Einbandgestaltung: WMX Design GmbH, Heidelberg

Gedruckt auf säurefreiem Papier   SPIN: 11761761   42/3100/YL - 5 4 3 2 1 0

Vorwort

Die Informations- und Kommunikationstechnologie (IT) hat für Finanzdienstleister eine extrem hohe Bedeutung – sie ist quasi deren Nervensystem. Banken, Versicherungsunternehmen und andere Unternehmen der Finanzindustrie sind heute praktisch vollständig von der Informatik abhängig. Allerdings darf die IT nicht als Selbstzweck verstanden werden – letztlich dient sie der Unterstützung, Durchführung und Weiterentwicklung von finanzwirtschaftlichen Geschäftsprozessen. Ausgangspunkte für die Gestaltung der IT bei Finanzdienstleistern (FDL) müssen daher die Unternehmensstrategie und die Geschäftsprozesse sein. Umgekehrt beeinflusst die IT wiederum Strategie und Prozesse.

Das Management der Informationsverarbeitung hat sich zu einer zentralen Aufgabe in Finanzdienstleistungsunternehmen entwickelt. Das vorliegende Buch verfolgt das Ziel, einen Überblick über die wesentlichen Konzepte des IT-Managements in der Finanzbranche zu liefern. Dabei ist zu beachten, dass die IT nicht nur aus einer Vielzahl an Methoden, Modellen und Technologien besteht, sondern dass es auch der aktiven Gestaltung durch die IT-Verantwortlichen bedarf. Damit ergeben sich die folgenden Besonderheiten dieses Buches:

– Es ist klar auf die **Finanzdienstleistungsbranche** ausgerichtet.
– Das Buch zeichnet sich durch die Integration zweier unterschiedlicher Perspektiven aus. Der erste Teil betrachtet die FDL-Informatik aus **Managementperspektive**, während der zweite Teil die Betrachtung aus **Methodenperspektive** bietet. Der dritte Teil verbindet beide Perspektiven.

Das Buch ist wie folgt aufgebaut:

Management der FDL-Informatik	Kapitel 1 bis 4
Methoden der FDL-Informatik	Kapitel 5 bis 8
Neue Wege des IT-Managements	Kapitel 9

Von essenzieller Bedeutung für den adäquaten IT-Einsatz bei Finanzdienstleistern ist der unternehmensstrategische Ansatz. Die Gestaltung der IT ist heute eine Top-Management-Aufgabe. Daher bildet die Top-down-Perspektive den Ausgangspunkt dieses Buches. Für die Entwicklung zukünftiger IT-Strukturen ist zunächst ein klares Verständnis der Relevanz sowie der bisherigen Entwicklung der FDL-IT erforderlich *(Kapitel 1)*. Des Weiteren besteht für das IT-Management eine permanente Aufgabe darin, den Zusammenhang von Strategie, Prozessen und IT zu verstehen, zu hinterfragen und zu gestalten. Das schließt auch die Beurteilung von Handlungsoptionen wie den Einsatz von Standardsoftware, Outsourcing usw. ein *(Kapitel 2)*. Auch benötigen IT-Verantwortliche einen Überblick über die aktuelle Situation der Informationsverarbeitung in den verschiedenen Gruppen der Finanzwirtschaft *(Kapitel 3)*. Zentrales Thema eines modernen Informationsmanagements sind IT-Architekturen, denn sie bilden die „Blaupause" für das gesamte Unternehmen. Im Vordergrund der Betrachtung stehen zunächst strukturelle Aspekte von IT-Architekturen *(Kapitel 4)*.

Hinsichtlich der konkreten Vorgehensweise bei der Systemerstellung wird im Buch nun die Perspektive gewechselt. Aus methodischer Sicht wird zunächst auf den Entwurf von Anwendungssystemen eingegangen *(Kapitel 5)*. Es folgen Methoden und Techniken der modellgestützten Problembeschreibung *(Kapitel 6)* sowie der modellgestützten Problemlösung *(Kapitel 7)*. Die integrierte Modellierung *(Kapitel 8)* verbindet Modelle der Problembeschreibung und der Problemlösung in einem Ansatz.

Der aktuelle Wandel im Selbstverständnis des IT-Bereichs, die Strategieentwicklung, die Organisation, das Projektmanagement sowie die wertorientierte Steuerung der IT sind relevante Themen für die IT-Verantwortlichen in Finanzdienstleistungsunternehmen. Hier gilt es, neue Wege zu finden und konsequent zu gehen *(Kapitel 9)*.

Es ist nicht Ziel des Buches, die Leser im Schnelldurchgang zu Systemanalytikern oder leitenden Programmierern zu machen. Im Vordergrund steht vielmehr die Diskussion von IT-Themen aus der Management- und Methodenperspektive. Das Buch ist geeignet, um die Grundstrukturen der FDL-Informatik zu verstehen und neue Entwicklungen auf diesem Gebiet einordnen zu können. Im Vordergrund des Buches steht die IT des Bankgeschäfts. Die meisten Konzepte und Aussagen lassen sich aber leicht auf Versicherungsunternehmen und andere Finanzdienstleister übertragen.

Adressaten sind Studierende der Betriebswirtschaftslehre sowie der Wirtschaftsinformatik, die jeweils ihren Schwerpunkt in den Bereichen Bank- und/oder Versicherungswirtschaft haben. Das Buch richtet sich auch an Praktiker, die einen systematischen Einblick in die IT von Finanzdienstleistern erhalten wollen.

Dank sagen möchten wir insbesondere Dirk Wölfing (entory AG) für viele Anregungen zu diesem Buch. Weitere Impulse lieferten Christian Sagerer (Deutsche Bank AG) sowie Matthias Hilgert und Diana Heckl (beide HfB – Business School of Finance & Management). Benjamin Olschok (Universität des Saarlandes) und Chi-Mei Ma (Goethe-Universität Frankfurt und Mitarbeiterin der HfB) waren für Research und alle technischen Aspekte dieses Buchprojekts unentbehrlich. Nicht zuletzt möchten wir Hedi Staub (Universität des Saarlandes) für ihre Unterstützung bei der Erstellung des Manuskripts danken.

Frankfurt am Main   Jürgen Moormann
Saarbrücken   Günter Schmidt
im August 2006

Inhaltsverzeichnis

4   IT-Architekturen in der Finanzbranche   93

1 Informationstechnologie in der Finanzindustrie

"Today the barriers of entry into the banking world are more like the walls of Jericho, and it is technology that is tearing them down."

CHRIS M. DE SMET (ehemaliger CEO Eurocard Netherlands)

Kernaspekte des Kapitels:

- Einschätzung der Relevanz der Informationsverarbeitung im Finanzdienstleistungssektor.
- Analyse der spezifischen Probleme der IT bei Banken und Versicherungsunternehmen.
- Identifikation der wesentlichen Anforderungen an die zukünftige FDL-Informatik.

Die Welt der Finanzdienstleister (FDL) befindet sich in einem strukturellen Umbruch wie nie zuvor. Die zwei großen Gruppen der Finanzdienstleistungsbranche – Banken[1] und Versicherungsunternehmen[2] – sehen sich einem massiven Wettbewerbsdruck ausgesetzt.[3] Einige Institute begegnen dieser Situation durch Fusionen

---

[1] Die Begriffe *Bank* und *Kreditinstitut* werden in diesem Buch synonym benutzt. Damit werden auch Sparkassen unter den Begriff Bank subsumiert.

[2] Nicht beachtet werden in diesem Buch Institutionen der gesetzlichen Sozialversicherung (Gesetzliche Rentenversicherung etc.).

[3] Zu den Unternehmen der FDL-Branche zählen neben Banken und Versicherern auch Kapitalanlagegesellschaften (Asset-Management-Gesellschaften) sowie die so genannten Near Banks, z.B. Kreditkartenorganisationen, Vermögensberatungsgesellschaften und Vertriebsorganisationen. Der Fokus des Buches liegt auf Banken und Versicherungsunternehmen.

und Insourcing, andere lagern aus oder bilden strategische Partnerschaften. Vielfach werden Kostensenkungsprogramme durchgeführt. Doch gleichzeitig müssen auch neue, kreative Strategien entwickelt werden, um die bestehende Kundschaft an das jeweilige Unternehmen zu binden und darüber hinaus neue Kunden zu finden.

Allerdings steht der Vielfalt an Aufgaben eine komplexe, gewachsene und heterogene IT-Struktur gegenüber. Genau hier liegt eine der großen Herausforderungen, wenn es darum geht, innovative Ideen und effizientere Geschäftsprozesse zu entwerfen und durch Informations- und Kommunikationstechnologie[4] (IT) zu unterstützen.

Ausgangspunkt des Kapitels – und damit des Buches – sind die geschäftlichen Herausforderungen für Finanzdienstleister. Für das weitere Verständnis ist eine Diskussion der Spezifika der IT in Banken und Versicherungen notwendig. Auf dieser Basis werden die Entwicklungsschritte der FDL-Informatik gezeigt. Erst die Kenntnis der historischen Entwicklung der IT in Banken und Versicherungsunternehmen erlauben es, die Dimension der aktuellen Probleme sowie die neuen Herausforderungen der FDL-Informatik zu erfassen. Ein besonderes Problem – die Kosten der IT – wird am Ende des Kapitels behandelt.

1.1 Geschäftliche Herausforderungen für Finanzdienstleister

Sowohl im Bereich der Banken, Kapitalanlagegesellschaften und anderer banknaher Unternehmen *(Abschnitt 1.1.1)* als auch im Bereich der Versicherer *(Abschnitt 1.1.2)* sind erhebliche Probleme zu konstatieren, die sich teilweise auf viele Jahre zurückverfolgen lassen, die zum Teil aber auch erst seit des Jahrtausendwechsels entstanden sind. Das IT-Management hat die Aufgabe, im Rahmen seiner Möglichkeiten zur Lösung dieser Probleme beizutragen. Auch die im *Abschnitt 1.1.3* dargestellten Trends in der Finanzdienstleistungsbranche müssen berücksichtigt werden. Ein ausgeprägtes betriebswirtschaftliches Verständnis ist daher für die IT-Verantwortlichen unumgänglich.

1.1.1   Geschäftssituation der Banken

Der Bankensektor befindet sich seit mehreren Jahren in einem tief greifenden Veränderungsprozess. Ursachen, die etliche Banken an den Rand ihrer Existenzfähigkeit geführt haben, liegen im wesentlichen in drei Problemfeldern:

---

[4]   Im Folgenden zusammenfassend als *Informationstechnologie* bezeichnet.

- Nach dem Platzen der Internet- und Kapitalmarktblase im Jahr 2000 ist deutlich geworden, dass die Mehrzahl der deutschen Banken in einer tief greifenden *Ertragskrise* stecken. Die Märkte sind jedoch weitgehend verteilt. Die Suche nach Nischen, in denen noch zusätzliches Geschäft möglich ist, gestaltet sich schwierig. Zudem hat aufgrund scharfer Konkurrenz ein Preisverfall für Bankleistungen stattgefunden, der sich z.B. in minimalen Margen im Firmenkundengeschäft, der kostenlosen Kontoführung und dem Discount Brokerage im Privatkundengeschäft ausdrückt.

- Gleichzeitig stehen die Banken unter einem hohen *Kostendruck.* Speziell die deutschen Institute produzieren ihre Leistungen strukturell zu teuer. Die Gründe sind vielfältig. Sie reichen von der historisch bedingten großen Anzahl an Kreditinstituten über die teure Filialinfrastruktur bis hin zu der Vermutung, dass die Aufrechterhaltung des Drei-Säulen-Systems der deutschen Bankwirtschaft die erforderlichen Economies of Scale (Skaleneffekte) verhindere. Zudem wurde viel Geld in das Investmentbanking und das Vermögensverwaltungsgeschäft investiert. Hinzu kommen enorme Kreditausfälle, die ihre Ursache zum großen Teil in einer stagnierenden Wirtschaft haben.

- Aufgrund schnell nacheinander folgender technologischer und geschäftspolitischer Handlungsoptionen hat sich das Management vieler Banken schneller, zum Teil abrupter strategischer Richtungsänderungen unterworfen. Das Ergebnis sind vielfach unklare *Geschäftsmodelle*, bei denen kritisch zu hinterfragen ist, worin der Wertbeitrag des heutigen Instituts liegt (vgl. auch ACCENTURE 2002). Hier liegt dringender konzeptioneller Handlungsbedarf.

Damit offenbaren sich für Banken – und dies gilt analog auch für Kapitalanlagegesellschaften – drei Handlungsfelder: Bewältigung der Ertragsprobleme, Verminderung des Kostendrucks und strategischer Gestaltungsbedarf. In allen drei Feldern spielt IT eine wesentliche Rolle.

Die letzten Jahre waren von schmerzlichen Maßnahmen zur Stabilisierung der Ergebnissituation der Institute gezeichnet. Die Sanierungserfolge wurden weitgehend über die Verringerung der Kostenbasis erreicht: Tausende von Mitarbeitern wurden entlassen, Strukturen und Prozesse vereinfacht, Bilanzen unter hohem Kapitalaufwand bereinigt. Damit scheinen die deutschen Banken die Trendwende geschafft zu haben. Mit ihrer verbesserten Kosten- und Risikoposition haben sie eine gute Basis für die Umsetzung ihrer Geschäftsstrategien.

1.1.2 Geschäftssituation der Versicherer

Auch der Versicherungssektor befindet sich im Umbruch. Die großen Problemfelder sind aber spartenspezifisch. Dabei handelt es sich u.a. um folgende Themen:

- Vor großen Schwierigkeiten stehen *Lebensversicherer*. Zum einen brechen im Hauptstandbein Kapitallebensversicherungen die Neuabschlüsse ein – bedingt durch die Reduzierung des jahrelangen Steuerprivilegs.[5] Zum anderen kämpfen die Unternehmen mit niedrigen Kapitalmarktzinsen und volatilen Aktienmärkte. Etliche Gesellschaften erreichen mit ihren Kapitalanlagen nicht die den Kunden beim Policenverkauf vorgerechneten Renditen, teilweise nicht einmal die staatlich garantierten Renditen.

- Einen harten Wettbewerb gibt es auch in der *Sachversicherung* wie beispielsweise der Kfz-Versicherung. Zum einen sieht sich die Branche einem Preisverfall durch sinkende Prämien ausgesetzt. Schon heute bieten die zehn größten Autoversicherer alle einen Billigtarif an. Zum anderen drängen immer mehr Autohersteller in das angestammte Geschäftsfeld der Assekuranz – es droht ihnen das gleiche Schicksal wie den Banken in der Autofinanzierung. Mittelfristig werden vor allem kleine und mittelgroße Kfz-Versicherer existenzielle Probleme bekommen.

- Große Probleme bestehen in der *privaten Krankenversicherung*. Aufgrund der unklaren politischen Situation – Unsicherheit über den Umbau der gesetzlichen Krankenversicherung in Richtung einer Bürgerversicherung – stagniert das Geschäft der privaten Krankenvollversicherung. Dementsprechend werden Investitionen in Produktentwicklung oder neue IT-Systeme zurückgestellt. Signifikantes Neugeschäft ist derzeit lediglich mit Zusatzversicherungen zu erzielen.

- Ähnliche Probleme gibt es in der *privaten Pflegeversicherung* aufgrund unterschiedlicher sozialpolitischer Vorstellungen der Parteien. Da offen ist, ob die profitablen privaten Kassen in einen Finanzausgleich mit den defizitären gesetzlichen Kassen gezwungen werden, ist das Geschäft zum Erliegen gekommen.

- Die Zunahme von Naturkatastrophen (im Fall des Hurrikans „Katrina" werden die Versicherungsschäden auf 40-60 Mrd. US-Dollar geschätzt) und Großschäden bedrohen die *Rückversicherer*. Die Suche nach Möglichkeiten, unbekannte Risken beherrschbar zu machen und die Komplexität der ineinander greifenden Versicherungsprogramme auf Erstversicherungs-, Rückversicherungs- und Retrozessionsebene erhöhen die Anforderungen an das Vertragsmanagement. Der laufende Konzentrationsprozess auf dem globalen Rückversicherungsmarkt führt zu weiterem Wettbewerbs- und Kostendruck.

Die IT kann im Versicherungsbereich – wie auch im Bankensektor – nicht geschäftspolitische Probleme lösen. Sie muss aber die Geschäftsprozesse von Versicherern unterstützen, z.B. im Vertrieb, im Vertragsabschluss, im Risikomanage-

---

[5] Zum 1.1.2005 wurde die nach 12 Jahren steuerfreie Auszahlung einer Kapitallebensversicherung auf 50% reduziert.

ment, in der Schadenabwicklung usw. Insofern spielt die IT auch bei der Bewältigung der Herausforderungen in der Assekuranz eine große Rolle.

Die Geschäftsaussichten der Versicherer hellen sich langsam auf. Die letzten Jahre wurden finanziell relativ gut überstanden und der Druck zur Verringerung der Kostenbasis hat lange nicht die Ausmaße wie bei den Banken erreicht. Nichtsdestotrotz werden derzeit Programme zur Kostenreduzierung und Effizienzsteigerung durchgeführt. Zu beachten ist, dass die politischen Entscheidungen bei den großen Reformprojekten (Steuerrecht, Altersvorsorge und Krankenversicherung) direkten Einfluss auf das Kerngeschäft der Versicherungsunternehmen haben.

1.1.3 Trends in der Finanzbranche

Neben den aktuellen Problemen der Branche (*Status-quo*) müssen die wesentlichen Trends (*Zukunftsbild*) erkannt werden. Die IT-Verantwortlichen müssen diese möglichst früh antizipieren und die Bank bzw. den Versicherer soweit wie möglich auf die zukünftige Entwicklung vorbereiten.

Die Veränderungen in der Bankbranche sind häufig die gleichen wie in der Assekuranz. Es ist allerdings zu beachten, dass die Akzente meist anders liegen. Hinsichtlich der zeitlichen Struktur folgen Versicherer dem Bankensektor teilweise mit einigen Jahren Verzögerung. Aus der Vielzahl relevanter Trends sollen hier einige der für Finanzdienstleister besonders bedeutenden Entwicklungen skizziert werden (vgl. auch SPATH/ENGSTLER/VOCKE 2005, die ähnliche Handlungsfelder identifizieren):

*   *Dekonstruktion der Wertschöpfungsketten:* Die Unternehmen der Finanzindustrie entwickeln sich von hoch integrierten Institutionen zu Unternehmen, die sich auf Teile der Wertschöpfungskette konzentrieren (MOORMANN ET AL. 2006). Die sich daraus ergebenden Geschäftsmodelle sind äußerst vielfältig. Ein wesentlicher Treiber ist das Sourcing. Die Auslagerung von Unternehmensteilen (Outsourcing) ermöglicht die Konzentration auf die spezifischen Stärken der Bank oder des Versicherers. Umgekehrt kann das Insourcing expliziter Teile der Wertschöpfungskette zu neuen, leistungsstarken Unternehmen führen. Teilweise wird der Umbau der eigenen Wertschöpfungskette auch durch den direkten Kauf/Verkauf von Unternehmensteilen vorangebracht. Die Auswirkungen auf die IT sind enorm, z.B. aufgrund von notwendigen Systemintegrationen (BENEKEN/MÜHLHAUSEN/ZEHLER 2004).

*   Im Bankensektor findet eine Aufspaltung der klassischen Wertschöpfungskette in die drei Hauptsegmente Distribution, Abwicklung und Produktentwicklung statt. In diesem Zuge kommt es zu einer Neukomposition des Bankensektors – innerhalb der Bankengruppen als auch gruppenübergreifend. Zudem werden Einzelprozesse der bankbetrieblichen Wertschöpfung in eigenständige Institute ausgelagert. In der Folge werden die neuen spezialisierten Institute

tendenziell konsolidiert mit der Konsequenz, dass speziell in der Abwicklung immer weniger Systeme benötigt werden.

- Auch in der Assekuranz zeichnet sich eine Aufspaltung der klassischen Wertschöpfungskette ab. Als Segmente kommen Produktentwicklung, Risikoberatung/Underwriting, Verkauf, Asset Management, Call Center Services und Schadenmanagement in Frage. In einzelnen Segmenten positionieren sich bereits spezialisierte Unternehmen. Noch ist die Wertschöpfungstiefe jedoch extrem hoch. Es ist zu erwarten, dass sich Versicherer im Wesentlichen auf die Segmente Vertrieb, Produktentwicklung und Service Providing konzentrieren werden. Die Kapitalverwaltung (Asset Management) ist bei einigen Versicherern schon ausgelagert (z.B. Kölnische Rück an UBS).

- *Industrialisierung von Prozessen:* Da Finanzdienstleister mit weitgehend identischen Produkten am Markt agieren, sind länger anhaltende Differenzierungen im Wettbewerb nur über Verfahrensinnovationen möglich. Banken und Versicherer überarbeiten ihre Prozesse daher permanent (Process Engineering). Die Prozesse werden vereinfacht, standardisiert und automatisiert. Das allein ist nicht neu. Neu ist aber die Erkenntnis, dass konsequentes Prozessmanagement nicht nur in der Fertigungsindustrie, sondern auch im Finanzdienstleistungsbereich sinnvoll und notwendig ist. Dazu gehört auch die konkrete Messung von Prozessschritten und darauf aufbauend eine aktive Steuerung der Prozesse (Business Process Management). Der Aufbau von Systemen zur IT-gestützten Prozesssimulation und -optimierung sowie zum IT-gestützten Kapazitätsmanagement wird bei Banken und Versicherern zukünftig auf der Themenliste stehen. Konzepte wie Six Sigma (ACHENBACH/LIEBER/MOORMANN 2006) und neue Middleware-Technologien fördern diese Tendenz und führen zu weiterer Qualitäts- und Produktivitätssteigerung.

- *Umbau der Vertriebsstrukturen:* Die höhere Transparenz von Finanzdienstleistungen sowie die zunehmende Erfahrung der Kunden mit Bank- und Versicherungsprodukten haben zu gestiegenen Kundenansprüchen geführt. Gleichzeitig greifen traditionelle Segmentierungskonzepte nicht mehr. Dieses Problem führt zur Forderung nach individualisierten Konzepten der Kundenbetreuung. Dementsprechend gewinnt für Finanzdienstleister das Kundenbeziehungsmanagement (Customer Relationship Management, CRM) enorm an Bedeutung.

- In diesem Zusammenhang müssen sich Banken von ihrer historisch starken Produktorientierung zu kundenzentrierten Unternehmen wandeln. Als weitere Konsequenz wenden sich vertriebsbezogene Institute einer offenen Produktarchitektur zu. Damit findet eine Abkehr von proprietären Verkaufsstrukturen statt und der Einkauf bzw. die Vermittlung von Produkten anderer Banken oder von Drittlieferanten gewinnt eine immer größere Bedeutung. Unternehmen wie AWD, DVAG oder MLP haben sich als feste Größen im Finanzdienstleistungsbereich etabliert.

- Versicherer sind bislang nach Sparten (Sach-, Kranken- und Lebensversicherungsgeschäft) gegliedert. Dementsprechend arbeiten sie mit getrennten Gesellschaften. Damit ist eine Gesamtsicht auf den einzelnen Kunden nicht möglich. Unter dem Aspekt von Kundenzentrierung und Prozessdenken ist jedoch ein radikaler Umbau dringend erforderlich. Die Zusammenführung von zersplitterten Vertriebszuständigkeiten, z.B. in einer gemeinsamen Vertriebsgesellschaft wie bei der Allianz[6], wird zu erheblichen Umstrukturierungsprojekten führen. Hinzu kommen Umbauten im Zusammenhang mit dem gemeinsamen Vertrieb von Versicherungs- und Bankprodukten. Die Provisionssysteme und Mentalitäten unterscheiden sich weiterhin deutlich.

- *Steigende Anforderungen an das Personalmanagement:* Die Mitarbeiter/innen werden als wichtigste Ressource von Finanzdienstleistern erkannt. Die Anforderungsprofile differenzieren sich jedoch immer weiter. So benötigen Banken in der Distribution deutlich stärker verkaufsorientiertes Personal. Hier können sie von der Assekuranz und dem klassischen Handel lernen. In der Produktentwicklung, im Prozessmanagement, im Risikomanagement usw. steigen die Anforderungen extrem an. Schon längst beschränkt sich die fachliche Kompetenz nicht mehr auf bank- oder versicherungsbetriebliches Wissen, sondern erfordert profunde Kenntnisse über moderne Technologien.

- *Einheitlicher EU-Finanzmarkt:* In Europa sind historisch gewachsene regulatorische Strukturen zu finden. Es gibt eine Fülle gesetzlicher Regelungen mit einer enormen Zahl an Durchführungsverordnungen. Zwischen den nationalen Aufsichtsbehörden bestehen große Unterschiede bezüglich gesetzlicher Befugnisse und Funktion, verfassungsrechtlicher Stellung und regulatorischer Verfahren. Zwar verbleibt bis auf weiteres eine fragmentierte regulatorische Landschaft, aber der Trend zu einem europäischen System der Aufsichtsbehörden ist unverkennbar.

- Durch die Marktkräfte kommt es zu schrittweisen Anpassungen, z.B. im Zahlungsverkehr (SEPA[7]) und im Wertpapierbereich – hier vor allem aufgrund von Fusionen im Börsenbereich (Handel, Settlement, Clearing). Auf anderen Feldern (z.B. bei bestimmten Finanzmarktprodukten und -strukturen wie Hedge Fonds) wiederum mangelt es an gesetzlichen Regelungen. Alle Harmonisierungen in Richtung eines integrierten Finanzmarkts wirken sich direkt auf IT-Strukturen und deren Schnittstellen aus.

- *Solvency II:* Die Versicherer werden einen ähnlichen Wandlungsprozess durchmachen wie die Banken unter dem Stichwort „Basel II". Es geht ebenfalls um international einheitliche Regeln für die Kapitalausstattung der Unternehmen. Dabei sollen die tatsächlichen Risiken der Versicherer stärker als

---

[6] Die Allianz hat ihre getrennten Vertriebsorganisationen zum 1.1.2006 in einer Vertriebsgesellschaft gebündelt.

[7] SEPA = Single European Payment Area.

bisher berücksichtigt werden.[8] Es ist ein höherer Eigenmittelbedarf als bisher zu erwarten. Aufgaben liegen im Ausbau der Risikosteuerung, wobei wie bei den Banken Standard- und interne Modelle zur Diskussion stehen. Von der Ausgestaltung der Modelle hängt wesentlich die Anlagestrategie des Versicherers ab. Das wiederum könnte Auswirkungen auf die Rendite für Aktionäre und Kunden haben und in der Folge die Abschlüsse beeinflussen.

- *Unsicherheit durch politische Reformpläne des Versicherungsvertragsgesetzes:* Die Assekuranzbranche sieht einer Erneuerung des seit 1908 bestehenden Versicherungsvertragsgesetzes entgegen. Dabei geht es um die Einführung garantierter Rückkaufswerte sowie eine Beteiligung der Versicherten an den stillen Reserven der Unternehmen. Diese schon aus Transparenzgründen erforderliche Erneuerung wird die Verbraucherrechte bei Versicherungsgeschäften stärken und den Wettbewerb unter den Versicherern erhöhen. Die Reformierung dürfte insbesondere die Lebensversicherer berühren, wird sich aber auch auf die übrigen Personenversicherungszweige auswirken.

1.2 Spezifika der IT in Banken und Versicherungen

Die geschäftlichen Herausforderungen in der Finanzbranche haben enorme Auswirkungen auf das IT-Management in Banken und Versicherungen. Bevor jedoch Anforderungen definiert werden können, ist ein Basisverständnis der FDL-Informatik unabdingbar.

Worin liegen die Unterschiede der FDL-Informatik gegenüber der Informatik anderer Branchen? Diese Frage soll primär am Beispiel des Bankgeschäfts beantwortet werden. Daher wird zunächst die spezifische Rolle der IT in der bankbetrieblichen Fertigung dargestellt *(Abschnitt 1.2.1)*.[9] Im *Abschnitt 1.2.2* folgt eine Skizzierung der Spezifika der IT in der Assekuranz. Im Anschluss werden die zentralen Begriffe der FDL-Informatik definiert *(Abschnitt 1.2.3)*.

1.2.1   Spezifika der IT in Banken

Bankgeschäft ist das Geschäft mit dem Medium „Geld", z.B. Geld als Einlage entgegennehmen, Geld als Kredit ausleihen, Wertpapiere kaufen oder verkaufen,

---

[8] Zurzeit hängt die Mindestausstattung mit Kapital ausschließlich vom Geschäftsumfang des Versicherers ab; eine Beitragserhöhung führt also zu höheren Anforderungen an das Risikokapital.

[9] Die Übertragung auf Versicherungsunternehmen und andere Finanzdienstleister kann vom Leser leicht hergestellt werden. Die Überlegungen bezüglich Relevanz und der Idee der Produktionsstrasse gelten analog.

Zahlungen ausführen.[10] Geld- bzw. kapitalbezogene Beziehungen bilden sich individuell zu juristischen Beziehungen aus. Sofern diese standardisierbar sind, lassen sie sich automatisieren und damit digital abbilden. IT dient damit zur Dokumentation der rechtlichen Beziehungen.[11]

Mit der Entwicklung der Informationstechnologie sind die Möglichkeiten gewachsen, Bankgeschäfte vollständig zu automatisieren. Die Grenzen der Automatisierung sind allein durch betriebswirtschaftliche Parameter, d.h. die Höhe des Investments in die Softwareentwicklung und die Betriebskosten, definiert. Was für die Fertigungsindustrie die Maschinen sind, ist für die Finanzindustrie die Informationstechnologie.

Die schnelle und sichere Verarbeitung von Daten und Informationen hat existentielle Bedeutung für die Zukunft jeder einzelnen Bank. Bankgeschäft ist eine Dienstleistung, die nicht – wie bei physischen Gütern – „auf Lager" produziert werden kann. Der Ausfall eines Rechners bedeutet für die Bank, dass sie ihre Dienstleistungen nicht erbringen kann; deshalb kommt bei Ausfall der IT das Bankgeschäft praktisch zum Erliegen. Damit wird deutlich, dass IT das „Backbone" jeder modernen Bank bildet.

GATES (1999, S. XVIII ff. bzw. S. 11) bezeichnet die IT eines Unternehmens als „digital nervous system". Für ihn ist Bankgeschäft ein „Information-centric Business". PENZEL (2004, S. 114) geht noch einen Schritt weiter; sein Credo ist „Bankgeschäft ist Informationsgeschäft". Die Durchführung dieses Informationsgeschäfts wird durch IT ermöglicht.[12] IT wird auch als Treiber für die Veränderungen des Bankgeschäfts betrachtet. Vielfach wird die IT als „Enabler" verstanden, der es erst ermöglicht, ein Unternehmen wirklich leistungsfähig zu gestalten (DAVENPORT/SHORT 1990; HAMMER 1990; DAVENPORT 1993; VENKATRAMAN 1994).

Auch aus der Vertriebsperspektive wird die Relevanz der IT deutlich. Die Differenzierung im Markt setzt die Existenz eines unterscheidungsfähigen Produkts zwingend voraus. Wesentliche Produktbestandteile sind Informationen (Laufzeit, Kondition etc.). Nach Auffassung von KRÖNUNG (1996) sind Informationen das, wodurch sich die Bank von einer anderen differenziert. Betrachtet man, was der

---

[10]   Vgl. §1 (1) KWG.

[11]   Die Standardisierung erfolgt auf Basis der AGB der Banken. Lediglich für sehr individuelles Geschäft ist die IT wenig relevant (z.B. Projektfinanzierungen). Aber selbst hier hat sich das Geschäft in Komponenten aufgelöst, die wiederum IT-mäßig abgebildet werden.

[12]   Diese Auffassung ist quasi die moderne Variante der in vielen Vorträgen von ALFRED RICHTER, ehemaliger Vorstandsvorsitzender der Verbraucherbank – heute Norisbank –, der Bankgeschäft als „Geschäft mit Informationen – lautend auf Geld" beschrieb. Die Verbraucherbank war das erste Institut in Deutschland, dass vollständig auf Selbstbedienung und Automation setzte und als erste Zugriffe auf Konten (per Modem und Btx) ermöglichte.

Kunde beispielsweise bei einem Kreditgeschäft von der Bank wahrnimmt, wie er also das Produkt wahrnimmt, so wird deutlich, warum die *Information über die Finanzierung* – und nicht der Kreditvertrag oder die Auszahlung – das eigentliche Produkt der Bank ist. Die Abbildung 1-1 veranschaulicht diese Sichtweise am Beispiel des Kundenprozesses „Mobilität verschaffen". In diesem Fall sind die Informationen über Kondition, Bewilligungsdauer, Kreditlaufzeit usw. die wettbewerbsdifferenzierenden Produktmerkmale. Aufgrund dieser Informationen entscheidet sich der Kunde zum Erwerb des Produkts. Die Abbildung zeigt den ablaufenden Prozess zunächst auf Seiten des Kunden (*Kundenprozess*) und anschließend auf Seiten der Bank (*Geschäftsprozess*).

Versteht sich eine Bank als Informationsproduzent, muss sie – wie Krönung betont – auch mit den Charakteristika von Informationen umgehen können. Die moderne IT hat dmnach die Aufgabe, diese Informationen zu generieren und zu verarbeiten, sie aufzubereiten und sie dem Berater bzw. dem Kunden zur Verfügung zu stellen.

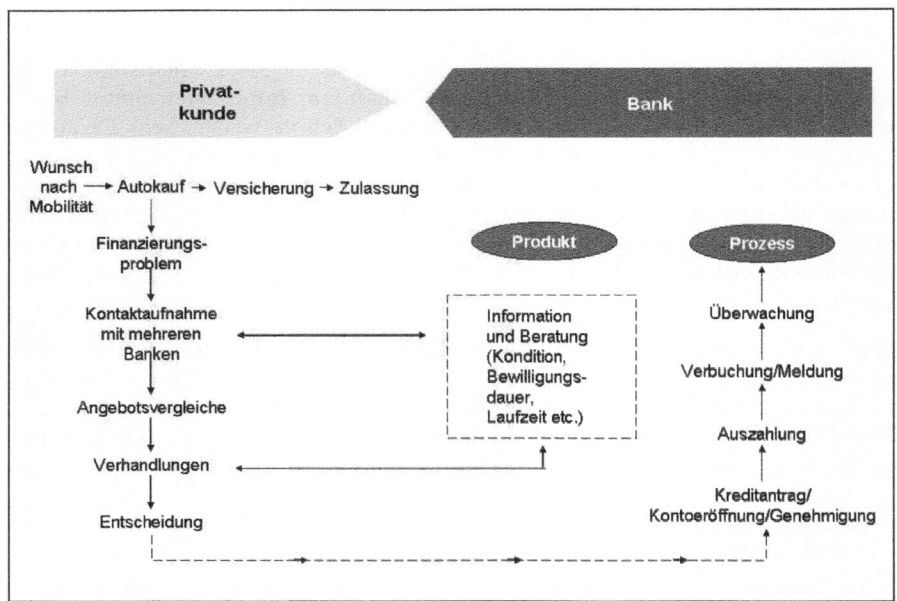

Abb. 1-1: Kundensichtweise im Kreditgeschäft (in Anlehnung an Krönung 1996, S. 49)

Der Stellenwert der Informatik in Banken wird deutlich, wenn man sich vergegenwärtigt, wie die Vertriebs- und Fertigungsprozesse in Kreditinstituten aussehen. Beispielsweise bestehen die Kernprozesse einer Retail-Bank aus der Akquisition, der Distribution, der Abwicklung und dem Service (Abbildung 1-2):[13]

- Der Subprozess *Akquisition* enthält alle Aktivitäten, die mit der Identifikation von Kunden oder Kundengruppen, deren Ansprache und dem Angebot von Bankprodukten zusammenhängen. Die Aktivitäten können über verschiedenste Vertriebskanäle erfolgen und werden zunehmend technisch unterstützt.

- Die *Distribution* umfasst die Beratung, die Entscheidung durch Kunden und Bank, den Vertragsabschluß sowie die möglichst abschließende Sachbearbeitung am POS (Point of Sale). Ein Bankgeschäft wird im Front Office der Bank abgeschlossen – im Zusammenwirken des Kunden mit dem Kundenberater, durch Nutzung von Selbstbedienungsgeräten (Multifunktionsterminal, PC, interaktives Fernsehen) oder über hybride Formen (Kundenberatung per Video-Übertragung).

- Die *Abwicklung* von Geschäftsvorfällen erfolgt im Back Office einer Bank oder in einer Transaktionsbank. Hier wird das vereinbarte Geschäft technisch umgesetzt. Es werden die Daten des Kundenauftrags an interne und externe Systeme weitergeleitet, verarbeitet, verbucht und gespeichert.

- Im Kernprozess *Service* erfolgt schließlich die Bereitstellung von Informationen. Für den Kunden werden Informationen in Form von Konto-, Depotauszügen etc. zur Verfügung gestellt; für bankinterne Zwecke werden Informationen u.a. zur Unternehmens- und Vertriebssteuerung, für das Bankcontrolling oder für externe Stellen (z.B. die BaFin[14]) aufbereitet.

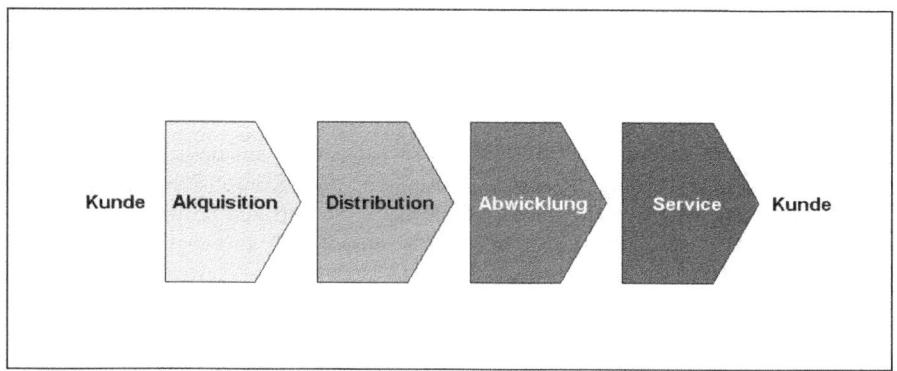

Abb. 1-2: Kernprozesse am Beispiel einer Retail-Bank

---

[13] Als *Kernprozesse* werden die Primäraktivitäten eines Unternehmens bezeichnet. Hinzu kommen die hier nicht abgebildeten *Unterstützungsprozesse* (Sekundäraktivitäten) wie z.B. Unternehmenssteuerung, Personalmanagement, IT-Management und Einkauf (PORTER 1980).

[14] BaFin = Bundesanstalt für Finanzdienstleistungsaufsicht.

Die Vertriebs- und Fertigungsprozesse einer Bank bestehen also im wesentlichen aus der Verarbeitung von Informationen. Die Bankdienstleistung wird über digitale Produktionsstraßen erbracht. Über die Qualität und den Zugang zu den gelieferten Informationen differenziert sich die Bank im Wettbewerb. Die Informationsverarbeitung stellt sozusagen die „Maschinerie" für die bankbetriebliche Produktion dar.

Die Bank-IT ist mit der Produktionsstraße eines Industrieunternehmens oder den Logistikstrukturen eines Handelskonzerns vergleichbar – und hat damit eine viel durchgreifendere Bedeutung als in anderen Branchen. So wird verständlich, warum Banking vielfach als ein technologiegetriebenes Geschäft bezeichnet wird.

Die enorme Relevanz von IT für Banken bringt VON SCHIMMELMANN (2000, S. 295) zum Ausdruck: „Jetzt reden wir über eine völlig neue Welt ... Diese Welt wird nicht mehr durch IT gestützt, sie ist Informationstechnologie pur. Eine Retail-Bank ist ein systemgetriebenes Unternehmen. Sie ist nur so gut, wie es die Systeme und die strategische Orientierung erlauben". Der Einsatz von Informationstechnologie gilt daher als ein zentraler Erfolgsfaktor im Wettbewerb (u.a. WÖBKING 2005).

1.2.2 Spezifika der IT in Versicherungsunternehmen

Die geschäftskritischen Systeme der Versicherer werden wie bei den Banken auf zentralen Systemen (Host) gehalten. Die Rechenzentren werden meist von den Versicherungsunternehmen selbst oder ihren IT-Töchtern betrieben. Die Systeme in der Zentrale, in den Niederlassungen (Bezirksdirektionen) und den Agenturen sind ebenso wie die Systeme für den Außendienst und das Internet über Batch- oder Online-Schnittstellen miteinander verbunden.

Die IT-Strukturen in der Assekuranz basieren wesentlich auf dem Spartensystem des Versicherungsgeschäfts (Lebens-, Kranken- und Kompositversicherung[15]). Jede Sparte wird aus gesetzlichen Gründen juristisch getrennt geführt.[16] Dementsprechend wurden die IT-Systeme für jede einzelne Sparte aufgebaut. Für die Anwendungsfelder Tarifrechnung, Beratung, Antragserfassung, teilweise sogar das Inkasso, wurden separate Applikationen erstellt (gut erkennbar z.B. in der Kfz-Anwendung). Eine spartenübergreifende Sachbearbeitung ist bei dieser Struktur praktisch nicht möglich.

---

[15] Kompositversicherung ist ein anderer Begriff für Schaden- und Unfallversicherung; dazu zählen beispielsweise die Kfz-, Haftpflicht-, Hausrat- und die private Unfallversicherung.

[16] Der Grundsatz der Spartentrennung ist in § 8 Abs. 1a VAG (Versicherungsaufsichtsgesetz) kodifiziert und bedeutet im Wesentlichen, dass zum Schutz der Versicherten ein Unternehmen nicht alle Versicherungsgeschäfte betreiben darf.

Dabei handelt es sich jedoch um ähnliche Systeme (ausgeprägt bei den Systemen der Unfall- und Lebensversicherung; etwas anders bei der dynamischen Krankenversicherung). Die Abwendung vom klassischen Spartendenken hin zur Prozessorientierung und Kundenzentrierung erfordert in der Zukunft einen drastischen Umbau der IT-Systeme. Die Zusammenführung verschiedener Vertriebsorganisationen bei der Allianz in eine gemeinsame Vertriebsgesellschaft zeigt den Weg und die Anforderungen an die IT.

Interessanterweise laufen die getrennten Anwendungen technisch jedoch nicht nur im gleichen Rechenzentrum, sondern meist sogar auf demselben Rechner des Versicherers. Darüber hinaus gibt es zusätzliche Systeme, z.B. für die Kapitalverwaltung (Asset Management). Daneben finden sich wie im Bankenbereich Systeme für die Unterstützungsprozesse (z.B. Personalverwaltung, Materialwirtschaft, Controlling).

Eine wichtige Rolle bei der Betrachtung der IT in der Assekuranz spielen die verschiedenen Formen der Auslagerung von IT-Bereichen. Es lassen sich in der deutschen IT-Landschaft vier Gruppen unterscheiden:

- Die erste Gruppe hat den IT-Betrieb (Beschaffung, Netze, Betrieb, Druck, Support) an eine eigene Gesellschaft ausgelagert. Dazu zählen z.B. die Allianz (AGIS Allianz Dresdner Informationssysteme GmbH) und die Versicherungskammer Bayern.

- Die zweite Gruppe von Versicherern hat sowohl den Betrieb als auch die Softwareentwicklung ausgelagert. Beispiele sind ERGO (ITERGO Informationstechnologie GmbH), AMB Generali (AMGIS, AMB Generali Informatik Services GmbH), Gothaer (IDG – Informationsverarbeitung und Dienstleistungen GmbH) und W&W (Wüstenrot & Württembergische Informatik GmbH), wobei letztere IT-Systeme für das Bank-, Bauspar- und Versicherungsgeschäft bereitstellt.

- Eine dritte Gruppe hat den Betrieb an externe Partner gegeben wie z.B. Gerling an SBS (Siemens Business Services) bzw. lässt ihn von der Konzernmutter durchführen, z.B. AXA durch AXATEC, Paris.

- Die vierte Gruppe betreibt eine eigene IT. Dazu zählen u.a. Debeka und Signal Iduna.

Neu ist die Auslagerung von Systemen einschließlich betriebswirtschaftlicher Aufgaben wie z.B. bei der VHV. Hier wurde der Service (Allgemeine Dienste wie Adressänderungen, Bestandsverwaltung und IT in eine eigene Tochter (VHV is GmbH ausgelagert. Diese soll ihre Leistungen zukünftig am Markt anbieten. Hier handelt es sich um ein *Business Process Outsourcing (BPO)* mit den entsprechenden Anforderungen an die IT (u.a. Schnittstellen zu den Systemen in der Mutter- bzw. Kundengesellschaft).

1.2.3 Begriffe der FDL-Informatik

Die Terminologie der FDL-Informatik ist geprägt durch Fachbegriffe der traditionellen DV-Welt sowie kreative Wortschöpfungen von IT-Anbietern. Darüber hinaus ist sie stark mit Anglizismen durchsetzt und zusätzlich mit den Begriffen des bank- bzw. versicherungsbetrieblichen Geschäfts verquickt. Doch selbst Standardbegriffe wie Datenverarbeitung, Informatik, Informationsverarbeitung, Informationstechnologie und IT-Management werden in Literatur und Praxis nicht einheitlich genutzt. Für dieses Buch sollen daher folgende Definitionen gelten:

Unter *Datenverarbeitung (DV, auch: Elektronische Datenverarbeitung, EDV)* wird die Eingabe, Speicherung, Verarbeitung und Wiedergewinnung von Daten mit Hilfe von DV-Systemen verstanden. Diese umfassen Hardware und Software. Letztere wird in Systemsoftware (Betriebssystem/Monitor, Datenbanksystem) sowie Anwendungssoftware (z.B. Beratungs-, Handels- und Abwicklungssysteme) unterschieden.[17] Die klassische DV beschränkte sich weitgehend auf die Verarbeitung von Transaktionsdaten.

Unter *Informatik* wird die Wissenschaft, Technik und Anwendung der systematischen und automatischen Verarbeitung von Informationen verstanden. Informationen sind Daten, denen eine Bedeutung zugeordnet wurde – sie sind zweckorientiertes Wissen (z.B. MÜLLER-MERBACH 1995).

Der Begriff *Informationsverarbeitung (IV)* bezeichnet den Prozess, in dem Informationen erfasst, gespeichert, übertragen und transformiert werden. Die IV schließt neben der Datenverarbeitung auch andere Formen ein, z.B. die Wissensverarbeitung. Die Informationsverarbeitung erfolgt in Informationssystemen (IS). Darunter sollen in diesem Kontext ausschließlich Systeme verstanden werden, die auf Informatikkomponenten basieren (im Gegensatz zu Nichtinformatik-gestützten Informationssystemen).

Informationstechnologie (IT) fasst die den Informationssystemen zugrunde liegenden Informations- **und** Kommunikationstechnologien zusammen.[18] Der Begriff IT wird im Singular gebraucht, wenn er als Oberbegriff für die einzelnen, in einer Branche relevanten Technologien der Informationsverarbeitung genutzt wird. Mit IT wird die Gesamtheit von Hardware, Software, Kommunikationstechnik einschließlich der Verfahren zur Systemplanung und -entwicklung bezeichnet. Unter Techniken sind Verfahren der Informationsverarbeitung zu verstehen – im wesent-

---

[17] Während die *Systemplattform* (Hardware und Systemsoftware) FDL-unspezifisch ist, sind die Anwendungssysteme, die die Geschäftsprozesse einer Bank oder Versicherungsgesellschaft unterstützen, finanzdienstleistungsspezifisch.

[18] Kommunikationstechnologie zählte klassisch nicht zur IT. Die Konvergenz beider Richtungen findet erst seit Ende der 90er Jahre statt. Nun wird auch Sprache Teil von Applikationen.

lichen Ein- und Ausgabetechniken, Speichertechniken, Datenübertragung und Verarbeitungstechniken.

Mit *IT-Management* werden alle Aktivitäten bezeichnet, die mit der Planung, Entscheidung, Steuerung und Überprüfung der IT zusammenhängen. Diese Aktivitäten beziehen sich auf den Betrieb, die Anwendungsentwicklung und den Support. Sie umfassen sowohl strategische als auch operative Aufgaben.

Unter *FDL-Informatik* soll hier die Wissenschaft, Technologie und Anwendung der systematischen und automatischen Verarbeitung von Informationen in der Finanzdienstleistungsbranche verstanden werden. Das Spezifische der FDL-IT sind nicht Basis-Technologien (Datenbanken, Netzwerktopologien usw.), sondern die Konfiguration dieser Technologien zur Unterstützung der bank- oder versicherungsbetrieblichen Geschäftsprozesse (REBSTOCK/WEBER/DANIEL 2000).

In der FDL-Informatik werden naturgemäß viele Begriffe der allgemeinen Wirtschaftsinformatik (z.B. KRCMAR 2005; STAHLKNECHT/HASENKAMP 2005; HEINRICH 2004) genutzt. Darüber hinaus haben sich jedoch etliche bank- und versicherungsspezifische Begriffe etabliert (zur Terminologie der Bankinformatik siehe MOORMANN 2002).

1.3 Entwicklungsschritte der FDL-Informatik

Die Dynamik der IT-Entwicklung in der FDL-Branche kann gut am Beispiel der Banken gezeigt werden. Im Folgenden sollen zunächst die Technologiewellen der letzten Dekaden gezeigt werden *(Abschnitt 1.3.1)* und dann die beiden wichtigsten Entwicklungsschritte der Bank-IT *(Abschnitte 1.3.2 und 1.3.3)*. Damit wird die Grundlage für das Verständnis heutiger IT-Strukturen in der Bankbranche gelegt. Schließlich wird die – in weiten Teilen ähnliche – Entwicklung in der Versicherungsbranche skizziert *(Abschnitt 1.3.4)*.

1.3.1   Technologiewellen in der Bankinformatik

In vielen Kreditinstituten finden sich heute schwer zu durchschauende, hoch integrierte IT-Strukturen. Verständlich wird die Komplexität der Systeme durch die spezifische historische Entwicklung der bankbetrieblichen Informationsverarbeitung (WÖLFING 1995; vgl. zur Historie der Bankinformatik auch DUBE 1995; vgl. zu Bank-Informationssystemen MEYER ZU SELHAUSEN 2000).

Kreditinstitute waren schon früh mit der Massenverarbeitung von Daten konfrontiert. Dementsprechend war die Bankbranche eine der ersten Anwender von Groß-EDV. Obgleich sich die IT zwischen einzelnen Kreditinstituten bzw. zwischen Bankengruppen unterscheidet, lässt sie sich in ihren Grund- und Entwicklungsstrukturen dennoch gut skizzieren. Die Verbreitung des IT-Einsatzes vollzog sich über mehrere Dekaden, die jeweils von Technologiewellen geprägt waren (Abbildung 1-3).

Phase 1: Batch- Datenverar- beitung	Phase 2: Time-Sharing- Datenverarbei- tung	Phase 3: Personalisierte Informations- verarbeitung	Phase 4: Vernetzte Informations- verarbeitung	Phase 5: Web-basierte Informations- verarbeitung
- Kontoführung - einfache Systeme der Zahlungsverkehrsabwicklung - Verarbeitung von Massendaten - „Buchungssystem" - COBOL-Programmierung - Lochkarten	- Entstehen von Spartenanwendungen - bildschirmgestützte Dialoganwendungen - Terminalisierung der Filialen - „Zentrale EDV-Abteilung" - Plattenspeicher, Magnetbänder, TP-Steuerungsprogramme	- Ergänzung um Auftragsabwicklungssysteme - vorgeschaltete Auftragsverwaltungssysteme - isolierte PCs - Intelligenz am Arbeitsplatz - IDV, 4GL-Sprachen - Electronic Banking	- Inhouse-Vernetzung, globale Netze - verteilte Verarbeitung, Client/Server-Architekturen - Workflow-Management-Systeme - CASE-Werkzeuge - Objektorientierte Programmierung - Internet, Multimedia - IT als Servicefunktion - Komponentensoftware	- Web-basierte Geschäftsprozessabwicklung - Kapselung, Konnektivität, Standardschnittstellen - IT/TK-Konvergenz - Softwareagenten, Avatare, Personalisierung - Biometrie - Infrastruktur-Outsourcing

1960   1970   1980   1990   2000   2010

Abb. 1-3: Entwicklung der IT in Banken

Ausgangspunkt der bankbetrieblichen DV war die Aufnahme des Privatkundengeschäfts im großen Stil in den 1960er Jahren. Zimmergroße Rechner (Großrechner, Mainframe, Host) – mit geringerer Rechenkapazität als heutige Notebooks – wurden über Lochkarten mit Informationen versorgt. Ausgangspunkt der maschinellen Unterstützung des Bankgeschäfts war die Kontoführung. Jede Transaktion wurde durch eine Lochkarte repräsentiert, die in Stapeln gelesen wurden, damit die Maschine den neuen Saldo und die Zinsen errechnen und den Kontoauszug drucken konnte. Die Verarbeitung der Stapel („Batches", daher *Batch-Datenverarbeitung*) erfolgte am Abend des Geschäftstags zum Zeitpunkt des „Buchungsschnitts". Vor der Buchung wurden die Geschäftsvorfälle erfasst und nach der Buchung wurden in den Folgearbeiten die Salden der Konten bis zur Summen- und Saldenliste und der Tagesbilanz verdichtet. In beiden Listen waren die wesentlichen Informationen zur Steuerung der Bankgeschäfte enthalten.

In den 1970er Jahren entstanden in den Banken Programme für die einzelnen Banksparten (z.B. Kredit- und Einlagengeschäft, Wertpapierabwicklung und Handelsgeschäfte). Dabei handelte es sich zunehmend um Dialoganwendungen, die im Time-Sharing-Verfahren arbeiteten. Das bedeutete, dass die Informationen nicht mehr auf Lochkarten, sondern am Bildschirm erfasst wurden und die Dialogbearbeitung sich den Rechner mit der anschließenden Verarbeitung der erfassten Daten „teilen" musste. Die erfassten Daten wurden anschließend wie bei den Lochkarten „im Stapel" verarbeitet. Über derartige Stapelprogramme erhielten die Bankmitarbeiter zum ersten Mal Zugriff auf den Großrechner der Bank (*Time-Sharing-Datenverarbeitung*).

In den Filialen und Poststellen wurden die Aufträge der Kunden manuell in Formularen aufbereitet und für die Verarbeitung in den „Kernsystemen" erfasst. Der hohe Anteil der manuellen Arbeiten entsprach eher der Produktion in Manufakturen als industriellen Produktionsformen.

In der folgenden Dekade wurde die Bearbeitung von Kundenaufträgen durch Auftragsbearbeitungs- und -verwaltungssysteme erleichtert. Die Batch-Verarbeitung wurde in einen Realtime-Dialog überführt. Für interne Zwecke kamen Programmiersprachen der vierten Generation (Fourth Generation Languages, 4GL) zum Einsatz. Dadurch war es Mitarbeitern aus Fachabteilungen erstmals möglich, auf Großrechnerdaten zuzugreifen und daraus Informationen zu generieren. Darüber hinaus hielten Ende der 1980er Jahre PCs Einzug in die Banken, so dass von einer Dekade der *personalisierten Informationsverarbeitung* gesprochen werden kann.

Die 1990er Jahre standen im Zeichen der *vernetzten Informationsverarbeitung* und der Entwicklung von modernen Datenverwaltungssystemen (Datenbanken, später Data Warehouses). Die Banken bauten ihre eigene nationale und weltweite Vernetzung aus, konzipierten neue IT-Systeme als Client-Server-Strukturen und forcierten den elektronischen Datenaustausch. Dieser erfolgte zunächst nur mit Firmenkunden, aber die Präsenz von PCs in Privathaushalten und die explosionsartige Verbreitung des Internet sorgten für eine zunehmende elektronische Vernetzung auch mit Privatkunden.

Den nächsten wichtigen Entwicklungsschub brachte die Internet-Technologie. Die Normierung der Kommunikation und die Erweiterung der Bandbreiten ermöglichten es, das Netz selbst als Komponente der Informationstechnologie zu definieren. Die auf dem PC installierten Programme werden „rezentralisiert" und dem Anwender im Moment der Nutzung auf dem Browser bereitgestellt. Der Welle der Dezentralisierung in den Client-Server-Architekturen folgt nun die Welle der Zentralisierung mit „Thin Client"-Architekturen. Die Basistechnologie ist immer mehr das Internet, so dass die Zeit ab 2000 als *Web-basierte Informationsverarbeitung* bezeichnet werden kann. Schon heute ist absehbar, dass auf die Welle der Zentralisierung durch die Nutzung des Netzes für technische Funktionen eine Welle folgen wird, die den Ausgleich zwischen zentralen und dezentralen Komponenten der Infrastruktur zum Ziel haben wird.

Nach fast 50 Jahren rasanter Entwicklung der Bankinformatik durchdringt sie praktisch alle Bereiche der Bank. Die Finanzdienstleistungsbranche steht daher am Beginn einer „Industrialisierung", die zumindest Analogien zur Entwicklung in der Fertigungsindustrie zulässt: Kern der Industrialisierung ist die intelligente Organisation und Steuerung der Arbeitsteilung und darauf aufbauend die kontinuierliche Realisierung von Economies of Scale and Scope (WÖLFING 2006). Um die komplexen Zusammenhänge eines arbeitsteiligen Arbeitsablaufs in der Fertigungsindustrie organisieren und steuern zu können, wurde das Fließband erfunden. Die gefertigten Produkte waren hoch standardisiert und die Arbeitsvorgänge noch wenig automatisiert. Jeder Handgriff wurde genau geplant. Industriearbeit galt daher lange Zeit als monoton. Auch galten die Industrieprodukte als kaum individualisierbar. Auf Basis der Vereinfachung und Standardisierung der Arbeitsvorgänge konnten die ersten Automaten/Maschinen eingesetzt werden. Heute werden Industrieprodukte in einer großen Vielfalt und nach individuellen Wünschen hergestellt. Die Monotonie der Industriearbeit wurde durch flexible Arbeitszeitmodelle und Teamarbeit stark reduziert. Einfache Tätigkeiten wurden automatisiert. Die Teams bekamen Verantwortung für ihre Produktion. Im Rahmen der Gesamtsteuerung der Fertigung können die am kollektiven Arbeitsprozess Beteiligten ihre Arbeit selbst bestimmen. Die ursprüngliche Mechanik des Fließbands wurde durch komplexe IT-Systeme zur Steuerung des Fertigungsprozesses ersetzt.

Die heutige Arbeitsorganisation vieler Banken entspricht dagegen eher einem handwerklichen Arbeitsablauf mit automatisierten Arbeitsmaschinen. Alle Anstrengungen zur Produktivitätsverbesserung bezogen sich bislang auf die Entwicklung immer komplexerer Bankmodule zur Automatisierung von nur geringfügig arbeitsteilig organisierten Prozessen. Der qualitative Sprung zu einer nach industriellem Vorbild organisierten Arbeitsorganisation kann durch die arbeitsteilige Organisation, die Spezialisierung der Arbeitskräfte, die intelligente Steuerung der Arbeitsabläufe und die anschließende Automatisierung der zunächst vereinfachten Arbeitsschritte erreicht werden. An die Stelle der pauschalen Forderung nach weiterer Automatisierung tritt daher die gesamtheitliche, prozessorientierte Betrachtungsweise mit einem wesentlich breiteren Instrumentarium der Arbeitsorganisation.

1.3.2   Das Kontokorrent als Ausgangspunkt der bankbetrieblichen IT-Entwicklung

Bis zum Aufkommen der Internet-Technologie entwickelte sich Banksoftware wie eine Zwiebel. In deren Kern befand sich die Kontoführung und um diese herum legten sich einzelne Schalen (Abbildung 1-4). Von der Produktseite betrachtet stellt das Kontokorrent auch heute die „Drehscheibe" für das klassische Bankgeschäft dar. Die Nutzung des Kontokorrent für eine Vielzahl weiterer Bankleistungen (Zahlungsverkehr, Termingelder, Wertpapierdepots, Kredite usw.) ist für den deutschsprachigen Bereich typisch.[19] Das Kontokorrent stellt damit den Mittelpunkt für bankbetriebliche Transaktionen dar. Kern der Entwicklung war damit das *Konto*. Dieses Verständnis hat die Entwicklung der Bank-IT geprägt und wirkt sich bis heute aus.

---

[19] Im angelsächsischen Raum haben sich schon frühzeitig Transaktionssysteme für Handelsgeschäfte entwickelt, die parallel zu den Kontoführungssystemen eine eigene Entwicklung genommen haben.

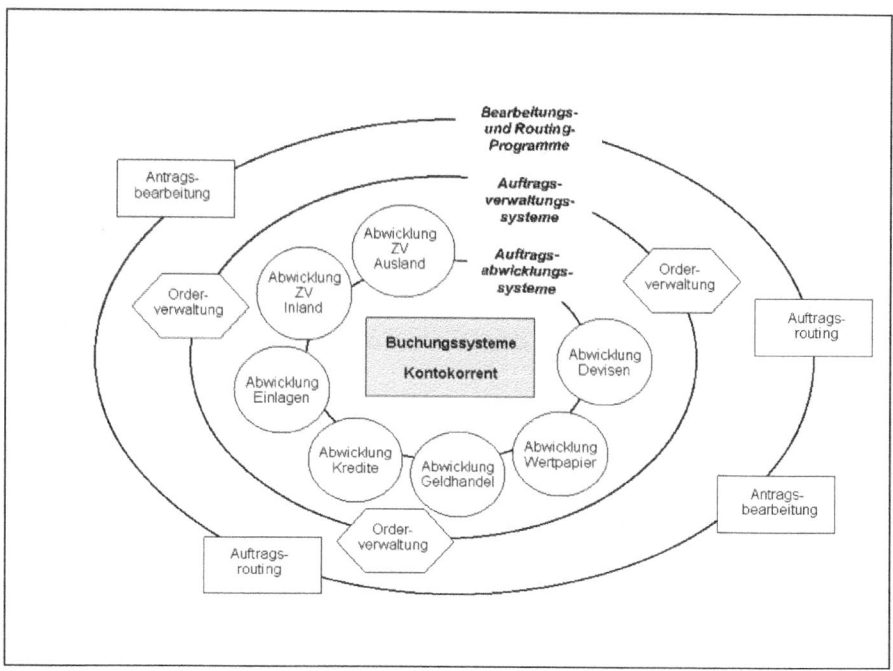

Abb. 1-4: Zwiebel-Modell der bankbetrieblichen IT (in Anlehnung an WÖLFING 1995, S. 67)

In der Folgezeit entstanden um das Konto herum *Spartenanwendungen*. Das Kontokorrentkonto wurde zum Spar- beziehungsweise Kreditkonto modifiziert. Für die Wertpapierabwicklung entstand das Wertpapierdepot. In den 1980er Jahren wurden vor die Buchungssysteme *Auftragsabwicklungssysteme* gesetzt. Es entstanden die Handelsabwicklungssysteme im Geld-, Devisen- und Wertpapiergeschäft.

Vor die Abwicklungssysteme wurden Ende der 1980er Jahre *Auftragsverwaltungssysteme* gesetzt. Die Informatik folgte damit dem Organisationskonzept der Banken, nachdem die unterschiedlichen Geschäftsarten (*Funktionen*) der Banken (Einlagen, Kredite, Wertpapiere usw.) jeweils in einer eigenen Abteilung (*Sparte*) ausgeführt wurden.

Anfang der 1990er Jahre wurde vor den Applikationsring der Auftragsverwaltungssysteme Programme zur Unterstützung der Kundenberatung und Sachbearbeitung gesetzt. Dabei handelte es sich um *Bearbeitungs- und Routing-Programme*.

So haben sich mit der Zeit immer weitere Applikationsringe um die Buchungssysteme gelegt. Das Ergebnis dieser Entwicklung sind gewachsene, hoch integrierte Softwarestrukturen mit wenigen Schnittstellen nach außen.

Diese Struktur – obgleich aus damaliger Sicht logisch und nachvollziehbar – bildet den wichtigsten Ausgangspunkt für die heutige Problematik der Bank-IT. Entsprechend der Orientierung an den Funktionen spricht man von *Spartensystemen* oder *Silo-Strukturen*. Da die Funktions- und Datenstrukturen der operativen Systeme vielfach aus den siebziger und achtziger Jahren stammen, werden diese Anwendungen auch als *Altsysteme (Legacy Systems)* bezeichnet.

1.3.3   Heutige Entwicklung der Bankinformatik: Vom Konto zum Kunden

Schon in den 1990er Jahren stellte sich die kontozentrierte Architektur als Hemmschuh für die weitere Entwicklung dar, weil die *kundenorientierte* Darstellung der Geschäfte (z.B. für das Gesamtobligo eines Kunden) nur mit aufwendigen – meist manuellen – Verfahren möglich war. Neben den Kernen der Kontoführung entwickelten sich Datenbanken, die kontoübergreifende Auswertungen nach Kunden, Kundengruppen oder Geschäftsarten möglich machten.

Die Verbindung zwischen den Kontoführungssystemen und den Datenbanken wurde zunächst über aufwendige Schnittstellenprogrammierung geschaffen; später wurde der Austausch der Daten zunehmend durch die Entwicklung der Datenbanktechnologie zu Data Warehouses unterstützt. Diese Data Warehouses sind heute die Basis für das Risikomanagement, die Banksteuerung und eine ganzheitliche Kundenbetreuung.

Mit dem Aufkommen der Internet-Technologie begann die technologische Entwicklung der Kommunikation mit dem Kunden und mit ihr ein wesentlicher Schritt in der Entwicklung von Banksoftware. Treiber ist bis heute die Entwicklung des Online-Banking und die Nutzung von SB-Technologien[20]. Die laufende Kommunikation mit der Bank im Rahmen des Zahlungsverkehrs, der Kontoführung oder der Wertpapierorders verlagert sich weg von der Filiale auf automatisierte Zugangswege. Die Filiale bekommt eine neue Position im Rahmen von Multikanalkonzepten.

Zur Integration und Automatisierung der Kunde-Bank-Kommunikation entstehen CRM-Systeme, die eine integrierte, kanalübergreifende Kommunikation mit dem Kunden ermöglichen. Für die aktive Ansprache der Kunden werden Kampagnenmanagementsysteme installiert. Auf den Vertrieb spezialisierte Controllingsysteme sollen die Vertriebsaktivitäten unterstützen.

---

[20] SB = Selbstbedienung.

Die Technologisierung der Kunde-Bank-Kommunikation ist eine wesentliche Triebkraft für die Spezialisierung der klassischen Filialbanken auf die Rolle der Vertriebsbank. Diese fokussiert sich auf zwei Kernprozesse – den Vertriebsprozess und den laufenden Service während der Vertragslaufzeit – sowie die unterstützenden Prozesse, insbesondere Marketing einschließlich Kampagnenmanagement, Vertriebscontrolling, Beschwerdemanagement etc.

Diese Entwicklung erfordert die Aufteilung der traditionellen Universalbank in einzelne Wertschöpfungsstufen. Bisher hatten die integrierten Softwarestrukturen eine derartige Aufspaltung nahezu unmöglich gemacht. Unter dem Druck des Markts (Kostendruck, notwendige Spezialisierung usw.) und den neuen technischen Möglichkeiten kommt es nun zu einer Differenzierung in Vertriebsbanken, Produktentwicklungsbanken/Portfoliobanken und Transaktionsbanken (MOORMANN ET AL. 2006). Diese Entwicklung wird häufig als „Industrialisierung" der Finanzbranche bezeichnet (siehe beispielsweise BETSCH/THOMAS 2005; SOKOLOVSKY 2005).

Mit dem Aufbrechen der Wertschöpfungskette der Finanzindustrie differenzieren sich auch die Probleme der Bank-IT:

- Für *Transaktionsbanken*[21] stellt sich die Industrialisierung im Wesentlichen als eine Migrationsproblematik dar. Der geforderte Konsolidierungsprozess scheitert häufig an den hohen Migrationskosten und dem Streit darüber, wer diese Kosten übernehmen soll. Ein weiteres Problem sind uneinheitliche Prozesse und Sonderwünsche der Kunden. Daher ist es oft schwierig, schlanke und einfache Prozesse zu gestalten, was aber unter dem Gesichtspunkt der Industrialisierung zwingend notwendig ist.

- Für *Produktbanken*[22] stellt sich zunächst die Herausforderung, die eigenen Prozesse (z.B. den Produktinnovationsprozess) zu optimieren. Darüber hinaus müssen die entwickelten Produkte in die Vertriebs- und Serviceprozesse der Vertriebsbanken eingebunden werden (z.B. das Produkt „easycredit" der Norisbank in die Prozesse der Volks- und Raiffeisenbanken).

- Die wesentlichen Neuerungen entstehen in den *Vertriebsbanken*. Schon heute ist absehbar, dass die CRM-Systeme die künftigen Kernsysteme für spezialisierte Vertriebsbanken sein werden: Alle Informationen, auch die Transaktionen, werden in diesen Systemen gespeichert sein. Die Vertriebsbank übernimmt die Kunde-Bank-Kommunikation mit Vertriebs- und Serviceprozessen. Sie wird soweit wie möglich die Vertriebs- und Servicesysteme automatisieren, umfangreiche Kundeninformationssysteme aufbauen und Multikanalstrukturen betreiben. Die Prozesse sind damit nicht mehr kanalspezifisch,

---

[21] Auch als Abwicklungsbanken, Produktionsbanken oder Back-Office-Fabriken bezeichnet.

[22] Unter diesem Begriff werden häufig die Aktivitäten von Produktentwicklungsbanken und Portfoliobanken zusammen gefasst.

sondern kanalübergreifend; sie werden zukünftig kundenbezogen und kundensegmentspezifisch sein.

Diese Entwicklung bedeutet auch, dass die traditionellen Kontoführungssysteme („Kernbanksysteme") ihre bislang zentrale Rolle nur noch in den Abwicklungsbanken behalten (und dort vielleicht ausbauen) werden.

1.3.4   IT-Entwicklung in der Versicherungsbranche

Während die Entwicklung der IT von Kapitalanlagegesellschaften (KAGs) analog zur IT-Entwicklung in Banken verlief (die deutschen KAGs sind weitgehend Tochterunternehmen der Banken bzw. Bankverbünde), hat sich die IT der Versicherungsbranche unabhängig entwickelt.

Die klassische Bearbeitung von Versicherungspolicen kann wie folgt skizziert werden: Der Antragstellung folgte die Antragserfassung. Bei Annahme durch den Versicherer wurden die Vertragsdaten erfasst, die Police ausgestellt und der Vertrag fortan im Bestand geführt. Ein besonderes Thema ist die Tarifkalkulation. Jedes Unternehmen hat seine Tarife gerechnet und dem GDV[23] zur Freigabe vorgelegt. Daraus wurden kartellartig einheitliche Tarife erzeugt, die in Handbüchern den Versicherern zur Verfügung gestellt wurden. Später hat der GDV Tarifberechnungsprogramme, so genannte „Prompts", für die in der Branche damals üblichen Texas-Instruments-Taschenrechner geliefert. Die Prompts wurden durch Disketten für Laptops abgelöst.

Heute legen die Versicherer ihre Tarife selbst fest. Die Tarife werden nicht mehr vom GDV geliefert, sondern werden elektronisch vom Host des jeweiligen Versicherers auf die PCs der Agenturen bzw. die Notebooks des mobilen Außendiensts übertragen. Dadurch, dass heute bereits am Front-End Daten (z.B. Änderungen von Vertragsdaten) aufgenommen werden, nimmt die Bedeutung der Bestandsführung ab.

Unterschiede zwischen Bank-IT und Versicherer-IT ergeben sich aufgrund völlig unterschiedlicher Vertriebsstrukturen. In der Assekuranz spielt insbesondere der mobile Vertrieb eine große Rolle, während die IT-Strukturen in Banken auf stationäre Einheiten (Filialen) ausgelegt sind. Auch im medialen Bereich sind erhebliche Unterschiede festzustellen. Der Zugriff auf die Websites von Banken erfolgt ungleich öfter als bei Versicherungsunternehmen. Die Bankkunden haben permanenten Bedarf ihre Kontostände zu überprüfen, Zahlungsverkehrstransaktionen oder Wertpapiergeschäfte durchzuführen usw. Das zeigen auch Untersuchungsergebnisse: Unter den am häufigsten frequentierten Web-Adressen sind – direkt hinter Suchmaschinen (72,6%) – die Zugriffe auf Websites von Banken zu finden

---

[23] GDV = Gesamtverband der Deutschen Versicherungswirtschaft e.V.

(38,3%). Der Zugriff auf die Versicherer findet sich mit nur 3,2% am untersten Ende der Erhebung (FITTKAU & MAAß CONSULTING 2004). Dementsprechend hat die Gestaltung der Website und die Integration des Online Banking in ein Multikanalkonzept eine enorme Bedeutung für Banken, während die Bedeutung für Versicherer zurzeit untergeordnet ist.

1.4 Probleme in der FDL-Informatik und neue Anforderungen

Die Finanzbranche ist zwar Vorreiter in der kommerziellen Massendatenverarbeitung gewesen, hat aber nun mit massiven Strukturproblemen in der IT zu kämpfen. Darüber hinaus ist die deutlich größere Dynamik im Bank- und Versicherungsgeschäft gegenüber früheren Jahren zu spüren, woraus sich ständig neue Anforderungen an die IT-Manager ergeben. Beide Aspekte werden im Folgenden am Beispiel der Bankwirtschaft gezeigt – zunächst die derzeit bestehenden Probleme *(Abschnitt 1.4.1)*, anschließend Beispiele für die neuen Herausforderungen *(Abschnitt 1.4.2)*. Auf die IT-Probleme und -Anforderungen in der Assekuranz wird im Anschluss eingegangen *(Abschnitt 1.4.3)*.

1.4.1 Derzeitige Schwierigkeiten der Bank-IT

Die zentralen Probleme der Bankinformatik nach der Internet-Euphorie und der anschließenden „Cost-Cutting-Phase" liegen in der Überführung der veralteten, gewachsenen Struktur der operativen Systeme in eine neue IT-Architektur. Diese muss – basierend auf der Strategie des individuellen Instituts – die neuen Schwerpunkte innerhalb des Bankgeschäfts in Form von Vertriebsbanken, Transaktionsbanken und Produktlieferanten widerspiegeln. Zudem muss sie die Herausbildung industrieller Produktionsformen in den Geschäftsprozessen und der Informationstechnologie berücksichtigen (siehe zur IT-Architektur Kapitel 4 dieses Buches).

Einige der aktuellen Probleme sind:

- *Historisch gewachsene Systeme:* Die Verarbeitungssysteme für die Grundfunktionen (Kontokorrent, Zahlungsverkehr, Verwaltung der Kontostammdaten) erfordern einen hohen Wartungsaufwand (siehe Abschnitt 1.5.1). Die Kernanwendungen sind meist in Sprachen wie Assembler und COBOL geschrieben und schlecht dokumentiert. Durch vielfältige Erweiterungen sind schwer zu durchschauende, monolithische Blöcke entstanden, deren Anpassung an neue Anforderungen zeitaufwendig und teuer ist (vgl. auch ACCENTURE/SAP 2005).

- *Schnittstellenprobleme:* Die Vielzahl heterogener Teilsysteme hat zu einer ausgeprägten Interdependenz der IT-Anwendungen geführt – und damit zu extrem vielen Schnittstellen sowohl zwischen internen Systemen (insbesondere im Kontokorrentbereich) als auch zu externen Systemen (Aufsichtsbehörden, Börsen, Datenlieferanten etc.).

- Eine neue Dimension ergibt sich durch die „Aufspaltung" der veralteten, hoch integrierten Abwicklungssysteme (Wertpapier, Kredit und Zahlungsverkehr) in Systeme jeweils eigenständiger Institute für das Transaction Banking bzw. den Vertrieb/Service. In der Folge ergeben sich erhebliche Herausforderungen bei der Gestaltung der Schnittstellen, die nun unternehmensübergreifend bedient werden müssen.

- *Front-End-Gestaltung:* Ursprünglich als reine Buchungssysteme zur Bewältigung der Massendaten konzipiert, sind die Altsysteme heute zu unflexibel. Eine integrierte Vorgangsbearbeitung war nicht vorgesehen. Mit modernen Front-End-Lösungen sind die Altsysteme häufig nicht kompatibel, da diese in der Regel auf proprietären Rechner- und Netzlösungen basieren. In vielen Instituten entstehen mit großem Aufwand komplexe, Browser-basierte Arbeitsplatzsysteme, die sowohl von den Bankmitarbeitern in der Filiale, im Außendienst und in den Call-Centern genutzt werden können.

- *Unterstützung des Vertriebs:* Filialen der Kreditinstitute dienten traditionell der Abwicklung des Transaktionsgeschäfts. Vertrieb fand in der Filiale im Wesentlichen über Werbemaßnahmen statt. Lediglich für Immobilienfinanzierungen und für die private Altersvorsorge gab es bei einigen Instituten Vertriebsmitarbeiter. Ein Vertriebsprozess, wie er in anderen Branchen üblich ist, ist bis heute in vielen Instituten unbekannt. Eine wesentliche Aufgabe ist es, Vertriebsprozesse zu definieren, zu implementieren und im Multikanalansatz auch technologisch zu unterstützen.

- Da die IT-Systeme auch in der Kommunikation mit dem Kunden häufig noch spartenorientiert und nicht an den Kommunikationsprozessen der Bank ausrichtet sind, ist eine durchgängige Bearbeitung häufig nicht sichergestellt. Damit wird die hohe konzeptionelle Abhängigkeit der IT von der klassischen Bankorganisation (Spartendenken und Produktorientierung) deutlich – mit fatalen Folgen für das heutige Geschäft. Aus Prozesssicht besteht die IT-Unterstützung eines Geschäftsprozesses damit aus fragmentierten Applikationen.

- *Unterstützung des Service:* Jährlich steigt die Anzahl der Transaktionen, die nicht über den persönlichen Berater sondern über neue Medien (PC, Mobiltelefone etc.) abgewickelt werden. Die Ansprüche der Kunden an die technologische Unterstützung wachsen mit ihrer Nutzung. Die jederzeitige Verfügbarkeit für alle Bankdienstleistungen einschließlich der „Fall abschließenden Bearbeitung" erfordert eine kanalübergreifende technologische Unterstützung aller Kommunikationsprozesse zwischen Kunde und Bank.

- *Nutzung des Wissens über den Kunden:* Die Legacy-Systeme zur Transaktionsabwicklung stellen nur einen Teil der erforderlichen Daten über den Kunden bereit. Die Daten müssen für CRM-, Risikomanagement- und Controlling-Auswertungen aufbereitet und um zusätzliche Daten aus anderen Systemen ergänzt werden, da sie für den Vertrieb in der ursprünglichen Form ungeeignet sind. Inkonsistente Zahlen sowie ein enormer Aufwand bei der Datenzusammenführung sind die Folge. Die Gewinnung konsistenter Informationen über Kunden, Märkte und Geschäfte ist für viele Institute eine große Herausforderung.

Die Ursachen für die gegenwärtige Situation liegen zum Teil in der historischen Entwicklung der Bank-IT. Ein weiterer Grund liegt in fehlenden oder unklaren IT-Strategien. Aber nur mit einer klaren Ausrichtung ist das Informationsmanagement in der Lage, die Flut von Wünschen und Anforderungen aus den Fachbereichen zu bewerten und zu kanalisieren. Die enorme Bedeutung einer sinnvollen IT-Architektur wird immer mehr erkannt, aber im täglichen Geschäft oft nicht ausreichend berücksichtigt.

Sinkende Budgets der Fachbereiche und steigende Produktivität der Mitarbeiter in der Softwareentwicklung (u.a. durch Modellierungs-Tools) stellen die IT vor das bislang nicht gekannte Problem der Unterauslastung der IT-Mitarbeiter. Neben den Folgen aus Fusionen[24] sind in den IT-Bereichen Strukturfragen zu klären: Die Aufgaben der IT-Bereiche verlagern sich weg von Programmiertätigkeiten hin zu konzeptionellen Arbeiten und auf die Gestaltung der Prozesse. Darüber hinaus lagern insbesondere international tätige Institute Teile der Softwareentwicklung in Länder mit geringen Löhnen aus.

Projekte der Neustrukturierung der IT-Architektur, Projekte zur Produktivitätssteigerung und Projekte zur Implementierung von neuen Geschäftsideen haben in der Vergangenheit unter den permanenten – jedoch zwingend erforderlichen – Anpassungs- und Umstellungsarbeiten gelitten. Große Sonderprojekte dieser Art waren die Umstellung auf den Euro sowie auf das Jahr 2000. Andere Projekte sind aus gesetzlichen bzw. aufsichtsrechtlichen Gründen erforderlich wie z.B. Systeme zur Geldwäschebekämpfung und zur Umsetzung von Basel II. Nach einem kurzen Boom im Internet-Hype, in dem viele Projekte aufgesetzt wurden, die nach kurzer Zeit erfolglos beendet wurden, setzte die Phase des Cost Cutting der Weiterentwicklung der Bank-IT empfindliche Grenzen.

Durch den hohen Wartungsaufwand für Altsysteme und die aufgrund der langjährigen Entwicklung hohe Komplexität der Systeme bleibt nur wenig Raum für einen grundlegenden Neubau der Bankinformatik. Die technische und funktionelle Weiterentwicklung erfolgt meist punktuell und hinterlässt oftmals größere Kom-

---

[24] Im öffentlich-rechtlichen und genossenschaftlichen Bereich entsteht der Mitarbeiterüberhang vor allem aus den Fusionen der Rechenzentralen (s. Kapitel 3).

plexität als vorher. Derzeit sind in vielen Häusern Zentralisierungsprojekte mit dem Ziel einer „Thin-Client-Architektur" zu beobachten, mit denen ein Teil dieser Komplexität beseitigt werden soll. Schon heute ist aber absehbar, dass Fortschritte in der Reduktion der Komplexität durch neue Funktionen und die weiter wachsende Integration der Systeme schnell wieder kompensiert werden.

1.4.2   Neue Anforderungen an das IT-Management der Banken

Aus den im Abschnitt 1.1.3 gezeigten Trends ergeben sich die großen, übergeordneten Aufgaben für die IT-Verantwortlichen (u.a. Dekonstruktion der Wertschöpfungskette, Industrialisierung von Prozessen, einheitlicher EU-Finanzmarkt). Die Problematik diese Trends in der Bankinformatik umzusetzen, ist struktureller Art und muss dementsprechend durch strukturelle Maßnahmen gelöst werden. Die Gelegenheit zur Ablösung bzw. zum grundsätzlichen Umbau von Systemen ergibt sich bei Fusionen bzw. bei der Aufspaltung von Instituten. Auch der vom Management beschlossene Aufbau neuer Vertriebssysteme stellt eine große Chance dar.

Darüber hinaus besteht eine Liste von Anforderungen, die sich immer wieder erneuert und die abgearbeitet werden muss. Aktuell sind das u.a. die folgenden Aufgaben:

– Umsetzung einer Vielfalt neuer gesetzlicher Bestimmungen (MaK[25] bzw. weiter gefasst MaRisk[26], Basel II, IAS/IFRS[27], MiFID[28] usw.),

– Realisierung von Standardisierungsprojekten (SEPA, Kreditkartenzahlungen in EU-Ländern, Schnittstellen bei Outsourcing-Projekten etc.),

– Aufbau von intelligenten CRM-Systemen und Realisierung echter Multikanalstrukturen,

– Nutzung von Data-Warehouse-Systemen und Data-Mining-Werkzeugen (Business Intelligence) im Vertrieb,

– Integration von Geschäftsprozessen der Bank in die Prozesse der Kunden, z.B. im Firmenkundengeschäft,

– Entwicklung elektronischer, wissensbasierter Beratungstools im Front-Office-Bereich,

– Web-basierte, vertriebskanalunabhängige Durchführung sämtlicher Geschäftsprozesse im Sinne eines Straight Through Processing (STP),

---

[25] MaK = Mindestanforderungen an das Kreditgeschäft der Kreditinstitute.

[26] MaRisk = Mindestanforderungen an das Risikomanagement.

[27] IAS = International Accounting Standards; IFRS = International Financial Reporting Standards.

[28] MiFID = Markets in Financial Instruments Directive.

- weitere Unterstützung der bankbetrieblichen Steuerung (Systeme des strategischen und operativen Controlling, des Treasury und des Risikomanagements),
- Konsolidierung und Flexibilisierung der IT-Systeme in den Handelsräumen des Investment Banking,
- weitestgehende Automatisierung des Back Office der Banken (Wertpapier, Zahlungsverkehr, Kredit),
- Fusion von Bankbestandteilen der gleichen Wertschöpfungsstufe (z.B. Vertrieb Bank/Bank oder Bank/Versicherungsunternehmen) bzw. Abspaltung und damit Integration bzw. Deintegration der IT-Systeme sowie
- Investitionen in neue IT-Welten (z.B. Mobile Payments, interaktives Fernsehen).

Die Situation der Bank-IT ist in den meisten Häusern nicht zufriedenstellend. Schon heute sind viele Institute kaum in der Lage, die anstehenden Aufgaben in technischer, personeller und finanzieller Sicht allein zu lösen.[29] Die IT-Ressourcen sind in der Regel gebunden, gleichzeitig erfordert der Markt jedoch neue Anwendungen. Eine Erneuerung der bankbetrieblichen Produktionsstruktur erscheint in vielen Fällen dringend notwendig. Diese ungelöste Situation ist ein wesentlicher Treiber für die Spezialisierung der Institute in Vertriebs-, Abwicklungs- und Produktentwicklungsbanken. Erst diese Spezialisierung wird es den (meisten) Banken erlauben, die erforderliche Weiterentwicklung der Systeme durchführen zu können.

1.4.3 IT-Probleme und -Anforderungen in der Assekuranz

Die Versicherungsbranche hat ebenfalls mit strukturellen IT-Problemen zu kämpfen. Die Systeme sind nach Sparten getrennt, notwendig ist aber die Integration der Systeme im Sinne der Kundenzentrierung. Darüber hinaus sind auch in der Assekuranz die Systeme veraltet. Vielfach sind die Anwendungssysteme „kaputtgewartet". Die Ursachen liegen in u.a. in permanenten gesetzlichen Änderungen, Marktänderungen (neue Produkte, komplexere Produktstrukturen) und Unternehmensübernahmen. Die Kernsysteme sind häufig in maschinennahen Sprachen wie Assembler programmiert, für die es keine Dokumentationen gibt oder die aufgrund immer neuer Erweiterungen schlicht undurchdringbar geworden sind.

Über die Jahre haben die Versicherer in Deutschland zuviel Vielfalt zugelassen. So betreiben sie viele Vertriebswege (hauptberufliche Ausschließlichkeitsvertreter, Mehrfachagenten, nebenberufliche Versicherungsvertreter, Banken, Makler),

---

[29] Der personelle Engpass bezieht sich im Wesentlichen auf Mitarbeiter, die entsprechend den neuen Anforderungen qualifiziert sind (siehe auch Abschnitt 9.5 dieses Buches), d.h. trotz teilweise bestehenden Mitarbeiterüberhängen können die anstehenden Aufgaben nicht bewältigt werden.

arbeiten auf verschiedenen Plattformen (Host im eigenen Unternehmen, UNIX-Systeme bei Maklern etc.) und bieten komplexe Produkte an. Beispielweise wird aufgrund der unterschiedlichen IT-Plattformen und/oder Vertriebswege teilweise für ein neues Lebensversicherungsprodukt viermal ein entsprechender Lebensversicherungsprozess kreiert. Das Grundproblem liegt in der fehlenden IT-Architektur. Ohne das Verfolgen eines konkreten, klaren Bebauungsplans werden die Aufträge an die IT z.b. aus den Regionalniederlassungen eins zu eins umgesetzt. Die Folge ist eine „wild wuchernde" IT-Landschaft. Teilweise beginnen Versicherungsunternehmen erst jetzt mit dem Aufbau eines Bereichs, der sich mit IT-Strategie und -Architektur beschäftigt.[30]

Ein weiteres Problem ergibt sich aus der Auslagerung von IT-Bereichen. Oft sind die IT-Kosten nach einer Ausgründung nicht gesunken, sondern entgegen der Erwartung überproportional gestiegen. Die Gründe sind vielfältig. Zum einen sind die IT-Gesellschaften zu abhängig von den Muttergesellschaften (normalerweise besteht ein Gewinnabführungsvertrag), zum anderen sind die Leiter der IT-Gesellschaften oft sehr technisch geprägt, notwendig wäre aber ein betriebswirtschaftlicher Hintergrund.

Der Aufbau der IT-Bereiche folgt meist dem Konzept der Spartenorganisation, der Organisation nach IT-Plattformen und/oder nach Versicherungsgesellschaften. Erforderlich ist aber eine Ausrichtung der IT-Bereiche nach IT-Prozessen (siehe dazu Abschnitt 9.3.1).

Die Anforderungen an die IT der Assekuranz ergeben sich damit zwangsläufig: Entwurf einer adäquaten IT-Architektur, Umsetzung anhand einer klaren IT-Strategie, Erneuerung der Kernsysteme bzw. Umbau entsprechend des Prozessansatzes, Nutzung der Optionen zur Gestaltung der IT (Sourcing, Standardsoftware etc.), konsequente Verselbstständigung der IT-Gesellschaften (oder Re-Integration), betriebswirtschaftlich orientiertes Management und Reorganisation der IT-Bereiche. Ein zentrales Thema ist die Etablierung vollständig elektronischer Prozesse über die gesamte Wertschöpfungskette. Eine große Rolle spielen für Versicherer mobile Geräte, digitale Singatur, Übertragungsstandards wie UMTS usw., damit die Vertreter im Außendienst besser bei ihrer Beratung unterstützt werden können. Die automatische Einspielung und Weiterverarbeitung von Daten im Innendienst sowie eine einheitliche Kundensicht über alle Verträge sind weitere Aufgaben in der Versicherungswirtschaft.

---

[30] Bisher fielen IT-Entscheidungen meist aus gerade laufenden Projekten heraus.

1.5 Kosten der IT

Die enorme Bedeutung der IT im Finanzdienstleistungssektor wirkt sich in erheblichen Kosten aus. Was allerdings für ein Haus „erheblich" ist, hängt von der individuellen Situation und natürlich der Unternehmensstrategie ab. Nach enormen jährlichen Zuwächsen des IT-Budgets in den neunziger Jahren ging es seit dem Jahrtausendwechsel auch in den IT-Bereichen um eine Neuadjustierung der Kosten. Es ist üblich geworden, das IT-Budget in zwei große Böcke zu teilen:

- *Run:* Hierunter fallen alle Aufwendungen zur Aufrechterhaltung des laufenden Betriebs der Anwendungen und der darunter liegenden technischen Plattformen. Es sind ausschließlich die Aufwendungen zur Erhaltung des „Status quo" enthalten, also keinerlei gesetzliche oder fachliche Änderungen. Im Run-Bereich heißt die Devise zurzeit „Minimierung der Kosten". Auf diesen Bereich entfallen derzeit rund 70-80% der IT-Aufwendungen.

- *Change:* In diese Kategorie fallen alle Ausgaben zur Veränderung der bestehenden IT-Leistungen für die Bank oder den Versicherer. Dazu zählen auch die notwendigen gesetzlichen Erweiterungen und Änderungen. Dem Change-Bereich soll heute Priorität eingeräumt werden, denn nur 20-30% stehen derzeit für diesen Bereich zur Verfügung. Geht es um die Verbesserung der Leistungsfähigkeit des Unternehmens und deren Informationsverarbeitungsfähigkeit, wird von „*Change I*" gesprochen; geht es um Leistungsverbesserungen, die der Kunde direkt wahrnimmt, spricht man von „*Change II*" (FISCHER/ROTHE 2004).

Im Folgenden wird die Problematik der IT-Kosten primär am Beispiel der Bankwirtschaft behandelt. Im Vordergrund steht zunächst, die Frage, wie IT-Budgets von Banken ermittelt und beurteilt werden können *(Abschnitt 1.5.1)*. Im folgenden Schritt *(Abschnitt 1.5.2)* wird auf die Kosten von bankbetrieblichen IT-Projekten eingegangen. Die Überlegungen in diesen beiden Abschnitten gelten analog auch für Versicherungsunternehmen. Daher beschränken sich die Ausführungen zu IT-Kosten in der Assekuranz auf knappe Ergänzungen *(Abschnitt 1.5.3)*.

1.5.1 Ermittlung der IT-Budgets von Banken

Grundsätzlich zählen zu den IT-Kosten von Banken der entsprechende Verwaltungsaufwand einschließlich Personalkosten und Abschreibungen. Eine Abschätzung der tatsächlich pro Jahr investierten Beträge gestaltet sich jedoch (immer noch) schwierig. Die konkreten Zahlen werden in der Regel nicht offen gelegt. Außerdem wird höchst unterschiedlich mit der steuerlichen und handelsrechtlichen Abschreibung sowie der Kostenzurechnung auf die Fachbereiche verfahren. Erschwerend ist auch, dass teilweise nur Konzernzahlen verfügbar sind.

Als Hilfsgröße kann der in den Gewinn- und Verlustrechnungen angegebene *Verwaltungsaufwand* der Banken herangezogen werden. Erfahrungsgemäß liegen die IT-Kosten deutscher Filialbanken im Durchschnitt zwischen 15 und 20% vom Verwaltungsaufwand.[31] Zu Zeiten des Internet-Boom hatten viele Institute sogar die 20%-Marke überschritten. Ausgehend von dem konservativen Wert von 15% des Verwaltungsaufwands ergibt sich für das IT-Budget (Hardware, Software, Anwendungsentwicklung und Customizing, IT-Consulting) folgende Schätzung:[32] Demnach lagen im Jahr 2004 die IT-Ausgaben der Deutschen Bank bei rund 2,6 Mrd. €, der HypoVereinsbank bei mehr als 900 Mio. €, der Dresdner Bank bei gut 800 Mio. € und der Commerzbank bei etwa 670 Mio. €. Allein die zehn größten Institute in Deutschland dürften in 2004 zwischen 6 und 6,5 Mrd. € für ihre IT ausgegeben haben.[33] Der gesamte deutsche Bankensektor hat in 2004 mindestens 14 Mrd. € ausgegeben.[34]

Die IT-Kosten der Banken – gemessen als prozentualer Wert der Verwaltungskosten – hängen stark von den Geschäftssegmenten ab. So sind die IT-Ausgaben dort am höchsten, wo Skaleneffekte und Automatisierung die wichtigsten Faktoren sind, z.B. im Transaction Banking, oder wo die Dichte elektronischer Systeme besonders hoch ist wie im Handelsbereich des Corporate und Investment Banking (Tab. 1-1).

Ein anderer Ansatz geht von der GuV-Position *Andere Verwaltungsaufwendungen* aus und rechnet davon 50% dem IT-Budget zu (diese Größenordnung war bei einer Reihe großer Filialbanken in den vergangenen Jahren zu beobachten). Die Position Andere Verwaltungsaufwendungen hat den Vorteil, dass der in Banken hohe Anteil der Personalkosten aus der Berechnung eliminiert wird – ebenso die Abschreibungen und Wertberichtigungen auf Immobilien und Sachanlagen. Auf dieser Basis würden die drei größten Banken Deutschlands bereits 6 Mrd. € und

---

[31] BCG (THE BOSTON CONSULTING GROUP 2005) kommt – für europäische Kreditinstitute – auf 15% in 2004 mit einem prognostizierten Anstieg von 0,5% pro Jahr. Auch Booz Allen Hamilton schätzt die IT-Kosten auf rund 15% der Verwaltungskosten (BUSSMANN 2003). Bei Sparkassen machen die IT-Kosten etwa 20% des Verwaltungsaufwands aus (STEEVENS/WITTKOWSKI 2005).

[32] Die Angaben beruhen auf der GuV-Position „Allgemeine Verwaltungskosten" (bestehend aus Personalaufwand und anderen Verwaltungsaufwendungen) und beziehen sich auf Konzernzahlen (Jahresabschlüsse 2004). Das geschätzte IT-Budget umfasst die Ausgaben für Software-/entwicklung, Hardware, Netzwerke, ausgelagerte Bereiche, Dienstleistungen sowie Systemintegration.

[33] Berechnung ohne KfW und Eurohypo, stattdessen wurden NordLB und HSH Nordbank einbezogen.

[34] Diese vorsichtige Schätzung wird von PIERRE AUDOIN CONSULTANTS (2005) bestätigt, die in ihrer Studie für 2004 auf 16 Mrd. € kommen (Software, IT-Services, Hardware und internes IT-Personal).

die zehn größten Banken 8,7 Mrd. € pro Jahr erreichen (wiederum Konzernzahlen).

Geschäftssegment	IT-Kosten in % der Verwaltungskosten*
Transaction Services	24%
Corporate and Investment Banking	20%
Business Banking**	18%
Personal Banking	14%
Asset Management	14%

* In die Untersuchung wurden die 26 größten Kreditinstitute Europas einbezogen (Kriterium: Marktkapitalisierung)

** Geschäft mit kleinen und mittelgroßen Firmenkunden (KMU)

Tab. 1-1: IT-Intensität in Abhängigkeit von Geschäftssegmenten (MORGAN STANLEY/MERCER OLIVER WYMAN 2005, S. 10)

In den Verbünden werden Kennzahlen oft auf Basis der *durchschnittlichen Bilanzsumme* (dBS) konstruiert. Legt man 0,25% der dBS für IT-Aufwendungen zugrunde (teilweise liegen die Institute bei 0,3%),[35] beträgt das kumulierte IT-Budget der Sparkassen rund 2,5 Mrd. € und das IT-Budget der Kreditgenossenschaften 1,4 Mrd. € (jeweils ohne Spitzeninstitute; berechnet für 2004).

Andere Kennzahlen sind die IT-Kosten pro Mitarbeiter (ca. 22.000 €), pro Produkt (Girokonto ca. 57 €) oder der IT-Aufwand in Relation zu den operativen Erträgen der Bank (ca. 11%).

Die Banken haben es bei den IT-Aufwendungen mit einem ganz erheblichen Kostenblock zu tun. Mit dem Entstehen der Kosten- und Ertragsprobleme wurde es notwendig, die IT-Aufwendungen zu konsolidieren bzw. zu senken. Praktisch alle Institute haben in den Jahren 2002 bis 2004 ihre IT-Budgets – zum Teil drastisch – reduziert. Dadurch ist aber ein Rückstau entstanden, der zu einem Anstieg der IT-Aufwendungen in den Folgejahren führen wird (PIERRE AUDOIN CONSULTANTS 2005).

Wie verteilen sich die IT-Kosten? Gemäß einer Studie der Boston Consulting Group entfallen in einem typischen Unternehmen – durchaus auch für Banken realistisch – 50-60% auf Betriebskosten, 30-40% auf die Anwendungsentwicklung und 10% der Kosten auf Hoheitsfunktionen (IT-Controlling, IT-Architektur u.ä.)

---

[35] Nach BCG-Schätzung (THE BOSTON CONSULTING GROUP 2004) liegen die IT-Ausgaben aller deutschen Banken bei 0,24% der Bilanzsumme. Bei exakt diesem Wert (0,242%) lagen in 2004 z.B. die IT-Kosten der bayerischen Sparkassen (NETZEL 2005).

(THE BOSTON CONSULTING GROUP 2001). Wie erwähnt wird der Großteil der IT-Budgets durch laufende fixe Kosten (Betrieb und Wartung) gebunden („Run"). In vielen Studien ist die Einschätzung zu finden, dass nur 20-30% der IT-Ausgaben in die Softwareentwicklung fließen, also für Neuentwicklungen zur Verfügung stehen („Change").[36] Von diesen wiederum entfällt rund die Hälfte auf zwingend erforderliche Projekte (z.B. Umsetzung gesetzlicher Auflagen), so dass nur rund 10-15% des IT-Budgets für Projekte mit Innovationscharakter (Neu- und Weiterentwicklung von Softwareanwendungen und IT-Architektur) verbleiben.

Am Beispiel der Sparkassenorganisation sieht die Rechnung wie folgt aus (OTTO 2005): Rund 50% der IT-Kosten (so genannte *zentrale* IT-Kosten) entfallen auf die Leistung der IT-Gesellschaften des Verbunds. Ein Drittel hiervon entfällt auf den Betrieb der Rechenzentren. Mindestens ein Drittel ist für die Wartung zu veranschlagen, so dass das echte Entwicklungsbudget im günstigen Fall bei 30% der zentralen IT-Kosten liegt. Die andere Hälfte der IT-Kosten fällt *dezentral* bei den Sparkassen an (SB-Technik, Client/Server, IT-Personal, externe IT-Dienstleistungen, Sekundärnetz etc.).

Die IT-Kosten von Banken sehen in anderen Ländern ähnlich hoch aus. Für die USA werden die Ausgaben in 2004 auf 34,7 Mrd. US-$ geschätzt, mit jährlichen Steigerungsraten von 3,3% bis 2007 (LOCKYER 2003). Nach dieser Quelle entfallen von den IT-Ausgaben bei US-Banken mehr als 81% auf die Wartung ihrer Legacy-Systeme. Es wird erwartet, dass dieser Anteil bis 2007 auf 75% sinkt. Den höchsten IT-Aufwand in Europa dürfte die HSBC (rund 3 Mrd. €) haben. Es folgen die Deutsche Bank und UBS mit je 2,6 Mrd. € und ABN Amro mit 2,3 Mrd. € (CELENT 2005). Merrill Lynch schätzt die weltweiten Ausgaben der Bankindustrie für ihre IT-Systeme auf jährlich gut 230 Mrd. US-$ (KOENEN 2004).

Die Fokussierung auf die IT-Kosten allein wird in der Zukunft nicht ausreichen. Immer mehr wird die Frage gestellt, welchen *Wertbeitrag* die IT tatsächlich für die jeweilige Bank schafft und wie dieser zu messen ist (siehe im Detail FISCHER/ROTHE 2004). In diesem Zusammenhang wäre sicherlich interessant, die IT-Kosten nicht nur auf Gesamtbankebene zu betrachten, sondern separat für jeden Geschäftsbereich. Die öffentlich zugänglichen Daten (Geschäftsberichte mit GuV-Angaben) lassen diese Ermittlung jedoch nicht zu – in der Regel auch nicht bei der Segmentberichterstattung der großen Institute.

Die kostenrechnerische Darstellung der IT-Aufwendungen ist wesentlich von den handelsrechtlichen Vorschriften geprägt: Jährliche Budgets werden unmittelbar als

---

[36] So wird in einer Studie als Durchschnitt für die Bankwirtschaft angegeben, dass auf jeweils 4 € für Wartung nur 1 € für Entwicklungsprojekte entfällt (MORGAN STANLEY/MERCER OLIVER WYMAN 2005).

Aufwand des Jahres dargestellt.[37] Tatsächlich sind viele Aufwendungen in der IT aber Investitionen in die „Produktionsstraßen" der Banken und müssten dementsprechend kostenrechnerisch als Produktionsanlage dargestellt werden, die auf Basis von Wiederbeschaffungskosten abzuschreiben wäre. Diese Verteilung des Aufwands auf die Nutzungszeit hätte den wesentlichen Vorteil, dass die technologische Erneuerung über die Abschreibungen finanziert werden könnte.

1.5.2 Kosten von bankbetrieblichen IT-Projekten

Hinsichtlich der Kostenschätzung von IT-Projekten gibt es nur selten exakte Auskünfte. Es gibt allerdings in der Branche Einschätzungen zur Größenordnung von Entwicklungskosten für bankbetriebliche Software (Tabelle 1-2).

Anwendungsbereich	Zeitaufwand	Investitionskosten
Kernbuchungssystem	3-5 Jahre	> 120 Mio. €
Controllinggesamtsystem	2-4 Jahre	> 50 Mio. €
Clearingsystem	1-2 Jahre	> 25 Mio. €
Wertpapierabwicklungssystem	3-5 Jahre	> 120 Mio. €

Tab. 1-2: Kostenschätzung für Banksoftware

Für einige konkret durchgeführte Projekte sind ebenfalls Größenordnungen bekannt (Tabelle 1-3).

Vielfach übersteigen IT-Projekte sowohl den zeitlichen Rahmen als auch – damit fast zwingend verbunden – das Budget. Ein schwacher Trost ist, dass eine Nachkalkulation bankbetrieblicher IT-Projekte bis heute praktisch nirgends durchgeführt wird.

Leider führen nicht alle Projekte überhaupt zu einem erfolgreichen – im Sinne der Systemfertigstellung – Ende. Das Projekt *Taurus* der London Stock Exchange wurde bei einem Stand von 400 Mio. Pfund abgebrochen (1993). Eine neue Soft ware für das Bauspargeschäft (*LBS 2000*) der Bayerischen Landesbausparkasse wurde „nach bereits hohen geleisteten Aufwänden" eingestellt (geschätzte Projektkosten 50 Mio. €). Im Internet-Hype wollte das Schweizer Bankhaus Vontobel

---

[37] Software ist ein immaterieller Vermögensgegenstand. Nach § 248 Abs. 2 HGB in Verbindung mit § 5 Abs. 2 EStG muss eigenentwickelte Software als Entwicklungsaufwand im Jahr der Entstehung angesetzt werden. Eine Aktivierung von Software und damit auch eine spätere Abschreibung über mehrere Jahre ist nur möglich, wenn die Software entgeltlich erworben wurde.

Projekt, Bank, Fertigstellung	Ansatz	Kosten
System „Xetra", Deutsche Börse, 1999 (Release 4)	Erstellung einer elektronischen Plattform für den Wertpapierhandel	75 Mio. € (nur Kosten auf Seiten der Börse)
System „MARK", Frankfurter Hypothekenbank (heute Bestandteil der Eurohypo), 1999	Modulares Anwendungssystem für Realkreditinstitute	130 Mio. €
Filialanwendungen EVA/TOM[38] inkl. CRM-System (Mengenkunden), Commerzbank, 2000	Eigenentwicklung	> 50 Mio. €
CRM-System, Firmenkundengeschäft, Dresdner Bank, 2000	basierend auf Software der Firma Siebel	100 Mio. €
Filialanwendungen EVA/TOM inkl. CRM-System (Individual- und Geschäftskunden), Commerzbank, 2002	Eigenentwicklung	knapp 50 Mio. €
Wertpapierabwicklungssystem WIS Plus, TxB Transaktionsbank, 2002	Anpassung der (ehemals identischen) Systeme von Helaba und Bayerischer Landesbank	130 Mio. €
Kernbanksystem, Schweizer Privatbank, 2002	Banking-Engine auf Oracle-Basis (ohne Satelliten-Systeme)	30-50 Mio. SFR
Kernbanksystem, Postbank, 2003	Gemeinsame Entwicklung mit SAP	250 Mio. €
Einführung des Systems GEOS, Trinkaus & Burkhardt, 2003	Anpassung und Einführung des Standardsoftware-Wertpapiersystems GEOS	30 Mio. €
Kernbanksystem „agree" (Retail-Banking) im genossenschaftlichen Bereich, Fiducia IT, 2004	90% Eigenentwicklung	100 Mio. €
Reengineering des Buchungssystems, Credit Suisse, 2004	Eigenentwicklung	70 Mio. SFR
Kernbanksystem „OS Plus" in der Sparkassenorganisation, Sparkassen Informatik, 2005	Eigenentwicklung	> 500 Mio. €
Anpassungen der IT-Systeme für Basel II, deutsche Großbank, 2005	Eigenentwicklung	> 100 Mio. €

Tab. 1-3: Kosten von ausgewählten bankbetrieblichen IT-Projekten

---

[38] EVA = Elektronische Vertriebsanwendung, TOM = Termin- und Organisationsmanager.

eine Internet-Bank aufbauen. Das Projekt wurde nach rund 300 Mio. verbrauchten SFR abgebrochen (Projekte in ähnlicher Größenordnung auch bei der UBS und der Credit Suisse). Das Projekt *WP Neu* (Bayerische Hypothekenbank, WestLB, BHF Bank) – ebenfalls auf ca. 50 Mio. € taxiert – wurde ergebnislos abgebrochen. Die Erstellung des Wertpapiersystems *Omnis* (Bankhäuser Metzler, Delbrück, Lampe und Software AG) kostete rund 20 Mio. €. Aufgrund unzumutbarer Antwortzeiten wurde das System nie in Betrieb genommen. Ebenfalls nie in Betrieb genommen wurde das (massiv umgebaute) Wertpapiersystem *GEOS* für die Dresdner Bank (Schätzung ca. 200 Mio. €).

Gründe für das Scheitern von IT-Projekten können sein:

- Nicht mehr handhabbare Komplexität, d.h. hochgradige Integration der Anwendungen untereinander.
- Mangelhaft definierte Anforderungen an den Leistungsumfang der Systeme. Häufig werden erforderliche Funktionen in größerem Umfang erst während der Projektlaufzeit erkannt und führen dann zu technischen Änderungen, die bis zu einer Neukonzeption führen können.
- Lange Projektlaufzeiten, d.h. die allgemeine IT-Entwicklung war deutlich schneller als die Entwicklungszyklen in den Großprojekten. Noch bevor Teile der Anwendungen realisiert waren, waren sie technisch veraltet.

Auf europäischer Ebene müssen nach einer Studie des Marktforschungsinstituts FORRESTER RESEARCH (2005) in den nächsten Jahren rund 50 Mrd. € investiert werden, um die Software der Banken zu modernisieren. Der Studie zufolge kostet die Nachrüstung in Einzelfällen mehr als 250 Mio. €. Laut Forrester hat noch nicht einmal jede zweite Bank mit der Modernisierung begonnen.

1.5.3 Ermittlung der IT-Budgets von Versicherern

Traditionell haben Versicherer ihre IT-Kosten im Umlageverfahren auf die Fachbereiche weitergegeben. Erst ab dem Jahr 2000 wurde mit der verursachungsgerechten Verrechnung begonnen, d.h. der Aufbau des IT-Controlling ist noch längst nicht abgeschlossen.

Als Näherungsgröße für die IT-Kosten in der Versicherungswirtschaft wird üblicherweise ein prozentualer Anteil an den Beitragseinnahmen (Prämien) gerechnet, der bei etwa 3% liegt. Dies entspricht etwa 25% der gesamten Verwaltungskosten eines Versicherers und stellt damit einen signifikanten Kostenblock dar. Allerdings ist die Spannweite groß und liegt bei deutschen Versicherern zwischen 1,5 und 5% der Beitragseinnahmen. Dementsprechend streuen auch die IT-Kostenquoten pro Mitarbeiter erheblich – von rund 8.000 € bis über 30.000 € (COMPASS DEUTSCHLAND 2006). Aus dieser enormen Streuung wird ein großer Nachholbedarf für die Gestaltung versicherungsbetrieblicher IT-Systeme abgeleitet. Ähnlich wie im Bankenbereich entfallen bei Versicherern 75% des Budgets auf den laufenden Betrieb und 25% auf die Entwicklung neuer Anwendungen und Funktionen. In der Tabelle 1-4 werden die zehn größten Versicherungsgesellschaften Deutschlands (Kriterium: Beitragseinnahmen) aufgeführt und die geschätzten IT-Kosten angegeben.

Rang	Versicherungs-unternehmen	Beitragseinnahmen in Mio. € (2004)	Geschätzte IT-Kosten in Mio. € (3% der Beitrags-einnahmen)
1	Münchener Rück	22.397	672
2	Allianz	21.438	643
3	Hannover Rück	9.567	287
4	R+V	7.542	226
5	AXA / Sicher Direct	6.374	191
6	Debeka	6.273	188
7	Zürich / Neckura	6.109	183
8	HDI	5.506	165
9	Signal / Iduna	4.559	137
10	Victoria	4.441	133

Tab. 1-4: Geschätzte IT-Kosten von Versicherungsunternehmen (national, Top 10)

Literatur zum Kapitel 1:

ACCENTURE GMBH (Hrsg.) (2002), *Wege aus der Wertfalle. Rentables Wachstum durch wertorientiertes Management*, Studie, Financial Services Banking, Kronberg/Ts.

ACCENTURE/SAP (Hrsg.) (2005), *Redefining Core Banking. Worldwide Survey*, www.sap.com/industries/banking/pdf/Redefining_Core_Banking_Worldwide_Report. pdf (Zugriff: 18.10.2005)

ACHENBACH, W./LIEBER, K./MOORMANN, J. (Hrsg.) (2006), *Six Sigma in der Finanzbranche*, 2., aktual. u. erweit. Aufl., Frankfurt: Bankakademie-Verlag

BENEKEN, G./MÜHLHAUSEN, A./ZEHLER,T. (2004), *Bedarfsanalyse Finanzdienstleister – Essentials*, Virtuelles Software Engineering-Kompetenzzentrum (VSEK), www.software-kompetenz.de (Zugriff: 11.10.2005)

BETSCH, O./THOMAS, P. (2005), *Industrialisierung der Kreditwirtschaft*, Wiesbaden: Gabler

BUSSMANN, J. (2003), *Sparen allein führt nicht zum Ziel*, in: Bankinformation, 30. Jg., Nr. 5, S. 37-40

CELENT (Hrsg.) (2005), *IT Spending Trends in European Banking, 2005*, www.celent.com/PressReleases/20050720/ITSpending.htm (Zugriff: 2.11.2005)

COMPASS DEUTSCHLAND GMBH (Hrsg.) (2006), *Versicherungen haben 2005 erste Durchbrüche bei Senkung der IT-Kosten geschafft*, www.compassmc.com/Germany/press-1-2005.htm (Zugriff: 14.2.2006)

DAVENPORT, T.H. (1993), *Process Innovation. Reengineering Work through Information Technology*, Boston/MA: Harvard Business School Press

DAVENPORT, T.H./SHORT, J.E. (1990), *The New Industrial Engineering. Information Technology and Business Process Redesign*, in: Sloan Management Review 31, Nr. 4, S. 11-27

DUBE, J. (1995), *Informationsmanagement in Banken*, Wiesbaden: Gabler

FISCHER, T./ROTHE, A. (2004), *Wertbeitrag der Informationstechnologie*, in: MOORMANN, J./FISCHER, T. (Hrsg.), Handbuch Informationstechnologie in Banken, 2., vollst. erneu. u. erweit. Aufl., Wiesbaden: Gabler 2004, S. 19-41

FITTKAU & MAAß CONSULTING (Hrsg.) (2004), *W3B-Studie „Finanzdienstleistungen online"*, Hamburg

FORRESTER RESEARCH (Hrsg.) (2005), *Large-Scale Banking Platform Renewal Case Study: Drivers*, www.forrester.com/Research/Document/Excerpt/0,7211,35905,00,html (Zugriff: 10.9.2005)

GATES, B. (1999), *Business @ the Speed of Thought. Using a Digital Nervous System*, New York/NY: Warner

HAMMER, M. (1990), *Reengineering Work: Don´t Automate, Obliterate*, in: Harvard Business Review 68, Nr. 4, S. 104-112

HEINRICH, L. (2004), *Wirtschaftsinformatik-Lexikon*, 7., vollst. überarb. u. erw. Aufl., München: Oldenbourg

KOENEN, J. (2004), *Banken hadern mit ihren IT-Systemen*, in: Handelsblatt, 10.9.2004.

KRCMAR, H. (2005), *Informationsmanagement*, 4., überarb. u. erw. Aufl., Berlin: Springer

KRÖNUNG, H.-D. (1996), *Die Bank der Zukunft. Plattformen schaffen, Flexibilität und Leistungsfähigkeit sichern*, Wiesbaden: Gabler

LOCKYER, S.E. (2003), *Efficiency Projects Seen Dominating IT Budgets*, in: American Banker, Jg. 168, Nr. 170, S. 12

MEYER ZU SELHAUSEN, H. (2000), *Bank-Informationssysteme. Eine Bankbetriebswirtschaftslehre mit IT-Schwerpunkt*, Stuttgart: Schäffer-Poeschel

MOORMANN, J. (2002), *Terminologie und Glossar der Bankinformatik*, 2., überarb. u. erweit. Aufl., Arbeitsberichte der Hochschule für Bankwirtschaft, Nr. 37, Frankfurt/M.

MOORMANN, J./HILLESHEIMER, M./METZLER, C./ZAHN, C.M. (2006), *Wertschöpfungsmanagement in Banken*, 2., überarb. u. erweit. Aufl., Frankfurt/M.: Bankakademie-Verlag

MORGAN STANLEY/MERCER OLIVER WYMAN (Hrsg.) (2005), *European Consolidation: IT Synergies and Basel II Will Drive Cross-Border Restructuring*, London

MÜLLER-MERBACH, H. (1995), *Die Intelligenz der Unternehmung: Management von Information, Wissen und Meinung*, in: technologie & management, 44. Jg., Nr. 1, S. 3-8

NETZEL, W. (2005), *IT Bayern – die technische Einheit als Klammer eines S-Verbundes*, in: Technik. IT für Finanzdienstleister, 2. Jg., Nr. 4, S. 11-13

OTTO, K.-F. (2005), *Der Sparkassenverbund ist kein IT-Verbund. Aber ...*, in: Technik. IT für Finanzdienstleister, 2. Jg., Nr. 4, S. 4-5

PIERRE AUDOIN CONSULTANTS (PAC) GMBH (Hrsg.) (2005), *Back to Growth: Der Bankenmarkt wächst wieder*, München, www. pac-online.com/pictures/Germany /Press % 20Releases/2005/Banking.pdf (Zugriff: 18.10.2005)

PENZEL, H.-G. (2004), *Architekturmanagement aus Sicht einer Großbank*, in: MOORMANN, J./FISCHER, T. (Hrsg.), Handbuch Informationstechnologie in Banken, 2., vollst. erneu. u. erweit. Aufl., Wiesbaden: Gabler, S. 111-130

PORTER, M.E. (1980), *Competitive Strategy*, New York: Free Press

REBSTOCK, M./WEBER, G./DANIEL, S. (Hrsg.) (2000), *Informationstechnologie in Banken. Optimierung von Geschäftsprozessen*, Berlin: Springer

SOKOLOVSKY, Z. (2005), *Industrialisierung der Banken*, in: SOKOLOVSKY, Z./LÖSCHENKOHL, S. (Hrsg.), Handbuch Industrialisierung der Finanzwirtschaft, Wiesbaden: Gabler, S. 35-58

SPATH, D. (Hrsg.)/ENGSTLER, M./VOCKE, C. (2005), *Bank & Zukunft 2005 – Trendstudie*, Stuttgart

STAHLKNECHT, P./HASENKAMP, U. (2005), *Einführung in die Wirtschaftsinformatik*, 11., vollst. überarb. Aufl., Berlin: Springer

STEEVENS, C./WITTKOWSKI, B. (2005), *Die Sparkassenorganisation braucht nicht mehrere IT-Dienstleister*, in: Börsen-Zeitung, Nr. 68, 9.4.2005, Frankfurt/M.

THE BOSTON CONSULTING GROUP, INC. (Hrsg.) (2005), *IT Outsourcing and Offshoring: Hype or Opportunity?*, IT Cost Benchmarking in the European Banking Industry, BCG Report, Boston/MA

THE BOSTON CONSULTING GROUP, INC. (Hrsg.) (2004), *IT Costs in Banks: Revisit Your Beliefs!*, BCG´s 2003 European IT Benchmarking in Banking Study, München

THE BOSTON CONSULTING GROUP, INC. (Hrsg.) (2001), *Tightening the Reins on IT Spending*, www.bcg.de/kompetenz/themen/ITEfficiencyOperations/index.jsp (Zugriff: 13.5.2002)

VENKATRAMAN, N. (1994), *IT-enabled business transformation: from automation to business scope redefinitions*, in: Sloan Management Review 35, Nr. 4, S. 73-87

VON SCHIMMELMANN, W. (2000), *Für die Postbank ist das Filialnetz erfolgsentscheidend*, in: Zeitschrift für das gesamte Kreditwesen, 53. Jg., Nr. 6, S. 289-298

Wöbking, F. (2005), *Erfolgsfaktor in der Unternehmensstrategie*, in: Die Bank, E.B.I.F-Sonderausgabe, Informations-Technologie in Banken, S. 12-14

WÖLFING, D. (1995), *Vom Konto zum Kunden. Ansätze zur Bewältigung von Software-Altlasten bei Kreditinstituten*, in: Information Management, 10. Jg., Nr. 3, S. 66-72

WÖLFING, D. (2006), *Six Sigma und Business Process Management im Kontext industrieller Bankprozesse*, in: ACHENBACH, W./LIEBER, K./MOORMANN, J. (Hrsg.), Six Sigma in der Finanzbranche, 2., aktual. u. erweit. Aufl., Frankfurt/M.: Bankakademie-Verlag, S. 59-77

Kapitel

2

2 Gestaltungsansätze in der FDL-Informatik

Kernaspekte des Kapitels:

- Zusammenhang zwischen Unternehmensstrategie, Geschäftsprozessen und Informationstechnologie.
- Grundsätzliche (aus Strategie und Prozessen abgeleitete) Gestaltungsmöglichkeiten der FDL-IT.
- Vor- und Nachteile einzelner IT-Optionen.

Bei der Bewältigung des zurzeit stattfindenden Strukturwandels in der Finanzbranche kommt dem Einsatz von Informationstechnologie eine wesentliche Rolle zu. Dabei steht IT nicht „nur" für die technische Umsetzung der geschäftlichen Aktivitäten. Vielmehr sind sowohl die Strategien als auch die betrieblichen Prozesse der Finanzdienstleister eng mit der IT verknüpft. Darauf geht der erste Teil dieses Kapitels ein, der sich mit dem Zusammenhang von Geschäftsstrategie, Geschäftsprozessen und Informationstechnologie beschäftigt. Im zweiten Teil stehen die generellen Gestaltungsmöglichkeiten, die „IT-Optionen", im Vordergrund. Diese beziehen sich primär auf die Applikationsebene (weniger auf die Software- und Datenbankebene oder die IT-Infrastruktur) und werden am Beispiel der Bankwirtschaft gezeigt. Dabei reicht das Spektrum von der Eigenerstellung über die Kooperation mehrerer Institute bis hin zum Einsatz von Standardsoftware und zum Outsourcing.

2.1 Integration von Strategie, Prozessen und Informationssystemen

In der Literatur finden sich diverse Modelle, die das Ziel einer sinnvollen Herleitung und Strukturierung von IV-Systemen verfolgen. Dazu werden üblicherweise

Beschreibungsebenen definiert, durch deren Ausprägung und Granularität sich die Modelle unterscheiden.[39]

Im Folgenden werden drei häufig zitierte Modelle dargestellt (Abschnitt 2.1.1). Daran anschließend wird die Gestaltung auf der Strategieebene (Abschnitt 2.1.2), auf der Prozessebene (Abschnitt 2.1.3) und auf der Informationssystemebene (Abschnitt 2.1.4) behandelt.

2.1.1   Beschreibungsebenen

Es ist bislang kein umfassendes Modellierungskonzept für Finanzdienstleister bekannt, das allgemein akzeptiert ist. Daher bietet es sich an, auf die in der Literatur angebotenen branchenunabhängigen Vorschläge zurückzugreifen. Dabei haben die Ideen von FRANK, SCHEER und ÖSTERLE besondere Verbreitung gefunden (vgl. auch den Überblick in LEIST 2002).

Multiperspektivische Unternehmensmodellierung

FRANK (1994) hat sich in einer Reihe von Publikationen mit der Modellierung von Unternehmen beschäftigt. Sein Ziel ist die Gestaltung von Informationssystemen, wobei er erkennt, dass der Entwurf von IS ein fundiertes Verständnis der Ziele und Abläufe des Unternehmens voraussetzt. Er sieht auch, dass IT wiederum neue organisatorische Gestaltungsmöglichkeiten und strategische Optionen schafft. Er unterscheidet in seinem Ansatz der „multiperspektivischen Unternehmensmodellierung" drei Sichten bzw. Perspektiven:

– Strategische Perspektive: Formulierung der Ziele des Unternehmens, Entwurf und Bewertung langfristiger Unternehmens- bzw. Geschäftsfeldstrategien.

– Organisatorische Perspektive: Gestaltung und Durchführung der Zusammenarbeit im Unternehmen.

– Informationssystem-Perspektive: Entwurf, Implementierung und Betrieb von Informationssystemen.

Die Abbildung 2-1 zeigt die Grundstruktur von FRANKS Modell. Jede einzelne Sicht ist für die andere von Bedeutung, da sie Einfluß auf die Gestaltung der darunter- bzw. darüberliegende Sicht hat. FRANK betont jedoch, dass die Beeinflussung von oben nach unten tendenziell stärker ausgeprägt ist.

---

[39] Die Begriffe *Sicht*, *Ebene* und *Perspektive* werden im Folgenden synonym benutzt. Die Verwendung orientiert sich am Gebrauch durch den jeweiligen Autor.

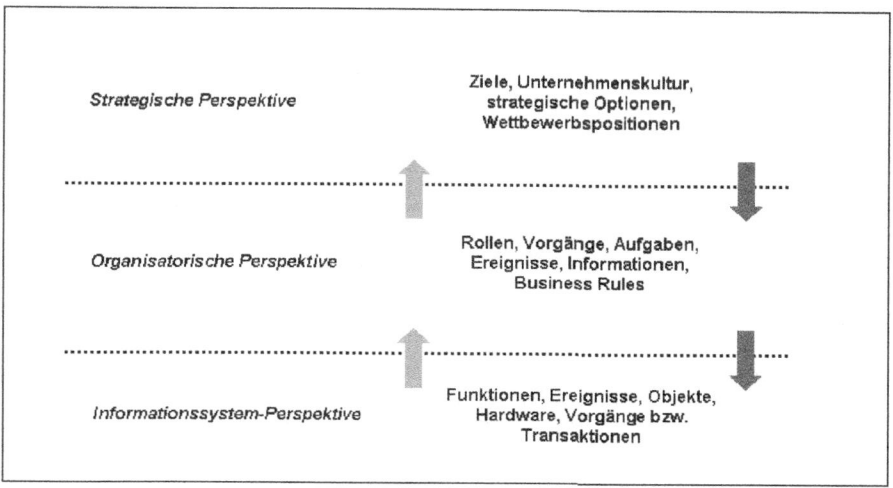

Abb. 2-1: Sichten der multiperspektivischen Unternehmensmodellierung nach FRANK (1994, S. 170)

Unternehmensmodellierung im ARIS-Ansatz

Das Modell ARIS („Architektur integrierter Informationssysteme") von SCHEER (1998) besteht ebenfalls aus mehreren Sichten auf das Unternehmen (Abbildung 2-2). Im Mittelpunkt steht der Geschäftsprozess (*Steuerungssicht*), dessen zentrale Position Scheer mit seiner besonderen Bedeutung im Unternehmen begründet. Ursprünglich wurde der Geschäftsprozess zur Unterstützung der Entwicklung von Informationssystemen modelliert (insbesondere von SAP-Applikationen). Heute ist der Geschäftsprozess für SCHEER auch für rein betriebswirtschaftliche Themen wie Prozesskostenrechnung, Ablauforganisation und Qualitätsmanagement von Bedeutung.

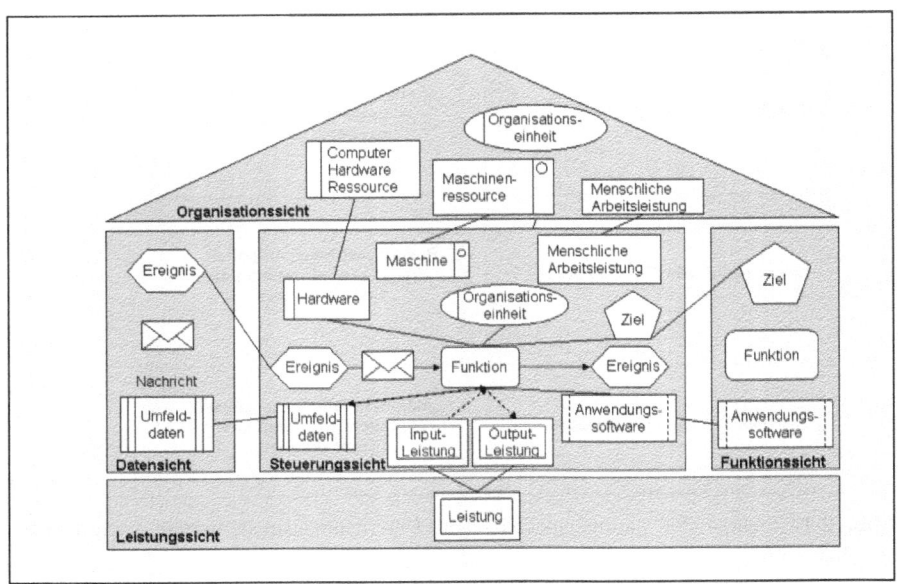

Abb. 2-2: Sichten des ARIS-Hauses von SCHEER (1998, S. 37)

Scheer differenziert fünf Sichten:

– Organisationssicht: Abbildung der Aufbauorganisation (menschliche oder maschinelle Aufgabenträger).

– Funktionssicht: Abbildung der Vorgänge, die Input-Leistungen zu Output-Leistungen transformieren. Dazu zählt auch die Anwendungssoftware, die definierte Funktionen unterstützt.

– Datensicht: Umfelddaten der Vorgangsbearbeitung (z.B. Lieferanten, Kunden, Arbeitspläne) und Nachrichten, die Funktionen auslösen bzw. von Funktionen erzeugt werden).

– Leistungssicht: Darstellung aller Input- und Output-Leistungen einschließlich der Geldflüsse.

– Steuerungssicht: Abbildung der Beziehungen zwischen den anderen vier Sichten. Die Steuerungssicht integriert damit die anderen vier Sichten und kann daher als „übergeordnete Prozessebene" (ALPAR ET AL. 2002, S. 114) betrachtet werden.

Darüber hinaus liegt ARIS ein Phasenmodell zugrunde, das die Entwicklung von Informationssystemen unterstützt. Jede Sicht wird damit hinsichtlich der Phasen Fachkonzept, DV-Konzept und technische Implementierung spezifiziert.

Das ARIS-Modell ist die Grundlage für das in vielen Banken und Versicherungsunternehmen eingesetzte Werkzeug ARIS Toolset (IDS Scheer AG). Dieses Softwarepaket dient u.a. zur Dokumentation und Analyse der Geschäftsprozesse in Unternehmen.

Unternehmensmodellierung im Business Engineering

Österle beschäftigt sich mit dem „Business Engineering". Dabei geht es um die Transformation von Unternehmen in das „Informationszeitalter" (ÖSTERLE 2003). Als wesentlicher Auslöser dieser Transformation werden IT-Innovationen gesehen. Da aber Restrukturierungen von Unternehmen zwingend auf fachlicher Ebene begründet sein müssen, ist zunächst die Unternehmensstrategie betroffen. IT-Innovationen wirken sich natürlich auf die bestehenden Informationssysteme aus. Als verbindendes Element führt ÖSTERLE die Prozesssicht ein, die die Strategie des Unternehmens konkretisiert und mit dem Informationssystem verbindet (ÖSTERLE 1995). Aus diesem Ansatz ergeben sich die folgenden drei Ebenen:

- Strategie: Beschreibung des Markts, der strategischen Geschäftseinheiten und der Marktleistungen des Unternehmens.
- Prozesse: Festlegung der Prozessleistungen, der Abläufe der Prozesse und der Aktivitäten als Bestandteile der Prozesse.
- Systeme: Abbildung der Applikationen einschließlich der unterstützten Funktionen, IT-Komponenten und Datenbanken.

Einen Überblick über das Ebenenmodell von ÖSTERLE zeigt die Abbildung 2-3.

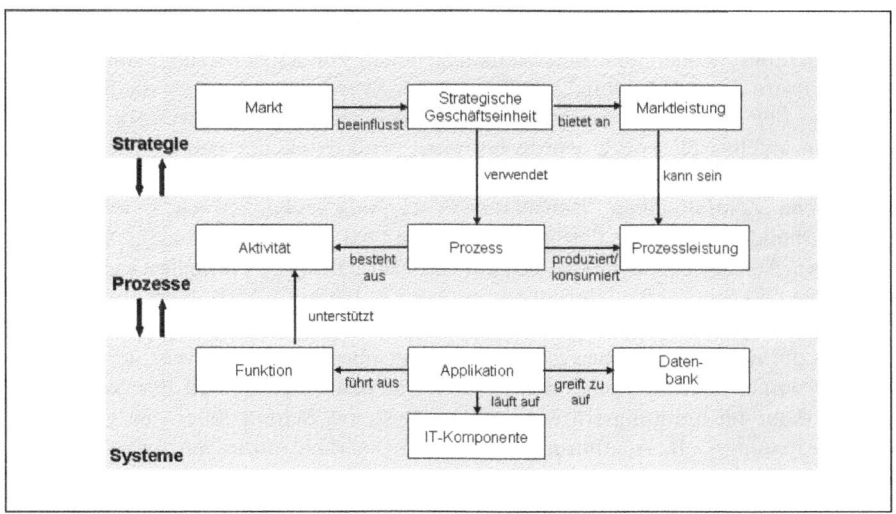

Abb. 2-3: Sichten im Modell des Business Engineering (ÖSTERLE/BLESSING 2003, S. 81)

ÖSTERLE betont die Notwendigkeit einer Integration der drei Ebenen: Aus der Strategie des Unternehmens leiten sich die Marktaktivitäten ab. Diese determinieren die Kernprozesse, die Unterstützungsprozesse und die Managementprozesse. Aus den Prozessen (und der daraus resultierenden Organisationsstruktur) ergeben sich die Anforderungen an die Systemgestaltung. Die IT unterstützt die Prozesse und sorgt für die erforderliche Informationsverarbeitung im Unternehmen sowie im Verbund mit externen Partnern.

Gilt die Verknüpfung der drei Ebenen schon im Fertigungsunternehmen, so ist sie bei Finanzdienstleister noch stärker ausgeprägt. Dadurch, das Finanzdienstleistungen nur virtuell bestehen, ist ihr Entwurf, ihr Vertrieb und ihre Abwicklung an informationsverarbeitende Systeme gebunden. Daher müssen strategische und organisatorische Veränderungen in Banken und Versicherungsunternehmen immer die Informationssysteme einbeziehen, um wirksam werden zu können (WINTER 2005).

Ableitung eines generischen Modells

Zusammenfassend kann festgestellt werden, dass in der Literatur eine weitgehende Übereinstimmung hinsichtlich eines aus drei Ebenen zusammengesetzten Modells zur Beschreibung von Unternehmen besteht: eine *geschäftsstrategische Ebene*, eine *prozessuale Ebene* und eine *Informationssystemebene*. Im ARIS-Modell fehlt eine explizite Strategieebene. Es werden aber die Leistungen dokumentiert. Da diese implizit aus geschäftsstrategischer Perspektive festgelegt werden, können sie als deren Repräsentation gelten (LEIST 2002).

Ein generelles Modell der Beschreibungsebenen zur Modellierung von Finanzdienstleistern zeigt Abbildung 2-4. Ziel auf der Strategieebene ist es, die Rolle und Strategie der Bank bzw. des Versicherers im Wertschöpfungsnetzwerk festzulegen. Ein solches Netzwerk würde bei einer Volksbank der genossenschaftliche Verbund sein (einschl. Verbände, RZ-Gesellschaften[40], Kreditfabrik, genossenschaftliche Zentralbanken, Bausparkasse, Hypothekenbanken etc.), sollte aber auch verbundunabhängige Partner einbeziehen (z.B. andere Versicherer, Datenlieferanten). Auf der Prozessebene besteht das Ziel darin, die optimale Organisation (Prozesse und Struktur) zu definieren. So geht es bei einer Volksbank im Wesentlichen um die Konkretisierung der Akquisitions- und Vertriebsprozesse. Das Gestaltungsziel der Informationssystemebene liegt im optimalen Schnitt der Anwendungssysteme, Softwarekomponenten und Datenbanken. Im Fall der Volksbank geht es dann um Beratungssoftware, CRM- Systeme, Schnittstellen zur Transaktionsverarbeitung (z.B. Ausführung von Zahlungsverkehraufträgen) usw. Die drei Ebenen werden im folgenden Abschnitt näher beschrieben.

---

[40] RZ = Rechenzentrum.

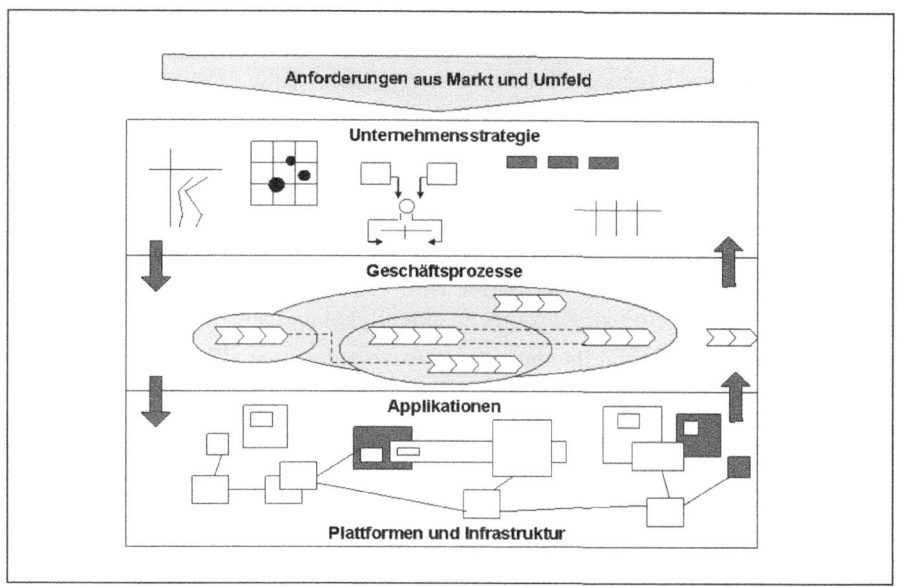

Abb. 2-4: Beschreibungsebenen für Finanzdienstleister (ähnliche Darstellungen finden sich in einer Reihe von Quellen, u.a. ALPAR ET AL. 2002, S. 116)

Neben der fachlichen Dimension (Strategie, Prozesse, Informationssysteme) spielt die menschliche Dimension („Human Factors") eine große Rolle – wiederum besonders ausgeprägt im Finanzdienstleistungsbereich. Dazu zählen Aspekte der Kommunikation und Motivation, des Führungsstils, des Verhaltens, der Macht usw. Diese Aspekte können als eine zweite Dimension neben der fachlichen Perspektive begriffen werden. Sie ist aber nicht Gegenstand dieses Buches.

2.1.2 Gestaltung auf Strategieebene

Um eine Bank bzw. Versicherung im Wettbewerb optimal positionieren zu können, müssen die relevanten Kundensegmente und -prozesse identifiziert und definiert werden. Außerdem sind die Kernkompetenzen, das Zielsystem des Unternehmens, die eigene Wertschöpfungskette, die Partner und Konkurrenten etc. zu klären (WINTER 2005).

Wesentliche Elemente der strategischen Ebene sind das Geschäftsmodell und die Geschäftsstrategie:

- Das *Geschäftsmodell* (in der Literatur auch als *Geschäftsarchitektur* bezeichnet) beschreibt u.a. die Positionierung der Bank oder des Versicherungsunternehmens im Wertschöpfungsnetzwerk und das Zusammenwirken mit Kunden und Partnern in diesem Netzwerk (WINTER 2003). Durch das Aufbrechen der klassischen Wertschöpfungskette spielt gerade für die Finanzbranche die Wahl des Geschäftsmodells eine immer größere Rolle (MOORMANN ET AL. 2006). So nehmen z.b. die Genossenschaftsbanken immer klarer die Rolle von reinen Vertriebsbanken ein, während Transaktionsbanken wie z.b. die Deutsche WertpapierService Bank AG (dwpbank) und die International Transaction Services GmbH (ITS) ausschließlich das Wertpapiergeschäft abwickeln. Die Postbank sowie das genossenschaftliche TAI (Transaktionsinstitut für Zahlungsverkehrsdienstleistungen AG) positionieren sich als Insourcer für den Zahlungsverkehr, die Norisbank ist als Produktentwickler für spezifische Produkte (in diesem Fall Konsumentenkredite) aktiv usw.

• Demgegenüber beschreibt die *Geschäftsstrategie*, wie das angestrebte Geschäftsmodell eines Unternehmens oder einer Geschäftseinheit umgesetzt werden soll. Dazu müssen die Kernkompetenzen identifiziert und die zu unterstützenden Kundenprozesse herausgearbeitet werden. Es sind die Kundengruppen, die Kernprodukte, die Vertriebswege und die zu bearbeitenden Regionen zu definieren und es ist die strategische Grundausrichtung (beispielsweise Kostenführerschaft, Differenzierer, Nischenanbieter) zu klären. Das Ergebnis können höchst unterschiedliche Strategien sein (z.B. regional tätige Bank, Discounter, Bank mit Spezialisierung auf das Investmentbanking, Direktversicherer, Kreditversicherung etc.).

2.1.3   Gestaltung auf Prozessebene

Auf dieser Ebene werden – ausgehend von der Geschäftsstrategie – die unternehmensindividuellen Prozesse identifiziert und festgelegt. Als wesentliches Ergebnis resultiert die *Prozessarchitektur* (Prozesslandschaft). Hier werden die notwendigen Geschäftsprozesse und ihr Zusammenwirken beschrieben. Von besonderer Bedeutung ist die konsequente Ausrichtung jedes Geschäftsprozesses auf die konkreten Bedürfnisse der (externen und internen) Kunden. Auf dieser Basis werden für jeden Prozess die zu erbringenden Prozessleistungen spezifiziert sowie Ablaufpläne, Leistungsindikatoren, Stellenbeschreibungen und Workflow-Spezifikationen festgelegt (ÖSTERLE 1995).

Zur Entwicklung der Prozesslandschaft eines Finanzdienstleisters ist eine Reihe von Methoden und Techniken verfügbar. Ein systematisches und in der Praxis erprobtes Vorgehensmodell ist PROMET (PROzess METhode).[41] PROMET baut auf der Idee des Method Engineering auf und besteht aus einem Set modular aufgebauter Werkzeuge. Eines der Kernmodule ist PROMET-BPR, das dem fachli-

---

[41] PROMET wurde am Institut für Wirtschaftsinformatik der Universität St. Gallen entwickelt (www.promet-web.com).

chen Entwurf von Prozesslandschaften und Geschäftsprozessen dient. Mit Hilfe von PROMET-BPR hat z.b. die Credit Suisse ihre Prozesse strukturiert.

Ein anderer Ansatzpunkt zur Ableitung von Geschäftsprozessen ist die Wertschöpfungskette von PORTER (1985). In Anlehnung an sein Modell könnte z.b. die Grundstruktur einer Retail-Bank wie in Abbildung 2-5 aussehen.

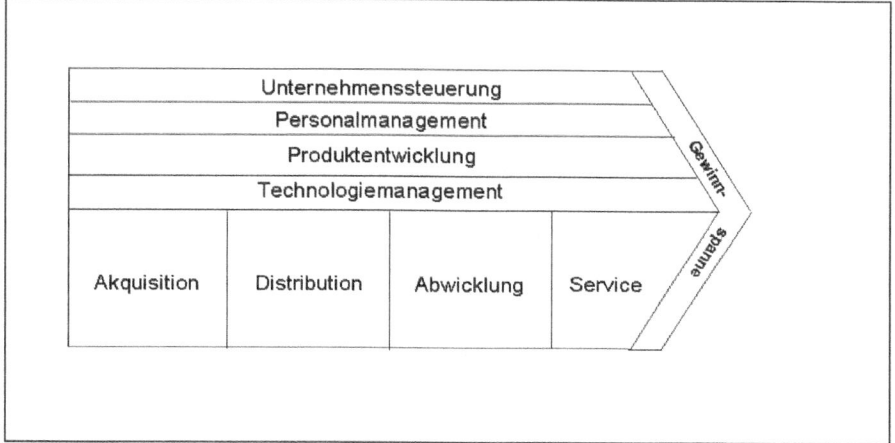

Abb. 2-5: Wertschöpfungskette einer Retail-Bank (MOORMANN/FRANK 2000, S. 13)

Danach besteht die Bank aus vier Kernprozessen (Akquisition, Distribution, Abwicklung und Service). Diese Prozesse wurden bereits im Abschnitt 1.2.1 beschrieben. Darüber hinaus finden sich in der Bank folgende Management- und Unterstützungsprozesse:

– Der Managementprozess Unternehmenssteuerung umfasst Aufgaben wie Strategieentwicklung, Prozessmanagement, Risikomanagement, Schnittstellenmanagement, Controlling und Treasury.

– Zum Unterstützungsprozess Personalmanagement gehören beispielsweise Personalsuche und Prozesse zur Steuerung der Fluktuation, Aktivitäten zur Erhöhung der Loyalität der Mitarbeiter und das Thema Personalkosten.

– Der Unterstützungsprozess Produktentwicklung besteht aus der Analyse der Bedürfnisfelder der Kunden, der Produktinnovation und der Produkteliminierung.

– Im Rahmen des Unterstützungsprozesses Technologiemanagement werden Themen wie Verfahrensinnovationen, Organisation und Investitionen bearbeitet.

Festzuhalten ist, dass die Prozessentwicklung das Bindeglied zwischen Strategie- und IT-Entwicklung ist, d.h. Prozesse konkretisieren die Geschäftsstrategie und verknüpfen sie mit den Informationssystemen (DAVENPORT/SHORT 1990; HAMMER 1990). Prozesse haben fundamentale Bedeutung für Unternehmen: Erst sie ermöglichen Mitarbeitern das Unternehmen zu verstehen und zu betreiben.

2.1.4 Gestaltung auf Informationssystemebene

IT ist kein Selbstzweck. Obgleich die enorme Bedeutung von IT für Finanzdienstleister heute außer Frage steht, dient sie letztlich einem Zweck – der Unterstützung von Geschäftprozessen und damit der Umsetzung der Unternehmensstrategie (VENKATRAMAN 1994). Voraussetzung für die Neugestaltung der IT ist damit die Existenz einer klaren strategischen Ausrichtung des Gesamtunternehmens. Die Ausrichtung der IT an den Geschäftsaktivitäten wird als *IT Alignment* bezeichnet. Der Begriff drückt aus, dass diejenigen IT-Lösungen ausgewählt oder realisiert werden sollen, die am besten die Geschäftsstrategie und die Geschäftsprozesse des Unternehmens unterstützen. Die Bedeutung des Alignment ist in den letzten Jahren enorm gestiegen und wird immer mehr von den Fachbereichen eingefordert.

Darüber hinaus stehen neue Technologien immer mehr am Anfang einer Veränderung. Neue Technologien verändern die Wertschöpfungskette und beeinflussen daher die Prozesse und möglicherweise auch die Strategie (GATES 1999).

Die für das Unternehmen notwendigen Informationssysteme werden auf der Ebene der *funktionalen Architektur* (auch: *Anwendungsarchitektur, fachlicher Bebauungsplan*) entwickelt und realisiert (u.a. HOLLE/HELD 2002). Diese Ebene wird in der Literatur meistens in zwei Subebenen untergliedert: die Applikations- sowie die Integrationsebene.

– Ziel der Applikationsebene ist die fachliche Gestaltung der Anwendungssysteme (Applikationen). Auf Basis der aus der Geschäftsstrategie abgeleiteten Prozesse werden die Informationssysteme spezifiziert. Das Ergebnis ist die Applikationslandschaft der Bank bzw. des Versicherers. Auf dieser Grundlage werden Fachkonzepte für einzelne Informationssysteme bzw. Komponenten der Informationssysteme entwickelt (WINTER 2005).

– Auf der Integrationsebene geht es nach PENZEL (2004) um die Verbindung (Konnektivität) der Informationssysteme, z.B. durch die Verwendung von EAI-Werkzeugen[42]. Für ihn ist auf dieser Ebene also die Middleware entscheidend. Dagegen sieht WINTER (2005) eher die optimale Wiederverwendung von Softwareartefakten und Datenstrukturen als Gestaltungsziel dieser Ebene. Er spricht daher von der Software- und Datenbankebene.

---

[42] EAI = Enterprise Application Integration.

Unterhalb der funktionalen Architektur findet sich die Ebene der *technischen Architektur* (auch: *Systemarchitektur, IT-Infrastruktur, technischer Bebauungsplan*). Diese Ebene besteht aus den technischen Umgebungen (Betriebssysteme, Vernetzung, Hardware). Hier wird zwischen der *Systemebene* und der *Betriebsebene* differenziert. Auf die technische Architektur wird in den Abschnitten 4.1.1 und 4.1.2 dieses Buches näher eingegangen.

Abbildung 2-6 zeigt die vier Ebenen der IT-Architektur im Überblick. Zur Vervollständigung werden auch die darüberliegenden Schichten (Strategiebene und Prozessebene) dargestellt.

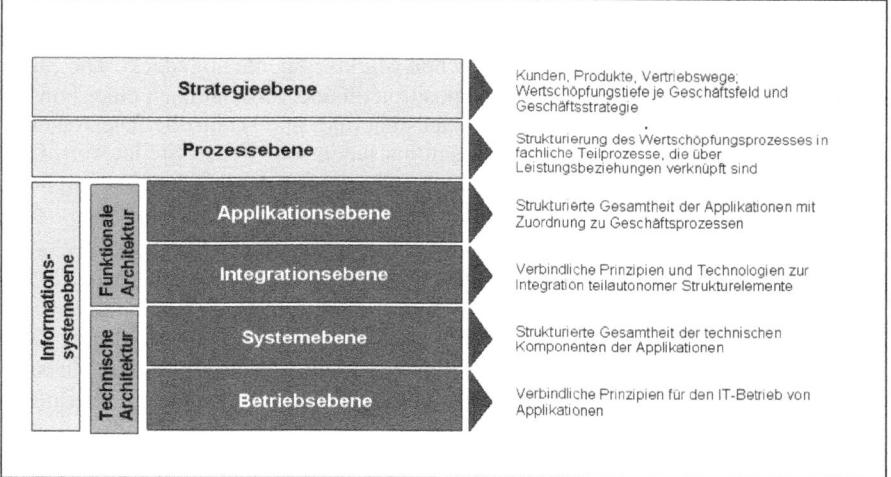

Abb. 2-6: Architekturebenen der IT (in Anlehnung an PENZEL 2004, S. 117)

Im Folgenden liegt der Fokus auf der Applikationsebene. Das erste Kapitel des Buches hat deutlich gemacht, dass sich die Finanzbranche in einem Strukturwandel befindet, der wesentlich mehr Flexibilität von der Informationstechnologie erfordert. Daher besteht großer Handlungsbedarf, die Anwendungsentwicklung der Banken und Versicherer leistungsfähiger zu gestalten. Dazu gibt es eine Reihe von Ansätzen, die von verbesserten Entwicklungswerkzeugen bis hin zu Formen der unternehmensübergreifenden Zusammenarbeit reichen.

2.2 Optionen zur Gestaltung der IT am Beispiel der Banken

Welche grundsätzlichen Gestaltungsmöglichkeiten für die Applikationsebene bieten sich den Finanzdienstleistern? Ausgangspunkt IT-strategischer Überlegungen muss die Analyse der gewählten Unternehmensstrategie und der Konsequenzen für die Geschäftsprozesse sein. Um unterschiedliche strategische Optionen aufzuzeigen, kann das Modell der generischen Wettbewerbsstrategien von PORTER (1980) herangezogen werden. PORTER unterscheidet drei Strategietypen, die einen nachhaltigen Wettbewerbsvorteil für das Unternehmen sicherstellen sollen:

- Die Strategie der *Kostenführerschaft* erfordert relativ hohe Marktanteile und setzt das Mengengeschäft voraus. Aufgrund des notwendig hohen Produktionsvolumens werden alle wesentlichen Marktsegmente abgedeckt. Die Strategie stellt auf eine günstige Kostenposition ab und verlangt nach einer konsequenten Umsetzung hinsichtlich Kostensteuerung und -kontrolle. Die Ausnutzung von Rationalisierungspotenzialen hat einen sehr hohen Stellenwert. Die Geschäftsprozesse sollen einfach, hoch automatisiert und extrem kostengünstig sein.

- Die *Differenzierungsstrategie* versucht, besondere strategische Stärken und damit Preisspielräume gegenüber Wettbewerbsteilnehmern aufzubauen. Die Profilierung wird durch eine auf Exklusivität ausgerichtete Kombination von diversen Leistungsmerkmalen (den so genannten Zusatznutzen) erzielt. Der Preis des Produkts muss relativ zur Exklusivität und dem mit diesem Zusatznutzen verbundenen Kundenproblem gesehen werden. Die Differenzierungsstrategie ist auf die gesamte Branche gerichtet, obwohl sie nur einen Teil der Nachfrager absorbiert. Die Geschäftsprozesse werden komplexer und gegebenenfalls vielfältiger sein. Sie sind nur teilweise automatisierbar.

- Die *Strategie der Fokussierung* zielt nur auf ein bestimmtes Marktsegment (Zielgruppe, Region, Vertriebsweg) ab. Diese Spezialisierung richtet sich auf ein über das Kundenproblem abgegrenztes Segment. Dieses soll nachhaltig besser als die Konkurrenz bedient werden. Bei der Fokussierung auf ausgewählte Marktsegmente sind grundsätzlich *zwei* Ausrichtungen möglich. Entweder lassen sich bei der Bedienung des Teilmarkts Kostenvorteile (z.B. aufgrund des Standorts) gegenüber dem Branchenführer erzielen, oder es gelingt nutzengerechtere Lösungskonzepte für die Kundschaft zu entwickeln. Die Geschäftsprozesse müssen der jeweiligen Ausrichtung entsprechen.

Eine Bank bzw. Versicherung verfolgt gegebenenfalls in ihren Geschäftseinheiten unterschiedliche Grundstrategien. Zudem versuchen einige Institute, hybride Strategien – Kombinationen aus Kostenführerschaft und Differenzierung – zu realisieren.

In Abhängigkeit von der strategischen Ausrichtung und ihrer Umsetzung in Geschäftsprozesse ergeben sich vier grundsätzliche Möglichkeiten für die Gestaltung der Anwendungsebene (Abbildung 2-7):

- die Eigenerstellung (❶),

- die Kooperation mehrerer Finanzdienstleister (❷),

- der Einsatz von Standardsoftware (❸) sowie

- die Auslagerung an externe Anbieter (❹).

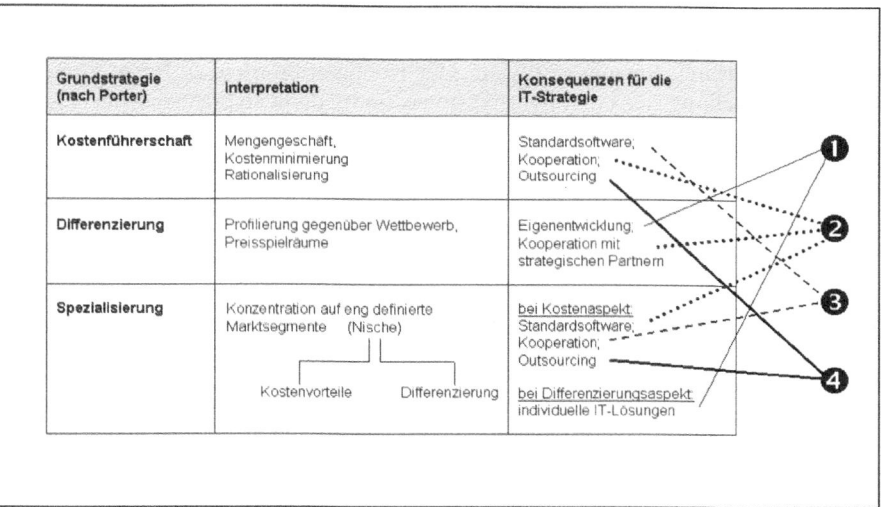

Abb. 2-7: Vier Lösungsansätze für die FDL-Informatik

Im Hinblick auf Hardware, Netze und Systemsoftware muss untersucht werden, welche Option für das jeweilige Unternehmen optimal ist. Diese Komponenten gelten aber als *Commodity*, d.h. es sind Industriestandards verfügbar und die Finanzdienstleister können sich normalerweise nicht mit diesen Komponenten gegenüber anderen Instituten differenzieren. Anders – und deutlich schwieriger – sieht dies auf der Anwendungsebene aus.

Die verschiedenen Gestaltungsoptionen der FDL-Informatik werden im Folgenden am Beispiel der Banken aufgezeigt. Sie gelten für Versicherer analog. Neben den Optionen der Eigenerstellung *(Abschnitt 2.2.1)*, der Kooperation *(Abschnitt 2.2.2)*, dem Einsatz von Standardsoftware *(Abschnitt 2.2.3)* und der Auslagerung *(Abschnitt 2.2.4)* wird schließlich die Kombination unterschiedlicher Optionen *(Abschnitt 2.2.5)* betrachtet.

2.2.1   Eigenerstellung

Seit Beginn der elektronischen Datenverarbeitung sind Banken typische Eigen-
entwickler und Betreiber eigener Rechenzentren.[43] Individualsoftware bietet – im
Rahmen der verfügbaren Ressourcen – Unabhängigkeit und Flexibilität des Bank-
hauses. Damit sind aber Nachteile verbunden. Die Wartung und Erweiterung der
Anwendungen stößt schnell an die Grenzen der Kapazität des IT-Bereichs. Zur
termingerechten Umsetzung geschäftspolitischer, gesetzlicher und technischer
Anforderungen fehlt häufig das Personal. Zudem limitiert die Größe des Instituts
die Möglichkeiten zur Spezialisierung der IT-Mitarbeiter.

Heute sollten Anwendungen nur in den Bereichen selbst entwickelt werden, in
denen Outsourcing, Standardsoftware oder Kooperation *nicht* in Frage kommen.
Die Eigenerstellung der operativen Systeme findet dementsprechend nur noch in
wenigen Kreditinstituten statt, d.h. bei großen Privatbanken, Bausparkassen,
Transaktionsbanken, einigen Hypothekenbanken und teilweise bei Landesbanken
und genossenschaftlichen Zentralbanken (vgl. zu Strukturen einer bankeigenen
Datenverarbeitung MOLL 1994). Für kleine und mittelgroße Institute ist die Eigenentwicklung grundsätzlich nur noch für Teilbereiche relevant.[44]

Selbst Großinstitute verfolgen heute einen differenzierten Ansatz (siehe dazu Abschnitt 2.2.5). Danach sollte nur dort, wo der Wettbewerbsvorteil hoch ist und sich
der Geschäftsprozess von anderen Banken deutlich unterscheidet, Eigenentwicklung betrieben werden.

2.2.2   Kooperation mehrerer Banken

Der steigende Wettbewerb im Finanzdienstleistungssektor führt zu neuen Konzepten in der Bankproduktion. Während in der Vergangenheit die Fertigung im
Alleingang üblich war, gewinnt nun die gemeinsame Fertigung und die Teilung
der Fixkosten an Bedeutung. Unter diesem Aspekt erscheint die Zusammenarbeit
mehrerer Banken in der Anwendungsentwicklung und/oder beim RZ-Betrieb zu-

---

[43] Eigenentwicklung bleibt es für ein Institut auch dann, wenn es auf externe Personalressourcen zur
Erstellung ihrer Systeme zurückgreift oder die Softwareentwicklung in einem anderen Land (z.B.
Deutsche Bank in Bangalore/Indien) oder global verteilt erfolgt („relokierte Eigenerstellung").

[44] Anders stellt sich die Situation für Institute dar, die sich auf ein bestimmtes Geschäftsfeld speziali-
siert haben. Um sich hier differenzieren zu können, kann die Individualentwicklung sinnvoll sein.
Beispielsweise hat das Bankhaus Metzler ein für seine Zwecke passendes, auf Client-Server-
Technologie basierendes Wertpapiersystem komplett selbst entwickelt.

nehmend interessant. Eine gemeinsame Ressourcennutzung, selbst zwischen Konkurrenzunternehmen, ist deshalb in der Bankbranche ein zentrales Thema.[45]

Grundsätzlich ist unter Kooperation bei der Anwendungsentwicklung zu verstehen, dass mehrere Institute gemeinsam Software, Softwareteile oder Softwareobjekte entwickeln. Die Wartung der Software erfolgt getrennt oder gemeinschaftlich. Kooperationsprojekte sind primär in denjenigen Bereichen sinnvoll, in denen für die beteiligten Institute kein strategischer Wettbewerbsvorteil liegt. Insofern bietet sich die Zusammenarbeit gerade bei der kostenintensiven Abwicklung des Mengengeschäfts an.

Voraussetzung einer Kooperation ist die Akzeptanz der Basisarchitektur durch die Kooperationspartner. Die Kooperation besteht zunächst aus einem Normungsausschuss, in dem die Schnittstellen und die Auftragstypen klar definiert werden. Schon auf dieser Basis ist eine arbeitsteilige Softwareentwicklung möglich. Sinnvoll für eine Kooperation wäre auch die gemeinsame Entwicklung von Basisobjekten, die dann für die einzelnen Institute spezialisiert werden könnten.

Unter der Voraussetzung der Bedienung identischer Schnittstellen erfordert die Kooperation nicht unbedingt den Einsatz von vollständig identischen Funktionsmodulen. Die Kooperation bezieht sich zunächst auf die Verständigung über gemeinsame interne Schnittstellen und ermöglicht so eine allmähliche Angleichung der Softwaresysteme. Die Bedienung genormter Schnittstellen kann so attraktiv sein, dass externe Softwarehäuser kompatible Systeme erstellen und so die Kooperationsbasis verbreitern. In vielen Fällen wird es auch möglich sein, die bei einem Institut entwickelte Software mit einigen Anpassungen bei dem anderen Institut einzusetzen. Dieser Aspekt bekommt besondere Bedeutung bei fusionierten Instituten, die ihre Basissysteme angleichen müssen.

Entscheidende Produktivitätsvorteile sind zu erzielen, wenn es durch Modularisierung und Standardisierung gelingt, Software bei möglichst vielen Instituten einzusetzen. Gerade die Basisfunktionalität von Banken unterscheidet sich wenig. Legt die eine Bank mehr Wert auf Marketing-Informationen, während die andere Bank größeres Gewicht auf Risikoinformationen legt, so schließt sich das in dem Auftragssteuerungsmodell (siehe Abschnitt 4.4) nicht aus.

Im Zusammenhang mit IT-Kooperationen wird häufig von der Notwendigkeit *mandantenfähiger Software* gesprochen. Da die Funktionalität eines Softwarepakets von mehreren Anwendern genutzt wird, muss die Verwendung unterschiedlicher Daten für die jeweilige Bank über eine Mandantenverwaltung erfol-

---

[45] Die Zusammenarbeit geht teilweise weit über die gemeinsame Anwendungsentwicklung hinaus, indem komplette Prozesse ausgelagert werden. Beispiele: dwpbank – gemeinsame Wertpapierabwicklung der genossenschaftlichen Organisation mit Teilen der Sparkassenorganisation und einer Reihe von privaten Kreditinstituten (u.a. Dresdner Bank und Postbank); Postbank – Übernahme der Zahlungsverkehrsabwicklung für die Deutsche Bank und Dresdner Bank.

gen. Eine mandantenfähige Software kann dann in einem Gemeinschaftsrechenzentrum der Anwender eingesetzt werden.[46]

Der Ansatz der Kooperation ist durchaus verlockend, bringt aber auch Probleme mit sich. Es entsteht eine starke Abhängigkeit von anderen Instituten (so ist in der Sparkassenorganisation jede Stimme gleichberechtigt, d.h. der Wunsch einer Großsparkasse hat genauso viel Gewicht wie der einer kleinen Sparkasse). Sonderwünsche sind damit kaum zu realisieren.

Da die Kooperationsbestrebungen in den drei Bankengruppen sehr unterschiedlich verlaufen sind, werden diese im Folgenden separat betrachtet.

Genossenschaftsorganisation

Die Genossenschaftsbanken sind den Weg der Kooperation im IT-Bereich konsequent gegangen. Die Volks- und Raiffeisenbanken sind komplett an Gemeinschaftsrechenzentren angeschlossen. Diese werden von zwei DV-Gesellschaften betrieben (siehe im Detail Abschnitte 3.1.1 und 3.1.2). Damit hat sich der genossenschaftliche Primärbankenbereich auf zwei – jedoch unterschiedliche – Bankanwendungen konzentriert. Perspektivisch ist schließlich eine einzige Anwendungslandschaft zu erwarten. Die Sparda-Banken sind einer eigenen Rechenzentrale angeschlossen (siehe im Detail Abschnitt 3.1.3).

Anders stellt sich die Situation für die beiden Zentralbanken WGZ Bank und DZ Bank dar. Derzeit betreibt jedes dieser Institute ihre eigenen Anwendungssysteme. Auch andere Unternehmen im genossenschaftlichen FinanzVerbund entwickeln und betreiben ihre eigenen Anwendungssysteme (z.B. R+V Versicherung, kreditwerk, Union Investment, Münchner Hypothekenbank).

Sparkassenorganisation

Auch im Sparkassenbereich ist die Kooperation im Sinne der Entwicklung und des Betriebs gemeinsamer Anwendungssoftware weit fortgeschritten. Praktisch alle Sparkassen[47] sind an gemeinschaftliche Rechenzentren angeschlossen, die von derzeit drei IT-Gesellschaften betrieben werden (siehe im Detail Abschnitte 3.2.1 bis 3.2.3). Die in diesen Gesellschaften eingesetzte Software unterscheidet sich jedoch.

---

[46] Eine Kooperation bei der Softwareentwicklung muss jedoch nicht zwingend zu einer mandantenfähigen Software führen. Mandantenfähig muss die Software nur sein, wenn sie auf der gleichen Plattform für unterschiedliche Institute (Mandanten) laufen soll.

[47] Zurzeit gibt es zwei Sparkassen, die nicht an die Verbund-RZ angeschlossen sind. Die baldige Migration wird aber auch hier erwartet.

In einigen Sparkassen sind Mischformen anzutreffen, da in Teilen (insbesondere im Front-End-Bereich oder im Controlling) ergänzend Eigenentwicklungen betrieben werden (z.B. Sparkasse Köln Bonn).

Zum „IT-Verbund" des Sparkassensektors zählen auch die Landesbanken, Landesbausparkassen, Versicherer und Leasingunternehmen. Hier sieht die Situation differenzierter aus. Einige dieser Unternehmen betreiben Eigenentwicklung. Andere (z.B. Bayerische Landesbank und Landesbank Hessen-Thüringen) haben sich zu Allianzen in ausgewählten Bereichen zusammengefunden. Als Folge daraus übernehmen diese Institute z.T. gegenseitig Teile der Anwendungssoftware. Teilweise setzen Institute klar auf Standardsoftware (HSH Nordbank). Einige Verbundunternehmen beziehen die Informationsverarbeitung – zumindest in Teilen – von den drei IT-Gesellschaften der Sparkassenorganisation (z.B. Nord/LB, Bankgesellschaft Berlin).

Kooperation von privaten Banken

Im Bereich der privaten Kreditinstitute hat es ebenfalls Versuche der gemeinsamen Anwendungsentwicklung gegeben. Diese sind praktisch durchweg gescheitert.

Mehrfach wurden Kooperationen gebildet, um „auf der grünen Wiese" moderne Software zu entwickeln. Bekannte Beispiele sind die Projekte *WP Neu* sowie *Omnis*. Beide Projekte wurden nach erheblichen Aufwendungen eingestellt, ohne dass auch nur ein Teil der Software zum Einsatz gekommen ist.

Die Gründe für das Scheitern von Kooperationen privater Banken sind vielschichtig:

• Die Wünsche der beteiligten Banken bezüglich der Funktionalität des Systems waren zu unterschiedlich oder die Probleme der notwendigen Integration in die Altsysteme zu groß. Beides zusammen – anspruchsvolle Funktionalität und hohe Integration – hat die Komplexität so weit erhöht, dass sie nicht mehr wirtschaftlich bewältigt werden konnte.

• Die Möglichkeiten von Entwicklungswerkzeugen (CASE-Tools[48]) wurden überschätzt. Die Beherrschung der Komplexität sollte durch die Werkzeuge ermöglicht werden. Vor allem die fehlende Durchgängigkeit von der fachlichen Spezifikation der Funktionen bis zum lauffähigen Programmcode hat diese Hoffnung scheitern lassen.

• Die Entwicklungsgeschwindigkeit der Informationstechnologie wurde nicht berücksichtigt. Die Dauer der Großprojekte führte dazu, dass die gewählte Technologie bei Fertigstellung der ersten Module schon wieder veraltet war. Bei einer Realisierungszeit von mehr als fünf Jahren ist davon auszugehen,

---

[48] CASE = Computer Aided Software Engineering.

dass nach Einführung mit einer technischen Erneuerung begonnen werden muss.

Nach den Erfahrungen mit diesen Großprojekten ist die Bereitschaft im Kreditgewerbe zu einer „Alles neu auf der grünen Wiese"-Projektierung gering. Die dringend erforderliche Erneuerung der Basissysteme muss in überschaubaren Abschnitten erfolgen.

2.2.3   Einsatz von Standardsoftware

In der Industrie hat sich schon längst der Einsatz von Standardsoftware durchgesetzt (SAP, Oracle, PeopleSoft[49] etc.). In diesem Fall entwickelt ein Anbieter – gegebenenfalls zusammen mit Partnerunternehmen – Software für einen anonymen Markt, wobei die Wartung der Software über ein Release-/Versionsmanagement erfolgt. Von Standardsoftware kann erst dann gesprochen werden, wenn sie mehrmals identisch installiert ist. Die Software muss klar strukturiert sein und es muss eine umfassende Dokumentation vorliegen (GRUPP 2003). Die Anpassung der Software an individuelle Ansprüche der Kunden erfolgt durch *Parametrisierung*. Diese geschieht lediglich durch das Setzen von Parametern, nicht aber durch individuelle und zusätzliche Programmierung. Der Begriff *Customizing* wird oft als Synonym für Parametrisierung benutzt. Allerdings umfassen Customizing-Maßnahmen häufig auch zusätzliche Programmierungsarbeiten zur Anpassung der Standardsoftware an die Wünsche der Bank.

Grundsätzlich ist Standardsoftware in Gesamtbankpakete und Teillösungen zu unterscheiden.[50]

2.2.3.1 Gesamtbankpakete

Gesamtbankpakete sind in Deutschland seit mehr als 30 Jahren im Einsatz. Sie beinhalten in erster Linie die klassischen Anwendungen wie Kontoführung, Zahlungsverkehr, Kreditabwicklung, Wertpapiergeschäft, Sparverkehr, Kasse und Kundenmanagement. Gesamtbankpakete eignen sich primär für kleine und mittelgroße Banken. Technisch sind sie auf Plattformfamilien bezogen (z.B. IBM Server i5, IBM /390, Siemens BS2000). Relativ verbreitet sind die Pakete *KORDOBA Classic*[51] für Retail-Banken und *PABA/Q*[52] für Privatbanken und Auslandsbanken.

---

[49] PeopleSoft wurde 2004 von der Oracle Corporation übernommen.

[50] Daneben kommt in Banken und Versicherungsunternehmen eine Vielzahl an branchenunabhängiger Software zum Einsatz – vom Virenschutzprogramm bis zur Bürosoftware. Diese Software ist aber nicht Gegenstand des Buches.

[51] KORDOBA = Kundenorientiertes Dialogsystem für Banken (KORDOBA Gesellschaft für Bankensoftware).

Das dritte Paket, *MBS Banking Suite* (zuvor MBS open)[53], das ebenfalls auf Retail-Banken ausgelegt ist, bewegt sich bereits an der Schnittstelle zu Teillösungen. Ähnlich sieht es mit SAP-Produkten aus, die ebenfalls als Teillösungen konzipiert sind. In Marktnischen finden Konzepte, die auf Client-Server-Lösungen basieren, wie *Bancos* (G&H Bankensoftware) oder *The Boss* (B-Source), ihren Einsatz. International verbreitet ist z.b. *MidasPlus* und *Equation* (beide von Misys Banking Systems). In den letzten Jahren findet hier *Flexcube* (i-flex Solutions) größere Aufmerksamkeit.

In Deutschland war Gesamtbankpaketen in der Vergangenheit wenig Erfolg beschieden. Die Gründe waren u.a.:

– Der Markt ist relativ klein, da sich die Pakete für Großinstitute nicht eignen und sich sowohl die Sparkassen- als auch die Genossenschaftsorganisation zu kooperativen Lösungen entschieden haben.[54]

– Die unterschiedliche Größe und die differenzierte geschäftspolitische Ausrichtung der Banken machen die Herausbildung von Standardsoftware schwierig. Wichtig für die Entstehung von Standardpaketen ist die Existenz von Normen, auf denen Standardfunktionen und -datenstrukturen aufgesetzt werden können. Die gewachsene, integrierte Architektur der Bankpakete bietet jedoch kaum standardisierte Schnittstellen. Die hochgradige Integration erschwert damit die Entwicklung von Standardmodulen.

– Die Pakete sind nicht oder zu wenig an den Geschäftsprozessen einer Bank orientiert, sondern folgen dem traditionellen Konzept der Spartenorganisation. Zudem erreicht Standardsoftware selten die geforderte Flexibilität für den Anwender.

– Grundsätzlich wird durch Standardsoftware zwar die kostenaufwendige Erstellung und Pflege der Individualsoftware abgeschafft, aber häufig können die individuellen Bedürfnisse einer Bank mit reiner Standardsoftware nicht erfüllt werden.[55] Funktionen, die von der Standardsoftware nicht abgedeckt werden, müssen in Form so genannter „Rucksäcke" hinzugefügt werden. Diese Zusatzprogramme sind im Rahmen des Customizing von der Bank selbst zu entwickeln und zu warten oder werden beim Softwarelieferanten separat in Auftrag gegeben.[56] Dadurch hatten sich regelrechte Varianten von Standardsoftware

[52] PABA/Q =Privat- und Auslandsbankensystem/Qualität (ACTIS.BSP).

[53] MBS = Modulares Bankensystem (Alldata Systems).

[54] Angelsächsische Anbieter wie Misys (UK) oder Fiserv (USA) bedienen deutlich größere Märkte und kommen auf 400 bzw. 3.600 Installationen (BROHM/SCHMITZ 2005, S. 27). Zum Vergleich: Paba/Q ist in ca. 30 Banken installiert.

[55] Zur Beurteilung von Standardsoftware vgl. STRAHRINGER/GEMEINER 2004; DUBE 1995.

[56] Als Faustregel gilt, dass beim Einsatz von einem Euro für Standardsoftware mindestens weitere zwei Euro für Anpassungsmaßnahmen einzuplanen sind. Teilweise muss mit weitaus höheren Quo-

entwickelt, die nicht mehr durch einheitliche Releases gepflegt werden konnten. Damit sind aus Standardpaketen letztlich Eigenentwicklungen entstanden.

- Kein Gesamtbankpaket kann alle Funktionalitäten einer Bank abdecken. Die Erfahrung zeigt, dass immer Ergänzungen notwendig sind (z.B. PABA/Q als Kernbanksystem und als Ergänzung BSP für das Wertpapiergeschäft).

- Mehrfach scheiterten Großprojekte zur Entwicklung von Standardsoftware, weil der Anspruch, Standards für alle Anwender zu entwickeln, nicht eingehalten werden konnte (frühe Beispiele sind Bank2000 (NCR) und Unibank (Unisys), aber auch Projekte von IBM). Teilweise waren die Entwicklungsschwerpunkte bei den Partnerbanken zu unterschiedlich.

Allerdings bieten Gesamtbankpakete insbesondere für kleine und mittelgroße Kreditinstitute erhebliche Kostenvorteile gegenüber Eigenentwicklungen. Für diese Institute ist es fast unmöglich geworden, die hohen Kosten der Eigenentwicklung eines Gesamtbanksystems zu tragen. Kostenvorteile entstehen auch durch folgende Punkte:

- Notwendige Änderungen aufgrund von neuen Gesetzen, Verordnungen etc. werden externalisiert.

- Schnittstellenprobleme zwischen unterschiedlichen Anwendungsprogrammen werden minimiert.

- Der Betrieb kann leicht ausgelagert werden.

Die Entscheidung für einen konkreten Hersteller von Gesamtbanksoftware ist für eine Bank von großer Bedeutung – finanziell, technologisch und geschäftspolitisch.

Insbesondere stellt sich die Frage, ob der Ansatz einer Gesamtbanklösung aufgrund der enormen Komplexität des heutigen Bankgeschäfts noch zeitgemäß ist. Der Trend geht eher in eine andere Richtung: In den letzten Jahren sind Softwarepakete entstanden, die hauptsächlich den Buchungskern (typischerweise für alle Konten, d.h. Kontokorrent, Termin-/Tagesgeld-/Sparkonten und Kreditkonten) sowie die Kundenstammdaten umfassen. Diese Pakete werden als *Kernbanksoftware (Core Banking Software)* oder *Back-Office-Systeme* bezeichnet. Typischerweise handelt es sich hier um das Herzstück des Bankbetriebs. Der Begriff „Kernbank" signalisiert klar, dass diese Lösungen durch zusätzliche Applikationen (Standardsoftware oder Eigenentwicklungen) ergänzt werden müssen.

Zu den Core-Banking-Systemen zählen, neben MBS Banking Suite, die SAP-Software *BCA*[57] – für kleinere Transaktionsvolumina – sowie für große Volumina

---

ten gerechnet werden. VACIAGO (2000) hat ermittelt, dass jeder Dollar, der für SAP R/3-Software ausgegeben wird, 10 Dollar Beratungskosten nach sich zieht.

[57] BCA = Bank Customer Accounts.

Deposits Management[58] von SAP, das zusammen mit der Postbank entwickelt wurde und dort Ende 2003 in den Live-Betrieb genommen wurde. Aber auch die klassischen Gesamtbankpakete wie KORDOBA und PABA/Q gehen inzwischen den Weg der Modularisierung.

Es kann natürlich die Frage gestellt werden, inwiefern sich eine Kooperationslösung (z.B. Anwendungssysteme der IT-Gesellschaften in der Genossenschafts- bzw. Sparkassenorganisation) von Standardsoftware verbundunabhängiger Anbieter unterscheidet. Die bisherige Beschränkung auf geschlossene Benutzergruppen (Sparkassen, Genossenschaftsbanken) wird langsam aufgehoben. Beispielsweise sind mehrere Privatbanken an die GAD angeschlossen und nutzen dort die Kernanwendungen (siehe Kapitel 3). Ein anderer Weg der Entstehung von Standardsoftware besteht in der Entwicklung für zunächst ein Institut und anschließender Vermarktung der Software.[59]

Im internationalen Kontext ist die Vielfalt von Gesamt- bzw. Kernbanksoftware noch erheblich größer. So listet IBS Publishing – ein Unternehmen, das den weltweiten Einsatz von Back-Office-Systemen detailliert verfolgt – mehr als 80 verschiedene Core-Banking-Systeme auf. Die großen Marktanteile vereinigen wenige große Unternehmen wie Temenos, Misys und i-flex solutions auf sich.

Die Tabelle 2-1 zeigt eine Auswahl von in Deutschland verbreiteten Core-Banking-Paketen.

Die Ermittlung von verkauften Systemen ist außerordentlich schwierig. Teilweise ist die Abgrenzung zwischen einem Kernbanksystem und anderen Banksystemen schwierig (bei einigen Anbietern z.B. Core und Treasury). Unklar ist manchmal auch, wie viele Lizenzen die Bank erworben hat (Mutterhaus versus internationale Niederlassungen; zudem laufen bei letzteren teilweise unterschiedliche Systeme). Auch ist das Spektrum von Anwenderbanken beträchtlich und reicht von Micro-Finance-Instituten in Ländern der Dritten Welt bis zu großen Universalbanken in Industrieländern.

Als Beispiel sei der Marktführer der letzten Jahre, i-flex solutions Ltd., skizziert. Das Unternehmen hat seinen Sitz in Mumbai, Indien, und ist mit 2.250 Mitarbeitern eines der größten IT-Unternehmen Indiens.[60] In Deutschland gibt es eine Zusammenarbeit mit dem Bankverlag, Köln. Das Produkt Flexcube ist eine Universalbanksoftware (Back-Office-Lösung für das Firmenkunden-, Private-Banking- und Retail-Geschäft sowie Treasury). Die Produkteinführung erfolgte 1997. i-flex hat nach eigenen Angaben in dieser Zeit 170 Kunden in 50 Ländern gewonnen (12/2004). Die geographische Verbreitung von Flexcube ist erstaunlich. So reichte

---

[58] Vorherige Bezeichnung: Account Management.

[59] Vorgehensweise z.B. von SAP (Entwicklung von BCA mit drei Partnerbanken, Deposits Management zusammen mit der Postbank) und LBBW/CSC Ploenzke (Konto 3000).

[60] Das Unternehmen gehört seit 2005 zur Oracle Corporation.

Name	Charakteristika	Anbieter	Sonstiges
BCA	Kernbanksystem; Installationen z.B. bei DZ Bank und Volkswagen Financial Services	SAP AG, Walldorf	Für kleinere Transaktionszahlen ausgelegt
Deposits Management	Kernbanksystem; derzeit bei der Postbank im Einsatz; zweites Projekt läuft bei der UBS	SAP AG, Walldorf	Für Massen-Transaktionen ausgelegt
K3000	Kernbanksystem; gemeinsame Entwicklung von LBBW und CSC Ploenzke; Installationen bei Aareal Bank und LBBW	CSC Ploenzke AG, Wiesbaden	Großrechnersystem mit DB2-Datenbank für IBM-Host
KORDOBA Classic	Retailbanklösung; als Gesamtbankpaket derzeit bei 20 Kreditinstituten im Einsatz, davon 8 im Outsourcing (weitere 15 Institute setzen Teilpakete ein) (Stand: 5/2006); z.B. ING-Diba, Cortal-Consors	KORDOBA Gesellschaft für Bankensoftware mbH & Co. KG, München[61] (auch Betrieb im Outsourcing möglich)	Betriebssystem BS2000 (Siemens); ab 2006 plattformunabhängig (Solaris und z/OS)
MBS Banking Suite (zuvor MBS open)	Kernbanksystem mit zusätzlichen Modulen für kleine und mittelgroße Kreditinstitute; zurzeit 45 Installationen, davon 3 im Outsourcing (Stand: 9/2005); z.B. BHW Bank, M.M. Warburg & Co., Sal. Oppenheim	Alldata Systems GmbH, Düsseldorf[62] (auch Betrieb im Outsourcing möglich: MBS Banking Services)	Großrechnersoftware für IBM-Betriebssysteme; Application-Server-Technologie; konfigurierbare Web-Frontends
PABA/Q	Kernbanksystem für Privat- und Auslandsbanken; derzeit 25 Installationen; davon 12 im Outsourcing; (Stand: 5/2006); z.B. DaimlerChrysler Bank, Maple Bank, NRW.Bank	ACTIS.BSP Germany GmbH, Frankfurt/M. (auch Betrieb im Outsourcing möglich)	Plattformunabhänig; Betriebssystem IBM i5/OS; deutsch und englisch; Schnittstellen zu anderen Systemen, insbesondere BSP (Wertpapiersystem)

Tab. 2-1: Auswahl von Kernbanksoftware (Deutschland)

---

[61] Seit 2005 liegen 74,9% der Anteile der Kordoba KG bei Fidelity Information Services (FIS), IT-Tochter von Fidelity National Finance (FNF), Jacksonville/USA, und 25,1% bei Siemens Business Services, München.

[62] Eigentümer: Alldata Systems ist eine 100%ige Tochter von T-Systems International GmbH.

das Spektrum der Verkäufe in 2004 von Verkäufen an die Afghanistan International Bank über die National Bank of Vanuatu, die Post Bank in Bulgarien bis hin zur Bank of Taiwan in London und der großen UFJ Bank[63] in Japan.

Die Tabelle 2-2 zeigt die Top 10 der weltweit am meisten verkauften Kernbanksysteme. Es handelt sich insgesamt um einen Markt mit sehr stabiler Nachfrage (320 verkaufte Systeme in 2004, 306 Systeme in 2003). Zwischen den Anbietern herrscht jedoch ein harter Wettkampf mit vielen Veränderungen von Jahr zu Jahr. Als bestplatziertes deutsches Unternehmen erscheinen SAP mit BCA auf Rang 24 und ACTIS.BSP mit PABA/Q auf Rang 42.

Produkt	Anbieter	Neu gewonnene Kunden in 2004*	Gesamte Kundenzahl**
Flexcube	i-flex Solutions	36 (36,36, 26,37,18,10,2,-)	200+ (210+)
Globus/T24	Temenos	28 (24,32,36,42,34,33,19,15,10,29,7,9)	350 (500+)
Summit	Summit	16 (10,5,11,8,5)	110 (200+)
VA-Bank	Fors	15 (8)	35 (40)
Finacle	Infosys	14 (9,8,11,9,2)	84 (72)
Quantum	Sungard	14 (6,19,6)	200 (175)
KTP	Reuters	12 (28)	150 (150)
OmniEnter-prise	Infrasoft	10	18 (14)
RS-Bank	R-Style	10	370 (370)
FinnOne Retail	Nucleus	9	45 (50)

*   Neukundenanzahl der vergangenen Jahre in Klammern (an erster Stelle 2003).

**   Anzahl der genutzten Lizenzen (Live Sites) in Klammern

Tab. 2-2: Auswahl von Kernbanksoftware (international, Top 10) (IBS PUBLISHING 2005, S. 7)

Zu beachten ist, dass die rund 80 verschiedenen von IBS Publishing erfassten Back-Office-Systeme sehr unterschiedliche Ausprägungen haben und somit nicht alle zueinander im Wettbewerb stehen. Bezogen auf die Top 10 sind Flexcube, Globus/T24, Finacle und RS-Bank als *Universalbank-Pakete* konzipiert. Summit, Quantum und KTP sind dagegen primär *Wholesale-Banking-Produkte*, während VA-Bank und Omni/Enterprise als *Retail-Banking-Systeme* eingesetzt werden. Systeme wie Olympic Banking System (ERI Bancaire) und Apsis (Sungard), die

---

[63] Die UFJ Bank wurde Ende 2005 von der Mitsubishi Tokyo Financial Group übernommen.

auf den Rängen 19 und 20 liegen, werden vor allem im *Private Banking* eingesetzt.

Als Beispiel für ein Gesamtbanksystem soll das international stark verbreitete Softwarepaket *Olympic Banking System* von ERI Bancaire – Marktführer in der Schweiz, Luxemburg und Monaco – vorgestellt werden. Das System ist, wie viele der modernen Gesamtbankpakete, modular aufgebaut und arbeitet mit Real-Time-Buchung – sowohl auf der Kundenseite als auch bei den Bankpositionen. Damit gibt es bei diesem System keinen Buchungsschnitt mehr wie bei den klassischen Banksystemen. Olympic Banking System kann in Filialbanken eingesetzt werden, unterschiedliche Währungen verarbeiten und ist mehrsprachig. Die Anpassung an länderspezifische Bedingungen und bankspezifische Produkte, Prozesse und Begriffswelten erfolgt über Parameter-Tabellen. Olympic Banking System läuft auf Hardware mittlerer Größe (IBM eServer i5) unter dem Betriebssystem IBM i5/OS. Das Einsatzspektrum ist groß und reicht von Private Banking/Asset Management (z.B. internationale Niederlassungen von UBS und JP Morgan) bis zum breiten Universalbankgeschäft (z.B. BCT, Banca Cantonale Ticino). Weltweit wurde Olympic bislang in rund 260 Banken und Finanzinstituten installiert.

Die Abbildung 2-8 zeigt die wichtigsten Funktionen des Systems. Dabei gelangen die Kundenaufträge real-time in einen so genannten Transaktionsprozessor (*Order Management*), der die Aufträge steuert und an den Handel bzw. das Middle und Back Office weiterleitet (*Core-Funktionalität*). Die Ebene der *Business Intelligence* sorgt für die Auswertung der Transaktionsdaten (Produktivität, Risiko, Kontrollen etc.). Dem System liegt eine einheitliche Kundendatenbank zugrunde.

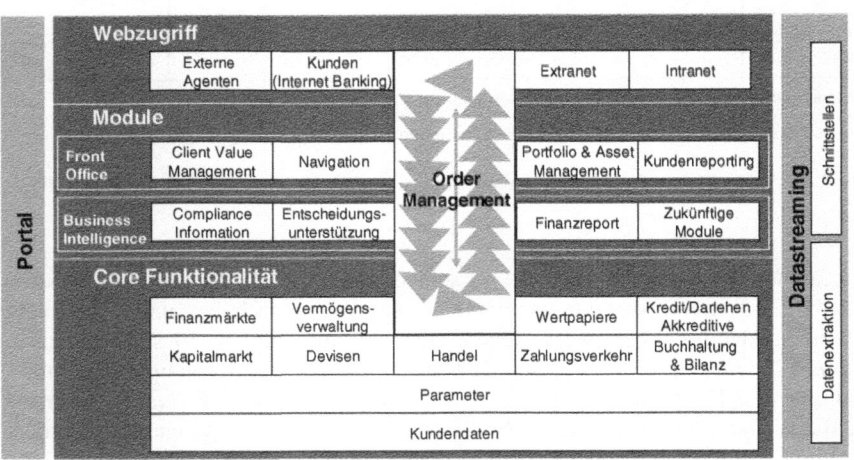

Abb. 2-8: Funktionsübersicht des Gesamtbanksystems Olympic Banking System

2.2.3.2 Teillösungen

Neben Gesamt- bzw. Kernbankpaketen ist eine Vielzahl von Softwarepaketen am Markt verfügbar, die Teillösungen für das Bankgeschäft bieten. Diese Systeme verfügen per Definition nicht über den Buchungskern und Kundenstammdaten, sondern lassen sich – im Idealfall – über standardisierte Schnittstellen an bestehende Kernbanksysteme anbinden.

Vorgefertigte Anwendungspakete finden sich in den Unterstützungsprozessen der Banken (z.B. *SAP* für Finanzbuchhaltung und Beschaffungsmanagement, *People-Soft* im Personalbereich, *Samba* und *Abacus/FiRE* im Meldewesen). Darüber hinaus werden in Banken Standardprodukte im operativen Bereich eingesetzt. Beispiele sind *BSP* im Wertpapiergeschäft, *Murex* im Handel sowie spezielle Softwarepakete für das Auslandsgeschäft.

In der Vergangenheit verfügten vorgefertigte Produkte oft nicht über standardisierte Schnittstellen und förderten damit die Heterogenität der IT in Banken. Der Trend geht derzeit dazu, Teillösungen als modulare Systeme zu entwerfen, die über gemeinsame Schnittstellen an Core-Banking-Systeme angedockt und damit zu größeren IT-Systemen zusammengesetzt werden können.

Die folgende Tabelle zeigt eine Auswahl verbreiteter Standardsoftwarepakete für Teilbereiche.

Name	Charakteristika	Hersteller	Sonstiges
Abacus/FiRE	Standardanwendung für das deutsche bankenaufsichtsrechtliche Meldewesen	BearingPoint GmbH, Frankfurt/M. et al.	
BSP Trade	Paket für Wertpapierhandel und -abwicklung	ACTIS.BSP Germany GmbH, Frankfurt/M.	Enge Ankopplung an PABA/Q (Geldseite); auch eigenständiger Einsatz möglich
ifb-Okular	Module zur Gesamtbanksteuerung (Zinsrisiko, Adressrisiko, Vertriebscontrolling etc.)	ifb AG, Köln	
Immo DATA	Softwaremodule in den Bereichen Finanzierung mit Schwerpunkt auf dem Immobiliengeschäft	Immo DATA AG, Bochum	
K GS (KORDOBA Global Securities)	Wertpapiersystem	KORDOBA Gesellschaft für Bankensoftware mbH & Co. KG, München	Buchungskernneutrale Anwendungssysteme der Produktlinie KORDOBA Spirit

Name	Charakteristika	Hersteller	Sonstiges
K-RIO	Datenpool für das Controlling		
K-STAR	Auswertungen		
K-GATE	Steuerung und Autorisierung von SB-Systemen		
K-IAS	Anwendung der IAS		
Marzipan	Paket zur Produktberatung und Kalkulation auf Basis der Marktzins- und Barwertmethode	Gillardon AG financial software, Bretten	Bestandteil einer Palette von bankbetrieblichen Softwarelösungen
PTS (Payment Transaction System)	Zahlungsverkehrssystem	CSC Ploenzke, Wiesbaden	Modullandschaft; zur Abwicklung des gesamten Inlands- und Auslandszahlungsverkehrs eines Kreditinstituts
Samba plus	System für das bankbetriebliche Meldewesen	LogicaCMG GmbH & Co. KG, Leinfelden-Echterdingen	
vdb/PPM (Payment Processing and Management)	Zahlungsverkehrssystem für klassischen IZV und grenzüberschreitende Zahlungen außerhalb des Euro-Raums	van den Berg AG, Herzogenrath	
AVIS-NT und SAS-NT	Zahlungsverkehrssystem; auch im Business Process Outsourcing	Unisys Deutschland GmbH, Sulzbach	Funktionsspektrum von Scannen und Nachbearbeitung bis zu Kartenlösungen und Tools für statistische Auswertungen

Tab. 2-3: Auswahl von Standardsoftware für bankbetriebliche Teilbereiche (Deutschland)

Der internationale Markt für bankbetriebliche Teillösungen ist naturgemäß noch vielfältiger. Einige Beispiele können der Tabelle 2-4 entnommen werden.

Die generelle Tendenz, sich eine IT-Landschaft aus Modulen zusammenzusetzen, wird gestützt durch eine empirische Befragung unter den 100 größten Banken Deutschlands und den 1.000 größten Instituten weltweit. Danach bevorzugen mehr als 60% der befragten IT-Manager eine „Best of Breed"-Sourcing-Strategie gegenüber rund 30%, die einen einzigen Anbieter oder eine kleine Zahl an Anbietern bevorzugen (EUROPEAN BUSINESS SCHOOL 2004).[64]

Name	Charakteristika	Hersteller	Sonstiges
Devon	Back-Office-System zur Abwickung von Derivaten	SunGard Futures Systems, Chicago/IL	Installation unter Microsoft Windows 2000/XP
FlexFinance-Produktlinie	Lösungen für die Themen IFRS, Basel II, ALM, Liquidity Management, Financial Controlling, Regulatory Reporting sowie Non-Maturing Products	Fernbach-Software S.A., Munsbach, Luxemburg	Kunden sind u.a. Commerzbank, DZ Bank, Essen Hyp, NordLB
Front Arena	System für den Handelsbereich (von Sales über Trading bis Risikomanagement)	Front Capital Systems, Chicago/IL (gehört zu Sungard)	Einsatz bei vielen deutschen Banken, z.B. Bayerische Landesbank, Deutsche Bank, Landesbank Rheinland-Pfalz
KI/XFS	Softwarekomponenten für SB-Geräte	Salzburger Banken Software, Ges.m.b.H., Salzburg, Österreich	Produkte für GAA, KAD, Cash-Recycling und multifunktionale SB-Geräte
Murex	Handels- und Abwicklungssystem für alle Kapitalmarktaktiviäten und Assetklassen	Murex S.A.S, Paris	
Riskman	Risikomanagement im Eigenhandel und auf Gesamtbankebene	B+S Banksysteme Aktiengesellschaft, Salzburg, Österreich	Produktportfolio mit Modulstruktur; plattformunabhängig

Tab. 2-4: Auswahl von Standardsoftware für bankbetriebliche Teilbereiche (international)

Zusammenfassend kann feststellt werden, dass sich ein Markt für Gesamtbanklösungen für kleine und mittelgroße Banken sowie für modular anfügbare Teillösungen entwickelt hat. Letztere sind auch für Großinstitute relevant. Inwiefern sich Kernbanksoftware auch für große Institute durchsetzen kann, muss sich noch zeigen.

---

[64] Allerdings beschränkt sich die Untersuchung auf branchenunabhängige ERP-Softwarepakete (z.B. Personalverwaltungs-, Buchhaltungs-, Kostenrechnungssoftware).

2.2.4   Auslagerung an externe Anbieter

Das Bemühen, die Fertigungstiefe signifikant zu verringern, ist im Bankgewerbe erst seit Mitte der 90er Jahre zu beobachten. Das Ziel besteht darin, diejenigen Teile einer Wertschöpfungskette, in denen andere Unternehmen ihre Kernkompetenzen haben und damit leistungsstärker sind, von diesen zu beziehen. Analog zur produzierenden Industrie hat sich auch für Banken inzwischen eine starke Zulieferindustrie entwickelt, die in die Wertschöpfungskette integriert ist.[65] Verglichen mit anderen Branchen sind deutsche Finanzinstitute aber weiterhin zurückhaltend. Sie geben im Schnitt nur 8% ihres IT-Budgets für externe Dienstleister aus – andere Branchen im Durchschnitt 21% (Stand 31.12.2004; THE BOSTON CONSULTING GROUP 2005).

Für die Auslagerung bieten sich Bereiche an, die für die Bank keine strategische Bedeutung haben und in denen grundsätzlich Economies of Scale zu erzielen sind – etwa die Abwicklung des Zahlungsverkehrs, des RZ-Betriebs usw. Inwiefern IT bzw. welche Teile der IT für die Bank strategische Bedeutung haben, ist allerdings bis heute stark umstritten.

Unter dem Begriff Outsourcing (_Outside Resource Using_) werden unterschiedliche Ansätze für Auslagerungen verstanden:

– Outsourcing von Applikationen (Application Management): Das Spektrum reicht von der Pflege von Anwendungsprogrammen bis zur individuellen Anwendungsentwicklung.

– Outsourcing ganzer Aufgabenbereiche und Plattformen: Dazu zählen die Auslagerung des Customer Care Centers, des Betriebs der kompletten Netzwerk- und Desktop-Systeme usw.

– Outsourcing von Management und Betrieb des gesamten IT-Bereichs: Bei dieser (klassischen) Form der Auslagerung wird der Betrieb des Rechenzentrums (IT-Infrastruktur) an einen externen Dienstleister übertragen.

– Business Process-Outsourcing (BPO): Hier übernimmt ein externer Dienstleister die Verantwortung für einen kompletten Geschäftsprozess oder wesentliche Prozessteile (z.B. Wertpapierabwicklung) einschließlich der erforderlichen IT.

Beispiele für den externen Bezug _einzelner Komponenten_ der bankbetrieblichen IT sind:

– Pflege und Wartung von bankbetrieblichen Altanwendungen durch externe Dienstleister (z.B. MaK DATA System bei Volkswagen Financial Services).

---

[65] Zum Outsourcing in Banken vgl. ACHENBACH/MOORMANN/SCHOBER 2004; DEUTSCHE BANK (2004); KAIB 2003.

– Betreuung des gesamten Netzwerks (z.b. T-Systems für die Fiducia IT – dahinter steht der komplette Netzbetrieb für 900 Volks- und Raiffeisenbanken mit 9.000 Zweigstellen).

– Technische Abwicklung des Kartengeschäfts durch die GZS Gesellschaft für Zahlungssysteme mbH, die B+S Card Service GmbH oder den amerikanischen Branchenführer First Data Resources (FDR)[66].

Zurückhaltender sind die Banken bei der Übertragung der *kompletten IT-Infrastruktur* (RZ-Betrieb, Netze, Server, Arbeitsplatzrechner) auf externe Dienstleister.[67] Unter dem Aspekt der Konzentration auf die unternehmerischen Kernkompetenzen, also das eigentliche Bankgeschäft, bietet sich die Vergabe an einen externen Dienstleister grundsätzlich an – zumal die Kernkompetenz eines IT-Spezialisten gerade in der technischen Informationsverarbeitung liegt. Beispiele für vollständige Auslagerungen sind das Bankhaus Sal. Oppenheim in Deutschland (an EDS), das Outsourcing der IT-Infrastruktur (Rechenzentren, Netze) der Deutschen Bank (an IBM) und der RZ-Betrieb für die dwpbank (an Finanz IT). Darüber hinaus gibt es Joint Ventures zwischen Banken und IT-Dienstleistern, z.B. zwischen der Commonwealth Bank of Australia und EDS. Mutiger sind insbesondere die großen US-Banken, z.B. Bank of America (EDS) und J.P. Morgan Chase (IBM).

Ein kritisches Thema ist die Auslagerung der *Anwendungsentwicklung*. Während einige Banken diese Option sehr kritisch sehen (z.B. Commerzbank), erscheint sie für andere attraktiv. So hat z.b. ABN Amro in 2005 wesentliche Teile der Softwareentwicklung an indische Dienstleister (Infosys, Tata Consultancy und Patni Computer Systems) ausgelagert. Ein genereller Trend besteht darin, Anwendungsentwicklung zunächst onshore auszulagern (d.h. an Dienstleister im eigenen Land), dann Aufgaben nearshore zu vergeben (z.B. nach Osteuropa) oder sogar offshore (z.B. China, Indien) durchführen zu lassen. Diese Verlagerung hat entsprechende Arbeitsmarktfolgen für die IT-Mitarbeiter.

Die für IT bzw. Operations verantwortlichen Manager müssen die Chancen und Risiken des jeweiligen Outsourcing-Projekts gut abwägen. Die Tabelle 2-5 zeigt die wichtigsten Aspekte, die bei einer Outsourcing-Entscheidung zu berücksichtigen sind.

---

[66] In Europa firmiert das Unternehmen unter First Data Europe (FDE). First Data beabsichtigt, auch die deutsche GZS zu übernehmen.

[67] Einige Kreditinstitute haben die eigene IT in separate Gesellschaften ausgegliedert, wie z.B. die Postbank Systems AG, die HVB Info GmbH und die HVB Systems GmbH (beide HypoVereinsbank; Fusion der beiden Gesellschaften in 2006 geplant). Dabei handelt es sich jedoch nicht um Outsourcing im eigentlichen Sinn.

Ein anderer Trend ist die Auslagerung von kompletten Geschäftsprozessen oder wesentlichen Prozessteilen (Business Process Outsourcing; vgl. zum BPO z.B. ECONOMIST INTELLIGENCE UNIT 2005; DITTRICH/BRAUN 2004). Hier steht weniger die IT im Vordergrund, sondern die Fokussierung auf die Kernkompetenzen

Chancen	Risiken
Verringerung der Betriebskosten und der Overhead-Kosten	Gefährdung des Service-Niveaus (Verfügbarkeit, Umfang der IT-Dienstleistung)
Variabilisierung der Kosten	Keine ausreichende Vorbereitung des auslagernden Instituts auf das Herauslösen weit reichender Aufgabengebiete und Prozesse; Überschätzung des Einsparpotenzials; Unterschätzung der Anpassungskosten
Fokussierung des Managements auf die Kernkompetenzen des Finanzdienstleisters	
Reduktion der Komplexität in den Betriebsabläufen und der Schnittstellen zu Lieferanten und Herstellern	Keine ausreichende Vorbereitung des Insourcers zur vertragskonformen Leistung; Überschätzung der Synergieannahmen
Höhere Flexibilität und Schnelligkeit bei der Produktinnovation	Starke Abhängigkeit von wenigen Anbietern
	Unterschätzung des Widerstands von Management, Belegschaft und Stakeholdern
	Verlust von unternehmensspezifischem Know-how

Tab. 2-5: Chancen und Risiken des IT-Outsourcing bei Finanzdienstleistern

der Bank und die Variabilisierung der Kosten eines Geschäftsprozesses. Die jeweilige IT ist Teil des Geschäftsprozesses und geht damit auf den Insourcer über. Beispiele sind:

– Abwicklung des Wertpapiergeschäfts: Durchführung sämtlicher Back-Office-Tätigkeiten der Wertpapierabwicklung durch Transaktionsbanken wie die dwpbank, ITS oder die european transaction bank (etb).

– Abwicklung des Zahlungsverkehrs: Abwicklung des beleghaften und/oder beleglosen Zahlungsverkehrs (national/Euro-Raum/international) durch spezialisierte Back-Office-Fabriken wie z.B. die ZVS Zahlungsverkehrs- und Transaktionsservice GmbH (Hamburg) und die Bankservicegesellschaft Rhein-Main für Sparkassen, die Postbank für Deutsche Bank und Dresdner Bank (zukünftig auch für HypoVereinsbank), das TAI für Genossenschaftsbanken oder Siemens Business Services (SBS) für die Barclays Bank.

– Abwicklung der Kreditbearbeitung: Beispiele sind das genossenschaftliche kreditwerk und die niederländische Stater im langfristigen Bereich (Immobilienfinanzierung) und z.B. Citibank, GE Money Bank und Norisbank im Konsumentenkreditgeschäft.

– Abwicklung des konzernweiten Einkaufs (Procurement): z.B. Accenture für die Deutsche Bank.

Es ist zu beachten, dass Geschäftsprozesse bzw. Prozessteile nur dann ausgelagert werden können, wenn in der Bank eine saubere Prozessstruktur vorliegt. Genau dieser Punkt ist in vielen Häusern problematisch.

2.2.5 Kombination unterschiedlicher Optionen

Die gängige Auffassung ist heute, dass Softwareanwendungen nur in den Bereichen selbst entwickelt werden sollten, in denen Kooperation, Standardsoftware oder Outsourcing nicht in Frage kommen. Die Eigenerstellung von Kernapplikationen findet dementsprechend nur noch in wenigen Kreditinstituten statt – meistens großen Instituten oder Banken mit sehr speziellen Geschäftsfeldern. Für kleine und mittelgroße Institute ist die Eigenentwicklung nur noch für Teilbereiche relevant. Ein Beispiel für die Kombination unterschiedlicher Optionen liefert MLP: Die Wertpapierabwicklung wird durch die dwpbank vorgenommen, die Kernbanksysteme laufen bei der Fiducia IT, das Standardpaket Hogan wird für das Kreditkartengeschäft genutzt, SAP-Software wird für alle internen betriebswirtschaftlichen Aufgaben eingesetzt, und das für den Kundenkontakt wichtige Internetportal („FinancePilot") ist eine Eigenentwicklung.

Selbst für Großinstitute bietet sich ein differenzierter Ansatz an. Abbildung 2-9 zeigt, dass nur dort, wo der Wettbewerbsvorteil *hoch* ist (und sich der jeweilige Geschäftsprozess von anderen Banken unterscheidet), die Eigenentwicklung betrieben werden soll – und zwar unabhängig vom Entwicklungsaufwand. Zur bewussten Profilierung bietet sich z.B. die Entwicklung von Vertriebsunterstützungssystemen für die vermögende Privatkundschaft, Expertensystemen zur Kreditbeurteilung oder intelligenten CRM-Systemen an. In diesen Bereichen wird IT als „strategische Waffe" der Bank eingesetzt. Ist der erwartete Wettbewerbsvorteil *niedrig* (und der Geschäftsprozess ähnlich wie bei anderen Instituten), kommen die Kooperation mit anderen Banken, der Einsatz von Standardsoftware oder die Auslagerung in Frage. Für diese Bereiche (Abwicklung von Zahlungsverkehr und Wertpapieraufträgen, Verwaltung von standardisierten Krediten, Personalabrechnung, Meldewesen usw.) gilt die IT als „Commodity"; hier muss permanent nach preiswerten Alternativen gesucht werden. Bei *mittlerem* erwarteten Wettbewerbsvorteil und mittlerem bis hohem Entwicklungsaufwand muss von Fall zu Fall entschieden werden, ob eine Eigenentwicklung sinnvoll ist oder einer der anderen Wege beschritten werden soll.

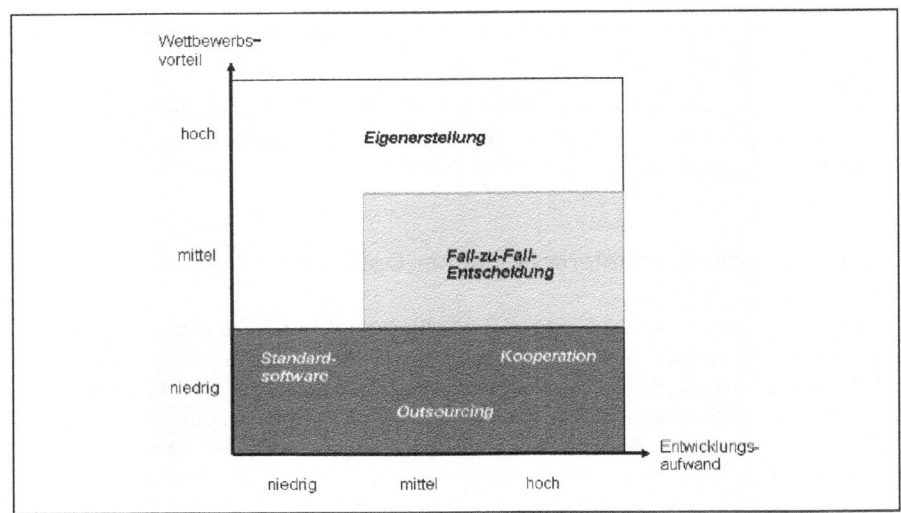

Abb. 2-9: Entscheidungsportfolio zur Anwendungsentwicklung

Die Abwägung der jeweils geeigneten Option wird aufgrund von Kosten/Nutzen-Kriterien erfolgen. Jede Bank muss sich damit selbst das für sie adäquate Portfolio ihrer Anwendungssysteme – differenziert nach den Optionen Eigenentwicklung, Kooperation, Standardsoftware und Outsourcing – zusammensetzen.

An welchem Ort die Software – ob Individualentwicklung oder Standardsoftware – schließlich betrieben wird, ist heute zweitrangig. Grundsätzlich kommen mit dem Inhouse-RZ und der Auslagerung des RZ zwei Basisvarianten in Betracht. Aus der Kombination der Softwarelösung und des Produktionsortes lässt sich die folgende Möglichkeitsmatrix konstruieren (Abbildung 2-10). Trends sind derzeit in Richtung Standardsoftware sowie in Richtung extern betriebener RZ erkennbar.

Softwarelösung \ Ort der DV-Produktion	Individualentwicklung	Standardsoftware
Inhouse-Rechenzentrum	Große Privatbanken, Landesbanken, Hypothekenbanken, Bausparkassen ↓ ➡	Kleine und mittelgroße Privatbanken, Auslandsbanken ↓
Extern betriebenes Rechenzentrum	eher Ausnahmen: Sal. Oppenheim, Deutsche Bank ➡	Kleine und mittelgroße Privatbanken, Auslandsbanken Volks- und Raiffeisenbanken, Sparkassen (Kooperationssoftware)

Abb. 2-10: Möglichkeitsmatrix hinsichtlich Softwarelösung und IT-Betrieb

Literatur zum Kapitel 2:

ACHENBACH, W./MOORMANN, J./SCHOBER, H. (Hrsg.) (2004), *Sourcing in der Bankwirtschaft*, Frankfurt/M.: Bankakademie-Verlag

ALPAR, P./GROB, H.L./WEIMANN, P./WINTER, R. (2002), *Anwendungsorientierte Wirtschaftsinformatik*, 3. Aufl., Wiesbaden: Vieweg

BROHM, H./SCHMITZ, C. (2005), *Standardsoftware in Banken: Wie entwickelt sich der Markt?*, in: Geldinstitute, 36. Jg., Nr. 3, S. 26-28.

DAVENPORT, T.H./ SHORT, J.E. (1990), *The New Industrial Engineering. Information Technology and Business Process Redesign*, in: Sloan Management Review, 31. Jg., Nr. 4, S. 11-27

DEUTSCHE BANK AG (Hrsg.) (2004), *IT-Outsourcing: Zwischen Hungerkur und Nouvelle Cuisine*, Studie, Economics, www.dbresearch.com, Frankfurt/M.

DITTRICH, J./BRAUN, M. (2004), *Business Process Outsourcing*, Stuttgart: Schäffer-Poeschel

DUBE, J. (1995), *Informationsmanagement in Banken*, Wiesbaden: Gabler

ECONOMIST INTELLIGENCE UNIT (Hrsg.) (2005), *Better, faster, cheaper? Business process transformation in financial services*, White Paper, o. Ort

EUROPEAN BUSINESS SCHOOL (Hrsg.) (2004), *ERP in Banking 2005 – An Empirical Survey*, Oestrich-Winkel

FRANK, U. (1994), *Multiperspektivische Unternehmensmodellierung: theoretischer Hintergrund und Entwurf einer objektorientierten Entwicklungsumgebung*, München: Oldenbourg

GATES, B. (1999), *Business @ the Speed of Thought. Using a Digital Nervous System*, New York/NY: Warner

GRUPP, B. (2003), *Das IT-Pflichtenheft zur optimalen Softwarebeschaffung*, 2. Aufl., Bonn: mitp-Verlag

HAMMER, M. (1990), *Reengineering Work: Don't Automate, Obliterate*, in: Harvard Business Review, 68. Jg., Nr. 4, S. 104-112

HOLLE, M.K./HELD, M. (2002), *Entwicklung einer businessseitigen IS-/IT-Strategie für eine Grossbank*, in: LEIST, S./WINTER, R. (Hrsg.), Retail Banking im Informationszeitalter, Berlin: Springer, S. 347-362

IBS PUBLISHING (Hrsg.) (2005), *2004 Sales League Table (Released in 2005)*, Hythe, Großbritannien,   www.ibspublishing.com/sales_league-tables/league_table_2004.htm (Zugriff: 19.9.2005)

KAIB, B. (Hrsg.) (2003), *Outsourcing in Banken*, Wiesbaden: Gabler

LEIST, S. (2002), *Bankenarchitekturen des Informationszeitalters – Zielsetzung und Gestaltungsebenen*, in: LEIST, S./WINTER, R. (Hrsg.), Retail Banking im Informationszeitalter, Berlin: Springer, S. 3-28

MOLL, K.-R. (1994), *Informatik-Management*, Berlin: Springer

MOORMANN, J./FISCHER, T. (Hrsg.) (2004), *Handbuch Informationstechnologie in Banken*, 2., vollst. erneu. u. erweit. Aufl., Wiesbaden: Gabler

MOORMANN, J./FRANK, A. (2000), *Grenzen des Outsourcing: Eine Exploration am Beispiel von Direktbanken*, Arbeitsberichte der HfB – Business School of Finance & Management, Nr. 24, Frankfurt/M.

MOORMANN, J./HILLESHEIMER, M./METZLER, C./ZAHN, C.M. (2006), *Wertschöpfungsmanagement in Banken*, 2., überarb. u. erweit. Aufl., Frankfurt/M.: Bankakademie-Verlag

ÖSTERLE, H. (1995), *Business Engineering. Prozess- und Systementwicklung*, Bd. 1 Entwurfstechniken, Berlin: Springer

ÖSTERLE, H. (2003), *Geschäftsmodell des Informationszeitalters*, in: ÖSTERLE, H./ WINTER, R. (Hrsg.), Business-Engineering: Auf dem Weg zum Unternehmen des Informationszeitalters, 2., vollst. neu bearb. und erw. Aufl., Berlin: Springer, S. 21-43

ÖSTERLE, H./BLESSING, D. (2003), *Business Engineering Modell*, in: ÖSTERLE, H./ WINTER, R. (Hrsg.), Business-Engineering: Auf dem Weg zum Unternehmen des Informationszeitalters, 2., vollst. neu bearb. und erw. Aufl., Berlin: Springer, S. 65-85

PENZEL, H.-G. (2004), *Architekturmanagement aus Sicht einer Großbank*, in: MOORMANN, J./FISCHER, T. (Hrsg.), Handbuch Informationstechnologie in Banken, 2., vollst. erneu. u. erweit. Aufl., Wiesbaden: Gabler, S. 111-130

PORTER, M.E. (1980), *Competitive Strategy*, New York: Free Press

PORTER, M.E. (1985*), Competitive Advantage*, New York: Free Press

SCHEER, A.W. (1998), *ARIS – Vom Geschäftsprozess zum Anwendungssystem*, Berlin: Springer

STRAHRINGER, S./GEMEINER, R. (2004), *Auswahlstrategien für Standardsoftware in Banken*, in: HMD – Praxis der Wirtschaftsinformatik, 41. Jg., Nr. 239, S. 95-101

THE BOSTON CONSULTING GROUP (Hrsg.) (2005), *IT Outsourcing and Offshoring: Hype or Opportunity?, IT Cost Benchmarking in the European Banking Industry*, BCG Report, Boston/MA

VACIAGO, E. (2000), *ERP-Software im Bankgeschäft – Softwarelösungen schaffen den Sprung in die Finanzwirtschaft*, in: BIT Banking and Information Technology, 1. Jg., Nr. 2, S. 31-36

VENKATRAMAN, N. (1994), *IT-enabled business transformation: from automation to business scope redefinitions*, in: Sloan Management Review, 35. Jg., Nr. 4, S. 73-87

WINTER, R. (2003), *Methodische Unterstützung der Strategiebildung im Retail Banking*, in: BIT Banking and Information Technology, 3. Jg., Nr. 2, S. 49-58

WINTER, R. (2005), *Unternehmensarchitektur und Integrationsmanagement*, in: SOKOLOVSKY, Z./LÖSCHENKOHL, S. (Hrsg.), Handbuch Industrialisierung der Finanzwirtschaft, Wiesbaden: Gabler, S. 575-599

Kapitel 3

3 Anbieter von IT-Dienstleistungen

Kernaspekte des Kapitels:

- Angebotsstruktur für IT-Dienstleistungen am Beispiel der deutschen Bankwirtschaft.
- Vorgehensweisen bei der Informationsverarbeitung in den drei großen Bankengruppen.
- Externe Anbieter für IT-Leistungen im Bankensektor.

Nachdem die Ausgangsituation der FDL-Informatik (Kapitel 1) dargestellt und die Gestaltungsansätze (Kapitel 2) diskutiert worden sind, sollen in diesem Kapitel die Partnern der Informationsverarbeitung thematisiert werden. Die Seite der *Nachfrager* nach IT-Leistungen ist offensichtlich – die Banken und Versicherer. Weniger transparent erscheint die Seite der *Anbieter* von IT-Leistungen. Wie sieht die konkrete Anbieterstruktur für den enormen IT-Bedarf des Finanzdienstleistungssektors aus? In der Regel ist dafür kein Überblick verfügbar, sondern muss mühsam erarbeitet werden. Hinzu kommt die Problematik, dass sich die Anbietersituation nicht nur international, sondern auch innerhalb des deutschsprachigen Raums erheblich unterscheidet. Darüber hinaus ist sie hinsichtlich Bank- und Versicherungswirtschaft unterschiedlich. Gleichwohl ist zur Beurteilung der Informationsverarbeitung im FDL-Sektor ein Grundverständnis bezüglich der Leistungserbringer erforderlich. Insofern kann das Kapitel 3 als ein Exkurs aufgefasst werden, der am Beispiel des deutschen Bankensektors die Möglichkeiten des IT-Bezugs darlegt.

Der Aufbau des Kapitels orientiert sich an den drei großen Säulen des deutschen Bankensystems. Zunächst wird die Anbietersituation in den Verbundorganisationen (Genossenschaftssektor und Sparkassenorganisation) dargestellt, in denen die

Informationsverarbeitung weitgehend über *RZ-Gesellschaften*[68] betrieben wird. Es folgt die Situation bei den privaten Banken. Diese haben Teile ihrer IT an Externe ausgelagert oder beziehen von ihnen IT-Dienstleistungen. Daher schließt sich eine kurze Darstellung externer Leistungserbringer an.

Eine erhebliche Veränderung im Selbstverständnis der IT-Gesellschaften der Sparkassen- bzw. Genossenschaftsorganisation sei vorweggenommen. Diese Gesellschaften sehen nicht das Bankgeschäft, sondern die Anwendungsentwicklung, den Rechenzentrumsbetrieb sowie das „Management komplexer Systeme" als ihre Kernkompetenz an. Sie versuchen daher immer mehr, Unternehmen (nicht notwendigerweise Banken) und Verwaltungseinrichtungen außerhalb ihrer angestammten Klientel als Kunden zu akquirieren. Die bislang proprietäre IT-Leistungserbringung innerhalb des jeweiligen Verbunds löst sich langsam auf.

3.1 IT-Dienstleister in der Genossenschaftsorganisation

Die Volks- und Raiffeisenbanken sind an zwei große IT-Gesellschaften, die Fiducia IT *(Abschnitt 3.1.1)* und die GAD *(Abschnitt 3.1.2)*, angeschlossen. Die Sparda-Banken beziehen ihre IT-Leistungen im Wesentlichen von der Sparda-Datenverarbeitung *(Abschnitt 3.1.3)*.

Zwischen der Fiducia IT und der GAD werden derzeit Sondierungsgespräche geführt, um eine mögliche Zusammenführung beider Unternehmensgruppen zu prüfen. Mittelfristig wird es wohl zu einer Fusion kommen. Die gegenwärtige regionale Aufteilung zwischen beiden Gesellschaften zeigt Abbildung 3-1.

3.1.1   Fiducia IT AG

Die Fiducia AG, Karlsruhe, fusionierte Mitte 2003 mit der rbg, München,[69] zur Fiducia IT AG. Mit dieser Fusion ist der größte IT-Dienstleister im genossenschaftlichen Verbund entstanden.

Das Kerngeschäft der Fiducia IT ist die Erbringung von RZ-Diensten und die Entwicklung von Anwendungssoftware für rund 850 Volksbanken und Raiffeisenbanken. In geringerem Umfang wird auch für die Zentralinstitute und weiteren

---

[68] Manchmal wird statt *RZ-Gesellschaft* der Begriff *Rechenzentrale* genutzt, der aber zu kurz greift. Das Spektrum der Gesellschaften ist viel größer, so dass auch der Begriff RZ-Gesellschaft inzwischen zu eng ist. Die Bezeichnung ist aber gängig. Teilweise nennen sich die Unternehmen IT-Dienstleister, Informatik-Zentrum o.ä.

[69] rbg = Rechenzentrale Bayerischer Genossenschaften eG.

Unternehmen im genossenschaftlichen FinanzVerbund entwickelt. Erklärtes Ziel ist es, nicht nur die Position als größter IT-Full-Service-Provider im genossenschaftlichen Verbund auszubauen, sondern auch den Marktanteil außerhalb des Bankensektors zu erhöhen und neue Märkte zu erschließen. So zählen auch öffentliche Verwaltungen und Unternehmen aus der Industrie sowie der Versicherungsbranche zu den Kunden.

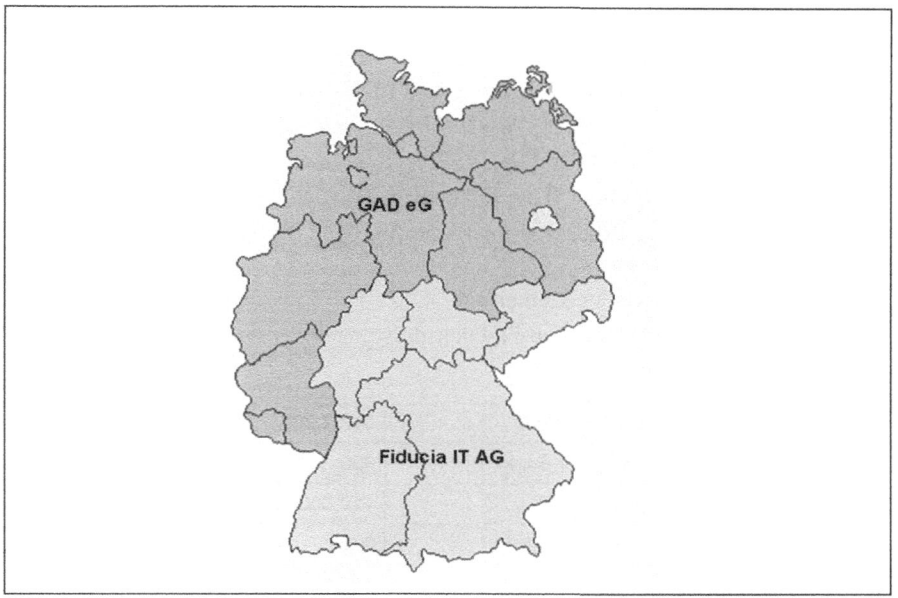

Abb. 3-1: Gebietsverteilung der IT-Gesellschaften im genossenschaftlichen Verbund (Volks- und Raiffeisenbanken)

In den vergangenen Jahren war die Fiducia IT primär damit beschäftigt, die aus früheren Fusionen resultierenden Altanwendungen zusammenzuführen (*Rubin*, Kassel; *Gedis*, Stuttgart; *NBS*, Karlsruhe). Daraus ist die neue Bankensoftware *agree* entstanden. Mit agree stellt die Fiducia IT die größte Java-basierte Anwendung in der Finanzbranche zur Verfügung. agree ist eine mandantenfähige, modular aufgebaute und integrierte Gesamtbanksoftware. Alle Anwendungen werden unter einem einheitlichen Front-End, dem so genannten agree-Bankarbeitsplatz (BAP), bereitgestellt.

Die Fiducia IT AG hat mehrere Tochterunternehmen, u.a.:

• ORGA Gesellschaft für automatische Datenverarbeitung mbH
   Die ORGA ist IT-Dienstleister für Industrie und Handel sowie für Dienstleistungsunternehmen und öffentliche Verwaltungen. Schwerpunkte sind Beratung, SAP-Systemhaus, Outsourcing, Branchenlösungen und Dokumentenmanagement.

- Per@S Personalwirtschaft Administrations Services GmbH
  Die Per@S ist Anbieter von Personalwirtschaftsdienstleistungen für Banken sowie für kleine und mittelgroße Unternehmen verschiedener Branchen.

- tsg technologie services gmbh
  Zu den Leistungen der tsg gehören neben der Installation/Implementierung, Überwachung, Wartung und Reparatur von Selbstbedienungsgeräten und anderen Geräten auch die Videoüberwachung und die Zutrittskontrolle von Banken.

- ISB Institut für Softwareentwicklung und EDV-Beratung AG
  Die ISB entwickelt branchenspezifische Software für Industrieunternehmen und öffentliche Verwaltungen.

Darüber hinaus ist die Fiducia IT an folgenden Unternehmen beteiligt:

- CardProcess GmbH: Processor im FinanzVerbund für kartengebundene Zahlungssysteme,
- F-Call AG: Telefonservice-Center und
- IT Chain GmbH: Logistik- und IT-Dienstleistungen.

Daten der Fiducia IT	31.12.2005
Anzahl betreuter Banken	850
Bankarbeitsplätze	117.000
Buchungsposten (Mrd.)	3,3
KAD	12.050
GAA	11.100
Kundenkonten (in Mio.)	52,8
Mitarbeiter	3.456
Umsatz (in Mio. €)	728,6

Tab. 3-1: Daten der Fiducia IT AG

3.1.2 GAD eG

Die GAD eG in Münster ist der RZ-Betreiber und Softwareentwickler von rund 490 Volksbanken, Raiffeisenbanken und Spar- und Darlehenskassen. Des Weiteren entwickelt die GAD Anwendungssoftware u.a. für die WGZ Bank, DZ BANK und WL-Bank.

Auch die GAD eG hat sich durch zahlreiche Fusionen und Unternehmensübernahmen im Laufe der Zeit zur heutigen Größe entwickelt. Der vorerst letzte
Schritt bestand aus dem Zusammenschluß der GAD Gesellschaft für automatische
Datenverarbeitung eG und der GRZ (Genossenschafts-Rechenzentrale Nord-
deutschland GmbH). Die in der Abbildung 3-2 dargestellte Entwicklung der GAD
steht stellvertretend für die Entwicklung der großen IT-Dienstleister in den öffentlich-rechtlichen und genossenschaftlichen Verbundorganisationen.

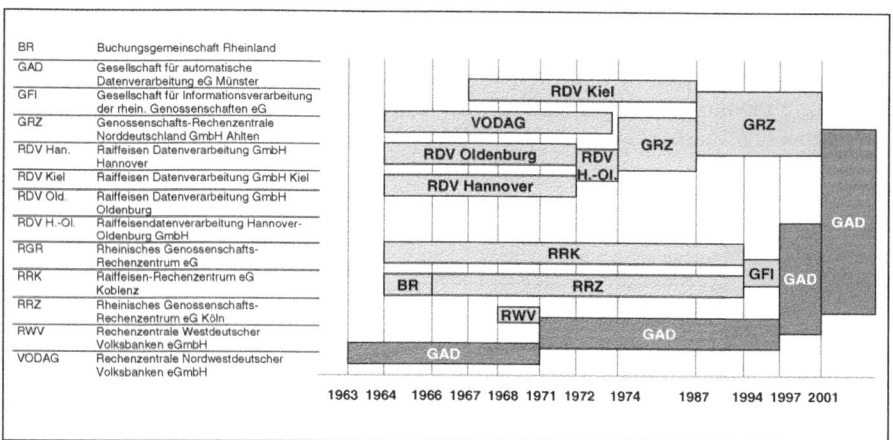

Abb. 3-2: Entwicklung der GAD

Die von der GAD entwickelte und betriebene Bankensoftware ist *bank21*
(LEDERER 2004). Sie löst die bisherige Software *BB3* ab. Auch die GAD bietet
eine mandantenfähige und integrierte Gesamtbanksoftware mit einem einheitlichen Front-End an.

Zu der Unternehmensgruppe GAD zählen u.a. folgende Unternehmen:

• ELAXY GmbH
  Diese 100-prozentige Tochter der GAD bietet Software, Beratung und Services für Banken und andere Finanzdienstleister an. Die Leistungen reichen von
  der standardisierten Wartung einzelner Applikationen bis zur Übernahme des
  kompletten RZ-Betriebs.

• VR Netze GmbH
  Dieses (neue) Unternehmen ist Anbieter von Telekommunikations- und
  Netzwerkservices für Unternehmen im genossenschaftlichen FinanzVerbund.
  Die GAD hält 74,9% und die DZ Bank 25,1% der Anteile.

• GWS Gesellschaft für Warenwirtschafts-Systeme mbH
  Als Softwarehaus für Warengenossenschaften ist die GWS für rund 700 Kunden in Deutschland tätig. Die Aktivitäten liegen im elektronischen Datenaus-

tausch zwischen den Warenzentralen und den Primärgenossenschaften. Die GAD ist an der GWS zu 54,9% beteiligt.

• Ratiodata IT-Lösungen und Services GmbH
Das Unternehmen bietet herstellerübergreifende IT-Lösungen und Services in den Bereichen Archivierung, IT-Systeme und Services sowie Personalwirtschaft an. Die GAD hält 100% der Anteile an Ratiodata.

Hinzu kommen Beteiligungen an weiteren Unternehmen wie der CardProcess GmbH.

Die GAD erbringt schon seit längerem Leistungen für nicht-genossenschaftliche Banken. Zum Beispiel wird die genossenschaftliche Bankensoftware von der Conrad Hinrich Donner Bank (Hamburg), der Union-Bank AG (Flensburg), der Salzburg München Bank AG und der NordFinanz Bank AG (Bremen) genutzt.

Daten der GAD	31.12.2005
Anzahl betreuter Banken	472
Bankarbeitsplätze	57.450
Buchungsposten (Mrd.)	1,9
KAD, GAA	15.805
Kundenkonten (in Mio.)	29,5
Mitarbeiter	1.327
Umsatz (in Mio. €)	500

Tab. 3-2: Daten der GAD eG

3.1.3 Sparda-Datenverarbeitung eG

Die im Verband der Sparda-Banken e.V. zusammengeschlossenen Institute[70] beziehen ihre IT-Leistungen von der Sparda-Datenverarbeitung eG (SDV) in Nürnberg. Hier wird ein Großrechenzentrum betrieben, ein Client-Server-Umfeld mit ca. 10.500 Arbeitsplätzen und 660 Servern betreut sowie Anwendungssoftware erstellt.

---

[70] Zur Information: Unter den Top 5 der deutschen Genossenschaftsbanken befinden sich drei Sparda-Banken. Die zwölf Sparda-Banken stellen rund 8% der Bilanzsumme der genossenschaftlichen Primärinstitute.

Für einen speziellen, für die Sparda-Banken aber besonders relevanten Zweck wurde die Sparda-Software GmbH (SSG), Nürnberg, als weitere direkte Tochter der Sparda-Banken gegründet. Die Aktivitäten der SSG liegen im Bereich von Data-Warehouse-Anwendungen, die der ereignisgesteuerten Kundenansprache dienen. Ziele sind die Entwicklung und Betreuung eines Database-Management-Systems und der Auf- und Ausbau eines Data Warehouse.

Daten der SDV	31.12.2004
Anzahl betreuter Banken	27
Bankarbeitsplätze	10.500
Buchungsposten (Mrd.)	0,6
KAD	1.100
GAA	1.000
Kundenkonten (in Mio.)	4,5
Mitarbeiter	340
Umsatz (in Mio. €)	70

Tab. 3-3: Daten der Sparda-Datenverarbeitung eG

3.2 IT-Dienstleister in der Sparkassenorganisation

Die Sparkassenorganisation verfügt nach einer Reihe von Fusionen über drei große IT-Gesellschaften: Die FinanzIT *(Abschnitt 3.2.1)*, das IZB *(Abschnitt 3.2.2)* und die Sparkassen Informatik *(Abschnitt 3.2.3)*. Eine weitere Organisation, das SIZ, hat koordinierende bzw. unterstützende Aufgaben *(Abschnitt 3.2.4)*.

Auch bei den IT-Unternehmen im Sparkassenbereich gibt es weitere Fusionsüberlegungen. Insbesondere deutet sich der Zusammenschluss von IZB und Sparkassen Informatik an. In Teilbereichen kooperieren die IT-Gesellschaften bereits bilateral (z.B. Data-Warehouse-Konzept: IZB und Sparkassen Informatik; Internet-Filiale: FinanzIT und IZB). Die heutige regionale Aufteilung zwischen den drei Unternehmen kann Abbildung 3-3 entnommen werden.

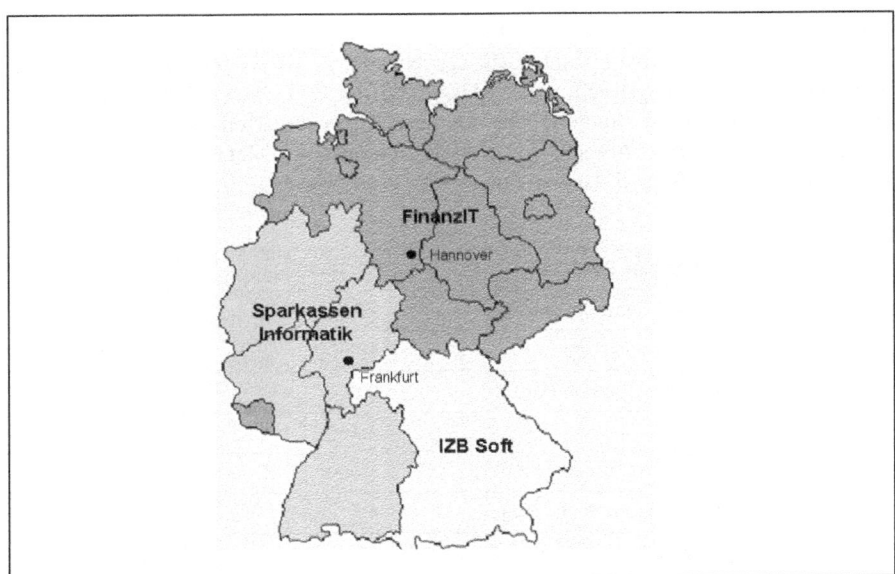

Abb. 3-3: Gebietsverteilung der IT-Gesellschaften in der Sparkassenorganisation

3.2.1   FinanzIT GmbH

Die FinanzIT GmbH ging Mitte 2003 aus den einstigen Kooperationspartnern dvg, dvs, nbg und SIK hervor. Die 1970 gegründete dvg Hannover mbH wurde zu diesem Zeitpunkt zur FinanzIT GmbH umfirmiert und übernahm die Anteile der anderen FinanzIT-Gesellschaften. Tätigkeitsschwerpunkte sind die Entwicklung und Integration von Anwendungssoftware, die Hard- und Software-Beratung, IT-Services sowie der Betrieb von Netzwerken eines europäischen RZ-Verbunds.

Die FinanzIT GmbH sieht sich als größter IT-Dienstleister im Sparkassensegment (Marktanteil bei den Sparkassen 35%) und bietet seine Dienstleistungen in den elf Bundesländern Berlin, Brandenburg, Bremen, Mecklenburg-Vorpommern, Niedersachsen, Saarland, Sachsen, Sachsen-Anhalt, Schleswig- Holstein und Thüringen an.

Eine bedeutende Rolle besitzt die FinanzIT beim Geldautomatenverbund der europäischen Sparkassenorganisation EUFISERV. Seit 1990 laufen alle Abhebungen an den über 63.000 angeschlossenen Sparkassen-Geldautomaten in zwölf Bundesländern über den zentralen Netzknoten des FinanzIT-Rechenzentrums in Hannover.

Neben der ehemaligen dvg sind die folgenden Unternehmen heute Bestandteile der FinanzIT GmbH:

*   Die FinanzIT Berlin GmbH (vormals dvs Datenverarbeitungsgesellschaft Sparkassenorganisation mbH) ist für die IT-Abwicklung des gesamten Sparkassengeschäfts in Brandenburg, Mecklenburg-Vorpommern, Sachsen, Sachsen-Anhalt und Thüringen zuständig.

*   Die FinanzIT Netzbetriebsgesellschaft mbH (vormals nbg Netzbetriebsgesellschaft mbH) beschäftigt sich mit Netzdiensten, Netzmanagement und Consulting-Tätigkeiten in diesen Bereichen.

*   Die FinanzIT Saarbrücken GmbH (vormals Sparkassen Informations- und Kommunikationsservice GmbH, SIK) produziert IT-Anwendungen am Standort Saarbrücken.

Die FinanzIT GmbH ist an mehreren Unternehmen beteiligt, z.B.:

*   Die European Savings Banks Financial Services Company (EUFISERV S.C.), Brüssel, hat die Aufgabe, den europaweiten Geldautomaten-Service der Sparkassen zu betreiben sowie weitere Geschäftsfelder für die Kooperation im grenzüberschreitenden elektronischen Zahlungsverkehr zu entwickeln.

*   Aufgabe der GSC – Gesellschaft für Sparkassen-Consulting mbH, Hannover, ist die Beratung von Mitgliedern der Sparkassenorganisation zur Förderung ihres öffentlichen Auftrags und Stärkung ihrer Wettbewerbsfähigkeit. Dazu zählen u.a. Strategieberatung, Gesamtbanksteuerung, Personalmanagement, Prozessmanagement und Vertriebsmanagement.

*   Das Hamburger Unternehmen Star Finanz – Software Entwicklung und Vertriebs GmbH ist Anbieter der Homebanking-Software „StarMoney", das auch im Privatbankenbereich eingesetzt wird (z.B. Commerzbank). Darüber hinaus ist die Star Finanz führend in der Entwicklung des so genannten HBCI-Kernels[71].

Zu den größten Gesellschaftern der FinanzIT GmbH zählen der Sparkassenverband Niedersachsen und der Ostdeutsche Sparkassenverband (je 16,5%), die Norddeutsche Landesbank (15,6%) sowie die Bankgesellschaft Berlin/Landesbank Berlin (15%).

---

[71] HBCI = Homebanking Computer Interface (inzwischen in FinTS, Financial Transaction Services, überführt).

Daten der FinanzIT	31.12.2005

Anzahl betreuter Banken
  Sparkassen
  Landesbanken
  Landesbausparkassen
	167
	5
	5

Bankarbeitsplätze	97.725
Buchungsposten (Mrd.)	4,4
KAD	8.655
GAA	8.241
Kundenkonten (in Mio.)	58
Mitarbeiter	2.643
Umsatz (in Mio. €)	723

Tab. 3-4: Daten der FinanzIT GmbH

3.2.2 IZB

Im bayerischen Bereich sind zwei Unternehmen zu unterscheiden, die 1994 die Nachfolge der BBS (Buchungszentrale Bayerischer Sparkassen) angetreten haben: die IZB Soft und das für den Betrieb („Produktion") zuständige IZB Informatik-Zentrum.

Die *IZB Soft* (genau: Informatik-Zentrum Bayern Software-Gesellschaft der bayerischen Sparkassen GmbH & Co. KG), München, entwickelt, implementiert und pflegt Anwendungssysteme im Auftrag bayerischer Sparkassen, der Deutschen Kreditbank sowie österreichischer Institute.[72] Der Marktanteil bei den Sparkassen liegt bei 15%.

Das Tätigkeitsspektrum der IZB Soft umfasst das Entwickeln und Bereitstellen von Finanzdienstleistungssoftware sowie Beratung und Betreuung der Kunden. Insbesondere sollen die Geschäftsprozesse der Sparkassen durch Banksteuerung, neue Medien im Vertrieb, Beratungssysteme sowie Personal- und Kernbanksysteme unterstützt werden.

Gesellschafter sind 81 bayerische Sparkassen (Kommanditisten) und die Informatik Zentrum Bayern Beteiligungs-GmbH (Komplementär). Die IZB Soft ist am IZB Informatik-Zentrum und an der Star Finanz (s.o.) mit je 50% beteiligt. An dem Unternehmen für die Abwicklung des beleglosen Zahlungsverkehrs, SZB

---

[72] Bis 2008 sollen auch die Systeme der Bayerischen Landesbank in die IZB Soft überführt werden.

Service Zentrum Bayern, hält die IZB Soft 95% und am SIZ, dem Informatikzentrum der Sparkassen-Finanzgruppe, 5%.

Daten der IZB Soft	31.12.2004
Anzahl betreuter Banken	
Sparkassen	80
Landesbanken	2
Landesbausparkassen	1
Bankarbeitsplätze	38.000
Buchungsposten (Mrd.)	1,2
KAD	4.121
GAA	4.000
Kundenkonten (in Mio.)	20
Mitarbeiter	939
Umsatz (in Mio. €)	210,9

Tab. 3-5: Daten der IZB Soft

Das *IZB Informatik-Zentrum* (genau: IZB GmbH & Co. KG) wurde 1994 von der Bayerischen Landesbank und den bayerischen Sparkassen gegründet. Es bietet seinen Kunden, Leistungen in den Bereichen Client-Server-, Mainframe- und Netzwerkbetrieb an. Seit 2001 hält die Landesbank Hessen-Thüringen (Helaba) eine Beteiligung am IZB Informatik-Zentrum, das den gesamten IT-Betrieb der Helaba sowie der TxB Transaktionsbank GmbH übernommen hat. Der Unternehmenssitz ist in München und Frankfurt am Main.

Gesellschafter des IZB Informatik-Zentrums sind die IZB Soft (50%), die Bayerische Landesbank Girozentrale (35%) und die Landesbank Hessen-Thüringen Girozentrale (15%). Die Sparkassen-Finanzgruppe ist über das IZB Informatik-Zentrum an der bol Behörden Online GmbH mit 50% beteiligt. Dieses Unternehmen entwickelt und implementiert Internet- und Telekommunikationsprodukte speziell für den öffentlich-rechtlichen Bereich (z.B. das Bayerische Behördennetz).

Das IZB Informatik-Zentrum beschäftigte in 2005 rund 680 Mitarbeiter und erzielte Umsatzerlöse von 200 Mio. €.

3.2.3   Sparkassen Informatik GmbH & Co. KG

Die Sparkassen Informatik (SI) betreut rund 230 Sparkassen in den Bundesländern Baden-Württemberg, Hessen, Nordrhein-Westfalen und Rheinland-Pfalz. Das entspricht einem Marktanteil von rund 50% aller Sparkassen in Deutschland. Das Unternehmen ist im Jahr 2001 aus der Fusion der Informatik Kooperation GmbH, Münster, der SI-BW Sparkassen Informatik Baden-Württemberg GmbH & Co. KG, Karlsruhe, und der Sparkassen-Informatik-Systeme West GmbH, Duisburg, hervorgegangen. Sie hat ihren Sitz in Frankfurt am Main.

Das Angebot der SI umfasst das gesamte Spektrum der Informationstechnologie von der Entwicklung und Bereitstellung von IT-Anwendungen, Netzwerken und technischer Infrastruktur über Beratung, Schulung und Support bis hin zum RZ-Betrieb.

Die (neue) Anwendungssoftware der SI wird unter dem Namen *One System Plus (OSPlus)* vermarktet. OSPlus stellt eine Standardsoftware dar, die alle wesentlichen Prozesse des Retail-Geschäfts abdeckt (siehe zu OSPlus NEUMANN 2004). Das System ist als Komplettsystem konzipiert und modulartig aufgebaut. Beispiele sind die Module *OSPlus-Banksteuerung* und *OSPlus-Vertrieb*. Der Modulansatz kommt insbesondere den Großsparkassen entgegen, die in Teilbereichen andere Anforderungen bzw. Vorstellungen haben als kleinere Institute bzw. der IT-Dienstleister. Auf diesem Wege wird versucht, eine Integration von Gemeinschaftsentwicklung und Individualvorstellungen der jeweiligen Sparkasse zu realisieren. OSPlus wurde sukzessive in allen von der SI betreuten Sparkassen eingeführt (Abschluss in 2005). Damit hat die SI vollständig ihre (vier) Altsysteme abgelöst und dürfte vergleichsweise weit fortgeschritten sein.

An der Sparkassen Informatik GmbH & Co. KG sind folgende Kommanditisten beteiligt:

– Rheinischer Sparkassen- und Giroverband,

– SI-BW Beteiligungsgesellschaft mbH & Co. KG,

– Sparkassen- und Giroverband Hessen-Thüringen,

– Sparkassen- und Giroverband Rheinland-Pfalz und

– Westfälisch-Lippischer Sparkassen- und Giroverband.

Persönlich haftende Gesellschafterin der SI ist die Sparkassen Informatik Verwaltungsgesellschaft mbH, die bis auf die SI-BW Beteiligungsgesellschaft mbH & Co. KG weitestgehend die gleichen Gesellschafter wie die SI hat. Zusätzliche Gesellschafter sind der Sparkassenverband Baden-Württemberg und der Sparkassenverband Bayern.

Daten der SI	31.12.2005
Anzahl betreuter Banken	
Sparkassen	229
Landesbanken	4
Landesbausparkassen	4
Bankarbeitsplätze	137.000
Buchungsposten (Mrd.)	4,6
KAD	11.164
GAA	10.865
Kundenkonten (in Mio.)	64,1
Mitarbeiter	2.499
Umsatz (in Mio. €)	648,8

Tab. 3-6: Daten der Sparkassen Informatik GmbH & Co. KG

3.2.4 SIZ GmbH

Das 1990 gegründete SIZ – Informatikzentrum der Sparkassenorganisation – ist ein IT-Dienstleister, der viel zur Vereinheitlichung der DV innerhalb der Sparkassen-Finanzgruppe beigetragen hat. Mit der strategischen Neuausrichtung im Jahre 2003 hat sich das SIZ von einer Art Koordinierungsinstanz innerhalb der Sparkassen-Finanzgruppe zu einem Dienstleister gewandelt. Das heutige Angebot umfasst Beratung, Entwicklung von Standards sowie Bereitstellung von Komponenten für die sichere Zusammenarbeit der IT sowohl in der Sparkassenorganisation als auch für Dritte. Das SIZ hat seinen Sitz in Bonn, beschäftigt 70 Mitarbeiter und erzielte einen Umsatz von 15,7 Mio. € (2005). Kernarbeitsfelder des SIZ sind:

- *Electronic-Banking:* IT-Komponenten zur sicheren und kostengünstigen Abwicklung des Zahlungsverkehr und des Electronic Banking mit Firmenkunden (sicherer Datei- und Nachrichtenaustausch im Massengeschäft, elektronische Unterschrift usw.).

- *Kartentechnologie:* IT-Koordination zur Umsetzung der Kartenstrategie innerhalb der Sparkassenorganisation. Dazu zählt auch die Innovationsnutzung im Chipkartenumfeld sowie Standardisierungsarbeiten durch Vertretung in nationalen und internationalen Gremien im Auftrag des DSGV.

- *Multikanaltechnologie:* Bereitstellung von Infrastrukturkomponenten zur Autorisierung von sicheren Transaktionen in allen Vertriebswegen einschließlich Verbundgeschäft, Mitarbeit bei der Erstellung von Fachkonzepten und Multikanalarchitekturen sowie Spezifizierung standardisierter Finanznachrichten und Schnittstellen (HBCI).

• *Verbundkoordination:* Allgemeine Projektkoordination und Strategieunterstützung für einheitliche Verfahren und Techniken in der Sparkassen-Finanzgruppe sowie Konzepte für deren einheitliche IT-Umsetzung.

• *IT-Sicherheitstechnologie:* Organisatorische und technische Lösungen zur Umsetzung einer ganzheitlichen Sicherheitsstrategie. Dazu zählen die drei Produktkomponenten „Aktive Sicherheit", „Sichere IT-Plattform" und „Sicherer IT-Betrieb".

Die Gesellschafter des SIZ setzen sich aus allen Teilen der Sparkassenorganisation zusammen. Dazu zählen u.a. Landesbanken, die DekaBank, die regionalen Sparkassenverbände, die IT-Gesellschaften der S-Finanzgruppe sowie Vertreter der Verbundunternehmen. Das SIZ arbeitet naturgemäß eng mit dem DSGV zusammen.

3.3 IT-Dienstleister bei den privaten Banken

Im Gegensatz zu den Verbundorganisationen ist im Bereich des privaten Bankgewerbes kein zentrales IT-Unternehmen zu finden. Diese Aufgaben übernehmen, sofern die Banken ihre IT nicht in Eigenregie betreiben, externe Anbieter. Dabei ist zu beachten, dass es in Banken heute praktisch keine komplett eigene IT mehr gibt. In einigen Instituten arbeiten teilweise seit vielen Jahren externe Mitarbeiter, die für die Bank Software entwickeln (z.B. in der Commerzbank über ein Joint-Venture-Unternehmen mit Steria Mummert Consulting). In anderen Fällen werden Standardpakete eingekauft und in die eigene Landschaft integriert. Wieder andere haben ihre Infrastruktur ausgelagert – mal den Desktop-Service (in praktisch allen Banken), in anderen Fällen die komplette IT-Infrastruktur (Deutsche Bank). Im Extremfall wird die IT vollständig von außen bezogen, so dass das Haus „nur" die IT-Strategie entwickelt, die Partnerauswahl vornimmt und die Einhaltung von Service Levels überwacht (z.B. Sal. Oppenheim).

Als Dienstleister für kleinere private Banken fungiert der Bankverlag, der hinsichtlich Kernbanksoftware seit 2003 mit der indischen i-flex solutions Ltd. kooperiert (Abschnitt 2.2.3.1). Gerade kleinere Banken lassen häufig ihre Standardsoftware vom Hersteller in dessen eigenem Rechenzentrum betreiben (z.B. ACTIS.BSP IT Services).

Im Bereich der privaten Banken ist eine erhebliche Heterogenität bezüglich der IT zu beobachten. Alle im Kapitel 2 vorgestellten Optionen kommen zum Einsatz – häufig kombiniert. Dementsprechend besteht ein großer Unterstützungsbedarf bei verschiedensten Themen der Informationsverarbeitung. Dabei greifen die privaten

Banken auf externe IT-Dienstleister zurück. Der folgende Abschnitt soll einen kurzen Einblick in dieses Feld geben.

3.4 Externe IT-Dienstleister

Externe IT-Unternehmen sind grundsätzlich in allen drei Bankengruppen tätig. Aufgrund der eigenen IT-Infrastruktur und Anwendungsentwicklung in den Verbundorganisationen sind externe Dienstleister jedoch vorwiegend im Bereich der privaten Institute tätig.

Das Angebotsspektrum für externe Dienstleister umfasst u.a.:

– Outsourcing der Desktop-Services (z.b. Hewlett-Packard, Sinius),

– Betrieb der Filial-IT wie SB-Netze und Multikanalstrukturen (z.b. Wincor Nixdorf),

– Anwendungsentwicklung (Application Management Services) sowie Wartung und Weiterentwicklung von Individualsoftware (Application Maintenance Services); hier reicht das Spektrum von großen Systemhäuser wie T-Systems, IBM usw. bis hin zu kleinen, spezialisierten Unternehmen wie MaK DATA System,

– Bereitstellung der IT-Infrastruktur (u.a. RZ-Betrieb), z.b. T-Systems, EDS, IBM, Accenture, und

– Übernahme von kompletten Geschäftsprozessen (Business Process Outsourcing), z.b. Einkauf, Gehaltsabrechnung. Anbieter sind z.b. Accenture, IBM. Für die Abwicklung von banknahen Geschäftsprozessen haben sich spezialisierte Institute herausgebildet (dwpbank, etb, ITS, TxB, kreditwerk, Stater etc.). Diese greifen – z.b. für IT-Infrastruktur – wiederum auf externe IT-Dienstleister zurück (z.b. IBM beim genossenschaftlichen kreditwerk).

Das Spektrum der Anbieter für IT-Beratung ist groß. Die Tabelle 3-7 gibt einen Überblick über die zehn größten *IT-Beratungs- und Systemintegrationsunternehmen* in Deutschland. Das sind diejenigen IT-Dienstleister, die mindestens 60% ihres Umsatzes mit IT-Beratung und Systemintegration erwirtschaften. Darüber hinaus sind (große) Unternehmen am Markt, deren Geschäftsschwerpunkt z.b. im Betrieb von Rechenzentren liegt („IT-Service-Unternehmen") und die nicht in der Tabelle aufgeführt sind. Dazu zählen beispielsweise T-Systems, Siemens Business Services und EDS Deutschland (51.000, 39.000 bzw. 4.400 Mitarbeiter).

Für spezifische Aufgaben wird vielfach auf mittelgroße oder kleine IT-Dienstleister zurückgegriffen. Dabei handelt es sich teilweise um auf die Finanzbranche spezialisierte IT-Beratungsunternehmen. Außerdem sind in der Bankbranche in vielen Projekten Kleinst-Firmen und Freiberufler (Freelancer) beschäftigt. Diese externen Mitarbeiter sind in der Regel in die Projektorganisation der Bank fest eingebunden („Bodyleasing"). Der Unterschied zwischen internen und externen Mitarbeitern ist in den letzten Jahren mehr und mehr verschwommen, da externe Mitarbeiter häufig über einen längeren Zeitraum hinweg im selben Haus tätig sind – teilweise über mehrere Jahre (vgl. auch BENEKEN/MÜHLHAUSEN/ZEHLER 2004).

Unternehmen	Umsatz in Mio. €		Mitarbeiterzahl in Deutschland
	gesamt	davon in Deutschland	
IBM Global Business Services, Stuttgart *) 1)	k.A.	1.015	k.A.
Accenture GmbH, Kronberg *)	k.A.	645	3.777
Atos Origin GmbH, Essen *) 2)	k.A.	500	3.700
Lufthansa Systems AG, Kelsterbach *) 3)	635	476	3.640
CSC, Wiesbaden	k.A.	450	3.500
SAP SI Systems Integration AG, Dresden	325	325	1.760
Capgemini Deutschland Holding GmbH, Berlin 4)	k.A.	297	2.847
Deutsche Post ITSolutions GmbH, Bonn	255	255	1.300
BearingPoint GmbH, Frankfurt am Main *)	k.A.	250	1.635
msg systems ag, Ismaning	224	203	1.900

*) Daten teilweise geschätzt, k.A. = keine Angaben
 1 bisher: IBM Business Consulting Services
 2 01/2004 Übernahme von SchlumbergerSema
 3 bisher CSC Ploenzke
 4 ohne Managementberatung

Tab. 3-7: Top 10 der IT-Beratungs- und Systemintegationsunternehmen in Deutschland, Stand: 31.12.2005 (LÜNENDONK GMBH 2006)

Literatur zum Kapitel 3:

BENEKEN, G./MÜHLHAUSEN, A./ZEHLER,T. (2004), *Bedarfsanalyse Finanzdienstleister – Essentials*, Virtuelles Software Engineering-Kompetenzzentrum (VSEK), www.software-kompetenz.de (Zugriff: 11.10.2005)

LEDERER, A. (2004), *IT-Gesamtbankarchitektur in der Genossenschaftsorganisation*, in: MOORMANN, J./FISCHER, T. (Hrsg.), Handbuch Informationstechnologie in Banken, 2., vollst. neu bearb. und erweit. Aufl., Wiesbaden: Gabler, S. 79-94

NEUMANN, F. (2004), *IT-Gesamtbankarchitektur am Beispiel der Sparkassen Informatik*, in: MOORMANN, J./FISCHER, T. (Hrsg.), Handbuch Informationstechnologie in Banken, 2., vollst. neu bearb. und erweit. Aufl., Wiesbaden: Gabler, S. 95-109

LÜNENDONK GMBH (Hrsg.) (2006), *Lünendonk-Liste 2006*, Bad Wörishofen, www.luenendonk.de/it_beratung.php (Zugriff: 29.5.2006)

Internetadressen von IT-Dienstleistern (Auswahl):

ACCENTURE: www.accenture.com

BANK-VERLAG: www.bankverlag.de

BEARINGPOINT: www.bearingpoint.de

CAPGEMINI: www.de.capgemini.com

CSC PLOENZKE: www.de.csc.com

FIDUCIA: www.fiducia.de

FINANZIT: www.finanzit.com

GAD: www.gad.de

HEWLETT-PACKARD: www.hp.com/de

IBM: www.ibm.de

IDS SCHEER: www.ids-scheer.de

IZB Informatik-Zentrum: www.izb.net

IZB SOFT: www.izb-soft.de

MAK DATA SYSTEM: www.makdata.de

Siemens Business Services: www.sbs.de

SINIUS: www.sinius.de

SIZ: www.siz.de

SPARDA-DATENVERARBEITUNG: www.sparda.de

SPARKASSEN INFORMATIK: www.sparkasseninformatik.de

Steria Mummert Consulting: www.steria-mummert.de

T-SYSTEMS: www.t-systems.de

WINCOR-NIXDORF: www.wincor-nixdorf.de

Kapitel

4

4 IT-Architekturen in der Finanzbranche

Kernaspekte des Kapitels:

- Grundlegende Systemarchitektur und Anwendungsarchitektur in der Finanzwirtschaft.
- Entwicklungspfad (und dessen Optionen) zu einer modernen Anwendungslandschaft.
- Grundstruktur und Komponenten bank- und versicherungsbetrieblicher Anwendungssysteme am Beispiel eines Anbieters.

Eine Möglichkeit zur Beschreibung von Informations- und Kommunikationssystemen ist ihre Abbildung in einer *Architektur*. Der Begriff Architektur kommt aus dem Bauwesen. Der Duden definiert Architektur als „Gestaltung, Stil eines Bauwerkes". Zur Beschreibung der *Gestaltung* anderer Systeme als Bauten wurde der Begriff übernommen. Architekturen stehen auch für den Willen des Menschen, seine Umgebung zu ordnen. Die Architektur bzw. die Gestaltung eines Systems wird dann durch die *Ordnung* seiner Elemente und ihrer Beziehungen definiert, beispielsweise die Gestaltung eines Hauses durch die Art und Anordnung von Räumen und Gängen oder eines Unternehmens durch die Darstellung seiner Aktivitäten und ihrer wechselseitigen Beziehungen (BERNUS/NEMES/SCHMIDT 2003). Fasst man den Begriff der Architektur weiter, so gehört auch die Vorgehensweise bzw. die *Methodik* zur Gestaltung eines Systems dazu.

Systeme werden durch Modelle beschrieben. Die Architektur legt die benötigten Modellarten fest und macht Vorgaben für ihren Zusammenhang. Informations- und Kommunikationssysteme sind durch Art und Anordnung ihrer Modelle und deren Interaktion gekennzeichnet. Die Festlegung einer Architektur bedeutet gleichsam die Ausgestaltung von Sichten auf Beschreibungsebenen (Schichten) des Systems. Wählt man eine Architektur, so werden nach ihrer Vorschrift verschiedene Modelle des gleichen Systems erstellt und aufeinander abgestimmt.

Lange wurde der Architektur von Informations- und Kommunikationssystemen kein besonderes Gewicht beigemessen. Bei IT-Managern der Finanzindustrie hat das Interesse erst in den letzten Jahren – und dann fast schlagartig – zugenommen. Inzwischen wird dem Entwurf und der Umsetzung eines *Bebauungsplans* der IT größte Aufmerksamkeit gewidmet und die *IT-Architektur* als grundlegend für alle weiteren Aktivitäten betrachtet. Inzwischen werden in Banken und Versicherungsunternehmen Geschäftsstrategien festgelegt, auf ihrer Basis die notwendigen Geschäftsprozesse identifiziert und die für diese Prozesse geeigneten IT-Architekturen konzipiert. Es wird jeweils das Vorgehen festgelegt, wie man von Legacy-Systemen zur gewünschten neuen Architektur gelangt. Und es werden Konzepte erstellt, wie die gesamte Architektur so flexibel gestaltet werden kann, dass sich die IT schnell an sich verändernde Wettbewerbsverhältnisse anpasst. Grundsätzlich weist daher jedes Finanzdienstleistungsunternehmen (bzw. sein IT-Dienstleister) eine individuelle Architektur seiner IT auf.

Wie auch in anderen Branchen wird die Architektur von Informations- und Kommunikationssystemen in der Finanzindustrie aus der jeweiligen Unternehmensstrategie abgeleitet (siehe auch Abschnitt 9.1). Neben ihrer Eignung als „Bauplan" der IT kann sie auch für die Unternehmensplanung und -steuerung benutzt werden. Ein wichtiges Kriterium ist die Flexibilität der Architektur. So sollten fachliche Problemlösungen und benutzte Technologie weitgehend voneinander unabhängig sein. Um dieser Forderung gerecht zu werden, zerlegt man die Architektur betrieblicher Informations- und Kommunikationssysteme in mindestens zwei Sub-Architekturen:

– die Systemarchitektur und

– die Anwendungsarchitektur.

Die *Systemarchitektur* befasst sich mit der *technischen* Gestaltung (Hardware, Systemsoftware). Die *Anwendungsarchitektur* befasst sich mit der *fachlichen* Gestaltung der Anwendungssysteme (Applikationen); hier geht es um die Entwicklung und den Einsatz der anwendungsbezogenen Software.

In diesem Kapitel wird zunächst auf die Systemarchitektur, dann auf die Anwendungsarchitektur bei Finanzdienstleistern eingegangen. Danach wird ein wesentliches Konstruktionsprinzip moderner Softwaregestaltung, die so genannten *Building Blocks*, vorgestellt. Im Anschluss daran soll ein möglicher Pfad von einer klassischen zu einer modernen Anwendungslandschaft am Beispiel von Banken skizziert werden. Am Beispiel von SAP wird dann eine neue Struktur für Anwendungssoftware in Banken gezeigt. Es schließen sich drei Beispiele für bankbetriebliche Applikationslandschaften an. Das Kapitel schließt mit der Beschreibung einer Anwendungsarchitektur für den Versicherungsbereich, ebenfalls am Beispiel von SAP.

4.1 Systemarchitektur

Die Systemarchitektur kann auch als technische Architektur oder technischer Bebauungsplan bezeichnet werden und umfasst Hardware und Systemsoftware. Sie spezifiziert die Montage der IT-Systeme für die Realisierung der Applikationen bzw. Anwendungssysteme auf der Basis von Normen, Standards, Programmiersprachen und verfügbaren Softwareprodukten. Konzepte der Systemarchitektur sind beispielsweise Anwendungsintegration, Konstruktionsprinzipien für die Softwareentwicklung, Datenaustausch und Interprozesskommunikation, Sicherheitsarchitektur und Benutzerschnittstellen. Die Systemarchitektur kann nach Kernsystemen (Rechenzentrum, dezentrale Einheiten und Direktvertriebskanäle) unterschieden werden *(Abschnitt 4.1.1)*. Die Verbindung zwischen diesen Kernsystemen erfolgt über ein Netzwerk, das so genannte Backbone *(Abschnitt 4.1.2)*.

4.1.1 Kernsysteme der technischen Architektur

Die Abbildung 4-1 zeigt drei Kernsysteme einer generischen Systemarchitektur: Das Rechenzentrum, die Filialen/Agenturen sowie die Direktvertriebskanäle (Internet, Call Center, Außendienst) einer Bank bzw. eines Versicherers.

Von besonderer Bedeutung für Unternehmen der Finanzindustrie ist das *Rechenzentrum (RZ)*. Hier liegen die juristischen Daten (z.B. Kontostände, Kundendaten), hier werden die Buchungen durchgeführt und hier laufen die Kernanwendungen. Im Mittelpunkt des RZ stehen die Host-Systeme. Die meisten geschäftskritischen Anwendungen laufen heute auf IBM-Mainframes unter den Betriebssystemen OS/390 bzw. MVS. Das Management der Applikationen erfolgt über Transaktionsmonitore wie CICS[73] und IMS/DC[74].

Im RZ werden auch die zentralen Systeme zur Kommunikation (Mail-Server, Web-Server), Application Server und Datenbanken betrieben. Für Schutz und Sicherheit haben die Banken und Versicherer zwei- bis dreistufige Firewall-Systeme eingerichtet. Der Schutzbereich wird als „Demilitarisierte Zone" bezeichnet. Der Zugang von außen ist einerseits für die Anbindung der Internetkanäle und andererseits für Wartungsarbeiten durch externe IT-Dienstleister erforderlich. Aufgrund der Vielzahl installierter Server wird auch von „Server-Farmen" gesprochen.

---

[73] CICS = Customer Information Control System.

[74] IMS/DC = Information Management System / Data Communication.

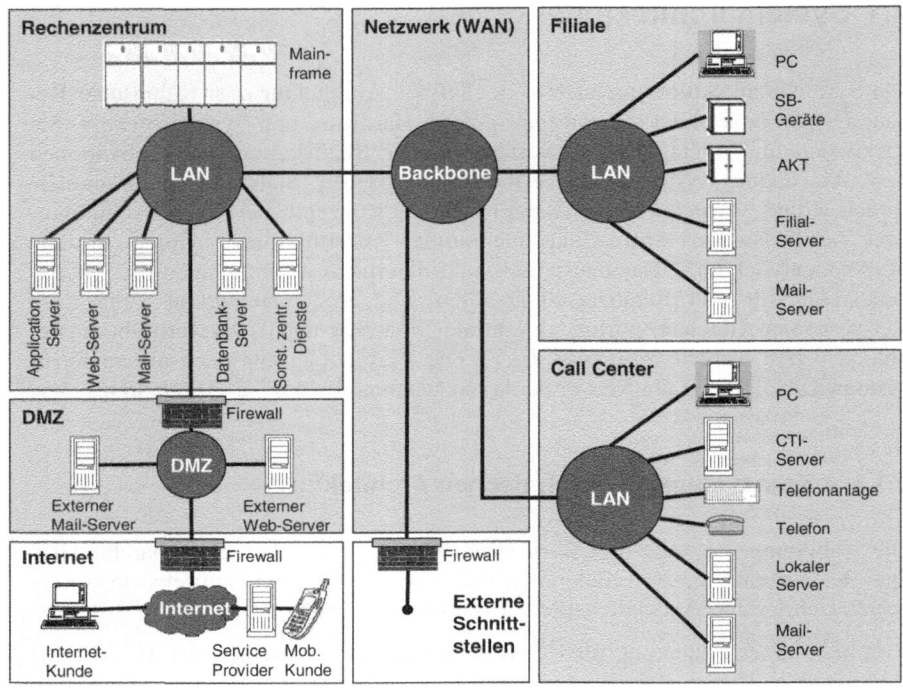

Abb. 4-1: Struktur der Systemarchitektur von Finanzdienstleistern (MEHLAU 2003, S. 216)

Banken und Versicherer legen ihre RZ aufgrund der hohen Bedeutung mit allen Kernanwendungen redundant (wiederholend) an. Teilweise werden Backup-Rechenzentren im Ausland betrieben, meistens jedoch im Inland – dann in der Regel an verschiedenen Orten, manchmal aber auch in der gleichen Stadt. Die Rechenzentren werden entweder von der Bank oder dem Versicherer selbst, von Verbund-Gesellschaften, von ausfirmierten IT-Töchtern oder konzernfremden Unternehmen betrieben. Beispielsweise lässt die Postbank ihr Rechenzentrum durch die Tochter Postbank Systems AG betreiben; die Deutsche Bank hat ihre gesamte IT-Infrastruktur an IBM ausgelagert.

Die *Filialen und Agenturen* sind überwiegend durch ATM-Netze[75] oder gemietete Standleitungen an das RZ angebunden. Insbesondere im Bereich der Agenturen kommen auch Wählverbindungen vor. Das Netzwerk wird als Backbone bezeichnet. Der Betrieb der ATM-Netze wird unterschiedlich gehandhabt. Teilweise werden die Netze von dem Finanzunternehmen selbst betrieben, zunehmend werden

---

[75] ATM = Asynchronous Transfer Mode.

sie aber an externe Dienstleister ausgelagert. So hat selbst die genossenschaftliche RZ-Gesellschaft Fiducia IT ihren gesamten Netzbetrieb an T-Systems ausgelagert.

Teilweise verfügen die Filialen und Agenturen über lokale Server. Damit wird für eine begrenzte Zeit eine Offline-Arbeitsfähigkeit sichergestellt, falls die Kommunikationsleitungen ausfallen sollten. Oft sind in den dezentralen Einheiten auch eigene Mail-Infrastrukturen zu finden.

Das technische Herzstück jedes *Call Centers* ist der CTI-Server[76]. Durch diesen werden die Telefonate mit dem Anwendungsprogramm der Kundenberater koordiniert und synchronisiert. CTI integriert somit die Telefonanlage mit den Backend-Systemen im Rechenzentrum. Die Call Center arbeiten meist mit vorgeschalteten, elektronischen Sprachdialogen bzw. Interactive Voice Response (IVR). Eine Automatic Call Distribution (ACD) verteilt eingehende Telefonate der Kunden auf die Kundenberater nach Verfügbarkeit und vorgegebenen Selektionskriterien. Die Anbindung des Call Centers an das Rechenzentrum erfolgt durch ATM-Netze.

4.1.2 Netz- und Kommunikationstechnologie

Von großer Bedeutung für das Funktionieren eines Finanzunternehmens ist die leistungsstarke Verbindung zwischen den oben gezeigten Kernsystemen. Die Anforderungen sind hoch: Die Netzinfrastruktur, das *Corporate Network*, muss höchste Sicherheit und Verfügbarkeit sowie ausreichende Performance gewährleisten (vgl. im Folgenden FOIT 2003). Die Netztopologie folgt einem mehrstufigen Aufbau; sie kann in die konzernweite Netzinfrastruktur (WAN[77]) und die lokale Vernetzung (LAN[78]) unterschieden werden. Finanzdienstleister mieten die physikalischen Leitungen von Telekommunikationsanbietern (Carrier) an. Als Übertragungstechnik wird überwiegend die ATM-Technologie eingesetzt. Abbildung 4-2 zeigt den Netzaufbau am Beispiel einer international tätigen Bank.

Das Netzwerk ist in drei Ebenen gegliedert:

Die erste Ebene ist die *Core-Ebene* und verbindet die Zentrale mit den Niederlassungen sowie mit anderen wichtigen nationalen und internationalen Standorten der Bank oder des Versicherers. Aus Sicherheitsgründen sollte jeder Standort über mehrere getrennte Wege erreichbar sein, von denen mindestens zwei Wege von unterschiedlichen Carriern bedient werden.

Die zweite Ebene ist die *Backbone-Ebene*. Sie verbindet, ausgehend von den Standorten der Core-Ebene, weitere nationale und internationale Standorte. Hier

---

[76] CTI = Communication Telephony Integration.

[77] WAN = Wide Area Network.

[78] LAN = Local Area Network.

sollten die Standortknoten über jeweils mindestens zwei Leitungswege angebunden sein.

Auf der dritten Ebene, der *Access-Ebene*, erfolgt die Verbindung der großen Zahl übriger national und international tätiger Standorte (Geschäftsstellen).

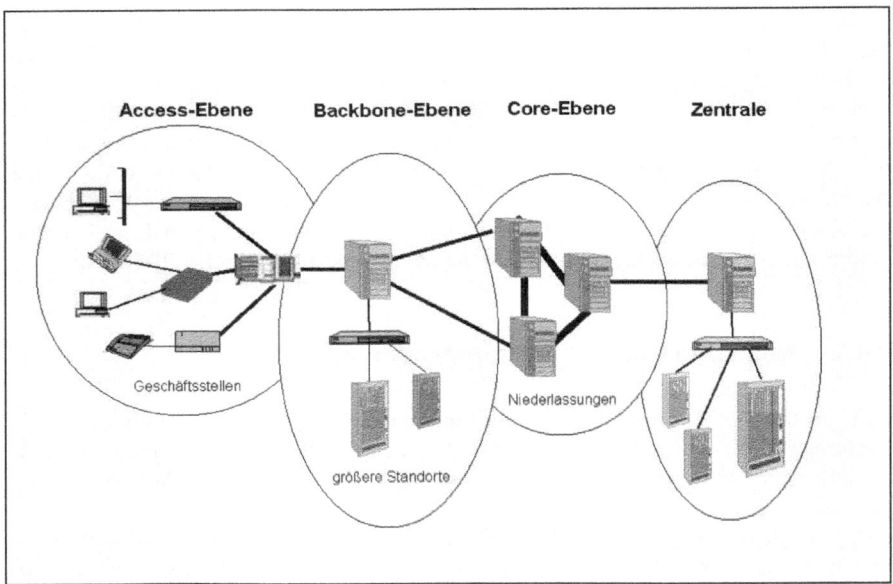

Abb. 4-2: Ebenen einer konzernweiten Netzinfrastruktur (in Anlehnung an FOIT 2003, S. 197)

Da sich die Gebäude eines Finanzunternehmens am Hauptstandort oft auf viele Standorte verteilen, ist der Bedarf an Übertragungsdiensten am Hauptstandort besonders hoch (im Bankenbereich u.a. Frankfurt, London, München; im Versicherungsbereich u.a. Köln, Wiesbaden, Hamburg). Daher werden hier Metropolitan Area Networks (MAN) genutzt. Mit diesen Netzwerken werden hohe Übertragungsraten und eine sichere Verbindung aller wichtigen Verwaltungsgebäude des Finanzdienstleisters innerhalb einer Stadt erreicht. Ein MAN wird typischerweise von einem Carrier (z.B. Colt Telecom) betrieben.

Innerhalb der Standorte (z.B. Niederlassung/Bezirksdirektion Hamburg) kommen lokale Netzwerke zum Einsatz, die die Kommunikation zwischen den Arbeitsplätzen (Clients) und den lokalen Servern ermöglichen. Die lokalen Server kommunizieren über das weltweite Router-Netzwerk mit regionalen Servern (in München, Düsseldorf usw.) sowie mit dem Host der Bank oder des Versicherers (z.B. in Frankfurt).

4.2 Anwendungsarchitektur

Die *Anwendungsarchitektur* bzw. die *Architektur der Anwendungssysteme* bildet die fachlichen Anforderungen bzw. das Geschäftsmodell des Finanzdienstleisters ab. Sie kann als fachlicher Bebauungsplan bezeichnet werden und umfasst die logischen Modelle der Anwendungssysteme. Darüber hinaus dient sie der Diskussion über Daten, Funktionen und Prozesse zwischen Anwendern und Systementwicklern. Der Anspruch einer Architektur der Anwendungssysteme kann darin liegen, alle benötigten Modelle zur Darstellung eines Systems zu integrieren. Bezieht man dieses Vorhaben auf das System Unternehmen, sprechen wir auch von *Unternehmensmodellierung*. Anforderungen an die Anwendungsarchitektur sollen beispielhaft durch das folgende Szenario verdeutlicht werden.

Eine *deutsche* Bank möchte *englische* Finanzprodukte auf dem *chinesischen* Markt verkaufen. Dazu sind die englischen Finanzprodukte den chinesischen Anforderungen an handelbare Finanztitel anzupassen. Zudem ist zu klären, wie der Vertrieb der Finanzprodukte organisiert werden soll. Diese beiden Probleme können durch einen chinesischen Experten gelöst werden. Die Optimierung der Wertschöpfungskette soll durch eine entsprechende Software unterstützt werden. Deren Entwicklung soll ein *indischer* Softwareingenieur übernehmen.

Die Zusammenarbeit der verschiedenen Partner setzt zunächst eine wechselseitige Übersetzung der *Sprachen* Chinesisch, Deutsch, Englisch und Hindi voraus. Dieses Problem ist vergleichsweise einfach zu lösen. Alle Projektteilnehmer verständigen sich auf eine gemeinsame Sprache – meist Englisch. Viel schwieriger ist die Übersetzung der *Informationen*, die zwischen den beteiligten Fachdisziplinen Betriebswirtschaftslehre und Informatik ausgetauscht werden müssen. Solche Übersetzungsprobleme müssen bei der Unternehmensmodellierung gelöst werden.

Unternehmen sind künstliche Systeme, die aus Teilen (*Entitäten*) bestehen, einem Lebenszyklus unterliegen und dokumentiert werden müssen. Die Entitäten eines Unternehmens beziehen sich auf verschiedene Bereiche wie Planung und Steuerung, Informationsverarbeitung, Organisation, Ressourcen oder Leistungserstellung. Der Lebenszyklus umfasst die Phasen der Modellrealisierung bis zur Entsorgung des Systems. Er zwingt Unternehmen zu einem ständigen Re-Design. Dazu bedarf es eines Vorgehens, das durch *Enterprise Integration* unterstützt werden kann. Enterprise Integration ist ein umfassender Ansatz, das Leistungsvermögen eines Unternehmens unter Berücksichtigung seines Lebenszyklus laufend zu verbessern. In WILLIAMS ET AL. (1994) wird unter Enterprise Integration die Aufgabe verstanden „to achieve a pro-active, aware enterprise which is able to act in a real-time adaptive mode, responsively to customer needs in a global way, and to be resilient to changes in the technological, economic, and social environment".

4.2.1 Referenzarchitekturen

Die Unternehmensmodellierung unterstützt das Vorgehen des *Enterprise Integration* beim Design und Re-Design von Unternehmen basierend auf einer *Referenzarchitektur*. Referenzarchitekturen dienen als Checkliste für die Modellierung, stellen häufig eine Vorgehensweise zur Projektdurchführung bereit und enthalten Ansatzpunkte zur Standardisierung. In der Vergangenheit sind schon einige Vorschläge für Referenzarchitekturen gemacht worden. Beispiele sind ARIS (SCHEER/SCHNEIDER 2006), CIMOSA (CIMOSA ASSOCIATION 1996), GRAI-GIM (DOUMEINGTS/VALLESPIR/CHEN 2006), IEM (JOCHEM/MERTINS/SPUR 1996) und PERA (WILLIAMS 1994).

Basis der Überlegungen in diesem Buch ist die Architektur *LISA*. Einige ihrer Vereinbarungen lassen sich auch in anderen Architekturvorschlägen wiederfinden. Das wesentliche Charakteristikum von LISA liegt in der expliziten *Trennung* von Problembeschreibung und Problemlösung bei der Modellierung. LISA definiert vier Sichten: Eine beschreibt die *Detaillierung* der Modelle, eine die fokussierten Modellelemente, eine die Schritte der Modellrealisierung und eine den Modellzweck. Entsprechend der Detaillierung wird in Referenz-, Unternehmens- und Anwendungsmodelle, entsprechend der *Elemente* in Daten-, Funktions- und Kommunikationsmodelle und entsprechend der *Realisierung* in Fachentwurf, Entwurf des technischen Systems (technischer oder DV-Entwurf) und Implementierung unterschieden. Für jede dieser Sichten bedarf es einer zusätzlichen Sicht – der auf den *Modellzweck*, d.h. ob das Modell der Problembeschreibung, der Problemlösung oder beiden dienen soll.

Die Problembeschreibung repräsentiert Randbedingungen, Anforderungen und Ziele. Die Problemlösung stellt einen Vorschlag dar, diesen zu genügen. Die Beschreibung umfasst Daten und deren Beziehungen, Funktionen mit Input und Output und gegebene Kanäle für die Kommunikation. Die Lösung wird repräsentiert durch die Erfüllung der Anforderungen, d.h. durch die Beschreibung der Daten nach ihrer Verwendung, der Funktionen durch die Konkretisierung der Bearbeitungsvorschrift und der Kommunikation durch den realisierten Datenaustausch auf den Kanälen. Problembeschreibung und Problemlösung können für unterschiedliche Detaillierungsgrade angegeben werden; die Umsetzung in entsprechende Informations- und Kommunikationssysteme wird durch die Modellrealisierung gewährleistet.

Abbildung 4-3 verdeutlicht den Zusammenhang der verschiedenen Sichten der Modellierung im Rahmen von LISA. Auf eine separate Berücksichtigung der Organisationssicht, wie in manchen anderen Architekturen vorgeschlagen, wird verzichtet. Vielmehr werden anwendungsrelevante aufbau- und ablauforganisatorische Merkmale im Rahmen der Sichten Elemente, Detaillierung und Zweck auf der Basis des Fachentwurfs abgebildet.

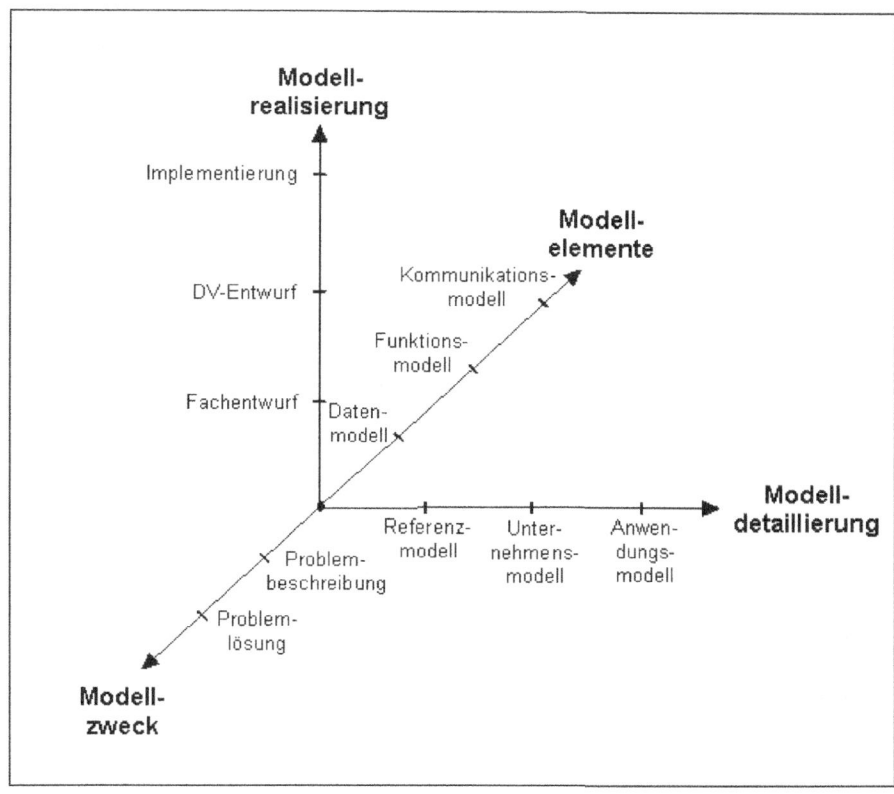

Abb. 4-3: Sichten der Modellierung nach LISA

Um Gemeinsamkeiten und Unterschiede verschiedener Architekturvorschläge mit dem Ziel der Erarbeitung einer generischen Referenzarchitektur zu analysieren, hat sich die *IFAC/IFIP Task Force on Enterprise Integration* gegründet. Das Vorgehen zur Erarbeitung der gesuchten Referenzarchitektur für die Unternehmensmodellierung wurde in die folgenden Schritte unterteilt:

1. Erhebung von Anforderungen für Referenzarchitekturen

2. Analyse existierender Vorschläge

3. Vergleich von Vorschlägen und Anforderungen

4. Erstellung eines generischen Architekturvorschlags

5. Erprobung des Vorschlags an Fallstudien

6. Vereinbarung des Vorschlags als ISO-Standard

In der Zwischenzeit wurden die Schritte 1 bis 6 erfolgreich durchlaufen. GERAM wird von der International Organization for Standardization (ISO) als Beispiel für eine Referenzarchitektur definiert (vgl. IFIP/IFAC TASK FORCE 1998 und 2003). GERAM steht für *Generalised Enterprise Reference Architecture and Methodology* und hat den Anspruch, nicht nur Informations- und Kommunikationssysteme zu beschreiben, sondern alle Aktivitäten eines Unternehmens abzubilden, die für Entwurf, Entwicklung, Einsatz, Wartung und Pflege von Unternehmensprozessen nötig sind. Nicht alle diese Prozesse werden als computergestützte Informations- und Kommunikationssysteme implementiert. Die Entwicklung von GERAM wird von der *IFIP Working Group 5.12* weitergeführt. Die einzelnen Komponenten von GERAM sind in Abbildung 4-4 dargestellt.

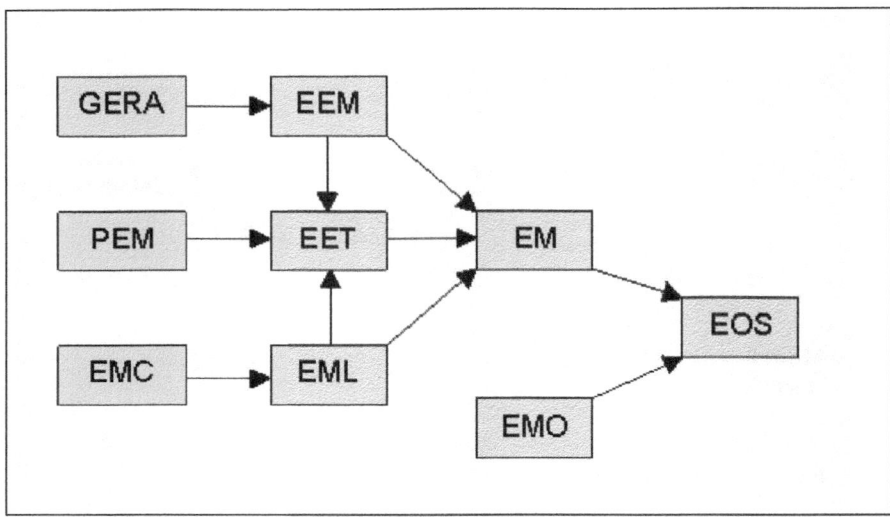

Abb. 4-4: Komponenten von GERAM

Im Folgenden werden die Komponenten von GERAM erläutert:

- Das *Enterprise Operational System (EOS)* umfasst die für die Leistungserstellung des Unternehmens benötigte Hardware und Software. EOS ist ein System, das sich auf die operativ genutzten Ressourcen eines Unternehmens bezieht.

- *Enterprise Modules (EMO)* umfassen fertige, einsetzbare Subsysteme, die als Bausteine auf operativer Ebene benutzt werden können. Beispiele für solche Subsysteme sind Produkte wie Datenbankmanagementsysteme, Browser oder Textverarbeitungssysteme.

- *Enterprise Models (EM)* umfassen alle (ausführbaren) Modelle eines Unternehmens und seiner Subsysteme, die im Zeitverlauf erstellt wurden.

- *Enterprise Engineering Tools (EET)* umfassen alle Werkzeuge zur Erzeugung, Nutzung und Wartung von Unternehmensmodellen. Beispiele für solche Werkzeuge sind das ARIS-Toolset für die Referenzarchitektur ARIS, FirstSTEP für die Referenzarchitektur CIMOSA oder MOOGO für die Referenzarchitektur IEM.

- *Enterprise Engineering Methodology (EEM)* beschreibt das Vorgehen bei der Unternehmensmodellierung und gibt Hinweise zur Einbindung von Mitarbeitern, zum Projektmanagement und zur Wirtschaftlichkeit. Beispiele sind Methodologien, wie sie sich in PERA oder GRAI-GIM finden lassen.

- *Enterprise Modelling Languages (EML)* umfassen anforderungs- und zielgruppenabhängige Sprachen unterschiedlicher Ausdrucksstärke zur Erzeugung der Modelle.

- *Enterprise Modelling Concepts (EMC)* umfassen die Begriffsdefinitionen für Endbenutzer und Werkzeugentwickler. Für Endbenutzer geschieht dies in natürlicher Sprache durch Wörterbücher, ergänzt durch Beispiele. Für Werkzeugentwickler werden Meta-Modelle, die den Zusammenhang der Begriffswelt darstellen, und Ontologien, die formale Modelle der Begriffe beinhalten, bereitgestellt.

- *Partial Enterprise Models (PEM)* umfassen getestete, wiederverwendbare Referenzmodelle bezogen auf

  – die Organisation des Unternehmens wie beispielsweise Modelle für die Unternehmensführung und für Fachabteilungen,

  – Unternehmensprozesse wie beispielsweise Produktentwicklung, Vertrieb und Auftragsabwicklung sowie

  – Technologien wie beispielsweise Beratungssysteme, Clearing-Systeme und Workflow-Systeme.

  Beispiele für Partial Enterprise Models (PEM) sind die IBM Insurance Application Architecture (DICK/HUSCHENS 1998), das SIZ Banking Model (KITTLAUS/KRAHL 2006), das R/3 Reference Model (MEINHARDT/POPP 2006) und das Reference Model of Open Distributed Processing (BOND/DUDDY/RAYMON 2006).

- *Generalised Enterprise Reference Architecture (GERA)* definiert grundlegende Abbildungsbereiche zur Beschreibung von Unternehmen. Die drei wichtigsten sind:

  – Dispositive und elementare Produktionsfaktoren mit aufbau- und ablauforganisatorischen Regelungen (Wer ist verantwortlich für was?). Beispiele sind Modelle für die Entscheidungsfindung, für Stellenbeschreibungen oder für soziotechnische Zusammenhänge.

  – Prozesse mit Aktivitäten und deren logischer Abfolge zur Leistungserstellung (Wer macht was wann?). Beispiele sind Modelle für Aktivitäten, Abläufe, Ressourcen oder Produkte.

- Technologien zur Unterstützung von Planung, Steuerung und Leistungserstellung (Was wird wie unterstützt?). Beispiele sind Modelle für Netzwerke, Automaten oder Computersysteme.

4.2.2   Anwendungsarchitektur in der Finanzbranche

Eine mögliche Ausgestaltung der Sicht auf die Modellelemente im Sinne von
LISA unter Einbezug der Systemarchitektur wird von MEHLAU (2003) beschrieben. Er unterscheidet die vier Schichten Datenhaltung, Anwendung (Geschäftslogik), Darstellung und Visualisierung (Abbildung 4-5). Die Präsentationsschicht
des klassischen Drei-Schichen Modells wird dabei in die Darstellungsschicht und
Visualisierungsschicht aufgespalten, um eine detailliertere Geliederung zu ermöglichen.[79]

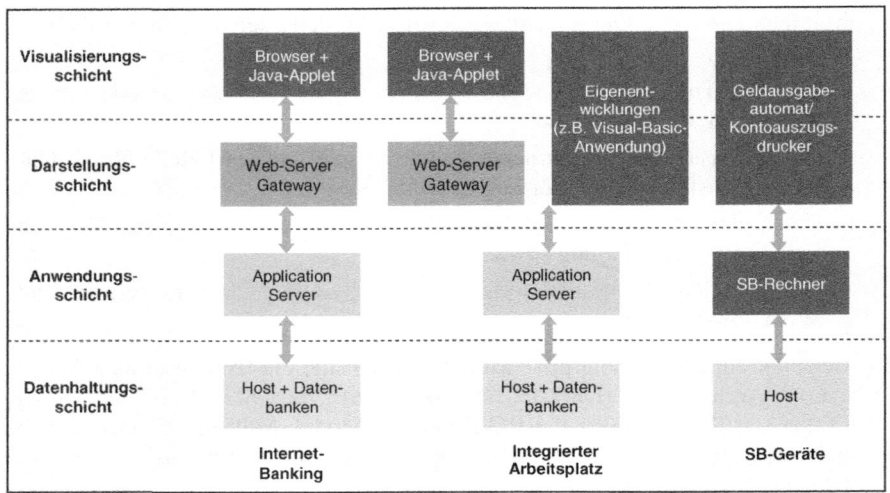

Abb. 4-5: Struktur der Anwendungsarchitektur von Finanzdienstleistern (in Anlehnung an
MEHLAU 2003, S. 217)

Die *Datenhaltungsschicht* bildet die Grundlage der Anwendungssysteme. Hier
werden die Daten der verschiedenen Anwendungen verwaltet. Diese Schicht stellt
Datenbanken sowie Basisfunktionalitäten zur Manipulation von Daten, die von der
nächst höheren Schicht genutzt werden, bereit. Bei Banken und Versicherern zäh-

----

[79]   Anstatt der Bezeichnung „Schicht" wird zunehmend der englische Begriff „Tier" verwendet.

len insbesondere die juristisch relevanten Datenbestände zu dieser Schicht. Die Datenhaltung erfolgt in der Finanzindustrie durchweg auf Back-End-Systemen (Host). Als relationales Datenbanksystem wird in der Regel DB2 verwendet, wobei auch noch hierarchische Systeme wie IMS/DB in Gebrauch sind.

Die *Anwendungsschicht* enthält die Geschäftslogik der Bank bzw. des Versicherers. In dieser Schicht erfolgt die Verarbeitung der Daten. Außerdem werden umfangreiche Operationen zur Manipulation der Datenbestände bereitgestellt, wobei für diesen Zweck die Basisfunktionalitäten der Datenhaltungsschicht genutzt werden. Die Geschäftslogik läuft bei Finanzunternehmen in den meisten Fällen auf dem Host; diese Anwendungen sind vielfach noch in Assembler, COBOL und PL/1 implementiert. Wie MEHLAU beobachtet hat, werden für die Anwendungen zunehmend auch Application Server eingesetzt, die zusätzliche Anwendungslogik bereitstellen. Das ist besonders für die neuen, medialen Vertriebswege notwendig. Oft nutzen die Server hierbei die Funktionalität des bestehenden Host-Systems.

Aufgabe der *Darstellungsschicht* ist es einerseits, die von der Geschäftslogik erzeugten Ergebnisse zu formatieren und an die Visualisierungsschicht zu übermitteln und andererseits die von der Visualisierungsschicht gelieferten Daten in ein Format zu konvertieren, das von der Geschäftslogik bearbeitet werden kann. Die Funktionalität der Darstellungsschicht ist bei Web-Anwendungen erforderlich und üblicherweise auf einem Web-Server untergebracht.

Die *Visualisierungsschicht* bildet die Schnittstelle zum Benutzer. Ihre Aufgabe liegt darin, die von der Darstellungsschicht bzw. der Anwendungsschicht gelieferten Informationen anzuzeigen und die vom Benutzer eingegebenen Informationen an die nachgelagerten Ebenen weiterzuleiten. Die Programmlogik dieser Schicht ist auf einem Endgerät (PC, Geldausgabeautomat usw.) untergebracht (MEHLAU 2003, S. 217).

Die Anzahl der Schichten hängt von der Komplexität der Anwendungen ab. Demnach müssen nicht bei jeder Applikation alle vier Schichten ausgeprägt sein. So kann eine Visualisierung ohne Nutzung der Darstellungsschicht erfolgen, indem von der Visualisierungsschicht direkt auf die Geschäftslogik zugegriffen wird. Ebenso kann bei einfachen Applikationen (d.h. Anwendungen ohne besondere Geschäftslogik) die Darstellungsschicht direkt auf die Datenhaltung zugreifen.

Die Struktur der Anwendungsarchitektur steht in Wechselwirkung mit der verwendeten Technologie. Am Beispiel von Banken sollen die unterschiedlichen Strukturen verdeutlicht werden. Dazu greifen wir auf die vorhergehende Abbildung 4-5 zurück, in der zwischen SB-Geräten, integrierten Arbeitsplätzen und Internet-Banking unterschieden wird.

SB-Geräte: Für Geldausgabeautomaten (GAA) und Kontoauszugsdrucker (KAD) wird ein zwischengeschalteter Rechner (SB-Rechner) verwendet. Dieser führt die Funktionsaufrufe auf dem Host-System aus und übermittelt die Informationen an das SB-Gerät.

Integrierte Arbeitsplätze: Bei den Bankarbeitsplätzen ist zu unterscheiden zwischen terminalbasierten Altanwendungen und modernen integrierten Arbeitsplätzen. Altanwendungen bauen auf einer Drei-Schichten-Architektur auf. Am Front-End befindet sich ein einfaches Terminal, das nur für die Anzeige der Bildschirmmasken zuständig ist. Die Aufbereitung der Daten aus dem Host-System wird in der Regel von einem Vorrechner vorgenommen. Dieser übermittelt die Daten als Bildschirmmasken an das Terminal und setzt umgekehrt die Benutzereingaben vom Terminal in Funktionsaufrufe um.

Für integrierte Arbeitsplätze kommt sowohl die Drei- als auch die Vier-Schichten-Architektur vor. Von einer Drei-Schichten-Architektur kann bei eigenständigen Applikationen (z.B. Visual-Basic-Anwendungen), die auf dem PC des Bankmitarbeiters installiert sind, gesprochen werden, da diese Applikationen sowohl die Visualisierung als auch die Darstellung ausführen. Für den Ablauf der Geschäftslogik nutzen sie dann einen Application Server, der mit dem Host und den Datenbanken in Verbindung steht. MEHLAU (2003) weist darauf hin, dass die auf dem PC liegenden Applikationen auch direkt auf die Datenbestände zugreifen oder selbst einen Teil der Applikationslogik beinhalten können.

Für neue Arbeitsplatzanwendungen wird zunehmend die Internet-Technologie verwendet. In diesem Fall liegt eine Vier-Schichten-Architektur vor. Dabei übernimmt der Browser des Bankmitarbeiters die Visualisierung und kommuniziert mit dem Web-Server der Bank. Diese nehmen auch die Anfragen des Mitarbeiters entgegen und leiten sie an den Application Server weiter. Dieser wiederum arbeitet die Geschäftslogik ab und greift auf das Host-System und die zentralen Datenbanken zu.

Internet-Banking: Den Anwendungen im Internet-Banking liegt üblicherweise eine Vier-Schichten-Architektur zugrunde. Die Differenzierung der Ebenen ist dieselbe wie bei den Internet-basierten Anwendungen für integrierte Arbeitsplätze.

Die Tendenz in der Anwendungsentwicklung geht eindeutig zur Vier-Schichten-Architektur. Im Bereich der Visualisierung und Darstellung werden die Banken und Versicherer sich zu differenzieren versuchen. Die Anwendungslogik wird immer mehr aus diesen Schichten eliminiert, so dass das Front-End immer mehr dem Konzept des „Thin-Client" folgt. Damit werden zum einen die Arbeitsplatzrechner vereinfacht, zum anderen wird Kunden ein Zugriff über einfache und günstige Zugangsgeräte ermöglicht (MEHLAU 2003). Somit werden Banken und Versicherer zukünftig über eine einheitliche personalisierte Schnittstelle sowohl zum Kunden als auch zum eigenen Mitarbeiter verfügen.

4.3 Die Idee der Building Blocks

Die IT von Finanzdienstleistern muss heute die Möglichkeit bieten, mit vertretbarem Aufwand neue Geschäftsmodelle sowie jährliche Produktivitätsfortschritte technisch zu realisieren. Dazu zählt der Verkauf oder die Auslagerung von Unternehmensteilen (entweder Geschäftssegmente wie Private Banking oder Geschäftsprozesse wie den Zahlungsverkehr oder die Schadenbearbeitung), aber auch die Integration von akquirierten Unternehmen(steilen) und Prozessen. Die IT-Architektur muss daher so gestaltet sein, dass sie solche gravierenden Veränderungen bewältigen kann, ohne dass jedes Mal eine von Grund auf neue Gesamtarchitektur konzipiert werden muss (LEDERER 2004).

Aus dieser Anforderung ergibt sich die Idealvorstellung eines einfachen Ein- und Ausklinken von gekapselten Bereichen über Standardschnittstellen (PENZEL 2004). Ein Ansatz, der diese Vorstellung realisiert, ist das Konzept der Building Blocks.

Die wichtigsten Merkmale von Building Blocks in der IT sind (in Anlehnung an KRÖNUNG 2004):

– Building Blocks sollen die Trennung von marktorientierten Geschäftsprozessen einerseits und übergreifenden Unterstützungs- und Steuerungsprozessen andererseits gewährleisten.

– Sie sollen die Zerlegung der Wertschöpfungskette in Produktentwicklung, Abwicklung und Vertrieb unterstützen.

– Sie sehen keine Trennung fachlich homogener Funktionen nach unterschiedlichen Geschäftssegmenten vor.

– Nach außen sind die Building Blocks durch die Minimierung von Interdependenzen gekennzeichnet und damit relativ autonom.

– Nach innen sollen sie hinsichtlich der funktionalen und prozessualen Strukturen möglichst homogen sein.

– Idealerweise sollen Building Blocks alleine existieren können und somit auch für Dritte nutzbar sein.

Die Ableitung von Building Blocks erfolgt ausgehend von der Prozesslandschaft des Unternehmens, der *Process Map* (vgl. auch Abschnitt 2.1.3). Jedem Building Block werden diejenigen (Teil)prozesse zugeordnet, die die Kernkompetenzen dieses Geschäfts ausmachen. Teilprozesse, die eine standardisierte Zulieferfunktion haben, werden entkoppelt und anderen Building Blocks zugewiesen. Anschließend werden den Teilprozessen des Building Blocks die entsprechenden IT-Systeme zugeordnet. Damit entsteht eine konzeptionelle „Landkarte" der Bank oder des Versicherers (PENZEL 2004).

Eine Strukturierung nach Building Blocks am Beispiel der HypoVereinsbank bietet die Abbildung 4-6. In der HVB wurden sieben Building Blocks definiert, die als jeweils in sich abgeschlossene Strukturelemente zu verstehen sind. Der Building Block 1 ist mehrfach, nämlich für alle Kundensegmente der Bank, vorhanden.

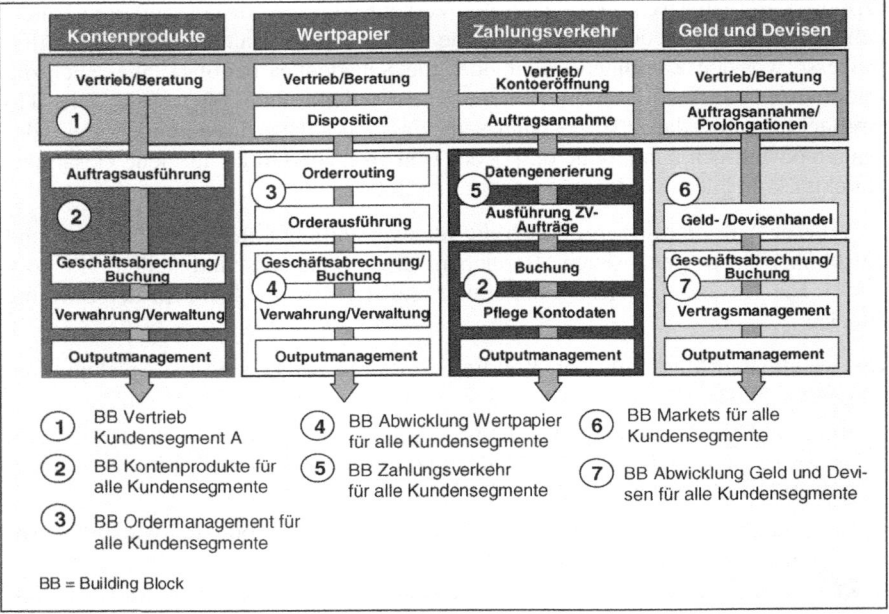

Abb. 4-6: Strukturierung des Bankgeschäfts in Building Blocks (KRÖNUNG 2004, S. 145; ähnlich SPITZER 2005, S. 607)

Durch die Entkoppelung bestehender Abhängigkeiten schaffen Building Blocks die Möglichkeit, eine klare Bereinigung und Modernisierung der Einzelbereiche vorzunehmen. Allerdings ist es erforderlich, eine übergreifende *Integrationsarchitektur* zu schaffen. Diese muss durch standardisierte Schnittstellen sowohl die Autonomie der einzelnen Building Blocks sicherstellen als auch ein reibungsloses und performantes Zusammenspiel der Building Blocks ermöglichen. Die Integration, d.h. das reibungslose Zusammenspiel (Konnektivität) der Building Blocks, wird mit Hilfe von Middleware-Produkten (EAI-Werkzeugen) realisiert.

Das Konzept der Building Blocks bietet erhebliche Vorteile gegenüber herkömmlichen Strukturen. Die Modularisierung der Anwendungsarchitektur wird nicht – wie in der Vergangenheit – von der technischen, sondern von der bankfachlichen (funktionalen und prozessualen) Sicht getrieben. Wie KRÖNUNG (2004) betont, muss auch die Detailarchitektur innerhalb eines einzelnen Building Blocks aus den bankfachlichen Anforderungen abgeleitet werden. Damit sind die Voraussetzungen für einen bedarfsgerechten Technologieeinsatz in klar abgrenzbaren Bereichen geschaffen. Zudem reduziert das Konzept die Komplexität der FDL-Informatik. Mit der Schaffung gekapselter Architekturblöcke kann die Neugestaltung der IT schrittweise erfolgen. Dabei sind auch unterschiedliche Entwicklungsgeschwindigkeiten einzelner Bereiche möglich.

Im Folgenden wird beschrieben, wie – basierend auf Building Blocks – der Weg zu einer neuen Informatikstruktur von Finanzdienstleistern aussehen kann.

4.4 Pfad zur neuen FDL-Informatik

Moderne Bank- und Assekuranz-IT-Systeme stellen den Kunden, das Produkt und das Risiko des Unternehmens in das Zentrum der Anwendungsarchitektur. Die derzeitige Situation sieht bei vielen Finanzdienstleistern jedoch anders aus. Im Zentrum der Legacy-Systeme steht die Verbuchung (Konto bzw. Vertrag). Zudem sind die Softwarebestände über Dekaden gewachsen, spartenbezogen strukturiert und hochgradig integriert. Damit stellt sich die drängende Frage nach der Ablösung dieser Altlasten und dem Zielsystem.

Aus den Fehlschlägen vieler „Grüne-Wiese"-Großprojekte ergeben sich folgende Forderungen:

1. Die Erneuerung der Altsysteme muss in Einzelabschnitte zerlegt werden. Dabei kann die Idee der Building Blocks hilfreich sein.

2. Die heute hoch integrierten Systeme sollten durch Standardschnittstellen in Einzelmodule zerlegt werden. Bilden sich Standards für die Verbindung von Einzelmodulen heraus, so erhöht sich die Wahrscheinlichkeit, dass einzelne Module von mehreren Instituten genutzt werden können.

Der Hauptakzent einer neuen Informatik im FDL-Bereich liegt in einem Quantensprung der Softwareentwicklung und -wartung. Daher konzentrieren sich die folgenden Überlegungen auf die Entwicklung einer Applikationsstrategie, d.h. einer grundlegenden Erneuerung der Anwendungssysteme.

Die Vorgehensweise wird sich von Institut zu Institut unterscheiden. Grundsätzlich sollte sich die Entwicklung einer Applikationsstrategie jedoch an der betriebswirtschaftlichen Sequenz *Unternehmensstrategie – Geschäftsprozesse – Informationssysteme* orientieren (vgl. auch Abschnitte 2.1.2 bis 2.1.4). Auf dieser Prämisse beruht das hier dargestellte Vorgehensmodell (Abbildung 4-7):

– *Phase 1: Ausrichtung der IT an den Unternehmenszielen*
  Die Anwendungssysteme orientieren sich an den Zielen und der Strategie des Instituts bzw. seiner Geschäftssegmente.
– *Phase 2: Prozessbezogene Neukonzeption der IT-Systeme*

Auf der Basis optimierter Geschäftsprozesse werden schlanke, geschäftsfeld-
spezifische Anwendungssysteme geschaffen und die spartenorientierten Strukturen überwunden.

– *Phase 3: Grundsanierung der operativen Systeme*
Im Zentrum der neuen Informatik steht ein Auftragssteuerungssystem, an das
prozessbezogene Anwendungsmodule angekoppelt werden.

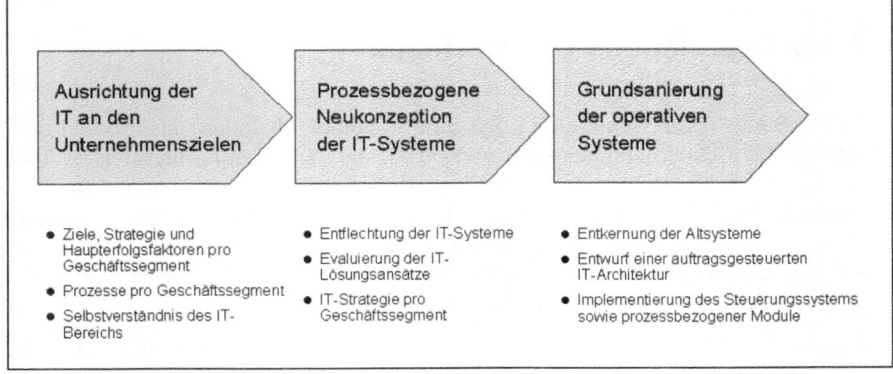

Abb. 4-7: Vorgehensmodell für eine leistungsfähige IT-Architektur

Die Darstellung des Modells erfolgt am Beispiel von Banken, lässt sich aber leicht
auf die Versicherungswirtschaft übertragen.

4.4.1   Ausrichtung der IT an den Unternehmenszielen

Da die Informationsverarbeitung kein Selbstzweck ist, sondern die Unternehmensziele der Bank unterstützen soll, müssen die Vision des Instituts, die gesetzten
Ziele und die Gesamtbankstrategie bekannt sein. Aus letzterer geht hervor, welches Geschäftsmodell die Bank betreiben und welche Geschäftssegmente sie bearbeiten will. Die Geschäftssegmente können sowohl Geschäftsfelder als auch
Geschäfteinheiten sein. Sie bilden die Ausgangsbasis für das Vorgehensmodell.

- *Ziele, Strategie und Haupterfolgsfaktoren pro Geschäftssegment:* Sowohl für
  die marktbezogenen Segmente (Vertrieb Retail-Kunden, Vertrieb Firmenkunden usw.) als auch für die internen Geschäftssegmente (z.B. Abwicklung
  Wertpapier, Produktentwicklung, Unternehmenssteuerung) müssen die jeweiligen Ziele, die Segmentstrategie (Kundengruppen, Produkte, Wett-
  bewerbsstrategie, Ressourcen) und die Haupterfolgsfaktoren identifiziert werden. Ein Geschäftssegment besteht aus einem oder mehreren Building Blocks.

- *Prozesse pro Geschäftssegment:* Schnelle, flexible und intelligente Geschäftsprozesse bilden die Grundlage für kundenorientierte Leistungen. Daher sind für jedes Geschäftssegment die konkreten Prozesse festzulegen, zu detaillieren und die spezifischen Anforderungen an die IT zu formulieren. Von wesentlicher Bedeutung ist, dass die Geschäftsprozesse im Rahmen von Organisationsprojekten optimiert werden, ***bevor*** IT-Anwendungen konzipiert werden (MOORMANN 1996).

- *Selbstverständnis des IT-Bereichs:* Bereits in dieser ersten Phase ist zu klären, welche Aufgaben der IT-Bereich zukünftig wahrnehmen soll. Daraus ergeben sich das Rollenverständnis, die Prozesse und die Struktur des IT-Bereichs. Das Selbstverständnis sollte durch Formulierung der zu erbringenden Dienstleistungen festgehalten und durch Service Level Agreements messbar gemacht werden.

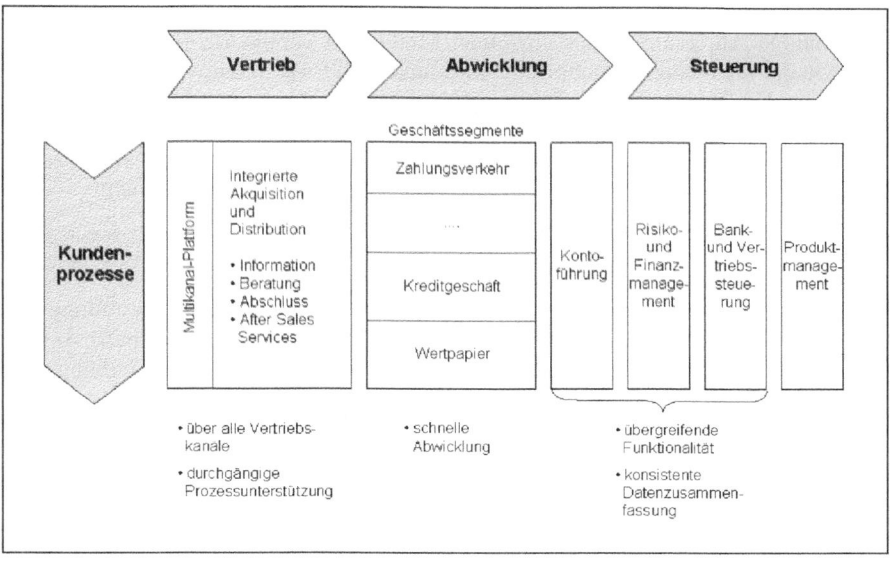

Abb. 4-8: Modell einer modularen, prozessorientierten Neugestaltung der Bank

Diese Schritte stellen sicher, dass der IT-Einsatz strategisch und konsequent segmentorientiert erfolgt. Die Abbildung 4-8 zeigt ein generisches Modell für eine neu strukturierte Bank. Den Ausgangspunkt bilden Kundenprozesse, in die sich die Bank „einklinken" muss. Diese Prozesse reichen von Bauen/Wohnen über Bezahlen, Altersvorsorge, Sterben und Erben etc. bei Privatkunden bis zu Beschaffung, Personalentwicklung und Auftragsdurchführung bei Firmenkunden. An die Kundenprozesse schließt sich die Wertschöpfungskette der Bank an: Vertrieb, Abwicklung und Steuerung (letztere umfasst Unterstützungs- und Managementprozesse). Das Modell bietet die Möglichkeit der Aufspaltung der klassisch hochintegrierten Bank in mehrere Teilbanken, insbesondere in eine Vertriebsbank und eine Transaktionsbank.

4.4.2   Prozessbezogene Neukonzeption der IT-Systeme

Im zweiten Schritt ist die technische Ausgestaltung jedes einzelnen Geschäftssegments der Bank zu klären. Dabei kommen die im Abschnitt 2.2 skizzierten Optionen in Frage (Eigenentwicklung, Kooperation, Standardsoftware, Outsourcing oder gegebenenfalls Kombinationen). Im Verlauf dieser Phase erfolgt die Konkretisierung einer neuen Anwendungsarchitektur:

- *Entflechtung der IT-Systeme:* Der erste (und schwierige) Schritt dieser Phase besteht in einer logischen Zerlegung der bestehenden IT-Struktur in eine modulare Struktur (basierend auf Bilding Blocks). Die Struktur muss die unabhängige Anpassung jedes einzelnen Moduls an veränderte Bedingungen sowie die unabhängige technische und funktionelle Weiterentwicklung ermöglichen. Die heute übliche Trennung in weitgehend autonome, marktbezogene Geschäftssegmente muss sich auch in der Informationsverarbeitung niederschlagen. Die Zerlegung der heute hoch integrierten Systeme in einzelne Funktionsmodule erfordert ein intelligentes Schnittstellenmanagement.

Für die weitere Gestaltung der IT bietet es sich an, nach verschiedenen Prozesstypen zu differenzieren (Abbildung 4-9):

Vertriebsprozesse repräsentieren die bankbetriebliche Leistungserstellung für die (externen) Kunden. Hinsichtlich dieser Prozesse erfordert der neue Ansatz eine grundsätzlich andere IT-Architektur – quasi eine 90-Grad-Drehung, die von der spartenorientierten (Kredit, Wertpapier etc.) zur prozessorientierten Architektur führt. Als Ergebnis resultieren horizontal integrierte Systeme, die nach Geschäftssegmenten (z.B. Retail-Geschäft, Private Banking, Firmenkundengeschäft) strukturiert sind. In jedem dieser Geschäftssegmente laufen die für die jeweilige Kundengruppe relevanten Akquisitions- und Distributionsprozesse ab, die gegebenenfalls durch geschäftssegmentspezifische Service- und Steuerungsprozesse ergänzt werden. Konventionelle produktorientierte Anwendungsarchitekturen verlieren ihre Gültigkeit zugunsten kundengruppenbezogener Prozesse, innerhalb derer die elektronische Unterstützung des Vertriebs immer mehr an Bedeutung gewinnt und fest programmierte Produkte zugunsten von konfigurierbaren Produkten verschwinden.[80]

Die *Abwicklungsprozesse* sind dagegen produktbezogen aufgebaut. Hier werden fabrikmäßig die Wertpapier-, Kontokorrent-, Einlagen- und Kreditge-

---

[80] Vgl. z.B. das Produktkonzept des Deposits Management von SAP (Abschnitt 4.5.2).

schäfte der Bank verarbeitet. Primäre Zielsetzung ist das Erreichen von Economies of Scale. Die IT-Plattformen müssen hoch skalierbar sein.

Unterstützungsprozesse umfassen diejenigen Aufgaben, deren Bündelung aus Kostengründen für die Bank sinnvoll ist (Rechnungswesen, Personalverwaltung etc.). Auch diese Prozesse erhalten ihre Existenzberechtigung ausschließlich dadurch, dass sie erwünschte Leistungen an (interne) Kunden abgeben. Die IT-Systeme dieser Prozesse sind mit denen der Vertriebs-, Abwicklungs- und Managementprozesse verknüpft.

Managementprozesse bündeln alle Aktivitäten, die aus Gründen einer übergreifenden Steuerung (z.B. strategisches Controlling, Risikomanagement, Treasury) in einem Corporate Center angesiedelt sind. Die IT-Systeme zur Unterstützung der Steuerung beziehen ihre Inputdaten aus den Vertriebs-, den Abwicklungs- und den Unterstützungsprozessen.

IT-Optionen / Prozesstypen	Eigenerstellung	Kooperation	Standardsoftware	Outsourcing
Vertriebsprozesse (Akquisition, Distribution, Service)				
- Kostenführer	gute Eignung	mittlere Eignung	mittlere Eignung	mittlere Eignung
- Differenzierer	sehr gute Eignung	geringe Eignung	geringe Eignung	keine Eignung
Abwicklungsprozesse	geringe Eignung	mittlere Eignung	mittlere Eignung	sehr gute Eignung
Unterstützungsprozesse	mittlere Eignung	mittlere Eignung	mittlere Eignung	mittlere Eignung
Managementprozesse	sehr gute Eignung	mittlere Eignung	geringe Eignung	keine Eignung

○ keine Eignung, ◔ geringe Eignung, ◑ mittlere Eignung, ◕ gute Eignung, ● sehr gute Eignung

Abb. 4-9: Abhängigkeit des Lösungsansatzes vom Geschäftsprozesstyp

- *Evaluierung der IT-Lösungsansätze:* Nur auf Basis einer an den Prozessen orientierten Architektur kann eine differenzierte Applikationsstrategie zur Erhöhung der Produktivität der Softwareentwicklung und -wartung entwickelt werden. Für jeden Prozess bzw. Prozesstyp ist zu untersuchen, welcher Lösungsansatz vorteilhaft ist. Dazu bieten sich insbesondere an: Outsourcing der Softwareentwicklung/-wartung (Applications Management), Kooperation, Standardsoftware und Eigenentwicklung. Um die angestrebte Produktivitätserhöhung auch wirklich zu erreichen, werden zukünftig sowohl die Industrialisierung des Entwicklungsprozesses (z.B. durch große Entwicklungseinheiten) als auch die Wiederverwendung von Software(teilen) im Vordergrund stehen.

- *Applikationsstrategie pro Geschäftssegment:* Auf der Basis einer Analyse der heutigen IT-Struktur sowie der Anforderungen an die segmentspezifischen Prozesse und der zweckmäßigen Lösungsansätze kann die Applikationsstrategie für jedes Segment entwickelt werden. Die Strategie besteht unter Umständen aus einer Kombination mehrerer IT-Optionen.

Die Neukonzeption erfolgt damit auf einer klaren, geschäftsprozessbezogenen Basis. Alle IT-Investitionen können strikt im Hinblick auf ihren strategischen Nutzen beurteilt werden.

4.4.3   Grundsanierung der operativen Systeme

Offenheit und Flexibilität der Anwendungssysteme sind nicht nur für selbst entwickelnde Banken wichtig, sondern auch beim Einsatz von Standardsoftware, bei Kooperationen und beim Outsourcing erforderlich. Ziel muss es daher sein, die operativen Altsysteme zugunsten moderner, geschäftsprozessbezogener Systeme abzulösen oder umzubauen. Damit verändert sich das Zwiebel-Modell der traditionellen Gesamtbanksysteme (Abschnitt 1.4.2) zum Workflow-Modell moderner Vertriebsbanken, während sich gleichzeitig die Transaktionsbanken auf die effiziente Abwicklung von Produktgruppen spezialisieren (Abbildung 4-10).

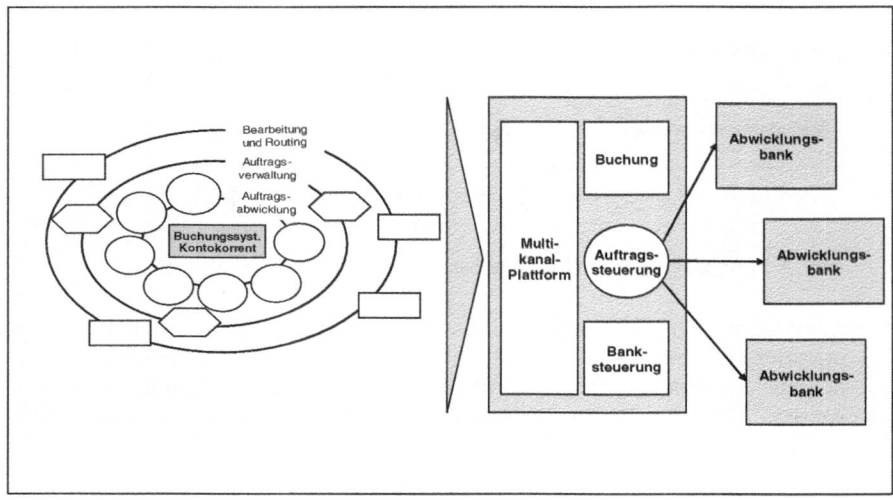

Abb. 4-10: Umbau der Bank-IT vom Zwiebel- zum Workflow-Modell

Da eine Komplettablösung nur selten realistisch sein dürfte, bietet sich für den Umbau eine „sanfte" Migrationsstrategie an, deren Kern – analog zur Fertigungssteuerung in der Industrie – die Etablierung eines zentralen Auftragssteuerungssystems bildet. Die Migration steht im Mittelpunkt der dritten Phase und kann in drei Schritten erfolgen (siehe auch MOORMANN/WÖLFING 1999, WÖLFING 1995):

- *Entkernung der Altsysteme:* Um die Komplexität des Gesamtprojekts in Grenzen zu halten, sollten die Altanwendungen in Einzelabschnitten erneuert werden. Dazu sind die heute ineinander verwobenen Systeme in einzelne Funktionsmodule zu zerlegen. In Abstimmung mit den Ergebnissen aus Phase 2 (Abschnitt 4.4.2) ist zu prüfen, ob in Teilbereichen Standardsoftware eingesetzt werden kann oder eine der anderen Gestaltungsmöglichkeiten zweckmäßig ist.

- *Entwurf einer auftragsgesteuerten IT-Architektur:* Philosophie einer Auftragssteuerung (Transaction Routing) ist es, den *Kunden*, das *Risiko* und das *Produkt* in das Zentrum der Bankapplikation zu stellen. Dazu sind zunächst die Auftragstypen und Schnittstellen zu definieren. Im Weiteren ist das zentrale Auftragssteuerungssystem zu konzipieren, dessen Aufgabe darin liegt, die Abarbeitung von Geschäftsvorfällen zu steuern. Die Abbildung 4-11 zeigt das Konzept einer bankbetrieblichen Auftragssteuerung am Beispiel des Zahlungsverkehrs.

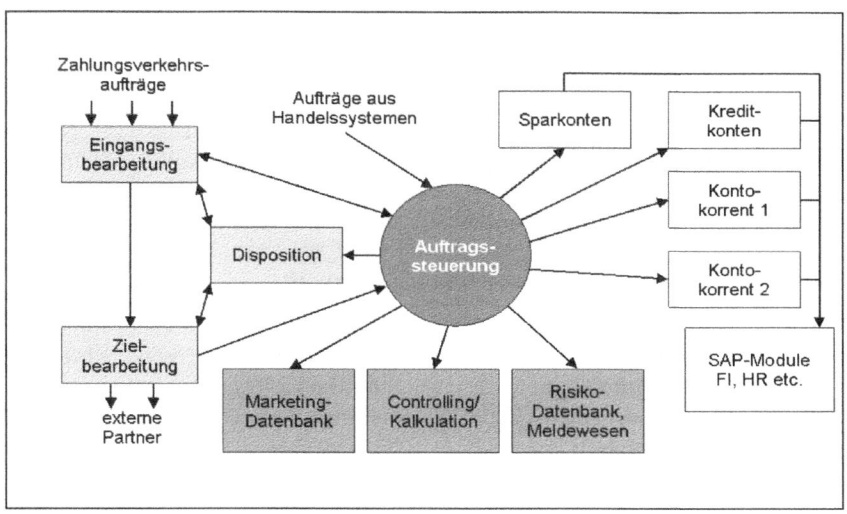

Abb. 4-11: Entwurf einer bankbetrieblichen Auftragssteuerung

- *Implementierung des Steuerungssystems sowie prozessbezogener Module:* Dieser Schritt hat die Realisierung des Steuerungssystems und die Integration in die „Alt"-Umgebung zum Inhalt. Dieser Vorgang ist außerordentlich komplex, denn nun muss das Kontokorrent aus seiner *zentralen* Position herausgelöst werden. Da viele Altapplikationen auf das Kontokorrent zugreifen, muss das neue Auftragssteuerungssystem zunächst die alte Buchungsschnittstelle bedienen – solange, bis alle Applikationen das Auftragssteuerungssystem nutzen. Anschließend sind prozessbezogene Einzelmodule zu erstellen. Solche Basismodule können z.b. Softwarebausteine für Zahlungsverkehrsprodukte, für Anlageprodukte, für eine Marketing-Datenbank und für eine Risiko-Datenbank sein.

Mit Hilfe dieses Sanierungsansatzes kann es gelingen, die hoch integrierten Altsysteme in einzelne, komponentenartige Konstrukte aufzulösen. Eigenentwicklung findet nur dort statt, wo sie leistungsfähiger als Standardsoftware ist – beispielsweise beim Auftragssteuerungssystem oder bei IT-Komponenten zur Differenzierung im Wettbewerb. Standardsoftware kann als Ergänzung hinzugefügt werden, sofern die Voraussetzung offener Schnittstellen erfüllt sowie die Pflege und Wartung als Routineleistung sichergestellt sind.

Die wesentlichen Vorteile dieses Ansatzes bestehen in der Standardisierung (Definition von Aufträgen, Gestaltung der Schnittstellen), der Modularisierung (prozessbezogene Module, Module für Handelsaktivitäten, Module zur Verwaltung von Datenbanken, Auftragssteuerungsmodul), der Möglichkeit zur Dezentralisierung und dem Einsatz preiswerter, kommunikationsfreundlicher Hardware und Systemsoftware. Die Bank kann damit schneller und einfacher Module entfernen, ergänzen oder ändern, effizienter Datenauswertungen vornehmen und orientiert die Informationsverarbeitung viel näher an den Geschäftsprozessen und somit an ihren Kunden.

Wichtig ist, dass zunächst eine adäquate Architektur entwickelt wird. Die Architektur muss in der Lage sein, Module zu integrieren. Dabei sollte es – für die Gesamtstruktur – keine Rolle spielen, von welchem Anbieter die Module bezogen werden. Entscheidend ist, dass das Gesamtsystem flexibel ist. Ein Basismodell einer IT-Architektur wird in Abbildung 4-12 gezeigt. Als Beispiel dient eine Bank, die ausschließlich im Private Banking aktiv ist.

Die Realisierung könnte dann so aussehen, dass selbst entwickelte Software oder individuell angepasste Standardsoftware am Front-End eingesetzt wird (z.B. im Portfoliomanagement und im CRM), während Back-Office-Arbeiten mit Hilfe von Standardsoftware oder im Wege des Outsourcing erledigt werden. Die Verbindung erfolgt über eine Integrationsschicht (Middleware).

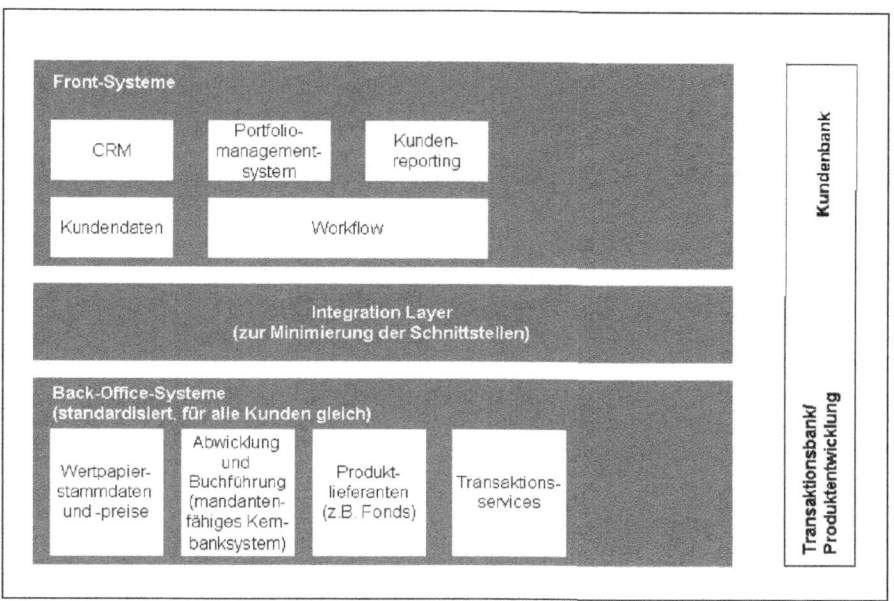

Abb. 4-12: Anwendungsarchitektur einer Schweizer Privatbank (STEINEBRUNNER 2003, S. 39)

Dieser Ansatz ist technologisch kompatibel mit einer *Service-orientierten Architektur (SOA)*. Grundlegende SOA-Konzepte wie Modularisierung und Entkopplung finden sich auch hier. Allerdings geht SOA weiter, indem es Geschäftsprozesse in Kernelemente auflöst und diese in Domänen zusammenfasst. Eine Domäne ist quasi ein Container, der logisch eng zusammengehörende Funktionalitäten enthält (Zinsberechnung, Rating-Algorithmus etc.). Domänen zeichnen sich nach außen durch lose Kopplung aus. Zwischen den Domänen bestehen Leistungsbeziehungen (Services).

4.5 SAP als Beispiel einer neuen IT-Struktur für Banken

Vor dem Hintergrund der Industrialisierung der Geschäftsprozesse in der Finanzbranche und der notwendigen Erhöhung der Produktivität in der Softwareentwicklung und -wartung spielt Standardsoftware eine immer größere Rolle. Daher soll im Folgenden der Ansatz modularisierter Standardsoftware gezeigt werden. Als Beispiel dient das Konzept von SAP. Es wird zunächst das Grundkonzept der SAP-Bankensoftware vorgestellt *(Abschnitt 4.5.1)* und anschließend am Beispiel der Kernapplikation „Deposits Management" detailliert *(Abschnitt 4.5.2)*. Beispiele für Applikationslandschaften verdeutlichen das Konzept von *SAP (Abschnitt 4.5.3)*. Die folgenden Ausführungen beziehen sich damit auf den Einsatz von SAP-Software im Bankenbereich.

4.5.1 Grundkonzept der SAP-Software für Banken

In vielen Banken werden betriebswirtschaftliche Standardsoftwarepakete von SAP eingesetzt. Diese Pakete werden als Lösungen der *mySAP Business Suite* bezeichnet. Dabei handelt es sich um branchenunabhängige Module, die für eine Reihe - interner Funktionsbereiche verwendet werden (Materialverwaltung, Personal, Controlling usw.). Im Weiteren geht es jedoch um branchenspezifische Software, die SAP typischerweise in Zusammenarbeit mit Pilot-Banken entwickelt. Die resultierenden Applikationen werden unter der Sammelbezeichnung *SAP for Banking* vermarktet. Die folgenden Ausführungen orientieren sich an SAP AG (2002).

4.5.1.1 Applikationen und Applikationslandschaft

Grundsätzlich differenziert SAP nach Kernapplikationen und Zubehörapplikationen. *Kernapplikationen* sind zentrale Komponenten der Applikationslandschaft der Bank (Deposits Management, Geschäftspartnerverwaltung usw.). *Zubehörapplikationen* ergänzen die Kernapplikationen, indem sie Spezialaufgaben übernehmen (Limitermittlung, Scoring-Modelle etc.). Zubehöranwendungen können SAP-Produkte sein oder auch Partnerprodukte.

Der Aufbau von *SAP-Applikationen* folgt einem Schalenprinzip. Im Kern befindet sich eine länderunabhängige Software (die damit international angeboten werden kann). Die zweite Schicht enthält länderspezifische Ergänzungen, die z.B. die Wertpapierusancen eines bestimmten Landes berücksichtigen. In einer dritten Schicht kommen kundenindividuelle Ergänzungen hinzu. Dies geschieht z.B. auf Basis so genannter *BADIs (Business Add-Ins)* oder durch Nutzung von *BAPIs (Business Application Programming Interfaces)*.

Die Applikationen sind Bestandteil der *SAP-Applikationslandschaft*. Diese enthält alle wesentlichen Anwendungen, die für das Betreiben einer Bank erforderlich sind. Allerdings wird nur ein Teil der Anwendungen von SAP angeboten. Einige Applikationen sind in der Entwicklung, im Planungsstadium oder überhaupt nicht vorgesehen. Eine reine SAP-Softwarelandschaft für Banken ist in absehbarer Zeit nicht zu erwarten. Damit müssen die IT-Verantwortlichen über einzelne Komponenten ihrer Applikationsarchitektur entscheiden. Das hat Konsequenzen für die Applikationslandschaft der SAP:

– Die Bank entscheidet durch die Auswahl der Applikationen über den gewünschten Umfang an Standardfunktionen.

– Es müssen einzelne Applikationen deaktiviert und fremde Anwendungen integriert werden können.

– Jede Applikation muss soweit standardisiert sein, dass sie in kundenindividuelle Applikationslandschaften integriert werden kann.

Die Applikationslandschaft basiert auf einer bankfachlichen, prozessorientierten Perspektive (Abbildung 4-13).[81] Üblicherweise enthält die bankbetriebliche Wertschöpfungskette unterschiedliche Aufgaben und Informationsbedürfnisse, die teilweise im Widerspruch stehen und in vielen Altsystemen eine optimale Ausgestaltung einzelner Applikationen verhindern. So ist im Vertriebsprozess eine kundenzentrierte Bearbeitung erwünscht. Dagegen steht im Abwicklungsprozess die kostengünstige Durchführung im Vordergrund. Die Applikation sollte daher vertragsorientiert sein. Prozesse der Steuerung und der Rechnungslegung sollten sich wiederum an rechtlichen und organisatorischen Bedingungen ausrichten. Als Konsequenz unterstützt SAP daher die fachlichen Bankprozesse durch drei unterschiedliche Applikationsgruppen.

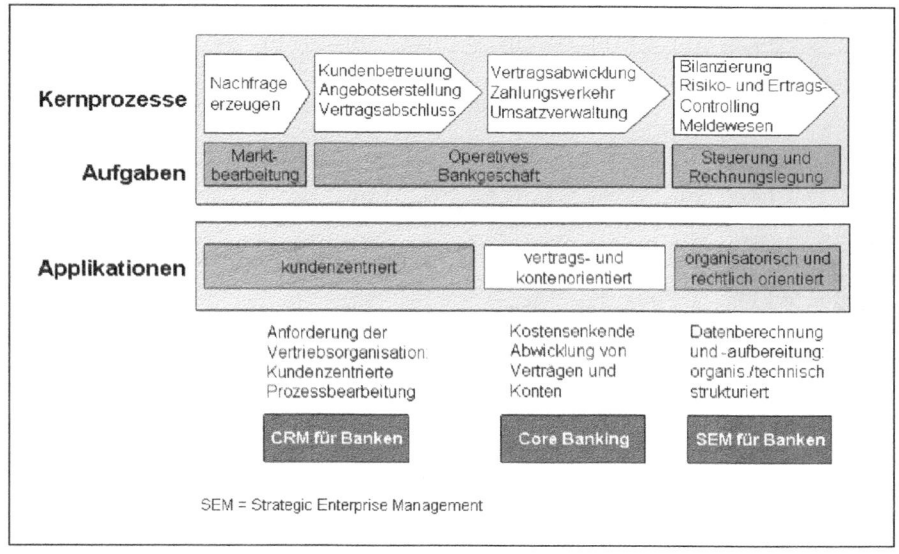

Abb. 4-13: Bankbetriebliche Wertschöpfungskette und Applikationen (SAP AG 2002, S. 7)

---

[81] SAP beschränkt sich hier – wie auch bei der folgenden Ziel-Applikationslandschaft – auf die Primärprozesse einer Bank. Für Sekundärprozesse (Personalwirtschaft, Anlagenbuchhaltung, Materialverwaltung usw.) sind branchenneutrale (eigene oder fremde) Softwareprodukte vorgesehen.

Basierend auf dem Wertschöpfungsprozess hat SAP eine "Ziel-Applikations-landschaft" entwickelt (die sich wiederum auf die Primärprozesse von Banken beschränkt). Die Ziel-Landschaft enthält Kernfunktionsbereiche (*Key Functional Areas*), mit denen die bankbetrieblichen Anforderungen abgebildet werden. Innerhalb jedes Bereichs können mehrere Applikationen liegen. Damit ist die Applikationslandschaft durch fünf Hauptaufgaben geprägt:

– Applikationen zur kundenzentrierten Durchführung von Vertriebsprozessen (Point of Sales and Services, operatives und analytisches CRM),

– Anwendungen zur Durchführung und Kontrolle von Handelsprozessen (Handelsunterstützung),

– Applikationen zur vertragsorientierten, effizienten Abwicklung (Transaction Banking),

– Applikationen zur rechtlich und organisatorisch beeinflussten Datenkalkulation und Datenaufbereitung für die Banksteuerung sowie

– Anwendungen zur zentralen Bereitstellung von Daten, die von den anderen Bereichen benötigt werden (zentrale Services und Geschäftspartner).

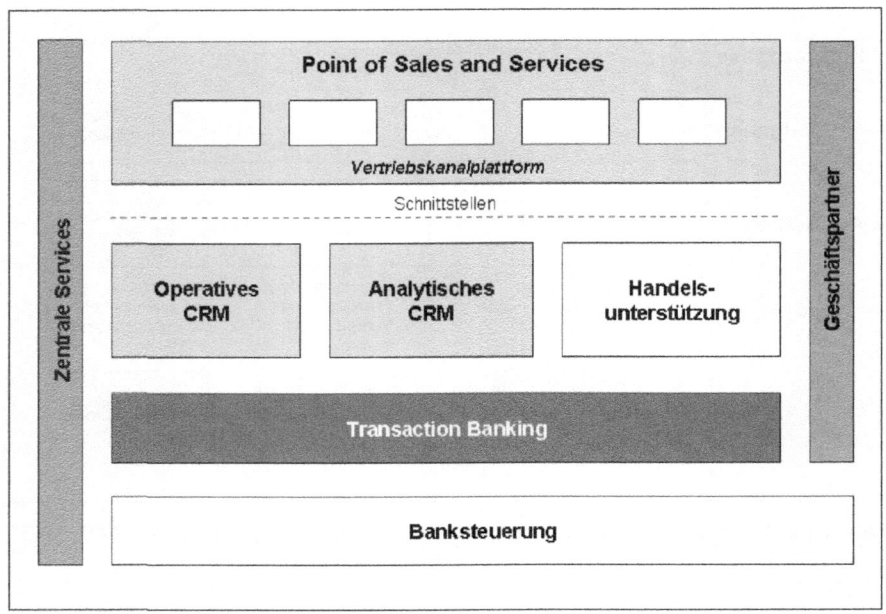

Abb. 4-14: Struktur der Ziel-Applikationslandschaft[82] (SAP AG 2002, S. 8)

---

[82] SAP bietet nicht in allen Bereichen eigene Lösungen an.

Die fünf Hauptaufgaben, die sich aus der Ziel-Applikationslandschaft ergeben, sollen bei SAP in acht Applikationsgruppen abgearbeitet werden (Abbildung 4-14). Die Funktionalitäten der Ziel-Landschaft werden im Folgenden beschrieben.

4.5.1.2 Bereiche der Ziel-Applikationslandschaft

Point of Sales and Services: An dieser Kunde-Bank-"Schnittstelle" werden wertschöpfende Geschäfte und Geschäftsvorfälle generiert. Über diese Stelle läuft die Gesamtheit der Außenkontakte der Bank. Dazu zählt nicht nur die Vielfalt der Vertriebskanäle, sondern auch elektronische Handelssysteme, Clearingsysteme, Zahlungsverkehrssysteme, Marktdateneinspielung, Meldungen an Aufsichtsbehörden usw. Die Schnittstelle wird von SAP als *Enterprise Unification Portal (EUP)* bezeichnet; die Identifikation erfolgt als "Single Sign on".[83]

Teilweise gibt es wie im Zahlungsverkehr etablierte elektronische Schnittstellen. Aber auch die neuen Schnittstellen müssen in die bestehende IT-Landschaft einer Bank integriert werden. SAP folgt dem Trend, die Vertriebskanäle von anderen Banksystemen zu entkoppeln und zu kapseln, so dass die Bank bezüglich zukünftiger Anpassungen flexibel ist. Die Front-Ends sollen also möglichst wenig betriebswirtschaftliche Logik enthalten und "vertriebswegeneutral" sein.

In den Front-Ends sollen nach SAP-Auffassung alle kundeninduzierten Geschäftsvorfälle erfasst werden, sei es durch Mitarbeiter oder durch Kunden. Die Vertriebskanäle sind untereinander verbunden. Dahinter liegt die Absicht, die Daten über alle Vertriebswege auf einheitlichem Stand zu halten, so dass Mitarbeiter über alle Aktivitäten und die Historie ihrer Kunden informiert sind.

Operatives CRM: Dieser Bereich ist ein Schwerpunkt in der SAP-Applikationswelt für Banken. Er umfasst sämtliche Analysen, Aktivitäten und Dokumentationen im Zusammenhang mit Kundenkontakten. Dazu zählt nicht nur die IT-Unterstützung von Marktbearbeitung, Akquisition und Verkauf (Vertriebsprozess), sondern auch der gesamte Serviceprozess während der Vertragsdauer (Adressänderungen, Reklamationen, Sperren etc.). Damit geht SAP über das übliche Verständnis von CRM hinaus. Es ist geplant, eine direkte, vertriebskanalunabhängige Verfügbarkeit von Vertriebsaktivitäten zu erreichen.

Zur Abbildung der Vertriebs- und Serviceprozesse sind drei Bestandteile notwendig. Das *Vertragsmanagement* soll die Antrags- und Angebotserstellung sowie den Vertragsabschluss einschließlich der Korrespondenz und elektronischer Akte unterstützen. Das Vertragsmanagement ist kundenzentriert aufgebaut. Die zweite Applikation ist das *Produktmanagement*, in dem die marktbezogene Konfiguration von Produkten erfolgt. Hier werden für alle Produkte die variablen Ausprägungen

---

[83] *Single Sign on* bedeutet, dass ein Anwender durch einmaliges Authentifizieren auf alle Anwendungen und Services, für die er berechtigt ist, zugreifen kann.

zur Verfügung gestellt, die ein Kunde wählen kann. Die dritte Applikation des operativen CRM ist das *Aktivitäten- und Kampagnenmanagement*. Hier werden alle Aktivitäten mit dem Kunden erfasst, überwacht und gesteuert und alle Kontakte mit dem Kunden dokumentiert. Die eingegebenen Daten sollen für alle Vertriebskanäle verfügbar sein, so dass beispielsweise eine Reklamation im Call Center auch für die Filialmitarbeiter sichtbar ist.

Analytisches CRM: Dieser Applikationsbereich umfasst Analyseprozesse zur Ausschöpfung von Geschäfts- und Kundenpotenzialen und ihre Überführung in die operative Umsetzung. Zu Analyseprozessen zählen Kosteninformationen zur Steuerung von Service-, Marketing- und Vertriebsaktionen, kundenspezifische Kennzahlen zur Ermittlung von Kundenpotenzialen, Informationen zu Wettbewerberprodukten usw. Die wesentlichen Bestandteile des analytischen CRM sind *Database Management, Kampagnenmanagement* sowie *Kundensegmentierung und -profilierung*. In diesen Applikationsbereich hat SAP in den vergangenen Jahren erheblich investiert.

Handelsunterstützung: Anwendungen im Handel sind durch hohe Produktspezialisierung und kurze Innovationszyklen gekennzeichnet. Wichtig ist auch hier eine klare Trennung von Handelsaktivitäten und Back-Office-Arbeiten (Abwicklung und Abrechnung). Folgende Bestandteile sind für den Handel wichtig: *Produktkonfiguration für das Handelsgeschäft, Vertragsmanagement für den Handel* sowie das *Limitmanagement für den Handel*. SAP entwickelt selbst keine Handelssysteme (Ausnahme ist der Eigenhandel). Die Überwachung der Handelsaktivitäten soll aber durch die Instrumente der Gesamtbanksteuerung vorgenommen werden.

Transaction Banking: In diesem Bereich spielen Skaleneffekte die entscheidende Rolle. Mit Hilfe von Automatisierung und Zentralisierung wird versucht, die Abwicklung der Kundengeschäfte zu optimieren. SAP wendet hier das Konzept der Produktspartenneutralität an. Abwicklungsprozesse sollen mit Hilfe von Produktkonfigurationen flexibel gestaltbar sein, und die Software soll entsprechend der Transaktionszahlen erweitert werden können. SAP geht von Investitionszyklen von 15-20 Jahren aus. Dieser Applikationsbereich umfasst vier Bestandteile: Dazu zählt zunächst ein System für den *Zahlungsverkehr*. Dieses übernimmt das formale Prüfen, Verdichten und Verteilen von Umsätzen innerhalb der von der Bank genutzten Leitwege und Formate (internes und externes Routing). Das Zahlungsverkehrssystem (Payment Engine) ist zwar bei SAP seit längerem in der Planung, aber noch nicht verfügbar. Der zweite Bestandteil ist das *Deposits Management*, das im Abschnitt 4.5.2 ausführlich dargestellt wird. Die dritte Applikation im SAP-Modell für das Transaction Banking ist das *Wertpapier-Settlement*. Dabei geht es um die Abwicklung von Handelsgeschäften mit Wertpapieren und Derivaten. Der vierte Bestandteil ist die *Depotverwaltung*, also die Bestandsführung im Wertpapiergeschäft. Für das Wertpapiertransaktionsgeschäft bietet SAP keine Applikationen an, sondern verweist auf Fremdprodukte.

Geschäftspartner: Das Konzept der Geschäftspartner ist bereits aus den Industrie-applikationen bekannt. In diesem Bereich werden sämtliche Kundeninformationen gespeichert und verwaltet. Der Bereich führt damit anwendungsübergreifend alle Kundendaten einer Bank zusammen. Dementsprechend ist er eng mit den Applikationen des operativen und analytischen CRM verknüpft. Ein wichtiges Element im Geschäftspartnerkonzept von SAP ist, dass jedem Kunden eine definierte Rolle zugeordnet wird (Kontoinhaber, Kreditnehmer, Bürge etc.). Beziehungen zwischen Geschäftspartnern (z.b. Kreditnehmereinheit, Konzernstrukturen) können im System dargestellt werden.

Zentrale Dienste: Dieser Applikationsbereich unterstützt das bankwirtschaftliche Geschäft der anderen Bereiche. Dazu zählt die *Sicherheitenverwaltung*, die vom operativen CRM angestoßen wird. Die Freigabe von Sicherheiten erfolgt dann im Rahmen der Vertragsabwicklung. Ein weiterer zentraler Dienst ist das *Output-/Inputmanagement*. Dabei geht es zum einen um die *ausgehende* Korrespondenz (Output) zum Kunden. Hier spielt die Wahl der Output-Medien (Postweg, E-Mail, Fax) eine Rolle, und bei der papiergebundenen Korrespondenz insbesondere die zentrale Druckaufbereitung, das Formularwesen und die Portooptimierung. Während SAP die Datenselektion und -aufbereitung durchführt, wird die Weiterverarbeitung in einer Druck- und Versandstraße von Spezialanbietern übernommen. Zum anderen geht es um die *eingehende* Korrespondenz (Input). Hierzu gehören Themen wie die „Elektronische Akte" und die Verknüpfung von eingehenden Dokumenten zu den Objekten Geschäftspartner, Vertrag etc. Funktionen des Input-Managements werden im operativen CRM ausgelöst. Zu den zentralen Diensten zählen auch *Marktdaten, Wertpapierstammdaten und Informationsdienste*, da diese für mehrere Applikationen innerhalb der Bank zur Verfügung gestellt werden. *Administrative Dienste* (Berechtigungen, Definition der Organisationseinheiten usw.) dienen der ordnungsgemäßen Organisation der Bank und werden ebenfalls zentral durchgeführt.

Banksteuerung: Ein wesentliches Element moderner Banksoftware ist eine zentrale Datenhaltung (Single Source) und Methodenkonsistenz über alle Auswertungsverfahren. Deshalb hat SAP eine strikte Trennung zwischen den operativen Systemen und den Anwendungen der Gesamtbanksteuerung (Strategic Enterprise Management, SEM) vorgenommen. Nun werden die aus den operativen Systemen herausgezogenen Daten in einer Datenbank (Financial Database, FDB) zur Verfügung gestellt und die Prozesse der Gesamtbanksteuerung in dem Applikationsbereich Banksteuerung zentralisiert. Zu den Aufgaben der Banksteuerung zählen z.B. die Bilanzierung/GuV *(Balance)*, die Profitabilitätsrechnung *(Profit)*, die Aktiv-Passiv-Steuerung *(ALM, Asset Liability Management)*, das Risiko-Management *(Risk)* und das Meldewesen.

4.5.2   Deposits Management als Beispiel für eine Kernapplikation

Die Systeme der Kontoführung stellen den Kern klassischer Bank-IT-Systeme dar. Sie sorgen für die Führung und Abwicklung des juristischen Bestands einer Bank und werden wegen ihrer zentralen Rolle oftmals als das „Herz der Bank" bezeichnet. Aufgrund dieser bedeutenden Stellung haben Banken die Kontoführungssysteme vorwiegend selbst entwickelt. Diese bestehen meist aus nur wenigen Programmen mit jeweils mehreren Millionen Zeilen von Programmcode und sind in maschinennahen, oftmals eigenentwickelten Programmiersprachen (z.b. Assembler-Makros) geschrieben. Solche Systeme sind heute schwer zu erweitern und zu warten. Durch eine Vielzahl an neuen Produkten und Produktveränderungen und immer weitergehende Anforderungen des Gesetzgebers und der Aufsichtsbehörden ergeben sich hier erhebliche Schwierigkeiten. Änderungen an den Systemen werden immer aufwendiger und verursachen hohe Fehlerraten. Deshalb ist es besonders interessant, die Struktur eines modernen Systems, hier am Beispiel des SAP-Produkts *Deposits Management* (alte Bezeichnung: *Account Management, AM*), kennen zu lernen.

Das Deposits Management (DM) ist Bestandteil des SAP-Applikationsbereichs *Transaction Banking*, zu dem auch die Komponenten *Zahlungsverkehr*, *Wertpapier-Settlement* und *Depotverwaltung* gehören. Die zentrale Aufgabe von DM ist die Führung und Abwicklung von saldenbasierten Bankprodukten. So werden Kontoverträge, Kontoumsätze und Kontoabrechnungen verwaltet. Neue Produkte können mit dem Produktkonfigurator ohne zusätzlichen Programmieraufwand entwickelt werden. Darüber hinaus werden Funktionen für Girokonten, Spar- und Termineinlagen und die Kartenverwaltung, z.B. Kreditkarten und Kundenkarten, angeboten (SAP AG 2005a). Der Produktkonfigurator ermöglicht schnelle Produktveränderungen oder -einführungen.

Wichtig ist die Abgrenzung zwischen dem Produkt *Deposits Management* und dem Produkt *Deposits* (alte Bezeichnung: *BCA, Bank Customer Accounts*). Der wesentliche Unterschied liegt in der Verarbeitungskapazität bezogen auf die Anzahl der Konten und das Transaktionsvolumen. Während das ältere System *Deposits* für kleinere Volumina von bis zu 750.000 Konten ausgelegt ist (z.B. Einsatz in der DZ Bank), kann das neuere System *Deposits Management* mehrere Millionen Konten verwalten. Beispielsweise führt die Postbank 4,6 Millionen Kontokorrentkonten mit Deposits Management (Stand: 31.12.2005). Des Weiteren können mit Deposits nur Einlagenprodukte verwaltet werden.

4.5.2.1 Architektur von Deposits Management

Die Kernapplikation Deposits Management wurde als Standardsoftware für international tätige Banken mit einer modularen, produktspartenneutralen Architektur entwickelt. Diese Architektur soll eine leichte Einbindung in die Systemlandschaft

einer Bank ermöglichen und die hohen Performanceanforderungen einer Großbank erfüllen. Zusätzlich bietet die Architektur von DM im Vergleich zu den klassischen, eigenentwickelten Kontoführungssystemen folgende Vorteile (SAP AG
2004):

- *Spartenneutrale Abdeckung* der Geschäftsarten Kontokorrent (Giro) und Einlagen. Die Ausstattungen einer Geschäftsart werden mit einem Produktkonfigurator eingestellt.

- Strikte *Trennung zwischen Oberfläche und Anwendungslogik*, so dass jede
  Funktion auch über definierte Auftragsschnittstellen von einem Vorsystem
  genutzt werden kann. Dies ermöglicht beispielsweise die automatisierte Ü-
  bernahme von Vertragsdaten aus einem CRM-System.

- Das System weist eine außerordentlich *hohe Skalierbarkeit* auf, d.h. die Software ist darauf ausgelegt, dass die Verarbeitungskapazität durch Ergänzung
  weiterer Hardware leicht gesteigert werden kann.

- Die Datenverarbeitung findet in *Echtzeit* statt (im Gegensatz zum herkömmlichen Batch Processing).

- Offene und definierte Schnittstellen sollen eine *vollständige Integration* von
  DM in die Systemlandschaft erlauben. Dabei ist es irrelevant, ob es sich um
  Systeme von SAP oder anderer Anbieter handelt. Die Standardschnittstelle
  zur Integrations- und Anwendungsplattform SAP NetWeaver soll die Integration aller Systeme der Bank ermöglichen.

4.5.2.2 Funktionen im Detail

Das Deposits Management führt den juristischen Bestand[84] einer Bank, wickelt
alle damit in Verbindung stehenden Transaktionen ab und stellt die Datenbasis für
das externe und interne Rechnungswesen zur Verfügung. Die wesentlichen Funktionen sind die Führung von Konten, Salden und Zahlungsposten und die Erstellung von Zinsabschluss und Gebührenrechnung.

DM enthält eine Vielzahl an Funktionalitäten. Dies soll am Beispiel des Vertrags-
sowie des Produktmanagements gezeigt werden.

Vertragsmanagement: Verträge werden in einer zentralen Vertragsverwaltung
geführt und bilden die Vereinbarungen zwischen den Vertragspartnern ab. Diese
Vereinbarungen werden in so genannten Vertragsbausteinen gespeichert und enthalten alle abwicklungsrelevanten Stammdaten. Als Verträge können ausschließlich Bankgeschäfte auf Basis von Produkten dargestellt werden. Ein Produkt ist
vergleichbar mit einem Formular oder einer Vorlage („Template"). Im Ausliefe-

---

[84] Der juristische Bestand gibt Auskunft über die Forderungen und Verbindlichkeiten der Bank gegenüber Dritten.

rungszustand beinhaltet DM die Produkte Kontoprodukt, Kontengemeinschafts-produkt, Kartenprodukt und Kartengemeinschaftsprodukt.

Eine der wichtigsten Vertragsarten ist der Kontovertrag. Um ein laufendes Konto für einen Kunden zu führen, wird in DM ein solcher Kontovertrag angelegt. Im Wesentlichen enthält er Informationen über das Produkt, die verwaltende Organisationseinheit und den Geschäftspartner. Der Kontovertrag basiert auf einem Kontoprodukt. Bei Anlage des Kontos vererbt das Kontoprodukt seine Eigenschaften an den Kontovertrag. Da jedem Produkt Attribute in einer Attributhierarchie zugeordnet sind, wird jeder Vertrag gleichartig beschrieben und ermöglicht eine äußerst performante Abwicklung im Mengengeschäft. Durch diese Zuordnung werden Grenzen an Funktionalität und beschreibenden Merkmalen gesetzt sowie gewisse Freiheitsgrade definiert. Mit der Angabe einer verwaltenden Organisationseinheit und dem Geschäftspartner werden automatisch weitere Informationen mit dem Kontovertrag vernetzt (SAP AG 2002).

Produktmanagement: Das Management von bestehenden und neuen Produkten ist ein zentrales Thema eines modernen Kontoführungssystems. Mit dem Produktkonfigurator können neue Produkte ohne Programmieraufwand definiert und direkt dem Kunden angeboten werden. Der Produktentwicklungsprozess wird damit deutlich verkürzt („Time to Market").

Mit dem Produktkonfigurator lassen sich sowohl Produkte für das Mengengeschäft als auch Produkte für das Individualgeschäft definieren. Im Mengengeschäft werden die Produkteigenschaften fixiert; sie lassen sich vom Bearbeiter nicht ändern. Für das Individualgeschäft werden den Kundenbetreuern Handlungsrahmen vorgegeben, um ihnen mehr Flexibilität im Kundengespräch zu geben. Die Produktgestaltung wird durch eine Versionierung von Produkten weiter flexibilisiert. Diese ermöglicht dem Produktmanager, ein Produkt entsprechend den Markterfordernissen weiterzuentwickeln, ohne dass bestehende Verträge dadurch beeinflusst werden.

Ein relativ komplexer Bestandteil des Produktkonfigurators ist die Definition der Finanzkonditionen. Die Finanzkonditionen sind die geldmäßigen Bedingungen, zu denen die Bank mit den Kunden eine Geschäftsverbindung eingeht. Konditionen steuern insbesondere die Abrechnung der Konten (Soll-, Haben- und Überziehungszinsen, Kontoführungsgebühr, Postengebühr etc.) und bestimmen die Wertstellung innerhalb des Zahlungsverkehrs und bei der Kontoabrechnung. Die Unterscheidung zwischen Standard- und Individualkonditionen ermöglicht einerseits die Definition von allgemeingültigen Konditionen für alle Verträge eines Produkts und andererseits die Option zur freien Konditionsvereinbarung mit dem Kunden pro Vertrag (SAP AG 2002).

Weitere Funktionälitäten von DM sind (SAP AG 2005b):

- *Kontoführung (Postenmanagement):* Die Funktion Kontoführung dient der Durchführung von manuellen Buchungen innerhalb von DM, der Abwicklung des internen Zahlungsverkehrs, der Erzeugung von manuellen und maschinellen Buchung zur Weiterleitung an das Hauptbuch und der Erstellung von Kontoabschlüssen, Kontoauszügen usw.

• *Posting Lock Management:* Diese Funktion verwaltet exklusiv und zentral alle Sperren und steuert die Reaktionen des Systems auf sperrrelevante Geschäftsvorfälle.

• *Abschluss:* Diese Funktion ermöglicht es, einen Zins- und Gebührenabschluss in einer Bank durchzuführen. Standardmäßig werden der Kontoabschluss, der Kontengemeinschaftsabschluss inklusive Zinskompensation, der Kartenabschluss und der Kartengemeinschaftsabschluss angeboten. Der Abschlussrhythmus kann von täglich bis jährlich frei gewählt werden. Standardabschlusstermine sind der Monatsabschluss, der Quartalsabschluss und der Jahresabschluss.

• *Postprocessing Office:* Das Postprocessing Office dient zur Unterstützung einer wirtschaftlichen Bearbeitung von Fehlermeldungen, die überwiegend aus dem Massengeschäft stammen. Der Vorteil liegt in der Zusammenführung aller zur Bearbeitung relevanten Daten in so genannten Nachbearbeitungsaufträgen.

• *Auftragsmanagement:* Prozesse wie beispielsweise Kontoauflösung, Kontoinhaberwechsel oder Produktwechsel werden als Aufträge verwaltet. Alle Aufträge werden im Auftragsmanagement zentral verwaltet und können über Schnittstellen angesprochen werden.

• *Kartenmanagement:* Da es eine enge Verbindung zwischen Karten und Konten gibt, wurde das Kartenmanagement in DM integriert. Das Kartenmanagement führt die Stammdaten der Kartenverträge und deren Prozesse (z.B. Erneuerung, Partnerkarte, Sperre). Karten wie beispielsweise ec/Maestro-Karten oder Kundenkarten lassen sich direkt mit einem Konto verbinden. Kreditkarten werden zwar auch verwaltet; die Verarbeitung der einzelnen mit der Karte getätigten Transaktionen wird jedoch nicht durch DM geleistet. Für diesen Zweck werden Schnittstellen angeboten, um Anbieter wie VISA oder MasterCard einzubinden.

4.5.3 Bankbetriebliche Applikationslandschaft auf SAP-Basis

In den meisten Banken findet man heute komplexe Applikationslandschaften, die aus einer Vielzahl selbstentwickelter oder eingekaufter Software zusammengesetzt sind. Selbst beim Einsatz von Gesamtbanksoftware sind in der Regel vielfache Ergänzungen erforderlich. Moderne Pakete sind modularisiert, mit der Folge, dass die Landschaften oft aus Modulen unterschiedlicher Anbieter zusammengesetzt sind. Das gilt auch für Kreditinstitute, die SAP-Software einsetzen. Da SAP explizit nicht jeden Bankbereich unterstützt, besteht die Notwendigkeit der Ergänzung durch Produkte anderer Hersteller. Eine Applikationslandschaft auf SAP-Basis könnte für eine Beispielbank wie in Abbildung 4-15 aussehen. Diese Landschaft besteht von der Grundstruktur aus SAP-Modulen (Core Banking wie Giro, Einlagen, Kredit; CRM-Applikationen; Banksteuerung und Geschäftspartnerverwaltung). Hinzu kommen andere Standardsoftware-Produkte (Zahlungsverkehr: van den Berg – Wöbken; Steuerung und Autorisierung von SB-Systemen durch K-GATE, KORDOBA; Handel: Front Arena usw.). Die Wertpapierabwicklung ist gegebenenfalls ausgelagert (System GEOS, betrieben durch ITS), während beispielsweise die Vertriebssteuerung und das Kreditrating auf eigenentwickelter Software beruhen.

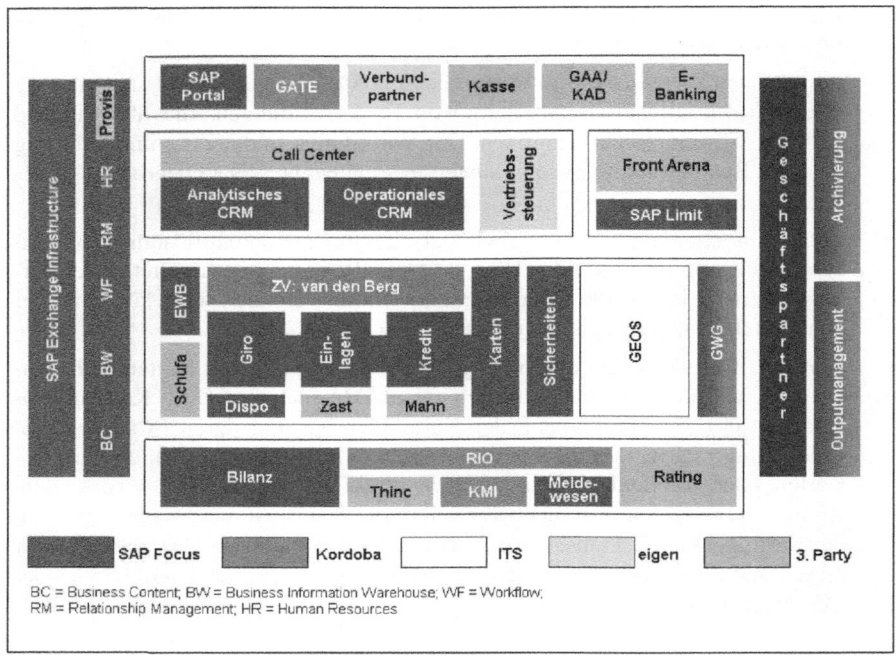

Abb. 4-15: Applikationslandschaft für eine Universalbank

4.6 Applikationslandschaften ausgewählter Banken

In der Realität finden sich unterschiedlichste Anwendungslandschaften. Im Folgenden werden drei Beispiele gezeigt, die aber nur einen kleinen Eindruck von der real existierenden Vielfalt geben können. Mit der Postbank *(Abschnitt 4.6.1)*, der

Privatbank Conrad Hinrich Donner *(Abschnitt 4.6.2)* und der Luzerner Kantonalbank *(Abschnitt 4.6.3)* werden drei Institute gezeigt, die sowohl unterschiedliche Geschäftsstrategien verfolgen als auch verschiedene Wege hinsichtlich ihrer Informationsverarbeitung gehen.

4.6.1 Deutsche Postbank AG

Die Postbank hat eine strikte Aufteilung ihrer Wertschöpfungskette in Vertriebs-, Abwicklungs- und Produktbank vorgenommen. Die Applikationen sind dementsprechend den einzelnen Rollen zugeordnet. Die Applikationslandschaft ist auf Standardsoftware ausgerichtet (Abbildung 4-16).

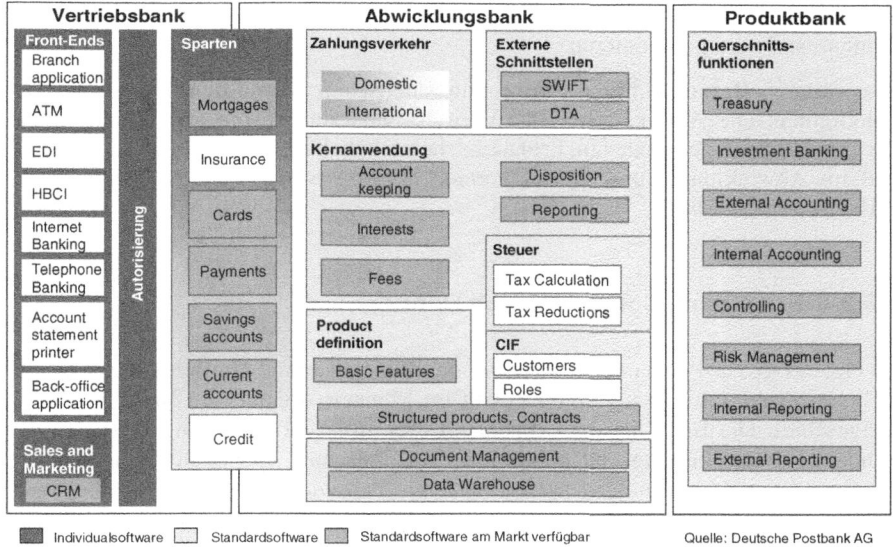

Abb. 4-16: Applikationslandschaft der Postbank

Das Herz bildet das zusammen mit SAP entwickelte Deposits Management (DM; zuvor Account Management, AM) für die Kernanwendungen (Kontenmanagement). Der Umbau von einer KORDOBA-Software auf DM war eines der größten IT-Projekte in Deutschland (1999-2003). Ausgangspunkt war, dass KORDOBA – als Software für mittelgroße Banken – in der Postbank in jeder der 14 Niederlassungen installiert werden musste, um die große Anzahl von Konten und Transaktionen bewältigen zu können. Jede Niederlassung agierte somit, als wäre sie eine eigene Bank. Eine Standardsoftware für eine Bank in der Größe der Postbank (im Durchschnitt 12,6 Mio. Transaktionen täglich, weshalb eine hohe Performance notwendig ist) war am Markt nicht verfügbar. Auf dieser Basis entstand das Projekt „IT 2003". Am 6. Okt. 2003 wurden alle Kontokorrentkonten (zu dem Zeitpunkt 4,5 Mio) auf das neue System DM überführt. Gleichzeitig konnte die Postbank 11 der früheren Abwicklungszentren schließen und nur eines von vorher 18 Rechenzentren war nach dem Projekt erforderlich. Darüber hinaus konnte die Anzahl von Geschäftsprozessen (in der Definition der Postbank) von 120 auf 35 „Kernprozesse" reduziert werden. Das wurde möglich, weil mehrere Prozessschritte für verschiedene Produkte identisch waren, zusammengefasst und standardisiert werden konnten.

Daraus resultierten für die Postbank zwei wesentliche Vorteile: Erstens erhielt die Bank eine neue technologische Plattform für das Massengeschäft und zweitens die Möglichkeit, ein Geschäftsfeld aufzubauen um die ZV-Abwicklung anderer Instituten anzubieten. SAP konnte sich durch dieses Projekt im Markt für Großbanken-Standardsoftware positionieren.

Die weiteren Bestandteile der Anwendungslandschaft folgen den heute üblichen Paradigmen: Die Applikationen der Vertriebsbank sind soweit wie möglich von der Abwicklung getrennt, am Front-End herrschen Individualentwicklungen vor und im Abwicklungs- und Produktbereich kommt, soweit verfügbar, Standardsoftware zum Einsatz.

4.6.2   Privatbank Conrad Hinrich Donner

Im Gegensatz zur Postbank hat die 1798 gegründete Conrad Hinrich Donner Bank AG, Hamburg, ihren Schwerpunkt nicht im Mengen- sondern im Individualkundengeschäft. Die Bank hat ihr Geschäft in drei große Gruppen eingeteilt: Privatkunden, Private Banking und Institutionelle Kundschaft. Der strategische Ansatz der Bank spiegelt sich in der Applikationslandschaft wider (Abbildung 4-17).

Die Conrad Hinrich Donner Bank will sich von anderen Instituten ausschließlich im Front Office, nicht dagegen im Back Office differenzieren. Die Kunden haben über die Zentrale (physisch, telefonisch), über das Internet sowie über Vertriebspartner (Signal Iduna, OVB, BSW) Zugang zu ihrer Bank. Im Front End der Zentrale kommen *Filialanwendungen der GAD eG (bank21)* zum Einsatz; sie werden ergänzt durch eine von der Konzernmutter Signal Iduna entwickelte *Kundenservice-Center-Anwendung* (PIN-Handling, Authentifizierung im Telefonverkehr usw.).

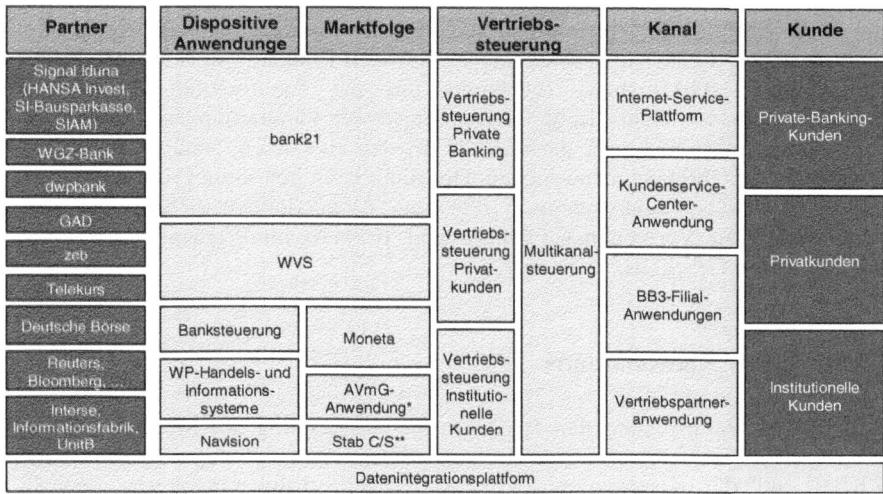

* AVmG = Altersvermögensaufbaugesetz

Abb. 4-17: IT-Applikationslandschaft der Conrad Hinrich Donner Bank

Die Internet-Service-Plattform wurde von der Bank selbst entwickelt. Die Plattform ist zielgruppenspezifisch aufgebaut. Schon auf der ersten Seite wird nach Privatkunden, Private Banking und institutionellen Kunden unterschieden. Die Vertriebspartner der Conrad Hinrich Donner Bank sind über eine Vertriebspartneranwendung an die Bank angebunden. Die Anwendung ist sowohl vertriebsmandantenspezifisch als auch kundengruppenspezifisch konzipiert. Alle Kanäle sind über eine Multikanalsteuerung miteinander verbunden. Die Vertriebssteuerung erfolgt differenziert nach den drei Kundengruppen der Bank.

Im Back-Office (*dispositive Anwendungen und Marktfolge*) kommt konsequent Standardsoftware zum Einsatz. Im Kern werden die Systeme der GAD (Giro, Einlagen, Kredit; System bank21), der dwpbank (Wertpapier, System: WVS) und der WGZ-Bank (Zahlungsverkehr) genutzt. In Teilbereichen kommt spezielle Software zum Einsatz (z.B. Moneta zur Abwicklung des Geld- und Devisenhandels, Navision für die Kostenrechnung etc., zeb-Module zur Banksteuerung u.ä., Stab C/S zur Abrechnung von Vermittlungsprovisionen).

Wie andere Banken auch bezieht die Conrad Hinrich Donner Bank eine Reihe an Leistungen von externen Partnern (Telekurs, Reuters, Bloomberg etc.) bzw. von Konzernunternehmen der Signal-Iduna-Gruppe. Eine *Integrationsplattform* sorgt für die datentechnische Verbindung der einzelnen Applikationen.

Durch die Nutzung der Kernanwendungen bei der GAD und der dwpbank konnte die Bank nicht nur ihre IT-Kosten drastisch senken, sondern auch eine vollständige Variabilisierung in ihren Kernsystemen erreichen (Beispiel: Ein zusätzliches Konto führt damit zu einer zusätzlichen Bestandsgebühr; zzgl. Transaktionsgebühren). Daneben führt die Nutzung von Standardsoftware (darum handelt es sich aus Sicht der Conrad Hinrich Donner Bank) auch zum Einkauf von Services, da sich der Anbieter (GAD bzw. dwpbank) um die Einarbeitung der BaFin-Anforderungen, von Geldwäsche-Bestimmungen etc. kümmern muss. Das Ziel der Bank bestand aber nicht nur darin die IT-Kosten zu senken, sondern auch darin ihre Handlungsfähigkeiten zu erhöhen. Die Bank kann nun ihren Freiraum nutzen, gezielt spezifische, bankstrategisch relevante Anwendungen zu erstellen (z.B. Schnittstellen zu Vermögensverwaltern und Brokern im Private-Banking- und institutionellen Geschäft).

4.6.3　Zuger Kantonalbank

Während die vorangegangenen Beispiele die Ausrichtung auf Standardsoftware bzw. auf Software einer RZ-Gesellschaft zeigten, setzt die Zuger Kantonalbank (ZKB)[85] auf die Kooperation zwischen Banken, Softwareanbietern und IT-Dienstleister. Dieses Konzept ist unter dem Namen *Swiss Banking Platform* bekannt geworden. Die Kooperationspartner der ZKB sind CSC Switzerland GmbH, SAP (Schweiz) AG und IBM Schweiz AG.

Die neue Plattform sollte vor allem drei Kriterien erfüllen: modularer Aufbau, offene Schnittstellen und Standardsoftware. Im April 2002 hat die ZKB als erste Schweizer Bank die Swiss Banking Platform eingeführt. Diese setzt sich wie folgt zusammen:

- Auf der Anwendungsebene werden die SAP-Module BCA (Kontokorrent/Zentraler Geschäftspartner), FI/CO (Rechnungswesen), SEM (Controlling), FX/MM (Geld- und Devisenhandel) und BW (Business Warehouse) eingesetzt. Kundenspezifische Add-ons wie Frontsysteme für das E-Banking und das Asset Management ergänzen die Anwendungslandschaft.

- CSC liefert die Systemplattform und sorgt für die Integration von SAP-, CSC- und Drittlösungen. Insbesondere steuert der Accounting Data Dispatcher (ADD) von CSC die Zusammenarbeit der Module. CSC ist Betreiber und Eigentümer der Plattform.

- Der Partner IBM betreibt das Rechenzentrum. Die Swiss Banking Platform läuft auf einem UNIX-basierten Betriebssystem.

---

[85]　Die ZKB konzentriert sich auf das Retail-Geschäft sowie Unternehmens- und Immobilienfinanzierungen.

Seit 2004 arbeitet die ZKB mit der Zürcher Privatbank Maerki Baumann & Co. AG im Wertpapiergeschäft zusammen. Maerki Baumann stellt ihre Wertpapierplattform, fachliche Dienstleistungen und ihr Know-how zur Verfügung. Als Transaktionssystem für das Wertpapiergeschäft dient das Paket Legando, das – zusammen mit dem Frontsystem OTMS (IBM) – in die Universalbanklösung IBIS integriert ist. Legando wurde von der Legando AG, einer 100%igen Tochtergesellschaft von Maerki Baumann, entwickelt. Die Abbildung 4-18 zeigt den Plattformaufbau und die Integration von SAP-, CSC- und Drittlösungen.

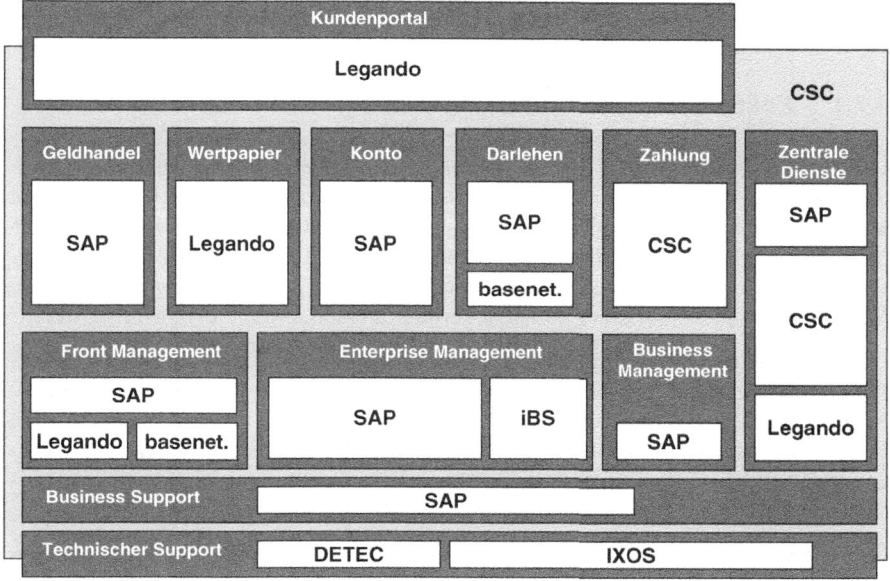

Abb. 4-18: Applikationsportfolio der Zuger Kantonalbank (in Anlehnung an CSC PLOENZKE (2004))

Zukünftig wird es bei der Plattform Veränderungen geben. Netweaver (SAP) dient als Integrationsplattform und Applikationen von Drittanbietern werden durch SAP-Banken-Standardmodule ersetzt. Mit GEOS (T-Systems) kommt allerdings auch ein neues Produkt hinzu. Über GEOS werden alle Wertpapier- und Derivatetransaktionen abgewickelt.

Die Swiss Banking Platform ist ein gutes Beispiel für die Kooperation von Kreditinstituten mit anderen Partnern, den Einsatz von Standardsoftware und die Nutzung von Outsourcing-Möglichkeiten.

4.7 IT-Architekturen in der Versicherungswirtschaft am Beispiel von SAP

Für die Assekuranz sind von SAP ebenfalls branchenspezifische Anwendungssysteme erhältlich. Diese werden unter der Bezeichnung *SAP for Insurance* vermarktet und decken spartenübergreifend die wesentlichen Kernprozesse einer Versicherung ab. Zurzeit werden die Komponenten Policen- und Produktmanagement *(Abschnitt 4.7.1)*, Inkasso und Exkasso *(Abschnitt 4.7.2)*, Provisionsmanagement *(Abschnitt 4.7.3)*, Schadenmanagement *(Abschnitt 4.7.4)* sowie das Rückversicherungsmanagement *(Abschnitt 4.7.5)* angeboten.

4.7.1   Policen- und Produktmanagement

Die Komponente *Policen- und Produktmanagement (Insurance Policy and Product Management)* ist eine standardisierte Bestandsverwaltungssoftware. Sie gibt Versicherungsvermittlern, Call-Center- und anderen Mitarbeitern einen unmittelbaren Zugriff auf die aktuellen Daten über Policen und Produkte wie beispielsweise aktuelle Versicherungstarife, Voraussetzungen zur Änderung von bestehenden Verträgen, Mindestalter einer zu versichernden Person und die Provisionsstruktur.

Das Policen- und Produktmanagement ist in die SAP-for-Insurance-Systemlandschaft integriert und kommuniziert über verschiedene Schnittstellen mit anderen Komponenten wie dem Schadenmanagement, dem Inkasso und Exkasso oder dem Rückversicherungsmanagement. Es können auch Systeme anderer Hersteller angebunden werden. Aus Abbildung 4-19 wird die Struktur dieser Komponente ersichtlich.

Das *Basissystem* enthält Bestandteile und Funktionen, die in mehreren Sparten verwendet werden können. Diese sind das Produktmanagement, die Geschäftsprozesssteuerung, die (produktunabhängige) Vertragsverwaltung sowie Werkzeuge zur Parametrisierung der Software. Im Produktmanagement werden Produkte mit ihren spezifischen Attributen, Bausteinhierarchien und den versicherungsmathematischen Details definiert. Die Geschäftsprozesssteuerung beinhaltet die typischen Aktivitäten eines Versicherers wie Neuzugang, Änderung, Auskunft, Storno und Abgang eines Vertrags. Diese Aktivitäten können von allen Sparten verwendet werden. In der Vertragsverwaltung werden alle vertragsbezogenen Aktivitäten in einem Journal dokumentiert. Beispielsweise ist ersichtlich, zu welchem Zeitpunkt welcher Sachbearbeiter einen Vertrag bearbeitet hat.

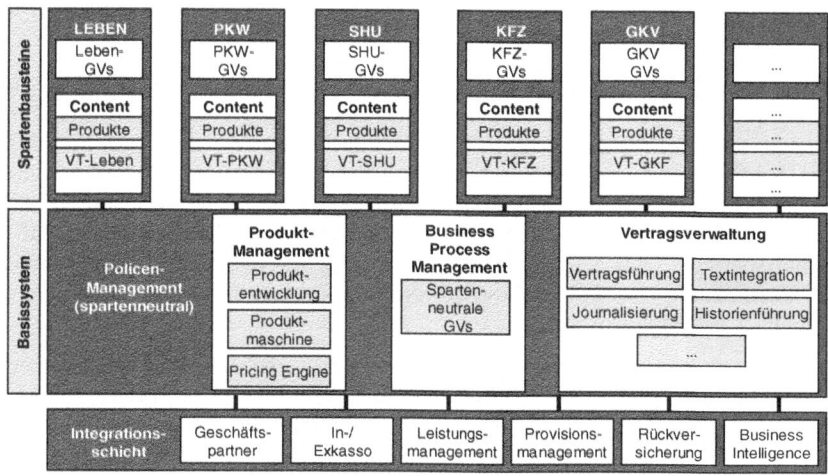

GV = Geschäftsvorfall

Abb. 4-19: Architektur des Policen- und Produktmanagements (SAP AG 2003)

Die *Spartenbausteine* enthalten spartenspezifisch vordefinierte Geschäftsprozesse. Die abgebildeten Sparten sind Lebensversicherung (LEBEN), private und gesetzliche Krankenversicherung (PKV und GKV), Schaden- und Unfallversicherung (SHU) und Kfz-Versicherung (KFZ). Für jede dieser Sparten werden Musterprodukte angeboten, die inklusive der Versicherungstechnik vollständig beschrieben sind, aber den Anforderungen des jeweiligen Versicherungsunternehmens angepasst werden können. So stehen beispielsweise für die Sparte Lebensversicherung verschiedene Varianten der Kapitallebensversicherung zur Verfügung. Auch unterschiedliche Formen und Ausprägungen von Risiko-, Renten-, Hinterbliebenen-, Unfalltod-, Berufsunfähigkeits- und Pflegezusatzversicherung sind vorgesehen (SAP AG 2003).

Der modulare und spartenneutrale Aufbau sowie die leichte Konfigurierbarkeit soll es ermöglichen, neue Versicherungsprodukte schnell zu definieren und bestehende leicht zu ändern.

4.7.2 Inkasso und Exkasso

Ein Versicherer hat täglich eine Vielzahl an Zahlungsein- und Zahlungsausgängen wie beispielsweise das Inkasso der Prämien, Schadenersatzzahlungen und Zahlungen von Agentenprovisionen zu leisten. Die Verwaltung, Abrechnung und Steuerung dieser Zahlungsströme stehen im Mittelpunkt der Komponente *Inkasso und Exkasso (Collection & Disbursements)*.

Der wesentliche Vorteil dieser Komponente ist, dass sämtliche Forderungs- und Zahlungsprozesse des Unternehmens in einem zentralen Nebenbuch in Echtzeit verwaltet und abgerechnet werden. Der Geschäftspartner steht quasi im Mittelpunkt der Betrachtung, und die zugehörigen Buchungsdaten werden spartenübergreifend und in unterschiedlichen Aggregationsstufen aufbereitet. Dadurch haben alle Mitarbeiter und Entscheidungsträger jederzeit eine einheitliche Sicht auf die Geschäftspartner. Dies schafft die Voraussetzung für optimale Geschäftsabläufe (z.B. Vermeidung von Fehlern durch veraltete Zahlungsinformationen) und ein effizientes Cash Management.

Das Kernstück der Komponente Inkasso und Exkasso ist die zentrale Schnittstelle für versicherungsspezifische Vorgänge. Komponenten wie das Policen- und Produktmanagement, das Schaden-, Provisions- und Rückversicherungsmanagement sind integriert und versorgen Inkasso und Exkasso mit den notwendigen Stamm- und Buchungsdaten. Zur automatischen Weiterverarbeitung dieser Daten stehen folgende Hauptfunktionen zur Verfügung (SAP AG 2001a):

- Maschineller Zahlungsverkehr (z.B. vom Versicherungsunternehmen initiierte elektronische Überweisungen, Lastschriften und Schecks),
- Geldeingangsverarbeitung und flexible Ausgleichssteuerung (z.B. vom Versicherungsnehmer bzw. Beitragszahler initiierte Zahlungen),
- Bearbeitung von Mahnverfahren,
- maschinelle Verarbeitung von Rückläufern,
- Berechnung und Buchung von Zinsen,
- Maklerinkasso (z.B. Maklerabrechnung) und
- Zahlpläne (z.B. Zahlung von Prämien innerhalb frei definierbarer Perioden).

4.7.3 Provisionsmanagement

Häufig sind die existierenden Systeme zur Provisionsabwicklung unflexibel und schwer zu modifizieren. Anpassungen der Provisionsmodelle an aktuelle Marktgegebenheiten führen daher oft zu hohen Anpassungskosten und Verzögerungen bei der Einführung neuer Produkte.

Die Komponente *Provisionsmanagement (Commission Management)* stellt die jeweils aktuellen Informationen bezüglich verdienter und zu erwartender Provisionen zur Verfügung und bildet alle Arten variabler Vergütungen wie Provisionen, Courtagen, Erfolgsbeteiligungen, Bonifikationen sowohl für Mitarbeiter als auch für Partner ab. Die zentrale Aufgabe ist die Ermittlung und Bearbeitung dieser Vergütungen. Regelungen zwischen dem Provisionsvertragspartner und dem Versicherungsunternehmen werden in Provisionsverträgen abgelegt. Alle Änderungen an diesen Verträgen werden mittels einer Versionsverwaltung dokumentiert.

Die Komponente verfügt über ein frei konfigurierbares Bewertungs- und Berechnungs-, Verteilungs- und Ausschüttungsregelwerk. Durch diese Konfigurationsmöglichkeiten werden aufwendige und zeitintensive Programmieraufgaben bei der Anpassung oder Neudefinition von Provisionsmodellen vermieden. Schnittstellen zu Vor- und Nachsystemen können vom Versicherer selbst eingerichtet werden; dies gilt für Schnittstellen sowohl zu SAP-Systemen als auch zu Produkten andere Anbieter. So werden beispielsweise die errechneten Provisionen je nach Zahlungsempfänger automatisch an entsprechende Auszahlungssysteme weitergeleitet – z.B. an Exkasso-, Personalwirtschafts- und Kreditorensysteme (SAP AG 2001b).

4.7.4   Schadenmanagement

Das *SAP Schadenmanagement (Claims Management)* ist eine spartenübergreifende, konfigurierbare Standardsoftware zum Schadenmanagement. Es werden die Sparten Sachversicherung (z.B. Kfz, Hausrat, Haftpflicht und Unfall) und Krankenversicherung (z.B. private und gesetzliche Krankenversicherung) abgedeckt. Zusätzlich steht für den US-amerikanischen Markt die Funktion Workers Compensation zur Verfügung. Diese dient zur Abwicklung von Leistungen an Arbeitnehmer, die berufsbedingte Verletzungen oder Krankheiten erlitten haben.

In dieser Komponente wird die gesamte Schadenbearbeitung von eingehenden Schadenfällen bis hin zur Durchführung von Bergungen integriert. Einfache Eingabemasken und Vorschlagswerte soll den Bedürfnissen unterschiedlicher Benutzergruppen gerecht werden. Nach der erstmaligen Erfassung eines Vorgangs ist keine Nacherfassung im Back-Office notwendig, da alle Daten in einer elektronischen Schadenakte zusammengefasst sind. Damit kann die Zahlung sofort angewiesen werden (SAP AG 2004).

Im Wesentlichen werden folgende Funktionen angeboten:

– Meldung des Schaden-/Leistungsfalls,

– Deckungs- und Haftungsprüfung,

– Anspruchserfassung und -bewertung,

– Regulierung (z.B. Zahlung),

– Berichtswesen.

4.7.5   Rückversicherungsmanagement

In der SAP-Komponente *Rückversicherungsmanagement (Reinsurance)* werden alle auf die Rückversicherung bezogenen Geschäftsprozesse abgebildet. Alle Arten von Verträgen und Akzepten, von üblichen Vertragsformen bis zu individuell vereinbarten Konditionen können in einem einzigen System verwaltet werden.

Das System kann sowohl von professionellen Rückversicherern als auch von Maklern oder Erstversicherern genutzt werden. Schnittstellen ermöglichen, dass diese Parteien untereinander Daten austauschen können. Ferner werden sämtliche Aspekte des Rückversicherungsgeschäfts abgedeckt (z.B. aktive und passive Rückversicherung oder fakultative und obligatorische Rückversicherung). Durch eine weitere Schnittstelle kann die Komponente Inkasso und Exkasso integriert werden. Dadurch wird eine schnelle Abrechnung und automatische Abwicklung des Zahlungsverkehrs erreicht. Zusätzlich können über ein eigenes Statistiksystem Auswertungen und Berichte erzeugt werden (SAP AG 2001c).

Literatur zum Kapitel 4:

BERNUS, P./NEMES, L./SCHMIDT, G. (Hrsg.) (2003), *Handbook on Enterprise Architecture*, Heidelberg: Springer

BOND, A./DUDDY, K./RAYMOND, K. (2006), *ODP and OMA reference models*, in: BERNUS, P./MERTINS, K./SCHMIDT, G. (Hrsg.), Handbook on Architectures of Information Systems, 2. Aufl., Heidelberg: Springer, S. 745-763

CIMOSA ASSOCIATION E.V. (Hrsg.) (1996), *CIMOSA formal reference base,* Version 3.2, Aachen

CSC PLOENZKE AG (Hrsg.) (2004*), Prozessorientierte Gestaltung des Beraterarbeitsplatzes mit SAP Portals bei der Zuger Kantonalbank,* www.inxchange.de/_common/file /root/Events/NetWeaver/Winterstein_Zuger_Kantonalbank.pdf, S.6 (Zugriff: 15.12.05)

DICK, N./HUSCHENS, J. (1998), *IAA. The IBM Insurance Application Architecture*, in: BERNUS, P./MERTINS, K./SCHMIDT, G. (Hrsg.), Handbook on Architectures of Information Systems, 1. Aufl., Heidelberg: Springer, S. 619-638

DOUMEINGTS, G./VALLESPIR, B./CHEN, D. (2006), *GRAI grid decisional modelling*, in: BERNUS, P./MERTINS, K./SCHMIDT, G. (Hrsg.), *Handbook on Architectures of Information Systems*, 2. Aufl., Heidelberg: Springer, S. 321-346

FOIT, M. (2003), *IT-Infrastruktur*, in: BARTMANN, D. (Hrsg.), Bankinformatik 2004, Wiesbaden: Gabler, S. 195-202

IFIP/IFAC TASK FORCE (Hrsg.) (1998), *GERAM: Generalised Enterprise Reference Architecture and Methodology*, Version 1.6.2, Brisbane

IFIP/IFAC TASK FORCE (2003), *GERAM: Generalised Enterprise Reference Architecture and Methodology*, Version 1.6.3, in: BERNUS, P./NEMES, L./SCHMIDT, G. (Hrsg.) (2003), *Handbook on Enterprise Architecture*, Heidelberg: Springer, S. 21-63

JOCHEM, R./MERTINS, K./SPUR, G. (1996), *Integrated Enterprise Modeling*, Berlin: Beuth

KITTLAUS, H.-B./KRAHL, D. (2006), *The SIZ banking data model*, in: BERNUS, P./MERTINS, K./SCHMIDT, G. (Hrsg.), Handbook on Architectures of Information Systems, 2. Aufl., Heidelberg: Springer, S. 723-744

KRÖNUNG, H.-D. (2004), *Transformation von Legacy- zu Internet-Architekturen*, in: MOORMANN, J./FISCHER, T. (Hrsg.), Handbuch Informationstechnologie in Banken, 2., vollst. erneu. u. erweit. Aufl., Wiesbaden: Gabler, S. 131-149

LEDERER, A. (2004), *IT-Gesamtbankarchitektur in der Genossenschaftsorganisation*, in: MOORMANN, J./FISCHER, T. (Hrsg.), Handbuch Informationstechnologie in Banken, 2., vollst. erneu. u. erweit. Aufl., Wiesbaden: Gabler, S. 79-94

MEHLAU, J.I. (2003), *IT-Architekturen für Finanzdienstleister*, in: BARTMANN, D. (Hrsg.), Bankinformatik 2004, Wiesbaden: Gabler, S. 203-220

MEINHARDT, S./POPP, K. (2006), *Configuring business application systems*, in: BERNUS, P./MERTINS, K./SCHMIDT, G. (Hrsg.), Handbook on Architectures of Information Systems, 2. Aufl., Heidelberg: Springer, S. 705-722

MOORMANN, J. (1996), *Auswirkungen von Reengineering-Projekten auf die Informatik in Banken*, in: AL-ANI, A. (Hrsg.), Business Reengineering in Banken: Erfahrungen aus der Praxis, Wien: Bank-Verlag/Orac, S. 65-84

MOORMANN, J./WÖLFING, D. (1999), *Auf dem Weg zur neuen Informatik*, in: Die Bank, Nr. 7, S. 462-467

PENZEL, H.-G. (2004), *Architekturmanagement aus der Sicht einer Großbank*, in: MOORMANN, J./FISCHER, T. (Hrsg.), Handbuch Informationstechnologie in Banken, 2., vollst. erneu. u. erweit. Aufl., Wiesbaden: Gabler, S. 111-130

SAP AG (Hrsg.) (2001a), *mySAP Insurance*, Walldorf, www.sap.com/germany/media/50050389.pdf (Zugriff: 23.9.2005)

SAP AG (Hrsg.) (2001b), *Provisions-Management mit mySAP Insurance*, Walldorf, www.sap.com/germany/media/50053026.pdf (Zugriff: 25.9.2005)

SAP AG (Hrsg.) (2001c), *mySAP Insurance Rückversicherungsmanagement*, Walldorf, www.sap.com/germany/media/50045235.pdf (Zugriff: 25.9.2005)

SAP AG (Hrsg.) (2002), *mySAP™ Banking. Operatives Bankgeschäft*, White Paper, Walldorf, www.sap-ag.de/germany/media/operatives_Bankgesch_ft.pdf (Zugriff: 15.4.2004)

SAP AG (Hrsg.) (2003), *SAP White Paper: SAP for Insurance, Produkt- und Policenmanagement*, Walldorf, www.sap.com/germany/media/50065063.pdf (Zugriff: 25.9.2005)

SAP AG (Hrsg.) (2004), *Schadenmanagement für Versicherungen (Komposit)*, Walldorf, www.sap.com/germany/media/50070184_online.pdf (Zugriff: 25.9.2005)

SAP AG (Hrsg.) (2005a), *SAP for Banking: Umbenennung innerhalb unseres Lösungsportfolios für Finanzinstitute*, Walldorf: SAP Deutschland AG & Co. KG; www.sap.com/germany/media/50075240.pdf (Zugriff: 25.9.2005)

SAP AG (Hrsg.) (2005b), Deposits Management Release 3.0: Solution Description, Walldorf

SCHEER, A.-W./SCHNEIDER, K. (2006), *ARIS – architecture of integrated information systems*, in: BERNUS, P./MERTINS, K./SCHMIDT, G. (Hrsg.), Handbook on Architectures of Information Systems, 2. Aufl., Heidelberg: Springer, S. 605-624

SPITZER, P. (2005), *Prozessorientierte IT-Architekturen in der Finanzbranche*, in: SOKOLOVSKY, Z./LÖSCHENKOHL, S. (Hrsg.), Handbuch Industrialisierung der Finanzwirtschaft, Wiesbaden: Gabler, S. 601-610

STEINEBRUNNER, C. (2003), *Outsourcing für Privatbanken*, Diplomarbeit an der Swiss Banking School, unveröff., in: KOYE, B. (2005): Private Banking im Informationszeitalter, Bern: Haupt

WILLIAMS, T.J./BERNUS, P./BROSVIS, J./CHEN, D./DOUMEINGTS, G./NEMES, L./NEVINS, J.L./VALLESPIR, B./VLIETSTRA, J./ZOETEKOUW, D. (1994), *Architectures for integrating manufacturing activities and enterprises*, in: Computers in Industry, 24. Jg., Nr. 2, S. 111-139

WILLIAMS, T.J. (1994), *The Purdue enterprise reference architecture*, in: Computers in Industry, 24. Jg., Nr. 2, S. 141-158

WÖLFING, D. (1995), *Vom Konto zum Kunden. Ansätze zur Bewältigung von Software-Altlasten bei Kreditinstituten*, in: Information Management, 10. Jg., Nr. 3, S. 66-72

Kapitel

5 Entwurf von Anwendungssystemen

Kernaspekte des Kapitels:

- Grundlagen von Systemen und Modellen.
- Aufgabe und Vorgehensweise der Informationsmodellierung.
- Basisschritte der Systementwicklung und deren Ausgestaltung.

Die Begleitung des Entwurfs von Anwendungssystemen ist eine zentrale Aufgabe des Informationsmanagements. In diesem Kapitel werden zunächst die Grundlagen von Systemen und der für ihre Abbildung geeigneten Modelle eingeführt. Danach wird die Modellierung von Informationen als zentrale Funktion des Entwurfs von Anwendungssystemen behandelt und es werden ihre Grundlagen diskutiert. Schließlich wird auf den Prozess der Systementwicklung eingegangen.

Die Systemplanung und -entwicklung übernimmt die Sicht der *Modellrealisierung* bzw. die Sicht des *Lebenszyklus* von IuK-Systemen[86]. Aufgaben sind – ausgehend von den Unternehmenszielen – der Entwurf, die Entwicklung und die Realisierung des *Anwendungsmodells*. Orientierungshilfen bilden dabei Referenz- und Unternehmensmodelle. Das Unternehmensmodell beschreibt unternehmensspezifische Aktivitäten zur Zielerreichung mit Hilfe elementarer Informationen. Das Referenzmodell dient als typisiertes Basismodell für verschiedene Unternehmens- bzw. Anwendungsmodelle, beispielsweise als Branchen- oder Funktionsmodell. So gibt es Referenzmodelle für Banken, das Unternehmensmodell einer spezifischen Bank und das Anwendungsmodell für ein ausgewähltes Geschäftsfeld einer spezifischen Bank. Zur Erreichung des Modellzwecks bedarf es der geeigneten Repräsentation der Modellelemente. Im Mittelpunkt der Ausführungen dieses Teils steht die Sicht auf die *Modellrealisierung* durch ein IuK-System, häufig auch mit Software-

---

[86] IuK = Information und Kommunikation.

Entwicklung bezeichnet. Das Vorgehen bei der Software-Entwicklung lässt sich aus dem allgemeinen ingenieurmäßigen Vorgehen bei der Entwicklung von technischen Systemen ableiten (PAHL ET AL. 2005).

Der entsprechende Planungs- und Entwicklungsprozess lässt sich als *Projekt* (DIN 69901) abbilden mit *Zielvorgabe*, personeller, sachlicher, finanzieller, zeitlicher *Abgrenzung* und einem *Projektmanagement*. Die Durchführung des Projekts ist in *Phasen* untergliedert. Jede *Phase* lässt sich weiter in die Schritte Planung, Realisierung, Überprüfung und Dokumentenerstellung zerlegen. Die einzelnen Schritte werden in phasenspezifische Aktivitäten zerlegt. Zeitlich wird das Projekt durch eine Abfolge von *Meilensteinen* dargestellt. Das Phasenkonzept dient dem Informationsmanagement sowohl als Planungs- (Phase, Phasenschritte), wie auch als Steuerungs- (Aktivitätsbildung) und Überwachungsinstrument (Dokumente, Meilensteine).

Die genaue Phaseneinteilung ist problemabhängig, jedoch lassen sich die folgenden sechs Basisphasen, die den *Lebenszyklus* von IuK-Systemen (BERNUS/ MERTINS/SCHMIDT 2006) widerspiegeln, unterscheiden:

1. Ist-Aufnahme und Anforderungsdefinition (verbale Beschreibung),
2. Analyse, auch Fachentwurf genannt (semi-formale Beschreibung),
3.1 Design, auch DV-Entwurf genannt (formale Beschreibung),
3.2 Ausschreibung,
4.1 Implementierung und Test,
4.2 Auswahl,
5. Abnahme und Einführung,
6. Betrieb, Wartung, Pflege und Entsorgung.

Jede Phase wird mit der Dokumentation der durchgeführten Aktivitäten abgeschlossen. Die Doppelnennung der dritten und vierten Phasen deutet auf ihre unterschiedlichen Ausprägungen im Rahmen verschiedener Planungs- und Entwicklungsprozesse hin, wie sie noch später diskutiert werden.

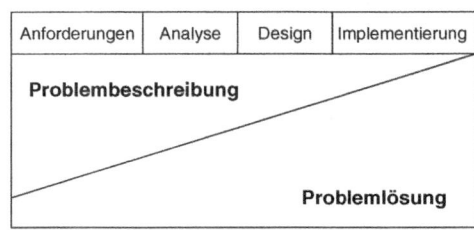

Abb. 5-1: Modellierungsphasen und Modellzweck

Die Beziehungen der ersten vier Phasen der *Modellrealisierung* zur Sicht auf den *Modellzweck* sind in Abbildung 5-1 dargestellt. So ist die erste Phase näher an der Problembeschreibung und die dritte mit der vierten Phase näher an der Problemlösung. Die Analysephase muss sich in annähernd gleichem Verhältnis mit beiden Zwecken befassen.

Zunächst werden im Abschnitt 5.1 system- und modelltheoretische Überlegungen angestellt, die zum grundlegenden Verständnis von Anwendungsmodellen und IuK-Systemen nötig sind. In Abschnitt 5.2 werden Grundlagen der Informationsmodellierung eingeführt. In Abschnitt 5.3 wird die Systemplanung auf das Vorgehen beim *Kauf* sowie bei der *Eigenentwicklung* eines IuK-Systems untersucht.

5.1 Systeme und Modelle

Systementwicklung heißt, ein Problem durch ein zu bauendes System auf der Basis von Modellen zu lösen. Ein System (zum Systembegriff vgl. MESAROVIC/ TAKAHARA 1975) lässt sich beschreiben durch eine Menge von *Elementen* sowie eine Menge von *Relationen*, die die Beziehungen der Elemente angibt und eine Teilmenge des kartesischen Produkts der Elementmenge ist. Diese und weitere charakterisierende Merkmale eines Systems wie Systemgrenze, Input, Output und Systemziel sind in Abbildung 5-2 dargestellt. Elemente sind durch Knoten, interne Beziehungen durch Kanten, sowie Beziehungen zur Systemumgebung durch Pfeile repräsentiert.

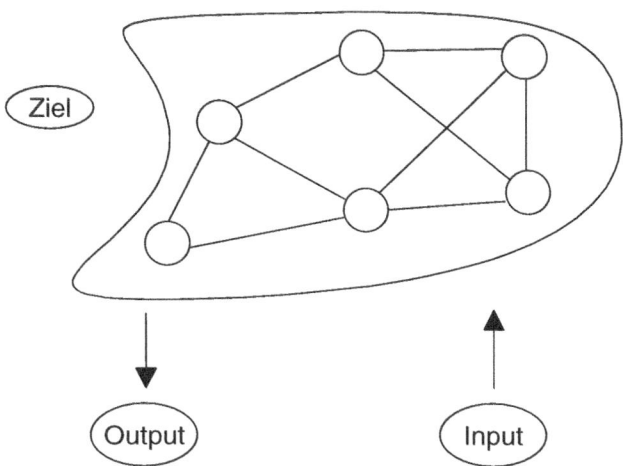

Abb. 5-2: Merkmale von Systemen

Systeme lassen sich entsprechend der von einem Betrachter eingenommenen Sicht nach verschiedenen Kriterien unterscheiden. Eine Klassifikation unterscheidet künstliche und natürliche (Maschine und Mensch), statische und dynamische (Uhr und Unternehmung), geschlossene und offene (Wasserkreislauf und Markt) sowie deterministische und stochastische Systeme (Mikroprozessor und Börse). I-uK-Systeme sind künstliche Systeme, die statisch oder dynamisch, geschlossen oder offen und deterministisch oder stochastisch sein können. Input und Output sind Daten, Systemelemente sind Funktionen und Daten, Systembeziehungen werden durch Kommunikation realisiert, die Systemgrenze wird aus dem Anwendungsbereich abgeleitet und das Systemziel ist die Problemlösung.

Einen Anhaltspunkt für die Komplexität eines Systems gibt die Anzahl der Elemente und die Anzahl der zu berücksichtigenden Relationen. Häufig wird versucht, die Komplexität durch Zerlegung in Subsysteme zu verringern. Eine Systemzerlegung erfolgt oftmals hierarchisch. Dieses Vorgehen wird beispielsweise auch bei der Festlegung der Aufbauorganisation eines Unternehmens gewählt; so lässt sich eine hierarchische Zerlegung in Unternehmensbereich, Hauptabteilung, Abteilung, Gruppe und Stelle vorstellen.

Modelle dienen dem besseren Verständnis von Systemen. Auf der Basis von Modellen lassen sich Systeme entwickeln. Es werden deskriptive und konstruktive Modelle unterschieden. *Deskriptive Modelle* sind dafür geeignet, die Reaktion eines Systems auf einen *gegebenen Input* zu repräsentieren. Sie dienen somit dazu, Aufschlüsse über das Systemverhalten zu gewinnen; Beispiele sind Modelle für Simulationen. *Konstruktive Modelle* dienen der Bestimmung eines *gewünschten Outputs*. Sie sind dazu geeignet, einen Lösungsvorschlag zielgerichtet zu erzeugen; als Beispiel seien mathematische Optimierungsmodelle genannt.

Ein Modell zur Abbildung eines Systems wird nach den *grundlegenden Prinzipien* der Vereinfachung und der Abstraktion erstellt. Das Verhältnis von System und Modell lässt sich beschreiben durch die Art der Abbildung und ihre Detaillierung. Je nach der gewählten Abbildungsbeziehung spricht man von *Isomorphie* bzw. Strukturgleichheit oder *Homomorphie* bzw. Strukturähnlichkeit zwischen Abbildung und Vorstellungswelt. Die Detaillierung bezieht sich auf die Anzahl von abgebildeten Elementen und Relationen.

Die Modellbildung unterliegt wie die Systementwicklung einem Phasenkonzept, das iterativ durchlaufen wird und sich wie folgt verkürzt angeben lässt:

1. (Verbales) Beschreiben der Realität und Problemformulierung.
2. Auswahl und Anpassen des (formalen) Modells.
3. Bearbeiten des Modells und Erzeugung einer (guten) Problemlösung.
4. Analyse der Lösung und Realisierung der Ergebnisse.

Mögliche Vorgehensweisen bei der Modellbildung sind Outside-In, Inside-Out und hybride Ansätze. Beim Vorgehen entsprechend *Outside-In* sind die Input-Output-Beziehungen des Systems zur Umwelt der Ausgangspunkt; bei *In-*

side-Out beginnt man mit der Modellierung der Systemelemente und ihrer internen Beziehungen; werden Outside-In und Inside-Out gemischt, so spricht man von einem hybriden oder auch *Jo-Jo*-Vorgehen.

Bei der Modellbildung gibt es eine Vielzahl von *Fehlermöglichkeiten*, von denen hier einige exemplarisch erwähnt werden sollen. So besteht in der ersten Phase die Gefahr der eingeschränkten Wahrnehmung, von Messfehlern oder eines falschen Problemverständnisses. In der zweiten Phase kann ein falsches Modell ausgewählt und Parameter und Variablen können falsch vereinbart werden. In der dritten Phase kann man Fehler bei der Bearbeitung des Modells machen. Schließlich kann man in der vierten Phase die gefundenen Ergebnisse falsch interpretieren. Wenn man bedenkt, dass Architekturen von IuK-Systemen sehr viele unterschiedliche Modelle umfassen, kann man sich vorstellen, welche Fehlermöglichkeiten bei der Systemplanung und -entwicklung bestehen.

Um die Korrektheit eines Modells so weit wie möglich zu gewährleisten, bedient man sich der *Evaluation*. Dabei handelt es sich um eine Überprüfung des Modells auf Vollständigkeit, formale Korrektheit (Verifikation: Ist das Modell richtig?) und auf seine Eignung für den vorgesehenen Zweck (Validierung: Ist es das richtige Modell?). Überarbeitet man das Modell im Sinne einer Anpassung an die Realität, spricht man von Kalibrierung. Sensitivitätsanalysen dienen der Beurteilung des Modellverhaltens bei Parametervariationen.

5.2 Informationsmodellierung

Für alle Phasen des Lebenszyklus eines IuK-Systems bedarf es einer Abbildung der durch das System beschafften, verarbeiteten und weitergeleiteten Informationen. Die Informationsmodellierung (vgl. zu den folgenden Ausführungen MYLOPOULOS/BORGIDA 2006) dient der Repräsentation von Struktur und Bedeutung dieser Informationen aus den Sichten der Modellrealisierung, der Modellelemente, der Modelldetaillierung und des Modellzwecks. Das Informationsmodell ist die Grundlage des Diskurses zwischen Benutzern und Entwicklern von IuK-Systemen. In Abbildung 5-3 werden vier Bereiche der Informationsmodellierung dargestellt. Dieses sind der Subjektbereich, der Systembereich, der Entwicklungsbereich und der Bereich der Nutzung.

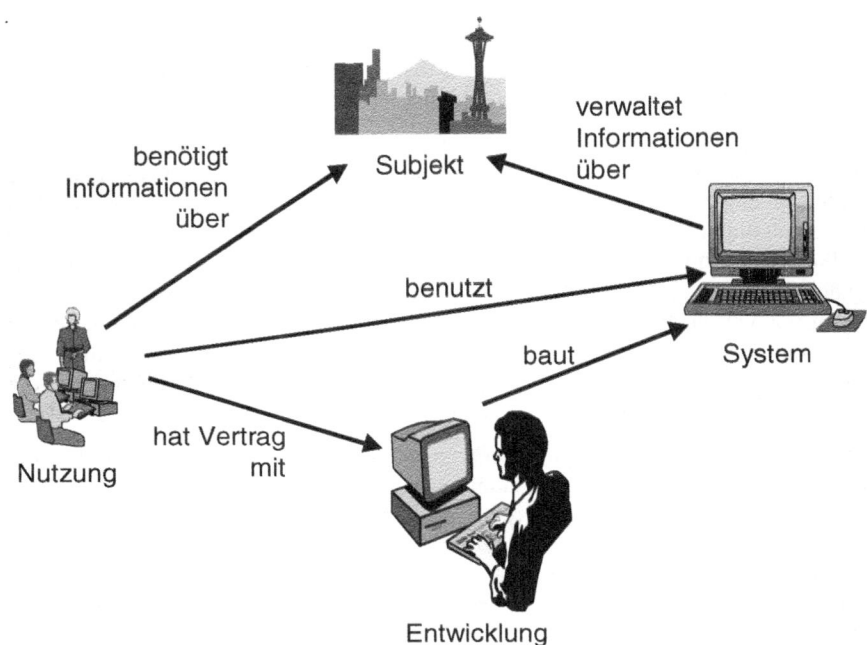

Abb. 5-3: Vier Bereiche der Informationsmodellierung nach MYLOPOULOS/BORGIDA (2006)

Der *Subjektbereich* umfasst den Gegenstand des IuK-Systems, d.h. die Anwendung, für die das System entwickelt wurde. Beispielsweise besteht der Subjektbereich eines Bankinformationssystems aus Kunden, Konten, Transaktionen, Kontoständen und Zinssätzen. Der *Systembereich* beschreibt das IuK-System in den verschiedenen Phasen seines Lebenszyklus wie Analyse, Design und Implementierung. Der *Bereich der Nutzung* beschreibt die Umgebung, in die das IuK-System eingebettet ist. Dazu gehören ausführende Ressourcen, auszuführende Aktivitäten, Prozesse, Benutzer und Schnittstellen, Aufbau- und Ablauforganisation etc. Der *Entwicklungsbereich* beschreibt den Prozess der Produktion von IuK-Systemen, das Team der Anwender, Systemanalysten und Programmierer, die verwendete Methodik, die Ziele und die Entwicklungsentscheidungen. Konsequenterweise müssen alle diese Aspekte durch die Informationsmodellierung repräsentiert werden.

Informationsmodellierung bedeutet die Angabe von Symbolstrukturen und ihrer Bedeutung zur Abbildung einer Vorstellungswelt. Den Teil der Vorstellungswelt, der Gegenstand eines IuK-Systems ist, heißt Anwendung und wird durch das *Anwendungsmodell* repräsentiert. Informationsmodelle werden in Informationsbanken (in Analogie zu Datenbanken) abgelegt. Die Organisation einer Informationsbank sollte ihren Inhalt, ihre Nutzung und ihre Geschichte widerspiegeln. Der Zusammenhang zwischen einer Anwendung, einem Informationsmodell und einer Informationsbank ist in der Abbildung 5-4 dargestellt.

Informationsmodell

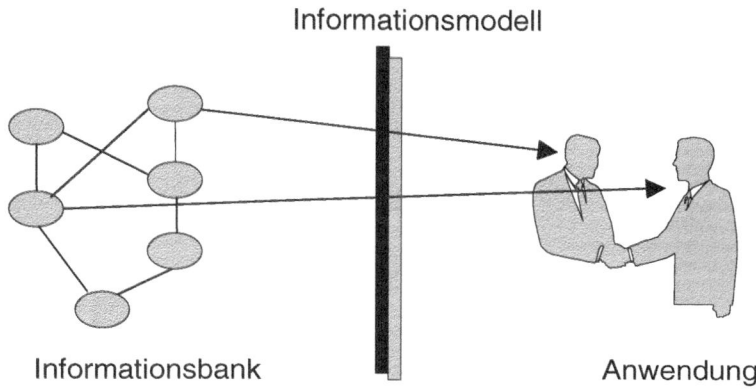

Informationsbank   **Anwendung**

Abb. 5-4: Abbildung einer Anwendung durch eine Informationsbank

Das wichtigste Hilfsmittel zur Repräsentation einer Anwendung ist ein *Graph*. Es sei *V* die Menge der Objekte und *E* eine binäre (Nachbarschafts-)Relation, bestehend aus einer Teilmenge von *V×V*. Ein Graph *G* besteht aus der Menge der *Knoten V* und der Menge der *Kanten E* (vgl. den linken Teil von Abbildung 5-4). *Knotenmarkierungen* und *Kantenmarkierungen* ordnen Knoten und Kanten numerische oder symbolische Werte zu. Sind zwei Knoten v und w, $v,w \in V$, durch eine Kante $e \in E$ miteinander verbunden, dann sind v und w inzident mit der Kante e. Ist $v=w$, so nennt man e eine Schlinge. In Abbildung 5-5 ist ein ungerichteter Graph $G = (V, E)$ mit $V = \{1, 2, 3\}$ und $E = \{(1,2), (2,3), (3,1), (3,3)\}$ dargestellt.

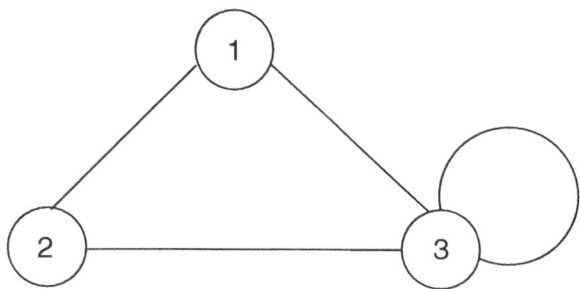

Abb. 5-5: Ungerichteter Graph

Wenn es sich um gerichtete Beziehungen handelt, wird bei einer Relation zwischen (*a,b*) und (*b,a*) unterschieden. Bei dem Graphen handelt es sich dann um einen *Digraphen* bzw. gerichteten Graphen (Abbildung 5-6). Die Beziehung zwischen zwei Knoten *a* und *b* heißt dann Pfeil [*a,b*] und die Menge der Pfeile wird mit *A* bezeichnet. Sind Anfangs- und Endknoten eines Pfeiles identisch, so spricht man von einer gerichteten Schlinge. Zu jedem gerichteten Graphen *D* kann dann ein ungerichteter Graph *G* angegeben werden, wenn wir Pfeile der Form [*a,b*] und [*b,a*] durch eine Kante (*a,b*) ersetzen können.

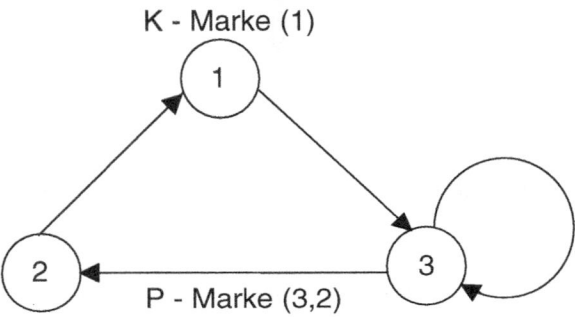

Abb. 5-6: Gerichteter Graph

Eine endliche Folge von durch Knoten verbundenen Kanten (Pfeilen) eines Graphen (Digraphen) bildet einen *Kantenzug (Pfeilzug)*. Sind Anfangs- und Endknoten verschieden, so handelt es sich um einen *offenen*, im anderen Fall um einen *geschlossenen* Kanten- bzw. Pfeilzug, die auch Zyklus genannt werden. Ein Kanten- bzw. Pfeilzug, in dem jede Kante bzw. jeder Pfeil nicht mehr als einmal vorkommt, heißt *Weg*. Beispielsweise bildet der Weg (1,2), (2,3) und (3,1) in Abbildung 5-5 einen Zyklus. Beim Graphen heißt ein offener Weg *Kette* und ein geschlossener Weg *Kreis*. Beim Digraphen heißt der offene Weg *Pfad*, der geschlossene *Schleife*. Ist kein Knoten mit mehr als zwei Kanten bzw. Pfeilen eines Weges inzident, spricht man von einem *einfachen* Weg. Ein Graph ist *zusammenhängend*, wenn zwischen je zwei verschiedenen Knoten des Graphen eine Kette besteht.

Zwei Knoten heißen *benachbart*, wenn sie durch einen Kanten- bzw. Pfeilzug verbunden sind. Bei einem Pfeil [*a,b*] ist *a* der direkte Vorgänger von *b* und *b* der direkte Nachfolger von *a*. Jeder Knoten *u*, der von einem Knoten *v* erreicht werden kann, heißt Nachfolger von *v*. Die Menge der Nachfolger von *v* wird mit $N(v)$ bezeichnet. Alle Knoten, von denen aus *v* erreicht werden kann, heißen Vorgänger von *v* und werden mit $V(v)$ bezeichnet. Für den Graphen in Abbildung 5-7 gilt, dass $N(6) = \{1, 2, 3\}$ und $V(6) = \{5\}$, $V(5) = N(3) = \varnothing$.

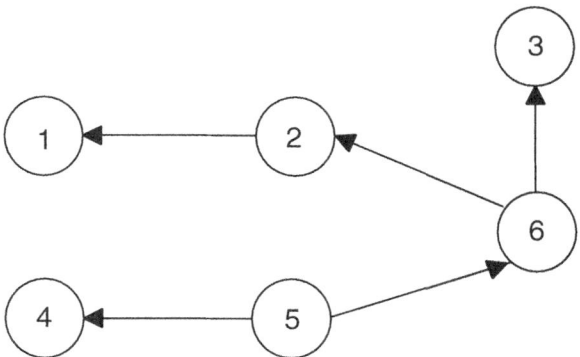

Abb. 5-7: Gerichteter Baum

Ein Knoten ohne Vorgänger heißt *Wurzelknoten*, ein Knoten ohne Nachfolger heißt *Blattknoten*. Existiert jeweils genau eine einfache Kette zwischen je zwei Knoten, so heißt der betreffende Graph *Baum*. Ein gerichteter Baum *B* ist ein gerichteter Graph mit genau einem Wurzelknoten *r* und genau einem Pfad zwischen *r* und jedem Knoten $v \in V$, $v \neq r$ mit *r* als Anfangsknoten und *v* als Endknoten des Pfades. Ein gerichteter Baum ist in Abbildung 5-7 dargestellt.

In einem gerichteten Baum nennen wir den direkten Nachfolger *i*+1 eines Knotens *i* auch Sohnknoten bzw. *i* wird als Vaterknoten von *i*+1 bezeichnet. In einem gerichteten Baum ist jeder Knoten, der nicht Blattknoten ist, Wurzel eines Unterbaumes. In Abbildung 5-7 ist der Knoten 5 Vaterknoten von 4 und 6; Knoten 2 und 3 sind Sohnknoten von 6. Der Knoten 5 ist Wurzelknoten des Baumes. Der Knoten 6 ist Wurzelknoten des Unterbaumes bestehend aus 1, 2, 3 und 6. Die Knoten 1, 3 und 4 sind Blattknoten.

Mit Knoten, Kanten und Pfeilen lassen sich unterschiedliche Zusammenhänge abbilden. Bei der Repräsentation einer Anwendung unterscheidet man *Symbolstrukturtypen* (Klassen), deren *Ausprägungen* (Objekte), *Operatoren* (Methoden, Funktionen), die auf jede gültige Symbolstruktur angewendet werden können, und *Integritätsregeln*, die die Menge der konsistenten Symbolstrukturzustände oder -zustandswechsel beschreiben. Das Informationsmodell eines Kredits soll als Beispiel dienen. Symbolstrukturtypen und ihre Ausprägungen sind mögliche Kreditarten, Operatoren sind die Aktionsmöglichkeiten, die mit jedem Kredit verbunden sind, und die Integritätsregeln werden durch die Kreditbedingungen bzw. -verträge festgelegt.

Um ein Informationsmodell zu diskutieren, benötigt man eine *Sprache*. Jede Sprache hat eine *Syntax* und eine *Semantik*. Die Syntax umfasst die Regeln, die die zulässigen Konstrukte der Sprache bestimmen; die Semantik umfasst die Regeln (sehr oft implizit), die die Bedeutung dieser Konstrukte festlegen. Beispielsweise ist die Syntax einer graphischen Modellierungssprache aus der Syntax von Graphen abgeleitet; ihre Semantik ordnet den Elementen von Graphen entsprechende Bedeutungen zu.

Entsprechend der Realisierung unterscheidet man bei Informationsmodellen

- das physische Modell *(Implementierungsmodell)*,
- das logische Modell *(Design-Modell)* und
- das konzeptionelle Modell *(Analyse-Modell)*.

Das *physische* Informationsmodell ist sehr implementierungsnah und benutzt beispielsweise zur Repräsentation von Daten Records, Arrays, Listen, Bäume oder ähnliche Datenstrukturen. *Logische* Informationsmodelle sind eine Stufe höher angesiedelt. Sie dienen der abstrakten Beschreibung von Symbolstrukturen und nehmen noch keine Rücksicht auf Implementierungsdetails. Konzeptionelle Informationsmodelle sind der Anwendung am nächsten. Sie sind fokussiert auf die semantische Ausdruckskraft für ein bestimmtes Problem. Beispielsweise sind Objekt, Aktivität, Bedingungen und Ziele solche semantischen Umschreibungen der Anwendung. Im folgenden werden wir uns auf die konzeptionelle Informationsmodellierung konzentrieren.

Eine Charakterisierung *konzeptioneller* Informationsmodelle lässt sich mit Hilfe der Dimensionen Ontologien, Abstraktionsmechanismen und Werkzeuge vornehmen. Jedes konzeptionelle Modell macht ontologische Annahmen über seinen Anwendungsbereich. Abstraktionsmechanismen legen fest, wie das Modell erstellt und in der Informationsbank abgelegt wird. Zum Aufbau, zur Wartung und zur Pflege einer Informationsbank braucht man entsprechende Softwarewerkzeuge.

Ontologien

Die Lehre von der Ontologie ist ein Zweig der Philosophie, der sich mit der Untersuchung der Dinge, die existieren, beschäftigt. Für die hier verfolgten Zwecke soll eine Ontologie eine grundlegende Charakterisierung einer Klasse von Anwendungen geben (vgl. STAAB/STUDER 2004). Beispielsweise soll eine *Ontologie der Zeit* beschreiben, welche zeitlichen Aspekte in vielen Anwendungen eine Rolle spielen. Auf der anderen Seite mag eine *Ontologie der Finanzplanung* eine Charakterisierung von Finanzplanungsprozessen und einzuhaltenden Regeln beinhalten oder eine *Ontologie der Finanzberatung* sich auf die grundlegenden Konstrukte einer solchen Beratung und ihrer Zusammenhänge beziehen. Man unterscheidet statische, dynamische, intentionale und soziale Ontologien.

Statische Ontologien beinhalten die statischen Aspekte einer Anwendung durch eine Beschreibung der Objekte, ihrer Attribute und ihrer Beziehungen. *Dynamische Ontologien* beschreiben dynamische Aspekte einer Anwendung wie beispielsweise Zustände, Zustandsübergänge und Prozesse. Zeitliche Informationen sind die Basis einer dynamischen Welt und können durch Merkmale wie vorher, nachher, gleichzeitig etc. dargestellt werden. *Intentionale Ontologien* umfassen die Absichten, die mit einer Anwendung verfolgt werden. Diese Ontologie beinhaltet Elemente wie Agent, Zweck, Bedingung, Ziel und Unterstützung. *Soziale Ontologien* beinhalten soziale Umstände, dauerhafte und wechselnde organisatorische Strukturen. Elemente sozialer Ontologien sind Aktor, Rolle, Autorität oder Verantwortung. Organisationsmodelle verwenden soziale Ontologien und versuchen beispielsweise die Frage zu beantworten, wie sich das Verhältnis zwischen Vorgesetzten und Mitarbeitern darstellt.

Abstraktionsmechanismen

Abstraktion bedeutet Verallgemeinerung oder das Absehen vom Besonderen. Ziel ist das Erkennen gleicher Merkmale verschiedener Systeme oder Anwendungen. Abstraktion dient der Konzentration auf das Wesentliche und der Unterdrückung unwesentlicher Merkmale. Beispielsweise können Währungen von Ländern dahingehend abstrahiert werden, dass länderspezifische Details, wie die Art der verwendeten Münzen und Noten nicht angegeben werden, jedoch ihre Gemeinsamkeiten. So lassen sich für alle Währungen Wechselkurse, Inflationsraten und Renditen angeben. Ähnlich kann die Beschreibung eines Kontos, eines Kredits oder eines Zahlungsverkehrs abstrahiert werden. Man unterscheidet die Abstraktionsarten Klassifikation, Generalisierung, Aggregation, Kontextualisierung, Fokussierung und Parametrisierung.

Klassifikation (Typisierung): Dieser Abstraktionsmechanismus wird durch eine Beziehung vom Typ 'instanceOf' ('AusprägungVon') ausgedrückt. Ein wichtiges Konzept der Klassifizierung ist die *Klasse*. Einer Klasse (Objekttyp) gehören verschiedene Ausprägungen (Objekte) an, die ähnliche Eigenschaften aufweisen. Häufig hat eine Klassifikation nur zwei Ebenen, wie beispielsweise Typ und Ausprägung (Instance), jedoch lassen sich durchaus auch mehrere Ebenen im Rahmen einer Klassifikation unterscheiden. So gibt es neben Klassen Meta-Klassen und Meta-Meta-Klassen etc. Auch multiple Klassifikation ist möglich. Dabei gehört eine Ausprägung verschiedenen Klassen an. Ein Beispiel dafür ist, dass der Euro sowohl eine Währung als auch eine Münze sein kann.

Generalisierung: Generische Konzepte werden mit Hilfe einer Taxonomie definiert. Die Beziehung, die dies ausdrückt, ist vom Typ 'isA' ('istEin') und beschreibt Generalisierungshierarchien. Beispielsweise ist ein Euro eine Spezialisierung der Klasse Europäische Währung. Europäische Währung wiederum ist ein Spezialisierung der Klasse Währung. Diese Beziehungen sind oftmals mit Vererbungseigenschaften ausgestattet. Vererbung bedeutet, dass Eigenschaften von Klassen an andere Klassen oder Objekte vererbt werden können. Beispielsweise kann die Eigenschaft, dass Währungen Wechselkurse haben, an die Meta-Klasse Europäische Währung vererbt werden und dann weitervererbt an das Objekt Euro.

Aggregation: Aggregation wird häufig auch als 'partOf' ('teilVon') Beziehung bezeichnet. Objekte werden durch ihre Teile beschrieben. Ein Vertrag ist beispielsweise zerlegbar in Teile wie Vertragspartner, Vereinbarung und Datum.

Kontextualisierung: Dieser Abstraktionsmechanismus soll der Tatsache Rechnung tragen, dass ein Problem aus verschiedenen Sichten besteht, die entsprechend zu charakterisieren sind. Dabei wird die Beschreibung der Realität in solche Teile zerlegt, die im Kontext einer Sicht wahr sind. Beispielsweise kann sich ein Konto im Soll oder im Haben befinden.

Fokussierung: Hierbei wird versucht, die wesentlichen Kerne einer Anwendung zu erkennen und sie aus dem Beiwerk herauszutrennen. Beispielsweise versucht man, eine Unterscheidung in Normalfälle und Ausnahmen bzw. Spezialfälle und allgemeine Fälle einer Anwendung vorzunehmen.

Parametrisierung: Dies bedeutet die Anpassung eines generischen Modells an konkrete Gegebenheiten. Beispielsweise erfolgt die Anpassung von Referenzmodellen an Unternehmensmodelle durch entsprechende Einstellungen der Modellparameter.

Werkzeuge

Für den Aufbau von großen Informationsbanken ist der Einsatz von computergestützten Werkzeugen notwendig. Werkzeuge führen verschiedene Inhaltsprüfungen einer Informationsbank durch. Sie versuchen die Frage zu beantworten, ob eine Anwendung durch die Informationsbank korrekt, vollständig und geeignet repräsentiert wird. Dies geschieht durch Verifikation und Validierung. Die Verifikation behandelt eine Informationsbank als eine formale Symbolstruktur, die bestimmte syntaktische und semantische Regeln einhalten muss. Informale Modelle geben wenige Möglichkeiten zur Verifikation; je formaler ein Modell ist, desto leichter ist es zu verifizieren. Validierungswerkzeuge überprüfen die Eignung einer Informationsbank für die gewählte Anwendung.

Bei der Auswahl eines konzeptionellen Modells bestehen grundsätzlich drei Möglichkeiten. Die erste Möglichkeit besteht darin, eine gegebene Informationsbank als Grundlage für den Entwurf eines konzeptionellen Modells wiederzuverwenden. Eine zweite Alternative ist die Wiederverwendung eines konzeptionellen Modells, um damit eine Informationsbank aufzubauen. Dies ist im Vergleich zur ersten Alternative die zweite Wahl. Die dritte Alternative ist, ein eigenes konzeptionelles Modell zu entwickeln. Dies sollte nur geschehen, wenn klar ist, dass kein existierendes konzeptionelles Modell die Anwendung korrekt, vollständig und geeignet repräsentieren kann.

5.3 Systementwicklung

Die Entwicklung von IuK-Systemen bedeutet in ihrem Kern die Formulierung verschiedener korrespondierender Informationsmodelle wie sie beispielsweise in der Architektur *LISA* vorgeschlagen werden. Hilfestellung bei der Systementwicklung leisten *Prinzipien* bzw. Grundsätze; benutzt werden diese als Anleitung zur Anwendung von Techniken und Methoden zur Modellierung. Techniken sind elementare Beschreibungs- und Lösungsverfahren; Methoden bauen auf Techniken auf und versuchen, IuK-Systeme aus allen nötigen Sichten (Elemente, Detaillierung, Realisierung, Zweck) zu beschreiben. Prinzipien werden häufig empirisch hergeleitet und überprüft. Von allgemeiner Bedeutung sind das Prinzip der Abstraktion, das die oben erwähnten Abstraktionsmechanismen umfasst, und das Prinzip 'Konstruktive Voraussicht und methodische Restriktion', d.h. es werden alle wünschenswerten Eigenschaften eines IuK-Systems schon zu Beginn der Entwicklung berücksichtigt und daraus Randbedingungen für das Vorgehen abgeleitet. Weitere Prinzipien, die sich teilweise in ihren Konsequenzen überlappen, beziehen sich auf die Softwareentwicklung, die Qualitätssicherung und das Entwicklungsmanagement.

Bei den Prinzipien der *Softwareentwicklung* unterscheidet man:
– Top down und Bottom up: Hierarchisierung im Sinne des Vorgehens vom Allgemeinen zum Speziellen; Bottom-up-Entwicklung kehrt dieses Prinzip mit Hilfe der Aggregation um.
– Modularisierung: Zerlegung eines Ganzen in überschaubare funktionale Einheiten mit Import- und Exportschnittstellen; diese sind von der Modulumgebung weitgehend unabhängig entwickel-, prüf- und wartbar.
– Lokalität: alle benötigten Elemente sind nur dort verfügbar, wo sie benötigt werden; nicht benötigte Elemente sind nicht vorhanden.
– Integrierte Dokumentation: phasenbegleitende vollständige, angemessene, fehlerfreie, konsistente, verständliche, übersichtliche Modellbeschreibung.
– Mehrfachverwendung: Module bzw. Software-Bausteine werden in einer projektübergreifenden Bibliothek abgelegt und bei Bedarf kopiert und eventuell angepasst.
– Standardisierung von Entwicklung und Dokumentation.

Die Beziehungen zwischen den genannten Prinzipien der Software-Entwicklung sind in Abbildung 5-8 dargestellt; ein Pfeil von Prinzip x zu Prinzip y bedeutet, dass x Bedingung für y ist.

Prinzipien der *Software-Qualitätssicherung* beziehen sich auf:
– Vorgaben von *messbaren* Qualitätsanforderungen, die sich auf Korrektheit, Zuverlässigkeit, Funktionserfüllung, Benutzer- und Wartungsfreundlichkeit, Zeitverhalten, Ressourcenverbrauch, Portabilität etc. beziehen.
– Qualitätsanforderungen schon beim Entwurf des Systems einhalten.
– Frühzeitige Fehlererkennung.
– Entwicklungsbegleitende, integrierte Qualitätssicherung.

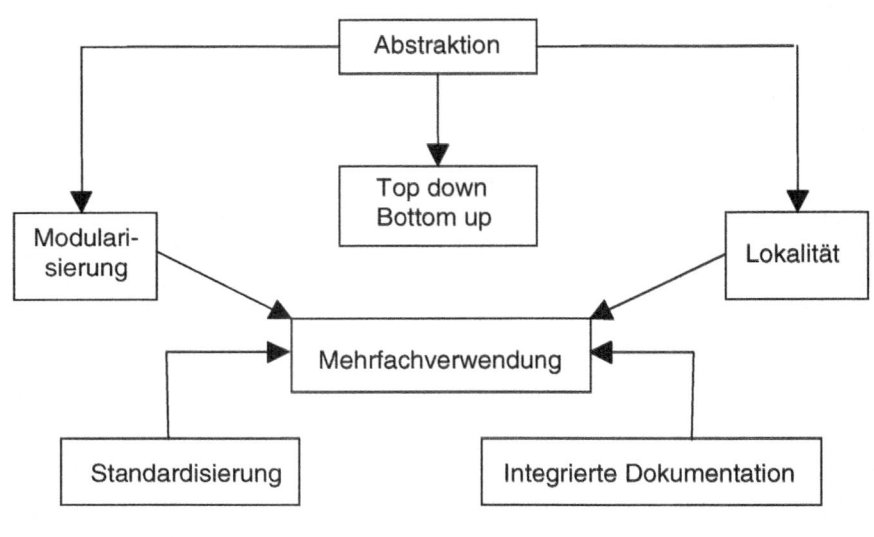

Abb. 5-8: Zusammenhang der Prinzipien nach BALZERT (1992)

Zu den Prinzipien des *Entwicklungsmanagements* zählen:

– Erarbeitung eines Organisationsmodells zur Festlegung durchzuführender Aktivitäten, notwendiger Mitarbeiterqualifikation, Kompetenzen und Verantwortungsbereiche, anzuwendender Prinzipien, Techniken und Methoden, Definition der Teilprojekte und Durchführung der Ablaufplanung.
– Festlegung überprüfbarer Meilensteine für Teilprojekte.

Je nach Art des IuK-Systems und der Antwort auf die Frage „Make or Buy?" kommen verschiedene Vorgehensweisen bei der *Systemrealisierung* in Betracht. Allen Vorgehensweisen gemeinsam sind die ersten und die letzten beiden Phasen des Software-Lebenszyklus. Dazwischen können verschiedene Wege eingeschlagen werden. Sollen IuK-Systeme in eigener Regie entwickelt werden, bedient man sich der Vorgehensweise des *Software Engineering (SE)* im Falle konventioneller Systeme und des *Knowledge Engineering (KE)* bei wissensbasierten Systemen. Kauft man IuK-Systeme ein, so sind Ausschreibung und Auswahl die Kernaktivitäten im Rahmen der *Systemanalyse (SA)*. In Abbildung 5-9 sind die verschiedenen Möglichkeiten der Realisierung von IuK-Systemen angegeben.

Kern der Systementwicklung ist das Anwendungsmodell, das aus dem Unternehmensmodell oder Referenzmodellen abgeleitet wird. Im Folgenden werden für die möglichen Vorgehensweisen die bekannten sechs Basisphasen unterschieden. Durch die verwendete Nummerierung ist eine entsprechende Korrespondenz der einzelnen Phasen zu den Alternativen *Eigenerstellung* oder *Fremdbezug* gegeben. Die den Vorgehensweisen gemeinsamen Phasen sollen der Behandlung der vorgehensspezifischen Phasen vorangestellt werden.

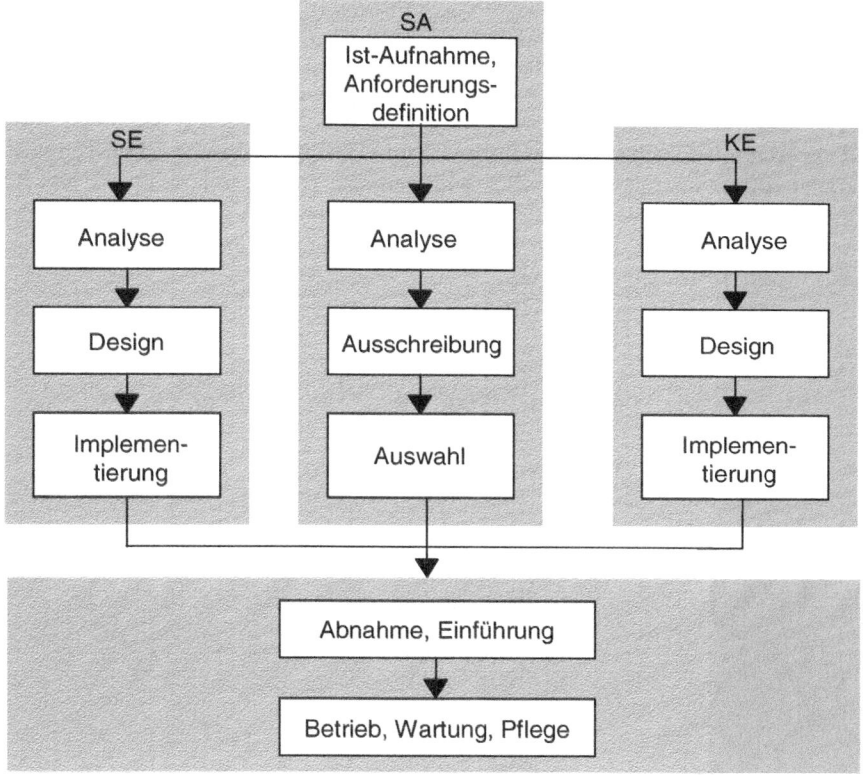

Abb. 5-9: Möglichkeiten der Realisierung von IuK-Systemen

Die Phase (1) *Ist-Aufnahme und Anforderungsdefinition* legt fest, welches Problem gelöst werden soll und welche Anforderungen an die Problemlösung gestellt werden. Sie beinhaltet die Schritte

(1.1)   Unternehmensanalyse und Zielbildung auf der Basis der Unternehmens strategie,

(1.2)   Systemabgrenzung und Systemerhebung (Ist-Modell),

(1.3)   Schwachstellenanalyse der existierenden Lösung (falls vorhanden),

(1.4)   Anforderungsdefinition,

(1.5)   Wirtschaftlichkeitsanalyse, Durchführbarkeitsstudie aus technischer und personeller Sicht sowie Vorschlag für das weitere Vorgehen.

Die *Unternehmensanalyse* bietet die Möglichkeit, über eine Typologie geeignete Referenzmodelle für das weitere Vorgehen heranzuziehen. Zur Durchführung der *Zielbildung* ermittelt man zunächst alle unternehmensrelevanten Ziele, für die man eine Zielhierarchie festlegt. Dies kann top down via Ziel-Mittel-Analyse oder bottom up via Zielaggregation erfolgen. Mit Hilfe der Abbildung 5-10 soll das Vorgehen beispielhaft verdeutlicht werden. Der Zielbildungsprozess ist in drei Stufen unterteilt, bestehend aus einem Oberziel y, mehreren Teilzielen y_i der ersten Stufe und mehreren Teilzielen y_{ij} der zweiten Stufe. Die Gewichte w_i aller Teilziele, bezogen auf ein übergeordnetes Ziel, addieren sich zu eins, d.h. $\Sigma w_i = 1$ und für jedes i ist $\Sigma w_{il} = 1$; der Teilzielanteil an einem Globalziel stellt das Produkt der Einzelzielgewichte, die auf dem Weg zum Globalziel liegen, dar; beispielsweise ist $w_{11} w_1$ der Teilzielanteil von y_{11}.

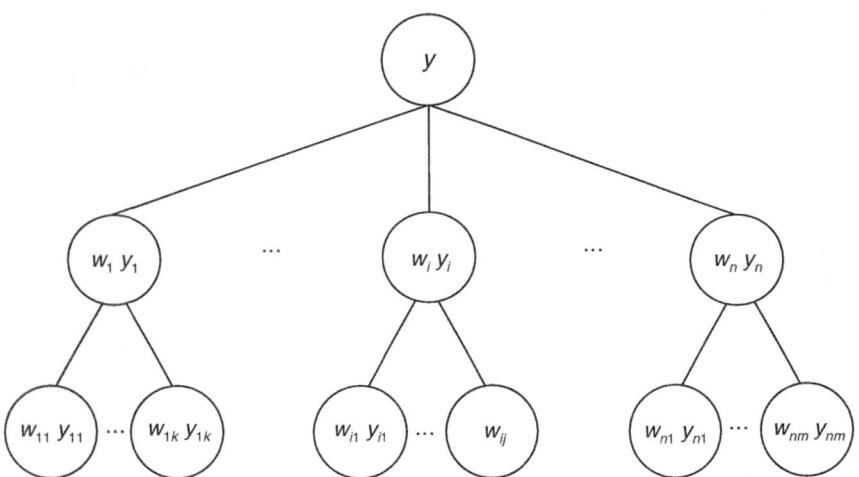

Abb. 5-10: Gewichtete Zielhierarchie

Der auf die Zielbildung folgende Schritt der Ist-Aufnahme ist die *Systemabgrenzung* und *Systemerhebung* unter Beteiligung von Anwendern und Systemanalytikern. Dabei sind Informationsbedarf und -angebot bzw. Input und Output der Anwendung festzulegen, die Technik der Erhebung auszuwählen und das Erfasste mit einfachen Darstellungsmitteln als Modell abzubilden. Beispiele für Erhebungstechniken sind Unterlagenstudium (zu Beginn), strukturiertes Interview und Fragebogen, individuelles Interview, Konferenz bzw. Gruppeninterview sowie Beobachtung und Selbstaufschreibung (Protokolle).

Im nächsten Schritt sind die *Schwachstellen* einer existierenden Lösung mit Bezug auf die Zielbildung zu identifizieren. Hauptaspekte sind dabei Ressourcen, Organisation, Funktionen, Daten und Kommunikation. Daneben ist eine entsprechende Bewertung nach quantifizierbaren und nicht-quantifizierbaren Kriterien vorzunehmen.

Schließlich ist unter Berücksichtigung der Ergebnisse der ersten drei Schritte eine *Anforderungsdefinition* für das angestrebte System zu erstellen. Dabei können auch schon Überlegungen zu möglichen Alternativen mit Kosten- und Nutzenschätzungen angestellt werden. Eine Anforderungsdefinition lässt sich beispielsweise wie folgt gliedern:

1. Ausgangssituation und Zielsetzung,
2. Geschäftsprozesse und Benutzergruppe(n),
3. Fachliche Anforderungen,
4. Technische Anforderungen,
5. Benutzerschnittstellen,
6. Systemeinsatz und Systemumgebung,
7. Dokumentationsanforderungen,
8. Testfälle und
9. Ressourcen.

Sind die Ergebnisse der Wirtschaftlichkeitsanalyse und der Durchführbarkeitsstudie auf Basis der Anforderungsdefinition positiv, wird das weitere Vorgehen konkretisiert. Es werden Aktivitäten und Meilensteine definiert und die *Projektplanung* wird weiter detailliert.

Die Phase (2) heißt *Analyse*; sie ist auch unter den Begriffen Fachentwurf, Soll-Konzept, Soll-Modell oder Pflichtenhefterstellung bekannt. Hier ist festzulegen, wie die Problemlösung aus fachlicher Sicht aussehen soll. Dazu ist ein *Anwendungsmodell* zu erstellen, aus dem *Problembeschreibung* und *Problemlösung* hervorgehen. Modellelemente sind Daten, Funktionen und Kommunikationsbeziehungen. Daneben ist die Projektplanung weiter zu konkretisieren. Die folgenden Ausführungen geben einen beispielhaften Überblick über die durchzuführenden Schritte; eine genauere Beschreibung dieser Phase erfolgt in den folgenden Kapiteln.

(2.1) Organisatorische, inhaltliche und technische Fachspezifikation des Anwendungsmodells auf der Basis der Anforderungsdefinition; *organisatorische* Fachspezifikation bedeutet, die Auf- und Ablauforganisation festzulegen sowie einen Umstellungs-, Einführungs- und Schulungsplan zu erarbeiten. *Inhaltliche* Fachspezifikation bedeutet, Modelle für Daten, Funktionen und Kommunikation aus Sicht der Problembeschreibung und Problemlösung zu erstellen. *Technische* Fachspezifikation bedeutet beispielsweise, Randbedingungen für Formate, Schlüsselsysteme, Schnitt-

stellen, Dialoggestaltung, Entwicklungs- und Zielumgebung, Qualitätsanforderungen etc. festzulegen.

(2.2)   Projektplanung überarbeiten und weiter konkretisieren; hier sind alle
durchzuführenden Aktivitäten zu spezifizieren, entsprechende Meilensteine festzulegen, sachliche und personelle Ressourcen zu allokieren und
eine Zeit-, Kapazitäts-, Qualitäts- und Kostenplanung durchzuführen. Die
Projektplanung ist die Grundlage für das Entwicklungsmanagement.

Bevor auf die Phasen (3) und (4) eingegangen wird, sollen kurz die Phasen (5) und
(6) diskutiert werden. Die Phase (5) besteht aus der *Abnahme* und *Einführung* des
IuK-Systems. Dabei sind beispielsweise die folgenden Schritte durchzuführen:

(5.1)   Abnahmetest und Systemübergabe mit Dokumentation für Anwender
(Benutzerhandbuch) und Instandhaltung (Technisches Handbuch) sowie

(5.2)   Benutzerschulung.

Die Phase (6) ist die zeitlich längste und erstreckt sich auf *Betrieb*, *Wartung*, *Pflege* und *Entsorgung* des IuK-Systems. Hierzu gehören die Beseitigung verdeckter
Fehler und die Durchführung notwendiger Änderungen und Anpassungen. Häufig
zwingen veränderte Benutzeranforderungen, neue Technologien oder auch gesetzliche Regelungen zu diesen Maßnahmen. Wie jedes künstliche System hat auch
der Lebenszyklus des IuK-Systems ein Ende, zu dem seine Nutzung eingestellt
und das System entsorgt wird.

5.3.1   Fremdbezug

Die Phasen, die den Fremdbezug charakterisieren, sind (3-2) Ausschreibung und
(4-2) Auswahl. Inhalt der Ausschreibung ist die detaillierte Bestimmung geeigne-
ter IuK-Systeme entsprechend der Fachspezifikation. Ziel der Auswahl ist die
Festlegung des einzusetzenden Systems.

Eine *Ausschreibung* kann sich beispielsweise auf die folgenden Systemkompo-
nenten beziehen:

(1) Hardware; Kriterien sind z.B.

  – Verarbeitungsgeschwindigkeit,

  – Speicherkapazität,

  – Ausfallsicherheit,

  – Erweiterungsmöglichkeiten,

  – Kompatibilität zu schon vorhandenen Komponenten und

  – Ergonomie;

(2) Systemsoftware; Kriterien wie

  – verfügbare Anwendungssoftware,

- Speicherplatzbedarf,
- Datenschutz,
- Datensicherheit,
- Zeitverhalten und
- Benutzerschnittstelle;

(3) Anwendungssoftware mit benötigtem Leistungsumfang als
- Individualsoftware oder
- Standardsoftware.

Die *Auswahl* eines geeigneten IuK-Systems kann beispielsweise entsprechend folgender Kriterien erfolgen:

- Wirtschaftlichkeit: Anschaffungskosten, laufende Kosten, Nutzen,
- Technik: Benutzerfreundlichkeit, Zuverlässigkeit,
- Einsatz: Anpassungsaufwand, Unterstützung, Dokumentation,
- Lieferanten: Termintreue, Qualität des Kundendienstes, Gestaltung des Vertrags, Garantieleistungen, geographische Nähe.

5.3.2 Eigenentwicklung

Die Modellrealisierung im Rahmen der Eigenentwicklung von IuK-Systemen erfolgt durch das *Software Engineering* (SOMMERVILLE 2004) im Fall konventioneller Systeme und durch das *Knowledge Engineering* (GONZALEZ/DANKEL 1993) im Fall wissensbasierter Systeme. Knowledge Engineering ist die Disziplin, die sich mit der Modellierung von Wissen beschäftigt. Beteiligt an der Wissensmodellierung sind Fachexperten und Wissensingenieure. Die Kernphasen bei der Eigenentwicklung sind (3-1) *Design* sowie (4-1) *Implementierung und Test*. Während die Analyse ein fachnahes konzeptionelles Modell erstellt, ist das Design für die Erstellung eines technologienahen bzw. implementierungsnahen Modells verantwortlich.

Beim Knowledge Engineering unterliegen die vorgeschalteten Phasen Ist-Aufnahme und Anforderungsdefinition sowie Analyse einer leicht modifizierten Ausgestaltung. Im Rahmen der Ist-Aufnahme ist festzulegen, welche Ziele mit dem wissensbasierten System erreicht werden sollen und wie die Entwicklungsstrategie aussehen soll. Bei der Analyse ist zu klären, um welche Art von Problem es sich handelt und wie es gelöst werden kann. Die Erstellung des Analysemodells zerfällt in die Schritte Wissenserhebung (Erfassung von Wissen) und Wissensinterpretation (Darstellung des Wissens mit einem konzeptionellen Modell).

Beim *Design* geht es um die Erstellung eines logischen Modells. Dieses wird aus dem konzeptionellen Fachmodell entwickelt und enthält Vorgaben für die Implementierung mit detaillierten inhaltlichen und technischen Spezifikationen. Die Erstellung des logischen Modells bezeichnet man auch häufig als „Programmieren im Großen". Beim Knowledge Engineering umfasst das Design-Modell die Strukturierung der Wissenbasis (Wissensorganisation) und die Art der Wissensrepräsentation. Weitere Schritte im Rahmen des Design sind:

(3-1.1)   Zuordnung der fachlichen Festlegungen, d.h. des Leistungs- und Funktionsumfangs, zu Subsystemen.

(3-1.2)   Zerlegung der Subsysteme in Module.

(3-1.3)   Strukturierung des Systems durch Anordnung der Module in Hierarchien bzw. Netzwerken und Festlegung von Schnittstellen.

(3-1.4)   Spezifikation der Algorithmen.

(3-1.5)   Feinentwurf der Module und ihrer wechselseitigen Kommunikationsbeziehungen.

Das Design-Modell ist Grundlage für *Implementierung und Test*, wobei die folgenden Schritte auszuführen sind:

(4-1.1)   Implementierungsreihenfolge der Module festlegen; normalerweise folgt man einer Top-down-Implementierung mit schrittweisen (inkrementellen) Testen.

(4-1.2)   Modul implementieren und Einzeltest.

(4-1.3)   Modul in das System integrieren und Integrationstest.

Wichtig für den praktischen Einsatz sind auch Angaben zum Zeit- und Speicherbedarf des Programms in Abhängigkeit von der Größe des zu lösenden Problems.

Für die Implementierung kommen verschiedene strukturierte *Programmiersprachen* in Frage (SEBESTA 2005). Eng verbunden mit der Implementierung ist die Evaluierung des Gesamtsystems, die prüft, ob die Anforderungen erfüllt sind (Validierung) und ob das IuK-System korrekt arbeitet (Verifikation). Einzusetzende Testarten sind Formaltest (Erkennen von syntaktischen Fehlern), Logiktest (Erkennen von semantischen Fehlern), Einzeltest (individuelles Testen der Module), Integrationstest (kombiniertes Testen von Modulen), Systemtest (Labortest des Gesamtsystems) und Abnahmetest (Test unter Anwendungsbedingungen).

Die Phasen der Systementwicklung sind die Basis für verschiedene Vorgehensweisen, von denen der lineare rückgekoppelte Wasserfall-Ansatz (ROYCE 1970), der zyklische Spiral-Ansatz (BOEHM 1988) und das Prototyping die größte praktische Bedeutung erlangt haben. Ein einfacher sequentieller Durchlauf der Phasen ist in den meisten Fällen nicht möglich, da Fehler bzw. Mängel nicht sofort, sondern erst in späteren Phasen entdeckt werden und zur Korrektur wieder in frühere Phasen zurückgesprungen werden muss. Die Vorteile des *Wasserfall-Ansatzes* bestehen im iterativen Vorgehen unter der Berücksichtigung von Feedback zwischen den Phasen und in der konsequenten Dokumentation der Phasenmodelle; nachteilig ist, dass der Anwender häufig Schwierigkeiten hat, sich das zukünftige Endprodukt auf Grundlage der vorliegenden Spezifikationen vorzustellen (Abbildung 5-11).

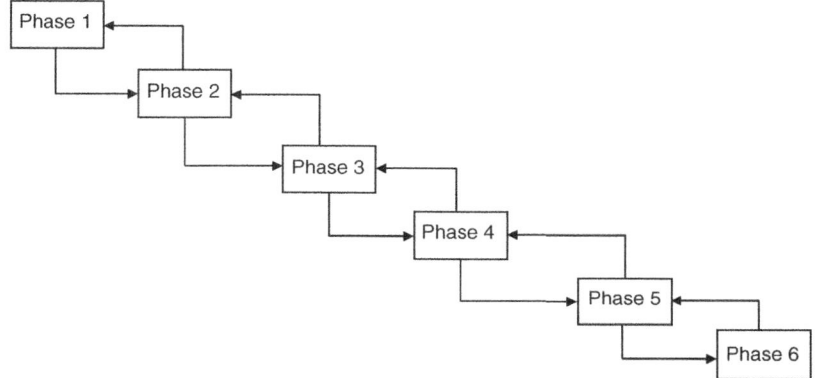

Abb. 5-11: Rückgekoppelter Wasserfallansatz

Dieser Nachteil kann vermieden werden, wenn die Entwicklung durch *Prototypen* des zu realisierenden IuK-Systems begleitet und mit Hilfe des vorliegenden Inputs und des gewünschten Outputs durch den Anwender kontinuierlich evaluiert wird. Ziel des „Rapid Prototyping" ist es, durch vorzeigbare Systemversionen die Lücke zwischen Anforderungsdefinition und realisiertem System schon möglichst früh zu schließen. Bei der Erstellung eines Prototyps werden die ersten vier Phasen abgekürzt durchlaufen; dient der Prototyp dem Anwender zur Formulierung der Anforderungen an das System, so bezeichnet man ihn als explorativ; versucht er bestimmte Systemfunktionen zu simulieren, so bezeichnet man ihn als experimentell; entspricht der Prototyp einer ersten Systemversion, nennt man ihn evolutionär. Es können auch alle drei Aspekte in einem Prototyp verwirklicht werden (Abbildung 5-12).

Der Spiral-Ansatz trägt dem Risiko der Systementwicklung Rechnung und versucht, die Vorteile des Wasserfall-Ansatzes mit denen des Prototyping zu verbinden. Er besteht aus mehreren Zyklen. Jeder Zyklus beginnt mit der Anforderungsdefinition, gefolgt von einer Kosten-Nutzen-Analyse. Darauf folgend werden die Basisphasen der Systementwicklung wieder aufgerufen. Dadurch wird das Phasenkonzept mehrfach durchlaufen. Das Ergebnis der einzelnen Zyklen können auch Prototypen sein (Abbildung 5-13).

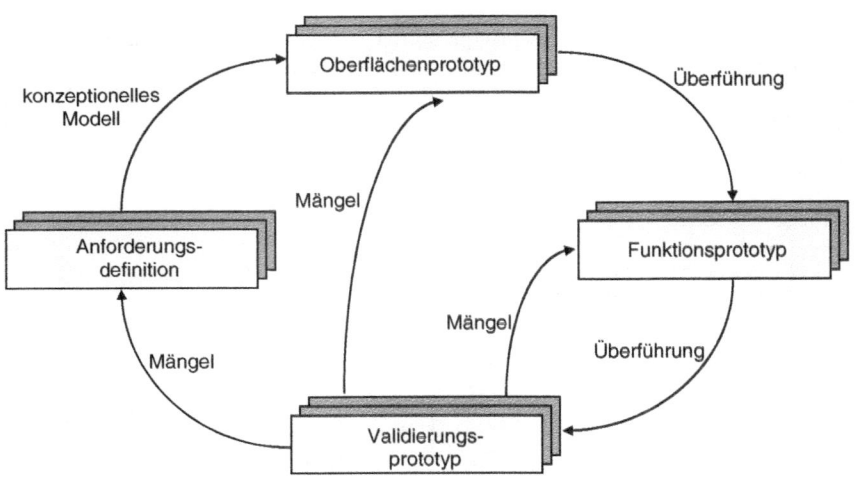

Abb. 5-12: Rapid Application Development durch Prototyping

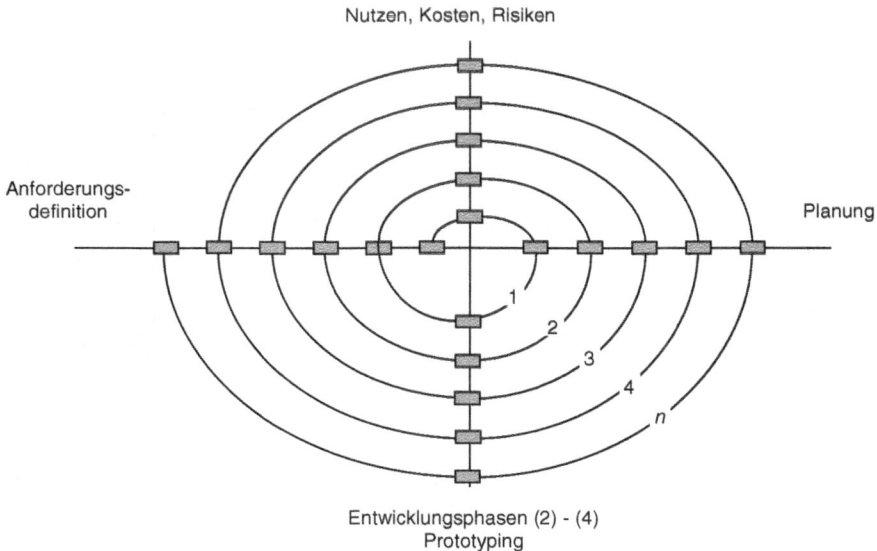

Abb. 5-13: Spiral-Ansatz

Literatur zum Kapitel 5:

BALZERT, H. (1992), *Die Entwicklung von Software-Systemen*, Heidelberg: Spektrum

BERNUS, P./MERTINS, K./SCHMIDT, G. (Hrsg.) (2006), *Handbook on Architectures of Information Systems*, Berlin: Springer

BOEHM, B.W. (1988), *A spiral model of software development and enhancement*, in: IEEE Computer, 21. Jg., Nr. 5, S. 61-72

GONZALEZ, A.J./DANKEL, D.D. (1993), *The Engineering of Knowledge-based Systems*, New Jersey: Prentice Hall

MYLOPOULOS,J./BORGIDA,A. (2006), *Properties of information modeling techniques for information systems engineering*, in: BERNUS, P./MERTINS, K./SCHMIDT, G. (Hrsg.), Handbook on Architectures of Information Systems, Berlin: Springer, S. 17-58

MESAROVIC, M.D./TAKAHARA, Y. (1975), *General Systems Theory: Mathematical Foundations*, Fribourg: Academic Press

PAHL, G./BEITZ, W./FELDHUSEN, J./GROTE, K.-H. (2005), *Konstruktionslehre*, Berlin: Springer

ROYCE, W. W. (1970), Managing the development of large software systems, New York: *Proc. IEEE WESCON*, S. 1-9

SEBESTA, R.W. (2005), *Concepts of Programming Languages*, München: Addison-Wesley

SOMMERVILLE, I. (2004), *Software Engineering*, München: Addison-Wesley

STAAB, S./STUDER, R. (2004), *Handbook on Ontologies*, Berlin: Springer

6 Modellierung der Problembeschreibung

Kernaspekte des Kapitels:

- Grundlagen der Datenmodellierung.
- Grundlagen der Funktionsmodellierung.
- Grundlagen der Kommunikationsmodellierung.

Die Modellierung der Problembeschreibung ist der Ausgangspunkt für die Entwicklung von Anwendungssystemen. In diesem Kapitel wird ein Überblick über einschlägige Modellierungsmethoden gegeben. Zu Beginn wird die Datenmodellierung behandelt. Danach wird auf die Modellierung von Funktionen eingegangen bevor mit Zustandübergangsdiagrammen und Petri-Netzen zwei Methoden der Kommunikationsmodellierung vorgestellt werden.

Modelle von betrieblichen IuK-Systemen dienen der Repräsentation betriebswirtschaftlicher Anforderungen an die Beschaffung, Verarbeitung und Weitergabe von Informationen im und über das Unternehmen hinaus. Entsprechend der Architektur LISA unterscheidet man verschiedene Sichten auf IuK-Systeme; dieses und die folgenden beiden Kapitel haben ihren Schwerpunkt auf der Sicht des *Modellzwecks*, d.h. auf Modellen zur Problembeschreibung und Modellen zur Problemlösung. Im Sinne einer Integration ist es wichtig, dass eine weitestgehende Übereinstimmung zwischen beiden Modelltypen herrscht.

Die Problembeschreibung hat entsprechend LISA Beziehungen zu den Sichten auf die Modellrealisierung (Lebenszyklus), auf die Modellelemente (Daten, Funktionen und Kommunikation) sowie auf die Modelldetaillierung und organisatorische Einbettung des IuK-Systems in das Anwendungsumfeld des Unternehmens. Die Beziehungen zur Modellrealisierung bleiben in diesem Kapitel weitgehend auf das Analysemodell beschränkt. Auch wird auf eine explizite Organisationsmodellierung verzichtet; ihre Berücksichtigung wird im Rahmen der Überlegungen zur integrierten Modellierung im übernächsten Kapitel diskutiert.

Zur Modellierung des Modellzwecks im engeren Sinne ist die Sicht auf die Modellelemente von besonderer Bedeutung. Ohne Anspruch auf Vollständigkeit werden im Folgenden einige Techniken zur Daten-, Funktions- und Kommunikationsmodellierung vorgestellt. Zwar wird die Beschreibung des Problems hauptsächlich durch die Daten geprägt, aber auch Funktionen, Kommunikationsbeziehungen und zusätzliche Randbedingungen kennzeichnen ein Problem. Die Grenze von Problembeschreibung und Problemlösung ist sehr oft fließend und ergibt sich erst durch eine eingehende Analyse des Anwendungsmodells.

Zur Problembeschreibung kann entweder mit der Erstellung des Daten- oder des Funktions- oder auch des Kommunikationsmodells begonnen werden. Zur Sicherstellung einer einheitlichen Datenstruktur wird häufig empfohlen, mit der Erstellung des Datenmodells zu beginnen. Grundsätzlich gilt aber, dass alle drei Modellelemente wechselseitige Abhängigkeiten aufweisen und somit auch die Erstellung ihrer individuellen Modelle verzahnt erfolgen sollte. Im Folgenden wird in Abschnitt 6.1 auf die Datenmodellierung, in Abschnitt 6.2 auf die Funktionsmodellierung und in Abschnitt 6.3 auf die Kommunikationsmodellierung eingegangen. Ist das Wissen über diese Modellelemente noch nicht hinreichend dokumentiert und strukturiert, bedarf es einer entsprechenden Wissensmodellierung. Bei dieser fällt es besonders schwer, eine genaue Abgrenzung der Problembeschreibung von der Problemlösung vorzunehmen. Aus diesem Grund werden Fragen der Modellierung von Wissen erst im Rahmen der Ausführungen zur integrierten Modellierung im übernächsten Kapitel behandelt. Bei der Datenmodellierung werden an manchen Stellen auch Techniken für Design und Implementierung vorgestellt, während bei der Funktions- und Kommunikationsmodellierung nur das Analysemodell diskutiert wird.

6.1 Datenmodellierung

Datenmodelle stellen die statische Struktur der Problembeschreibung (Datenstruktur) dar und geben Antwort auf die Frage, *womit etwas passiert*. Sie dienen der formalen Repräsentation von Informationen aus einem wohl definierten, abgegrenzten Anwendungsbereich. Datenmodelle werden im Rahmen von Analyse, Design und Implementierung erstellt. Die Spezifikation des jeweiligen Datenmodells kann wiederum über ein Datenmodell erfolgen. Ziel der Datenmodellierung ist eine möglichst redundanzfreie, konsistente, korrekte, vollständige und integrierte Datenhaltung.

Für die Datenmodellierung im Rahmen der Analyse kann man beispielsweise *Jackson-Diagramme* (JACKSON 1975) und *Entity-Relationship-Diagramme (ERD)* (CHEN 1976) als Entwurfssprachen benutzen. Jackson-Diagramme strukturieren Daten als Bäume. Die Wurzel repräsentiert das Datum in aggregierter Form. Dieses wird über die verschiedenen Stufen des Baums bis hin zu den Blättern immer weiter bis zu seinen elementaren Bestandteilen aufgelöst. Ein Jackson-Diagramm repräsentiert 'partOf' Beziehungen. In Abbildung 6-1 ist das Beispiel eines Jackson-Diagramms für Daten, die sich auf die Verwaltung von Geschäftskunden beziehen, angegeben. Daten, die alternativ vorkommen, sind durch '+', Wiederholungen von Daten durch '*' gekennzeichnet.

Für das ERD existieren inzwischen viele Varianten und Erweiterungen. Hier sollen nur die wichtigsten Aspekte der Basisversion kurz besprochen werden. Ihre Hauptbestandteile sind *Entity-Typen* und *Entities*, *Beziehungstypen* und *Beziehungen* sowie deren *Attribute*.

Ein Entity ist ein identifizierbares *Objekt* der Anwendungswelt. Eine Menge gleichartiger Objekte lässt sich zu einem Entity-Typ zusammenfassen. Beziehungen bzw. Beziehungstypen stellen logische Verknüpfungen zwischen Entities bzw. Entity-Typen dar. Ein Beziehungstyp repräsentiert eine Menge gleichartiger Beziehungen. Man unterscheidet bezüglich der *Kardinalität* 1:1-, 1:N- und N:M-Beziehungen bezogen auf die beteiligten Entity-Typen. Entities und Entity-Typen sowie Beziehungen und Beziehungstypen lassen sich durch Attribute weiter beschreiben. Attribute haben einen Zulässigkeitsbereich bezogen auf erlaubte Werte, genannt Domäne oder auch Wertebereich. Zur Unterscheidung einzelner Entities und Beziehungen werden identifizierende Attribute (Schlüsselattribute) vergeben.

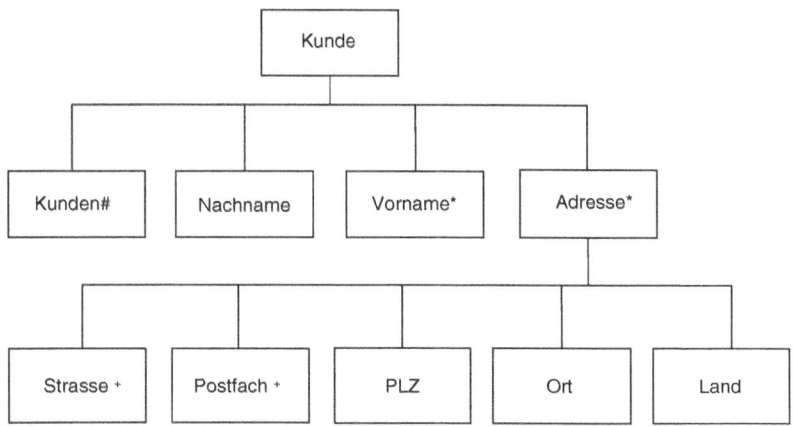

Abb. 6-1: Jackson-Diagramm für Kundendaten

Ein ERD lässt sich als Graph repräsentieren, bestehend aus Knoten als Rechtecke und Rauten sowie Kanten mit entsprechenden Beschriftungen. In Abbildung 6-2 ist ein N:M-Beziehungstyp (B.Typ) j bezogen auf die Entity-Typen (E.Typ) i und k dargestellt. Die Notation der Kardinalitäten ist so zu interpretieren, dass eine Ausprägung von Entity-Typ i mit M Ausprägungen von Entity-Typ k in Beziehung vom Typ j steht und eine Ausprägung von Entity-Typ k Beziehungen vom Typ j zu N Ausprägungen des Entity-Typs i hat.

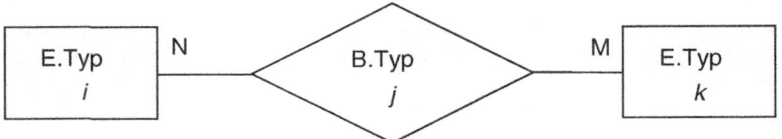

Abb. 6-2: Baustein eines ERD

Beispiel 6-1: Eine Anwendung eines ERD wird am Beispiel einer Finanzberatung erläutert. Relevante Entity-Typen sind Mandant (MA), Beratung (BR), Kundenprozess (KP), Aktivität (A) und Ressource (RES); Beziehungstypen sind erhält, gehörtZu, hat und benutzt. In der Abbildung 6-3 ist das entsprechende ERD dargestellt; auf die Angabe von Attributen wurde dabei verzichtet. ☐

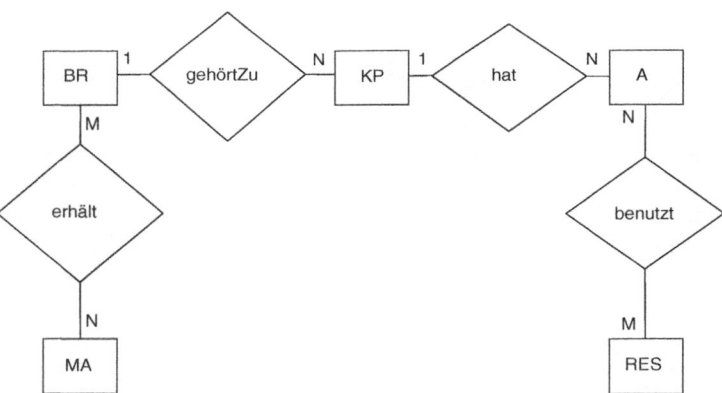

Abb. 6-3: ERD für die Finanzberatung

Die Erstellung des ERD kann entsprechend der folgenden Schritte durchgeführt werden:

1. Verbale Beschreibung der Anwendungswelt.
2. Auffinden von Entities und Beziehungen.
3. Geeignete Entity- und Beziehungstypen durch Aggregation ableiten.
4. Dekomposition in Teilmodelle.
5. Kardinalitäten bestimmen.
6. Festlegung von identifizierenden und zusätzlichen Attributen.

Traditionelle Datenmodelle für das *Design* sind hierarchisch, netzförmig oder relational. Das *hierarchische* Datenmodell orientiert sich an einem gerichteten Baum, mit dem ausschließlich 1:N-Beziehungen darstellbar sind; N:M-Beziehungen sind nur durch mehrere 1:N-Beziehungen mit entsprechender Redundanz abbildbar. Der Zugriff auf einen Datensatz erfolgt entsprechend der gegebenen Baumstruktur. Beim *Netzwerk*-Datenmodell gibt es keinen dedizierten Wurzelknoten. Auch hier sind elementar nur 1:N-Beziehungen darstellbar, jedoch können durch Einführung eines verbindenden Entity-Typs auch N:M-Beziehungen direkt repräsentiert werden. Der Zugriff erfolgt entsprechend der möglichen Pfade im Netzwerk, insbesondere gibt es verschiedene Einstiegsmöglichkeiten. Folgendes Beispiel soll das Arbeiten auf einem hierarchischen und einem netzförmigen Datenmodell verdeutlichen.

Beispiel 6-2: Es sollen die Fragen beantwortet werden, (1) welche Leistungen von einem bestimmten Kunden nachgefragt werden und (2) welche Kunden eine bestimmte Leistung nachfragen. Für das hierarchische Datenmodell bedeutet dies, dass die Knoten auf der *Typebene* von der Form (/ Kunden# / Firma / Adresse /) und (/ Best# / Leistung / Preis /) sein müssen. Eine Ausprägung des Modells ist in Abbildung 6-4 dargestellt. Kunde 4712 fragt die Leistungen Alpha und Gamma nach, Kunde 4711 darüber hinaus die Leistung Beta. Leistung Alpha wird also von den Kunden 4711 und 4712 nachgefragt. Beim netzförmigen Datenmodell wird zur Beantwortung der Fragen neben den schon bekannten Dateien die *Verbindungsdatei* (/ Best# / Kunden# /) zur Abbildung einer Kundenbestellung eingeführt. Eine Darstellung des Beispiels als netzförmiges Datenmodell ist in Abbildung 6-5 angegeben. Die Zugriffe zur Beantwortung der beiden obigen Fragen sind durch Pfeile gekennzeichnet. □

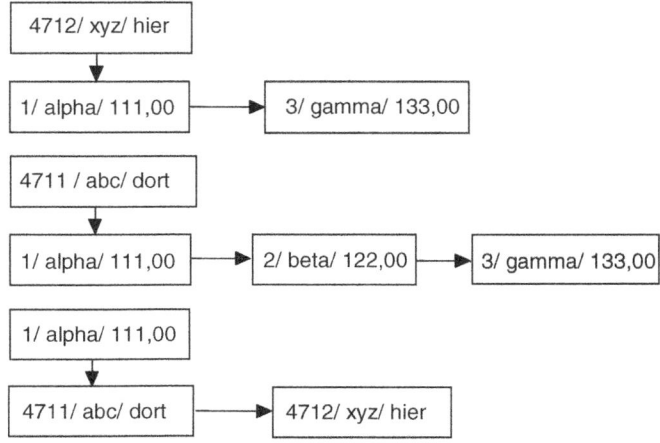

Abb. 6-4: Beispiel für ein hierarchisches Datenmodell

Die Dokumentation eines Datenmodells erfolgt im *Data Dictionary*. Dabei muss eine vorgegebene Syntax eingehalten werden. Ein Beispiel für die Beschreibung von Kundendaten ist in Tabelle 6-1 gegeben. Dabei wird jeder Eintrag durch '=' eingeleitet; Aufzählung, Wiederholung, optionale Existenz und Auswahl von Alternativen werden durch '+', '{Datenelement}', '(Datenelement)' und '[$A_i|A_j|A_k$]' repräsentiert. Kommentare werden durch '@Kommentar@' vereinbart.

```
Kundendatei    =    {Kunde}
Kunde          =    Kunden# + Nachname + Vorname + {Adresse}
Kunden#        =    1...99999
                    @dies ist ein Datenelement@
Nachname       =    Text
Vorname        =    Vorname1 + (Vorname2)
Adresse        =    [Strasse|Postfach] + PLZ + Ort + (Land)
```

Tab. 6-1: Data Dictionary-Einträge für Kundendaten

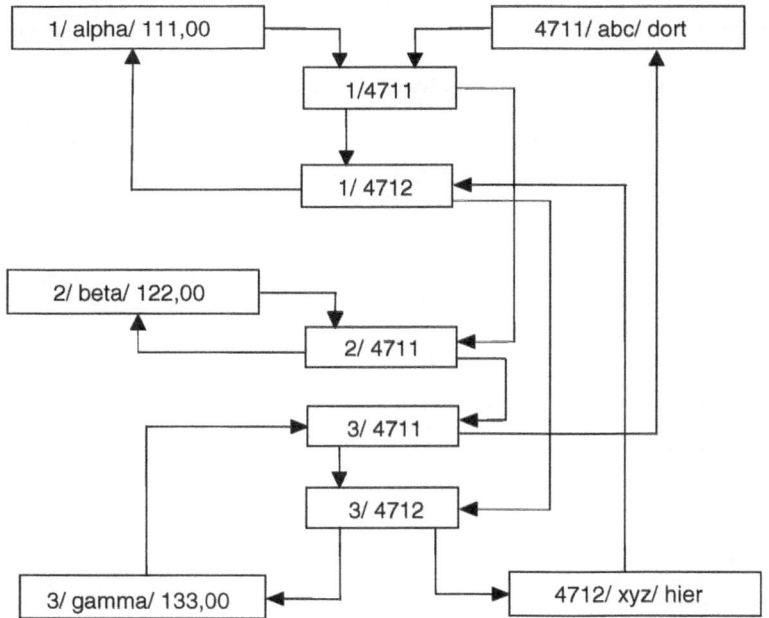

Abb. 6-5: Beispiel für ein netzförmiges Datenmodell

Ein Nachteil von hierarchischen und netzförmigen Datenmodellen ist die a-priori-Festlegung des Zugriffs auf die einzelnen Datensätze. So müssen zur Beantwortung der Fragen (1) und (2) aus Beispiel 6-2 die in den Abbildungen 6-4 und 6-5 dargestellten Zugriffspfade angegeben werden. Eine größere Flexibilität im Zugriff erhält man durch das *Relationenmodell* (CODD 1970). Eine Relation R ist die Teilmenge des kartesischen Produkts von Basismengen W. Beim Relationenmodell wird eine Relation durch Attribute beschrieben, d.h. $R(A_1, A_2, ..., A_n) \subseteq W(A_1) \times W(A_2) \times ... \times W(A_n)$ mit A_i als Attribut und $W(A_i)$ als Wertebereich von A_i. Eine Relation besteht aus Tupeln, die sich auch als Tabellen darstellen lassen. Relationen haben u.a. die folgenden Eigenschaften:

- Alle Tupel einer Relation (Zeilen der Tabelle) unterscheiden sich.
- Die Tupel unterliegen keiner Ordnung.
- Die Elemente eines Tupels unterliegen keiner Ordnung.

Relationen sind durch *Schlüssel* identifizierbar, wobei Primärschlüssel, kurz Schlüssel, der eindeutigen Identifizierung dienen und Fremdschlüssel weitere Zugriffswege kennzeichnen. Bei der Überführung des konzeptionellen ERD in das logische Relationenmodell wird für jeden Entity-Typ und jeden N:M-Beziehungstyp eine Relation eingeführt. 1:1- und 1:N-Beziehungstypen werden aufgelöst und ihre Attribute werden bei den beteiligten Entity-Typen über Fremdschlüssel repräsentiert. Die Aufnahme der Fremdschlüssel hat bei 1:N-Beziehungstypen so zu erfolgen, dass der Entity-Typ mit der Kardinalität N einen Teil des Primärschlüssels des Beziehungstyps als Fremdschlüssel erhält.

Grundlegende Operationen auf Relationen sind, wie in Abbildung 6-6 dargestellt, Vereinigung, Schnitt, Differenz, Restriktion, Projektion, Join, Produkt und Division (DATE 2004). Die Vereinigung zweier Relationen führt zur Zusammenführung ihrer Tupel. Beim Schnitt verbleiben Tupel, die beiden Relationen gemeinsam sind. Bildet man die Differenz zwischen zwei Relationen, so erhält man Tupel der ersten Relation, die verschieden sind von allen Tupeln der zweiten Relation. Projektion stellt einen Spaltenausschnitt und Restriktion einen Zeilenausschnitt dar. Der Join verbindet Elemente zweier Relationen, die zu definierende Gemeinsamkeiten aufweisen. In Abbildung 6-6 werden beispielsweise Elemente aus X mit Elementen aus V verbunden, die den gleichen Partner bezüglich Y und U haben. Das Produkt zweier Relationen ist das kartesische Produkt der beteiligten Elemente. Bei der Division zweier Relationen bleiben nur die Elemente des Dividenden übrig, deren Partner die Relation des Divisors ausmachen.

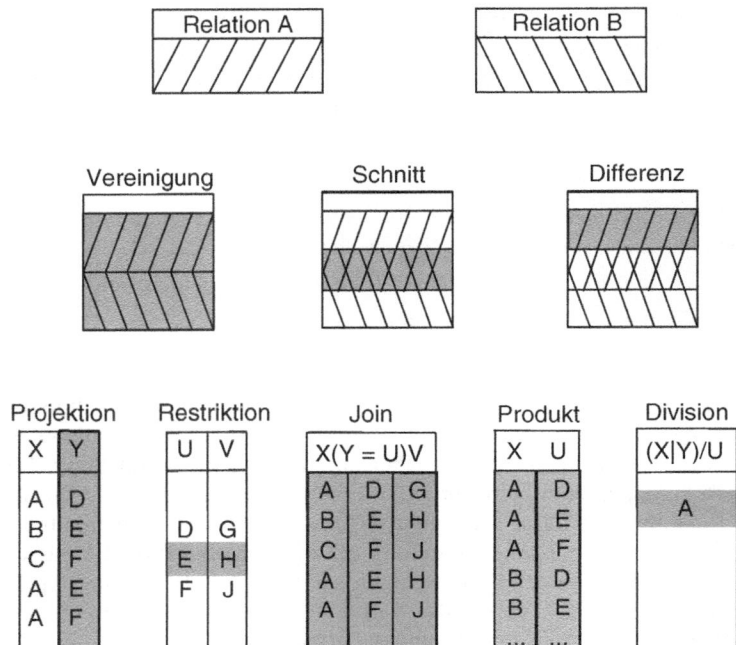

Abb. 6-6: Operationen auf Relationen

Zur Verringerung der Redundanz von Relationen normalisiert man diese (ROB/CORONEL 2006). Man unterscheidet mehrere *Normalformen*, wobei hier nur die ersten drei vorgestellt werden:

(1) Eine Relation R ist in erster Normalform (1.NF), wenn alle ihre Attribute elementare Attribute sind, d.h. wenn R keine weiteren Relationen enthält.

(2) Eine Relation R ist in zweiter Normalform (2.NF), wenn sie in 1.NF ist und jedes Nichtschlüssel-Attribut nur vom gesamten Primärschlüssel von R und nicht bereits von einer Teilmenge des Schlüssels funktional abhängig ist. Ein Attribut A einer Relation R ist funktional abhängig von einem oder mehreren Attributen B, ..., Z aus R, wenn zu jedem Zeitpunkt gilt, dass jedem Wert von B, ..., Z genau ein Wert von A zugeordnet ist.

(3) Eine Relation R ist in dritter Normalform (3.NF), wenn sie in 2.NF ist und kein Nichtschlüssel-Attribut transitiv (über andere Nichtschlüssel-Attribute) vom Primärschlüssel von R abhängig ist. Es seien A, B und C drei verschiedene Attribute einer Relation R. Wenn C funktional von B abhängig ist und B funktional von A abhängt, dann ist damit auch C funktional abhängig von A. Gilt ferner, dass A nicht funktional abhängig von B ist, so sagt man, C ist transitiv abhängig von A.

Beispiel 6-3: Die Normalisierung soll am Beispiel der Entity- und Beziehungstypen `Beratung`, `Aktivität` und `benutzt` aus Beispiel 6-1 verdeutlicht werden. Die Attribute sind so ausgewählt, dass eine Normalisierung erforderlich ist. Attribute, die Primärschlüssel repräsentieren, sind unterstrichen; # steht für Nummer.

```
BERATUNG   (Beratungs#, Mandanten#, Kundenprozess#, Termin,
            Honorar, Erstberatung);
AKTIVITÄT  (Aktivität#, Kundenprozess#, Bezeichnung, Berater);
BENUTZT    (Aktivität#, Ressourcen#, Dauer, Kostenfaktor).
```

Alle drei Relationen befinden sich bereits in 1.NF; `AKTIVITÄT` befindet sich sogar schon in 3.NF. `BERATUNG` befindet sich noch nicht in 2.NF, da das Attribut `Erstberatung` nicht funktional abhängig vom gesamten Schlüssel, sondern nur vom Attribut `Mandanten#` funktional abhängig ist. Außerdem sind die Attribute `Kundenprozess#`, `Termin`, `Honorar` nur funktional abhängig von `Beratungs#`. Die Normalisierung von `BERATUNG` ergibt

```
BERATUNG0(Beratungs#, Mandanten#);
BERATUNG1(Beratungs#, Kundenprozess#, Termin, Honorar);
BERATUNG2(Mandanten#, Erstberatung).
```

`BENUTZT` befindet sich auch noch nicht in 2.NF, da das Attribut `Dauer` nur funktional abhängig ist vom Attribut `Aktivität#`. Die Normalisierung von `BENUTZT` ergibt

```
BENUTZT1(Aktivität#, Dauer);
BENUTZT2(Aktivität#, Ressourcen#, Kostenfaktor).
```

Jetzt sind auch bereits die Relationen `BERATUNG0`, `BERATUNG2`, `BENUTZT1` und `BENUTZT2` in 3.NF. Es bleibt noch die weitere Normalisierung von `BERATUNG1`, da das Attribut `Honorar` transitiv über das Attribut `Kundenprozess#` von dem Schlüsselattribut `Beratungs#` abhängig ist. Es ergibt sich nun

```
BERATUNG11 (Beratungs#, Kundenprozess#, Termin);
BERATUNG12 (Kundenprozess#, Honorar).
```

Damit sind alle Relationen in 3.NF. □

Auf der Implementierungsebene wird häufig als Sprache *SQL* (Structured Query Language) benutzt. Mit ihr lassen sich die Operationen der Relationenalgebra auf dem Relationenmodell definieren. Das folgende Beispiel zur Auftragsbearbeitung basiert auf der SQL-Notation.

Beispiel 6-4: Um einem Kunden ein Beratungsangebot machen zu können, soll die Frage beantwortet werden, welches Honorar für die Beratung 213 zu zahlen ist. Dazu müssen zunächst die Tabellen BERATUNG11 und BERATUNG12 angelegt und mit Daten gefüllt werden. Auf die Darstellung der Dateneintragung wird verzichtet.

```
CREATE TABLE BERATUNG11
(Beratungs# INT,
     Kundenprozess# INT,
     Termin DATE,
     PRIMARY KEY (Beratungs#));

CREATE TABLE BERATUNG12
(Kundenprozess# INT,
     Honorar REAL(7,2),
     PRIMARY KEY (Kundenprozess#));
```

Mit

```
SELECT    Honorar
FROM      BERATUNG12
WHERE     Kundenprozess#
IN        (SELECT Kundenprozess# FROM BERATUNG11
          WHERE Beratungs# = 213);
```

oder

```
SELECT    Honorar
WHERE     BERATUNG11.Beratungs# = 213
AND       BERATUNG11.Kundenprozess# =
          BERATUNG12.Kundenprozess#;
```

wird die Frage beantwortet. □

Vorteile des relationalen Datenmodells sind das leichte Hinzufügen, Löschen und Verändern von Relationen und Tupeln und eine fast beliebige Flexibilität bei der Auswertung des Datenbestandes. Erweiterte Anforderungen an Datenmodelle entstehen durch Hyper- bzw. Multimedia-Systeme. Auch ist inzwischen erkannt worden, dass aus Gründen der Rechenzeit nicht immer eine extensive Normalisierung von Vorteil ist. So gibt es Datenmodelle, bei denen eine Relation nicht mehr in der 1. Normalform vorliegen muss, d.h. ein Attribut einer Relation kann wiederum eine Relation sein. Ebenso versuchen objektorientierte Datenmodelle, erweiterten Anforderungen gerecht zu werden (HEUER 1997).

6.2 Funktionsmodellierung

Die Funktionsmodellierung im Rahmen der Problembeschreibung dient der Darstellung der Anforderungen an die Problemlösung, indem sie die benötigten Funktionen benennt, in ihrem Aufbau anordnet, für jede Funktion die aus betriebswirtschaftlicher Sicht nötigen Schritte beschreibt und die Input-Output-Beziehungen der einzelnen Funktionen zur Umgebung abbildet. Die Funktionsmodellierung beantwortet hier die Frage, *was passieren muss*, wenn eine Funktion aufgerufen wird. Das Ergebnis sind Vorgaben für Input und Output sowie die fachlich Spezifikation der Umwandlungsvorschrift von Input in Output. Die Umsetzung dieser Vorgaben erfolgt dann im Rahmen der Modellierung der Problemlösung. In diesem Abschnitt wird die Funktionsmodellierung nur im Sinne der Zerlegung, der Abbildung elementarer Schritte und der Spezifikation der Input-Output-Beziehungen betrachtet; detaillierte Überlegungen zur Funktionsmodellierung aus algorithmischer Sicht werden im nächsten Kapitel angestellt.

Funktionsmodellierung aus fachlicher Sicht erfolgt meistens entsprechend des Prinzips der schrittweisen Verfeinerung bzw. top down, d.h. die Systemaufgabe wird in einzelne Funktionen zergliedert und Funktionen werden in elementare Schritte heruntergebrochen. Globale Funktionszusammenhänge sind in Kontextdiagrammen und über Diagrammhierarchien darstellbar. Einfache Techniken zur Funktionsmodellierung für die Analyse sind Funktionsbäume und Datenflussdiagramme.

Funktionsbäume beschreiben hierarchische Zerlegungen von Funktionen aus verschiedenen Perspektiven, ausgehend vom Prozess bis auf die Ebene von betriebswirtschaftlich nicht mehr sinnvoll zerlegbaren Elementarfunktionen. Aus horizontaler Sicht muss über die Gliederung und aus vertikaler Sicht über den Detaillierungsgrad des Baumes entschieden werden.

Beispiel 6-5: In Abbildung 6-7 ist als Beispiel der Ausschnitt eines Funktionsbaums für die persönliche Finanzplanung (persFinDurch) angegeben. Dabei werden die Funktionen 'Istaufnahme durchführen' (istDurch), 'Sollkonzept durchführen (sollDurch)', 'Vermögensbilanz erstellen (vermBilErst)', 'Einnahmen-Ausgaben-Rechnung erstellen (earErst)', 'Aktiva bestimmen (aktBest)' und 'Passiva bestimmen (pasBest)' unterschieden. Die Gliederung auf horizontaler Ebene ist nicht vollständig ausgebildet; auf vertikaler Ebene sind Aufgaben der finanziellen Bestandserhebung dargestellt. ☐

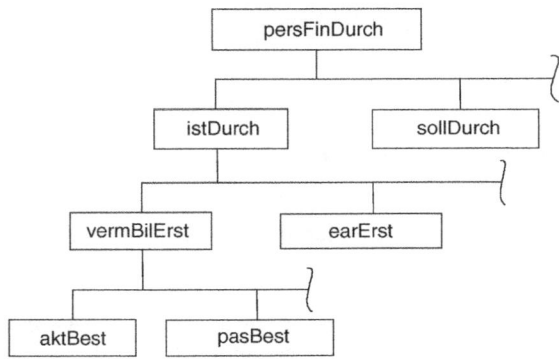

Abb. 6-7: Funktionen der persönlichen Finanzplanung

Datenflussdiagramme beschreiben Funktionen unter Verwendung von Daten. Sie beschreiben, was ein System leistet bzw. welche Anforderungen gestellt werden, aber nicht, wie diese erfüllt werden. In der Notation nach (DEMARCO 1978) werden Datenflüsse als Pfeile und Funktionen (Kreise oder Ellipsen), Datenspeicher (offene Rechtecke), sowie Datenquellen und -senken (geschlossene Rechtecke) als Knoten dargestellt. Pfeile, die auf eine Funktion hinführen, repräsentieren die Input- und Pfeile, die von ihr wegführen, die Outputdaten. Bei Datenspeichern bedeutet dies analog schreibenden und lesenden Zugriff. Weiter unterscheidet man äußere Datenflüsse zwischen System und Quellen bzw. Senken und innere Datenflüsse zwischen Funktionen und Datenspeichern. Es können aber auch Daten zwischen Funktionen direkt ausgetauscht werden, d.h. unter Umgehung von Datenquellen und Datenspeichern. Die Notation von Datenflussdiagrammen ist in Abbildung 6-8 dargestellt.

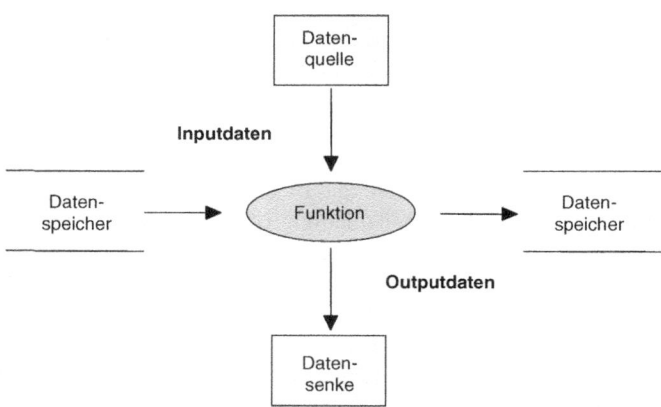

Abb. 6-8: Elemente von Datenflussdiagrammen

Beispiel 6.6: Das Beispiel eines Datenflussdiagramms für die persönliche Finanzplanung ist in der Abbildung 6-9 angegeben. Die abgebildeten Funktionen sind teilweise dem Funktionsbaum aus Abbildung 6-7 entnommen.

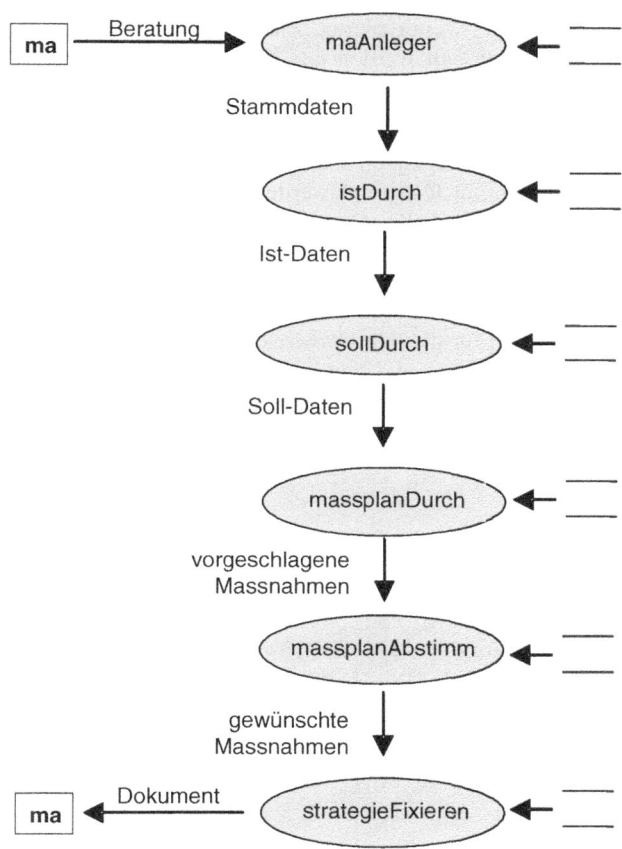

Abb. 6-9: Datenflussdiagramm für die persönliche Finanzplanung

Die Systemumgebung wird durch den Mandanten ma (Datenquelle und Datensenke) gebildet. Der Wunsch des Mandanten nach einer Beratung bildet den Input der Funktion maAnlegen. Diese erzeugt Stammdaten, die für die weitere Verwaltung des Mandanten im System benötigt werden. Für den Mandanten wird nach Erhebung der Stammdaten die Istaufnahme mit Hilfe der Funktion istDurch durchgeführt. Das Ergebnis sind die Ist-Daten der finanziellen Situation des Mandanten. Auf Basis dieser Ist-Daten wird mit Hilfe der Funktion sollDurch das Sollkonzept erstellt. Die erzeugten Soll-Daten bilden die Grundlage für die Maßnahmenplanung mit Hilfe der Funktion `massplanDurch`. Der Output dieser Funktion sind `vorgeschlageneMassnahmen`. Diese Daten dienen als Input für die Abstimmung der Maßnahmen mit Hilfe der Funktion `massplanAbstimm`. Der Output ist dann `gewuenschteMassnahmen`. Nach dem Aufruf der Funktion `strategieFixieren` wird an den Mandanten ein Dokument über die durchgeführte Beratung weitergeleitet. Zusätzliche Inputdaten für die Ausführung der einzelnen Funktionen werden aus den Datenspeichern gelesen; jedoch wird nichts in die Datenspeicher geschrieben. □

Um genauer festzulegen, was jede einzelne Funktion leisten soll, müssen der Input genau spezifiziert, die grundlegenden fachlichen Schritte aufgezählt und schließlich der resultierende Output festgelegt werden. Dies erfolgt mit Hilfe einer IPO (Input-Output-Processing) -Tabelle. Das folgende Beispiel verdeutlicht das Vorgehen.

Beispiel 6-7: Als Beispiel für die betriebswirtschaftliche Spezifikation einer Funktion soll die im Funktionsbaum in Abbildung 6-7 dargestellte Funktion `earErst` dienen; das Ergebnis ist in Tabelle 6.2 dargestellt. □

```
earErst

INPUT:
Einnahmen, Ausgaben, Datum,(Bezeichnung, Kategorie);

PROCESSING (SCHRITTE):
Für alle Monate eines Jahres Do
(1) Addiere alle Einnahmen des Monats
(2) Addiere alle Ausgaben des Monats
(3) Saldo := Summe(1) - Summe(2);

OUTPUT:
Saldo aller Monate eines Jahres;
```

Tab. 6-2: Spezifikation der Funktion earErst

Die Erstellung des Funktionsmodells im Rahmen der Problembeschreibung kann entsprechend folgender Schritte erfolgen:

(1) Input und Output des Systems bestimmen.

(2) Elementare Funktionen identifizieren und Funktionsbaum erstellen.

(3) Input und Output elementarer Funktionen bestimmen.

(4) Datenflussdiagramm erstellen, das die Umwandlung von Input in Output zeigt.

(5) Arbeitsweise jeder Funktion aus betriebswirtschaftlicher Sicht beschreiben.

6.3 Kommunikationsmodellierung

Die Modellierung der Kommunikation dient der Repräsentation der Beziehungen der Modellelemente aus *zeitlicher* Sicht, beschreibt die Abläufe und dient somit der Darstellung von dynamischem Systemverhalten bzw. der Interaktion von Funktionen. Das Kommunikationsmodell legt fest, *wann etwas passiert*; dazu müssen *Ereignisse*, *Bedingungen*, *Zustände* und *Transitionen* bzw. Zustandsübergänge repräsentiert werden. Geeignete Darstellungstechniken zur Kommunikationsmodellierung sind Zustandsübergangsdiagramme und Petri-Netze.

6.3.1 Zustandsübergangsdiagramme

Zustandsübergangsdiagramme bestehen aus den Komponenten Ereignis, Zustand und Transition. Ein Ereignis ist der Wert eines Signals und hat keine Zeitdauer. Ein Zustand spezifiziert die Antwort auf ein Ereignis und ist aktiv für eine Zeitdauer. Zustände lassen sich beispielsweise durch die Ausführung von Funktionen repräsentieren. Ein Zustand trennt Ereignisse und ein Ereignis trennt Zustände. Das Ereignis, das einen Zustandswechsel auslöst, heißt Transition. Die Transition aktiviert die Funktionen des empfangenden Zustands und deaktiviert die des abgebenden. Transitionen benötigen nur einen Augenblick, werden nicht genauer spezifiziert und können an zusätzliche Bedingungen geknüpft werden.

Beispiel 6-8: In Tabelle 6-3 ist ein Beispiel für eine Zustandsbeschreibung für das Anlegen eines Mandanten im Rahmen der persönlichen Finanzplanung angegeben. Zustandsnamen werden mit Funktionsnamen gleichgesetzt. □

```
ZUSTANDSNAME:      maAnlegen
BESCHREIBUNG:      Neue Kunden, die Beratungsleistungen
                   wünschen, werden als Mandanten geführt
AUSLÖSENDE
EREIGNISSE:        kundeWillBeratung
BEDINGUNGEN:       Kunde ist neuerKunde
FOLGENDE
EREIGNISSE:        maAngelegt
```

Tab. 6-3: Beispiel für eine Zustandsbeschreibung

Ein Zustandsübergangsdiagramm ist ein Graph, dessen Knoten verschiedene *Zustände* eines Systems repräsentieren und dessen Pfeile Übergänge (*Transitionen*) von einem Zustand zu einem anderen darstellen. Zustandsübergangsdiagramme wurden ursprünglich für die Beschreibung des Verhaltens von endlichen Automaten entwickelt. Es gibt viele Möglichkeiten, Zustandsübergangsdiagramme darzustellen. Die folgenden Ausführungen geben einen Überblick und basieren auf DESHARNAIS/FRAPPIER/MILI (2006).

Das Zustandsübergangsdiagramm spezifiziert die Reihenfolge von Zuständen in Abhängigkeit von Ereignissen; eine Folge von Ereignissen oder Zuständen entspricht einem Pfad im Zustandsübergangsdiagramm. Zustände werden manchmal mit aktiven Funktionen und Transitionen werden dann mit dem Namen des auslösenden Ereignisses und einzuhaltender Bedingung markiert. Eine mögliche Notation von Zustandsübergangsdiagrammen ist in Abbildung 6-10 angegeben.

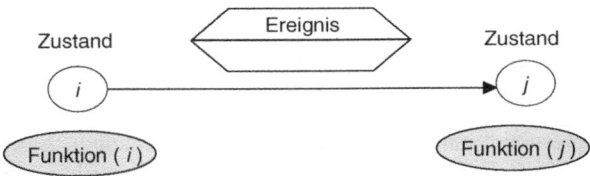

Abb. 6-10: Notation von Zustandsübergangsdiagrammen

Beispiel 6.9: Als ein Beispiel für die Kommunikationsmodellierung soll wieder die persönliche Finanzplanung dienen. Als Ereignisse werden unterschieden `kundeWillBeratung`, `maAngelegt` (Mandant wurde angelegt), `istErstellt` (Istaufnahme ist erstellt), `sollErstellt` (Sollkonzept ist erstellt), `massErstellt` (Maßnahmenplanung ist erstellt), `massAbgestimmt` und `strategieFixiert`. Das Kommunikationsmodell ist in der Abbildung 6-11 dargestellt; Bedingungen für die Zustandsübergänge sind `<neuerKunde>`, `<istGewünscht>`, `<sollGewünscht>`, `<massGewünscht>` und `<abstimmungs bedarf>`. Zur Erreichung des Zustands `strategieFixieren` und des Endzustands muss keine Bedingung eingehalten werden. Start- und Endzustand des Diagramms sind entsprechend markiert. □

Die Grundlagen von Zustandsübergangsdiagrammen legten MEALY (1955) und MOORE (1956). Ziel war es, die internen Zustände eines Systems aus Beobachtungen der Beziehungen zwischen dem Input und dem Output abzuleiten. Ein Zustandsübergangsdiagramm („Mealy-Maschine") lässt sich durch das Sechs-Tupel $(S, I, O, \delta, \gamma, s_0)$ formal präzisieren. Dabei bedeuten:

− S ist die endliche Menge von Zuständen,

− I ist ein endliches Eingabe-Alphabet,

− O ist ein endliches Ausgabe-Alphabet,

− $\delta: S \times I \rightarrow S$ ist die Zustandsübergangsfunktion,

− $\gamma: S \times I \rightarrow O$ ist die Ausgabefunktion und

− $s_0 \in S$ ist der Anfangszustand.

Die δ-Funktion beschreibt die neuen Zustände des Systems und die γ-Funktion beschreibt den entsprechenden Output, d.h. die Informationen, die bei einem Zustandsübergang ausgegeben werden.

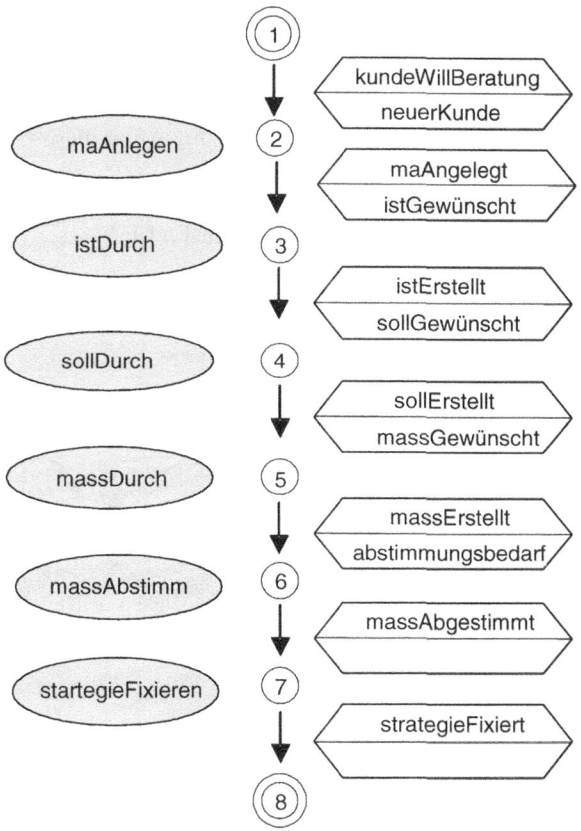

Abb. 6-11: Kommunikationsmodell Finanzberatung

Beispiel 6-10: In Abbildung 6-12 ist ein einfaches Beispiel eines Zustandsübergangsdiagramms als Mealy-Maschine dargestellt. Zustände sind als Knoten und Zustandsübergänge als Pfeile repräsentiert. Das Beispiel beschreibt einen Stapel, der entweder leer sein (ε) oder bis zu zwei Elemente aus der Menge $\{a,b\}$ enthalten kann. Es sind sieben Zustände dargestellt, die mit den jeweiligen Elementen, die sich im Stapel befinden, markiert sind. Das Eingabe-Alphabet I ist beschrieben durch $\{push_a,\ push_b,\ pop,\ top\}$. Dabei bedeuten $push_a$ und $push_b$, dass die Elemente a und b in den Stapel aufgenommen werden, *pop*, dass das Element von der ersten Position des Stapels eliminiert wird und *top*, dass es eliminiert und wieder aufgenommen wird. Das Ausgabe-Alphabet O ist $\{a,b,\lambda,\text{error}\}$. λ ist ein Platzhalter für eine beliebige Information. Die Werte des Input und der γ- Ausgabefunktion sind an den Pfeilen vermerkt. Eine Markierung x/y mit $x \in I$ und $y \in O$ einer Transition von Zustand s nach Zustand t bedeutet, dass $\gamma(s,x) = y$. Für die Zustandsübergangsfunktion folgt, dass $\delta(s,x) = t$ ist. Die Eingabe $push_b$ im Zustand a bewirkt einen Übergang zum Zustand ab und erzeugt eine beliebige Ausgabe λ. Wendet man top und pop auf den leeren Stapel (ε) an, so ist die Ausgabe error, da diese Operationen in diesem Zustand nicht ausgeführt werden können. Das gleiche Ergebnis liefert $push_a$ oder $push_b$, wenn diese Operationen auf einen vollen Stapel angewendet werden. Die Schleife zu Zustand a, die mit top/a markiert ist, bedeutet, dass diese Operation beliebig oft auf diesen Zustand angewendet werden kann und dass die Ausgabe jedesmal a ist. □

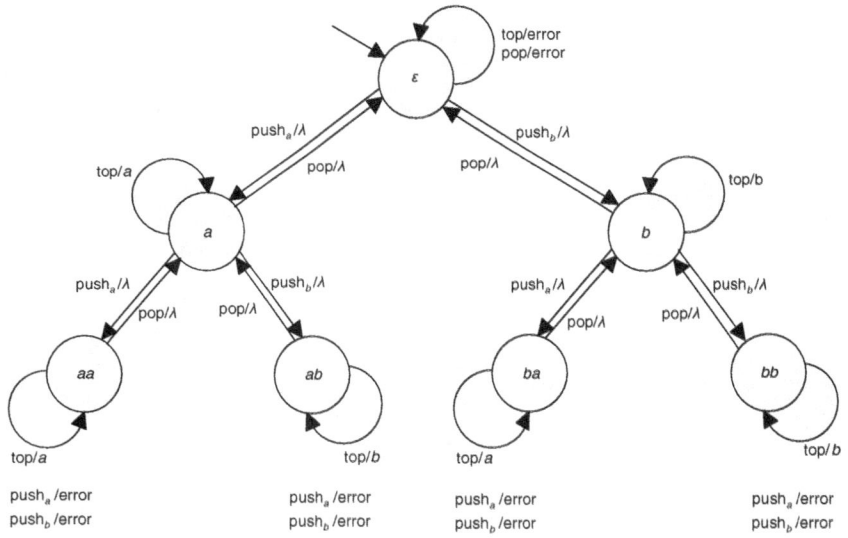

Abb. 6-12: Zustandübergangsdiagramm einer Mealy-Maschine

Das Grundmodell der Mealy-Maschine weist einige Nachteile auf. Es gibt keine Möglichkeit, Hierarchien oder Parallelität abzubilden. Es ist auch unwirtschaftlich, da die Anzahl der Zustände, die man zur Darstellung des Systemverhaltens braucht, bei linearer Zunahme der Systemgröße exponentiell wächst. So gilt für das Beispiel 6.10, dass bei 2 Elementen im Stapel 7 Knoten darzustellen sind. Bei 3 Elementen würde man 15 Knoten zur Darstellung benötigen und bei n wären dies schon $2^{n+1}-1$ Um diese Nachteile zu überwinden, wurden von Harel (HAREL 1988; HAREL 1987) *State Charts* vorgeschlagen. State Charts sind Zustandsübergangsdiagramme mit der zusätzlichen Eigenschaft, dass *Hierarchien* und *ungerichtete Kommunikation* darstellbar sind.

Beispiel 6-11: Das State Chart eines Beratungsprozesses auf dem Gebiet des Financial Planning, bei dem der Berater nach der Beratung von zwei Kunden eine Pause macht, ist in Abbildung 6-13 dargestellt. Wie man erkennt, besteht es aus einer Menge von markierten Knoten (Zuständen) und einer Menge von markierten Pfeilen (Transitionen). Die Darstellung entspricht der von Zustandsübergangsdiagrammen, jedoch unterscheidet sich die Abbildungsvorschrift. Hierarchie wird dadurch ausgedrückt, dass man Super-Zustände einführt, die Sub-Zustände und interne Transitionen enthalten. Es gibt zwei Arten von Super-Zuständen: *Oder*-Zustände und *Und*-Zustände. Sub-Zustände von Und-Zuständen werden durch gestrichelte Linien voneinander getrennt. So sind *financialPlanning*, *counter₁*, *counter₂* und *analysis* Oder-Zustände, und *consulting* ist ein Und-Zustand. Der Anfangszustand eines Super-Zustands wird durch einen kleinen Pfeil markiert. So ist *init* der Anfangszustand des Super-Zustands *analysis*. □

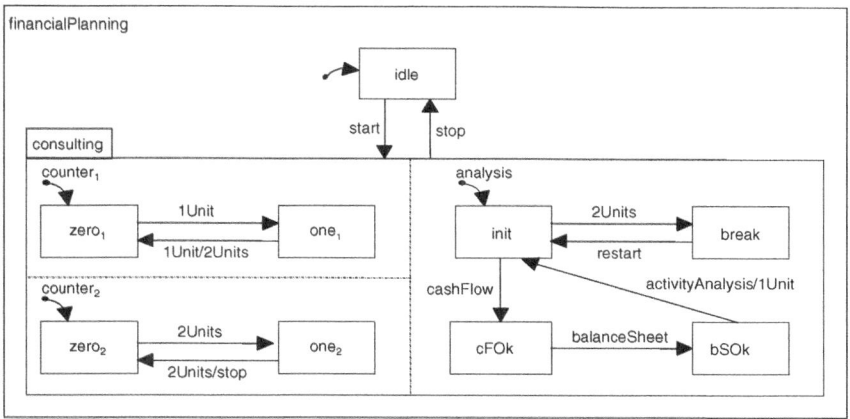

Abb. 6-13: Beispiel eines State Charts

Die Ausführung eines State Charts erfolgt in diskreten Zeitschritten. Nehmen wir an, dass das State Chart in Abbildung 6-13 nur aus dem Super-Zustand *analysis* bestehe. Dieser Knoten ist ein Oder-Zustand. Übergänge zwischen Zuständen werden entweder durch ein Ereignis oder durch das Paar externes Ereignis / internes Ereignis beschrieben. Ein Ereignis verbraucht keine Zeit. Ein internes Ereignis wird auch als Signal bezeichnet, das zur ungerichteten internen Kommunikation verwendet wird. Die Ausführung des Super-Zustands *analysis* bedeutet, einem Pfeil zu folgen, wenn das Ereignis, das der Markierung des Pfeils entspricht, eintritt. Tritt beispielsweise das Ereignis *2Units* ein, findet ein Zustandswechsel von *init* nach *break* statt.

Jeder State Chart kann sich zu jedem Zeitpunkt in nur einem Sub-Zustand eines Oder-Zustands befinden. Die Schleife *cashFlow, balanceSheet, activityAnalysis/1Unit* beschreibt die Istaufnahme im Rahmen der persönlichen Finanzplanung durch die Erstellung einer Einnahmen-Ausgaben-Rechnung (cashFlow), einer Vermögensbilanz (balanceSheet) und einer Ergebnisrechnung (activityAnalysis) und das Eintreten des internen Ereignisses, dass die Istaufnahme eines Kunden nach Durchlauf der Schleife abgeschlossen ist. Die Ausführung eines Und-Zustands bedeutet, dass seine Sub-Zustände parallel ausgeführt werden. Tabelle 6-4 zeigt das Verhalten des State Chart aus Abbildung 6-13, wenn die Ereignisse in der angegebenen Reihenfolge eintreten.

time	State	external event	internal event
1	idle	start	
2	$(zero_1, zero_2, init)$	cashFlow	
3	$(zero_1, zero_2, cFOk)$	balanceSheet	
4	$(zero_1, zero_2, bSOk)$	activityAnalysis	
	$(zero_1, zero_2, init)$		1Unit
5	$(one_1, zero_2, init)$	cashFlow	
6	$(one_1, zero_2, cFOk)$	balanceSheet	
7	$(one_1, zero_2, bSOk)$	activityAnalysis	
	$(one_1, zero_2, init)$		1Unit
	$(zero_1, zero_2, init)$		2Units
8	$(zero_1, one_2, break)$	restart	
9	$(zero_1, one_2, init)$	cashFlow	
10	$(zero_1, one_2, cFOk)$	balanceSheet	
11	$(zero_1, one_2, bSOk)$	activityAnalysis	
	$(zero_1, one_2, init)$		1Unit
12	$(one_1, one_2, init)$	cashFlow	
13	$(one_1, one_2, cFOk)$	balanceSheet	
14	$(one_1, one_2, bSOk)$	activityAnalysis	
	$(one_1, one_2, init)$		1Unit
	$(zero_1, one_2, init)$		2Units
	$(zero_1, zero_2, break)$		stop
15	Idle		

Tab. 6-4: Ausführung des State Chart 'financialPlanning'

Zustandsübergangsdiagramme und State Charts werden häufig eingesetzt. So werden sie benutzt, um die Interaktion von *Objekten* eines Systems zu beschreiben. Der Zustand eines Objekts lässt sich durch die Liste seiner *Attribute* (Variablen) und ihrer aktuellen Werte angeben. Die Knoten des Zustandsübergangsdiagramms für ein Objekt repräsentieren die Zustände, in denen sich das Objekt befinden kann. In Abbildung 6-14 ist das *erweiterte Zustandsübergangsdiagramm* des Objekts Stapel dargestellt. Es unterscheidet sich von der Mealy-Maschine dadurch, dass Zustandsvariablen, die durch Knoten repräsentiert sind, explizit enthalten sind. Dadurch lassen sich mehrere Knoten einer Mealy-Maschine durch nur einen Knoten eines erweiterten Zustandsübergangsdiagramms abbilden.

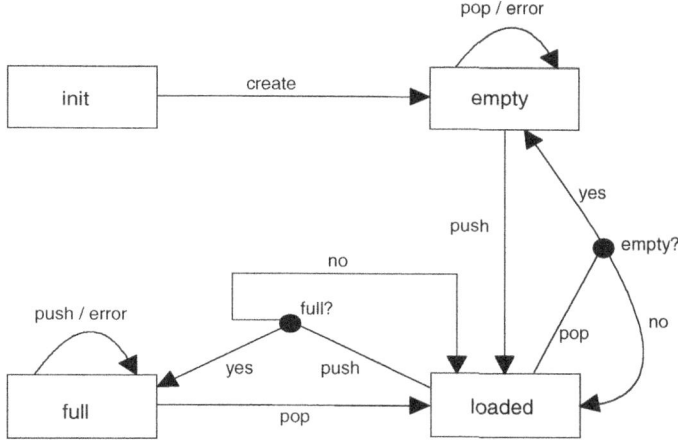

Abb. 6-14: Erweitertes Zustandsübergangsdiagramm des Objekts Stapel

Die Knoten des Beispiels repräsentieren die Zustände *init, empty, loaded* und *full. Init* ist der Anfangszustand. Der Knoten *loaded* repräsentiert den Zustand, bei dem der Stapel mit einigen Elementen aufgefüllt ist; er entspricht den Knoten *a* und *b* aus Abbildung 6-12; der Knoten *full* entspricht den Knoten *aa, ab, ba, bb*. Die Anzahl der Knoten des erweiterten Zustandsübergangsdiagramms in Abbildung 6-14 ist unabhängig von der Anzahl der Elemente im Stapel. Bei einer Darstellung mit der Mealy-Maschine würde die Anzahl der Knoten exponentiell mit der Anzahl der Elemente wachsen.

Pfeile des erweiterten Zustandsübergangsdiagramms repräsentieren *Funktionen* (Operatoren). Die Bezeichnung des Pfeils ist der Funktionsname; optional wird hinter einem Schrägstrich zusätzlich das Ergebnis einer Funktion angegeben. Das Objekt 'bewegt' sich auf einem Pfeil von einem Zustand zum nächsten dadurch, dass eine Funktion ausgeführt wird. Die Spitze eines Pfeils kann in eine *Bedingung* münden (schwarzer Kreis), von der aus sich mehrere Pfeile fortsetzen.

Durchlaufen wird der jeweilige Pfeil, für den die Bedingung wahr ist. Die Arbeitsweise der Funktionen ist häufig außerhalb von Zustandsübergangsdiagrammen genau spezifiziert.

Die Erstellung des Kommunikationsmodells mit Zustandsübergangsdiagrammen kann entsprechend dem folgenden Vorgehen erfolgen:

(1) Szenarien typischer und außergewöhnlicher Prozesse entwerfen.

(2) Ereignisse identifizieren und eine Ereignisliste für jedes Szenario aufstellen.

(3) Ereignisse in Interaktion beschreiben.

(4) Zustandsübergangsdiagramm für jeden Prozess erstellen.

(5) Verbindung einzelner Zustandsübergangsdiagramme über gemeinsame Ereignisse. Das Ergebnis sind lokale und globale Zustandsübergangsdiagramme als Kommunikationsmodell.

6.3.2   Petri-Netze

Eine weitere Technik zur Kommunikationsmodellierung sind Petri-Netze, die im Folgenden dargestellt werden. Die Ausführungen basieren auf PROTH (2006). Ein Petri-Netz lässt sich durch das Fünf-Tupel (P, T, A, W, M_O) beschreiben.

– $P = \{p_1, p_2, ..., p_n\}$ ist eine endliche Menge von *Zuständen*. Zustände werden durch Kreise repräsentiert.

– $T = \{t_1, t_2, ..., t_q\}$ ist eine endliche Menge *von Zustandsübergängen (Transitionen)*. Transitionen werden durch Rechtecke repräsentiert.

– $A \subseteq (P \times T) \cup (T \times P)$ ist eine endliche Menge von Pfeilen. Ein Pfeil verbindet einen Zustand mit einer Transition oder eine Transition mit einem Zustand, aber niemals eine Transition mit einer Transition oder einen Zustand mit einen Zustand.

– $W: A \to \mathbb{N}$ ist eine *Bewertungsfunktion*, die jedem Pfeil ein positives ganzzahliges Gewicht zuordnet. Hat ein Pfeil kein Gewicht, so wird angenommen, dass sein Gewicht eins ist. Petri-Netze heißen *gewöhnlich*, wenn alle Gewichte aller Pfeile eins sind.

– $M_O: P \to \mathbb{N}_0$ ist eine *Anfangsmarkierung*. $M_O(p)$ ist die anfängliche Anzahl von Marken auf dem Zustand p.

Beispiel 6-12: Für das Petri-Netz in Abbildung 6-15 gelten folgende Aussagen:

– $P = \{p_1, p_2, p_3, p_4, p_5\}$

– $T = \{t_1, t_2, t_3, t_4, t_5\}$

– $A = \{(p_1,t_2), (t_2,p_2), (p_2,t_3), (t_2,p_3), (p_3,t_4), (t_4,p_4), (p_3,t_5), (t_1,p_5),$

$\quad (p_5,t_5)\}$

Weiterhin sind $W(p_1,t_2) = 2$; $W(t_1,p_5) = 1$ (da das Gewicht am Pfeil fehlt) und $W(p_5,t_5) = 4$. Die Anfangsmarkierung ist $M_0 = [3,1,2,0,1]$, da $M_0(p_1) = 3$, $M_0(p_2) = 1$, $M_0(p_3) = 2$, $M_0(p_4) = 0$ und $M_0(p_5) = 1$ sind. □

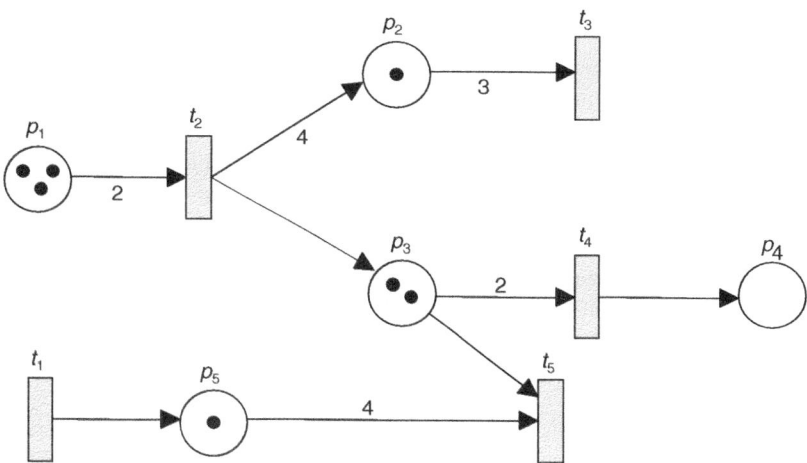

Abb. 6-15: Beispiel eines Petri-Netzes

Zur genaueren Beschreibung von Petri-Netzen benutzen wir die folgende Notation:

– $^{\circ}t$ ist die Menge der *Eingabezustände* der Transitionen t, d.h. die Menge der Zustände p, so dass $(p,t) \in A$.

– t° ist die Menge der *Ausgabezustände* der Transition t, d.h. die Menge der Zustände p, so dass $(t,p) \in A$.

– $^{\circ}p$ ist die Menge der Eingabetransitionen für den Zustand p, d.h. die Menge der Transitionen t, so dass $(t,p) \in A$.

– p° ist die Menge der Ausgabetransitionen von Zustand p, d.h. die Menge der Transitionen t, so dass $(p,t) \in A$.

Falls $^{\circ}t = \varnothing$ ($^{\circ}p = \varnothing$), dann heißt t (p) eine Quellentransition (ein Quellenzustand). Falls $t^{\circ} = \varnothing$ ($p^{\circ} = \varnothing$), dann heißt t (p) eine Senkentransition (ein Senkenzustand). Beispielsweise bedeutet dies für das Beispiel in Abbildung 6-15:

- $^{\circ}t_5 = \{p_3, p_5\}$,

- $t^{\circ}_2 = \{p_2, p_3\}$, $t^{\circ}_3 = \varnothing$,

- $^{\circ}p_4 = \{t_4\}$, $^{\circ}p_1 = \varnothing$, $^{\circ}p_2 = \{t_2\}$,

- p_1 ist ein Quellenzustand,

- t_1 ist eine Quellentransition,

- t_3 und t_5 sind Senkentransitionen,

- p_4 ist ein Senkenzustand.

Man sagt, dass eine Transition t *aktiv* ist, falls p eine Anzahl von Marken enthält, die größer oder gleich dem Gewicht $W(p,t)$ sind. Ist M die Markierung eines Petri-Netzes, dann kann die Definition formal wie folgt geschrieben werden: $t \in T$ ist aktiv genau dann, wenn für alle $p \in {}^{\circ}t$, $M(p) \geq W(p,t)$. Beispielsweise bedeutet in Abbildung 6-15, dass t_2 aktiv ist, da $M_0(p_1) > W(p_1, t_2)$, und t_5 nicht aktiv ist, da $M_0(p_5) < W(p_5, t_5)$.

Eine Transition t eines *gewöhnlichen* Petri-Netzes ist genau dann aktiv, wenn jeder ihrer Eingabezustände wenigstens eine Marke enthält. Eine aktive Transition t kann *schalten*, muss aber nicht. Wenn eine Transition t schaltet, bedeutet dies:

- $W(p,t)$-Marken werden von jedem Eingabezustand $p \in {}^{\circ}t$ entfernt und

- $W(t,p)$-Marken werden zu jedem Ausgabezustand $p \in t^{\circ}$ hinzugefügt.

Beispielsweise bedeutet dies für das in Abbildung 6-15 dargestellte Petri-Netz, dass beim Schalten von t_2 zwei Marken von p_1 entfernt und vier Marken zu p_2 und eine Marke zu p_3 hinzugefügt werden. Nachdem t_2 geschaltet hat, ist die Markierung $M = [1,5,3,0,1]$.

Eine Quellentransition ist immer aktiv. Wenn eine Quellentransition schaltet, werden $W(t,p)$ Marken zu jedem Ausgabezustand dieser Transition hinzugefügt. Eine Senkentransition kann schalten, wenn sie aktiv ist. Wenn eine Senkentransition schaltet, dann werden $W(t,p)$ Marken von den Eingabezuständen dieser Transition entfernt. Wir wollen annehmen, dass ausgehend von einer Anfangsmarkierung des Petri-Netzes in Abbildung 6-15 die folgenden Aktivitäten auftreten: t_1 schaltet dreimal hintereinander, t_5 schaltet einmal, t_2 schaltet einmal, und t_3 schaltet einmal. Nachdem t_1 dreimal geschaltet hat, ergibt sich die Markierung $M_1 = [3,1,2,0,4]$. Nachdem t_5 einmal geschaltet hat, wird $M_2 = [3,1,1,0,0]$. Nachdem t_2 einmal schaltet, wird die Markierung $M_3 = [1,5,2,0,0]$. Schließlich schaltet die Transition t_3 einmal und die Markierung wird zu $M_4 = [1,2,2,0,0]$. Abgekürzt schreiben wir M_0-σ-M_4, wobei $\sigma = <t_1, t_1, t_1, t_5, t_2, t_3>$.

Man beachte, dass beispielsweise σ = <t_5, t_1, t_1, t_2, t_3> (mit der gleichen Menge von Transitionen) nicht schaltbar ist, da t_5 nicht schalten kann, wenn wir von der Anfangsmarkierung M_0 ausgehen. Wir bezeichnen die Menge der Markierungen, die von M_0 aus ableitbar ist, mit $R(M_0)$. Für das Beispiel bedeutet dies, dass $M_i \in R(M_0)$ für i = 1,2,3,4 ist.

Siphone und Fallen sind für *gewöhnliche* Petri-Netze definiert. Eine Menge $P(s)$ von Zuständen heißt *Siphon*, wenn jede Transition $t \in T$, die einen Ausgabezu-stand in $P(s)$ hat, auch wenigstens einen Eingabezustand in $P(s)$ hat. In anderen Worten ist $P(s)$ dann ein Siphon, wenn für $t° \cap P(s) \neq \varnothing$ auch $°t \cap P(s) \neq \varnothing$ gilt. Für einige Transitionen t mag gelten $t° \cap P(s) = \varnothing$ und $°t \cap P(s) \neq \varnothing$. Siphone können sich entleeren, wenn ihre Transitionen schalten. Ein Siphon in einem Pet-ri-Netz ist ein Hinweis darauf, dass der Entwurf des Systems einen Fehler enthal-ten könnte.

Eine Menge $P(t)$ von Zuständen heißt *Falle*, falls jede Transition, die einen Einga-bezustand in $P(t)$ hat, auch wenigstens einen Ausgabezustand in $P(t)$ hat. Formal heißt das, $P(t)$ ist eine Falle, wenn für $°t \cap P(t) \neq \varnothing$ auch $t° \cap P(t) \neq \varnothing$ gilt. Für manche Transitionen t kann gelten $°t \cap P(t) = \varnothing$ und trotzdem $t° \cap P(t) \neq \varnothing$. Eine Falle, die Marken enthält, wird niemals leer werden; die Anzahl der Marken in einer Falle kann beliebig groß werden. Auch eine Falle kann als Hinweis gedeutet werden, dass der Entwurf des Systems einen Fehler enthalten könnte.

Eine *einfache Schleife* in einem Petri-Netz ist ein Pfad, der von einem Zustand (Transition) über andere Zustände (Transitionen) zurück zu diesem Zustand (Transition) führt und der jeden Zustand (Transition) nicht mehr als einmal ent-hält. In Abbildung 6-16 sind γ_1 = <t_1, p_2, t_2, p_3, t_4, p_1> und γ_2 = <t_1, p_2, t_2, p_3, t_3, p_6, t_5, p_4, t_4, p_1> zwei einfache Schleifen.

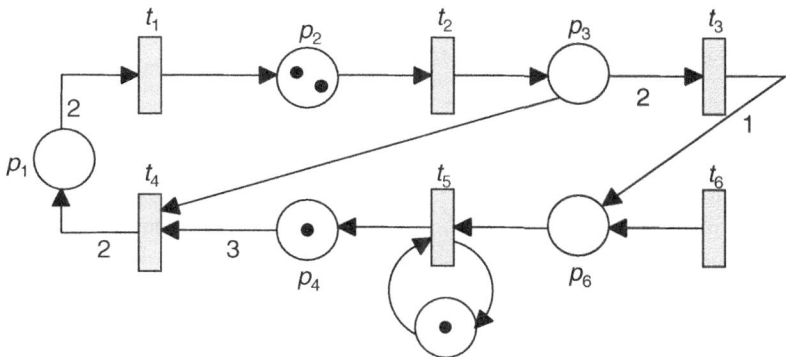

Abb. 6-16: Beispiel eines Petri-Netzes mit Schleifen

Eine *Selbstschleife* ist eine einfache Schleife, die nur einen Zustand und nur eine Transition enthält. $\gamma = \langle t,p \rangle$ ist eine Selbstschleife, wenn $\{t\}=p°=°p$. In Abbildung 6-16 ist $\gamma_3 = \langle t_5,p_5 \rangle$ eine Selbstschleife.

Der *Erreichbarkeitsbaum* eines Petri-Netzes repräsentiert alle Markierungen, die von einer Anfangsmarkierung M_O durch das Schalten von Transitionen erreicht werden können. Um solch einen Baum aufzustellen, beginnt man mit der Anfangsmarkierung M_O, die die Wurzel des Baumes auf Ebene 0 bildet. Dann betrachten wir alle Transitionen, die durch M_O aktiviert sind und berechnen die neuen Markierungen, die wir erhalten, wenn alle diese Transitionen schalten. Jede dieser neuen Markierungen repräsentiert wiederum einen Knoten des Erreichbarkeitsbaumes auf Ebene 1. Im Beispiel in Abbildung 6-16 ist $M_O=[0,2,0,1,1,0]$ und die folgenden Transitionen können von M_O aus schalten:

– t_2, was zu einer Markierung $M_1^1=[0,1,1,1,1,0]$ führt und

– t_6, was zu einer Markierung $M_2^1=[0,2,0,1,1,1]$ führt.

In diesem Fall enthält Ebene 1 des Erreichbarkeitsbaumes zwei Knoten. Die Ebene 2 wird dadurch gebildet, dass alle Transitionen schalten, die nach M_1^1 und M_2^1 aktiv sind. Wenn wir mit M_1^1 starten, ergeben sich durch Schalten von

– t_2 die Markierung $M_1^2=[0,0,2,1,1,0]$,

– t_6 die Markierung $M_2^2=[0,1,1,1,1,1]$.

Wenn wir mit M_2^1 starten, ergeben sich durch Schalten von

– t_2 die Markierung $M_3^2=[0,1,1,1,1,1]$,

– t_5 die Markierung $M_4^2=[0,1,1,2,1,0]$,

– t_6 die Markierung $M_5^2=[0,2,0,1,1,2]$.

Die ersten drei Ebenen des Erreichbarkeitsbaums des Petri-Netzes aus Abbildung 6-16 sind in Abbildung 6-17 dargestellt. Die Knoten auf der dritten Ebene werden dadurch gebildet, dass wir alle möglichen Schaltungen aller Knoten auf der zweiten Ebene untersuchen usw. Man kann sich leicht vorstellen, dass ein Erreichbarkeitsbaum eine unendliche Anzahl von Ebenen haben kann und damit auch eine unendliche Anzahl von Knoten. Dies ist auch der Fall für das Petri-Netz, das in Abbildung 6-16 dargestellt ist, denn die Quellentransition t_6 kann beliebig häufig schalten.

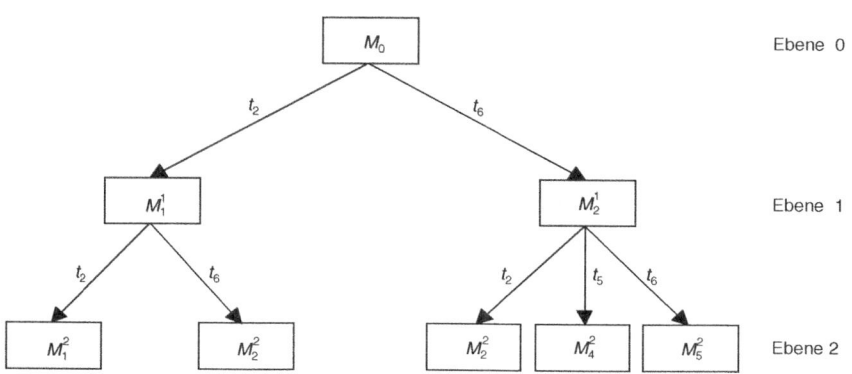

Abb. 6-17: Erreichbarkeitsbaum

In Petri-Netzen lassen sich auch zeitliche Informationen über Zustände und über Transitionen detailliert abbilden. Die Zeit, die einem Zustand zugeordnet wird, repräsentiert die Zeitdauer, die eine Marke nach ihrer Ankunft in diesem Zustand verweilen soll. Im Folgenden werden wir Zeiten Transitionen zuordnen. Nehmen wir an, es gibt eine Zeitdauer θ, die der Transition t zugeordnet ist und dass t aktiv ist. Wenn t zur Zeit μ schaltet, bedeutet dies, dass

- $W(p,t)$-Markierungen von jedem $p \in {}^{\circ}t$ zur Zeit μ entnommen und

- $W(t,p)$-Markierungen zu jedem $p \in t^{\circ}$ zur Zeit $\mu + \theta$ hinzugefügt werden.

Im Zeitintervall $[\mu, \mu + \theta]$ verschwinden Markierungen in der Transition. Dieses Modell kann so interpretiert werden, dass jetzt ein Zustandsübergang abgebildet werden soll, der einen Input verarbeitet, der durch die Markierungen der Eingabezustände repräsentiert wird. Der Output des Übergangs entspricht den Markierungen, die nach der Verarbeitung auf den Ausgabezuständen liegen. Die Zeitdauer, die einer Transition zugeordnet wird, kann sowohl deterministisch als auch stochastisch sein, abhängig von der Anwendung, die repräsentiert werden soll.

Beispiel 6-13: Ein Beispiel zur Berücksichtigung zeitlicher Informationen ist in Abbildung 6-18 angegeben. Es ist ein System mit zwei Bearbeitungsfunktionen M_1 und M_2, die in Serie ausgeführt werden, darzustellen. Beispielsweise könnten M_1 die Funktion 'Einnahmen-Ausgaben-Rechnung erstellen' und M_2 die Funktion 'Vermögensbilanz erstellen' repräsentieren.

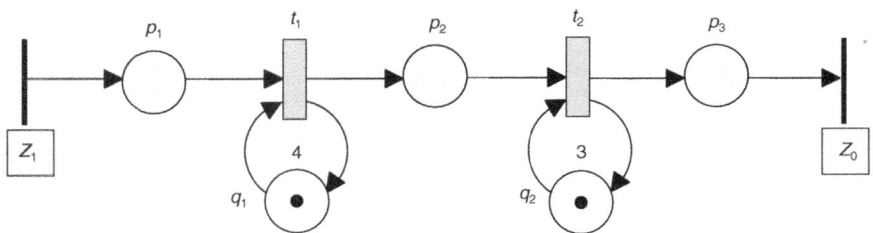

Abb. 6-18: Modell einer zweistufigen Beratung

t_1 (t_2) repräsentiert die Funktion, die M_1 (M_2) ausführt. Die Selbstschleifen (q_1,t_1) und (q_2,t_2) werden eingeführt, um zu verhindern, dass t_1 und t_2 mehr als einmal zur gleichen Zeit schalten, denn ein Mandant sollte nur einmal angelegt und danach sollte eine Istaufnahme nur einmal durchgeführt werden. Die eingerahmten Zahlen repräsentieren die Zeitdauern, die zur Ausführung der Funktionen benötigt werden. Die eingerahmten Variablen sind Zufallsvariablen: Z_1 ist die Zufallsvariable, die Zeiten des Eintreffens von Kunden angibt; Z_0 ist die Zufallsvariable, die die zeitliche Nachfrage des Kunden nach einer folgenden Beratungsleistung repräsentiert. p_1 (p_2) repräsentiert die mögliche Warteschlange der Kunden vor M_1 (M_2) und p_3 repräsentiert den Bestand an Kunden, die als Mandanten angelegt und für die eine Istaufnahme durchgeführt wurde. □

Ein *Zustandsgraph* ist ein gewöhnliches Petri-Netz, bei dem jeder Zustand genau eine Eingabetransition und genau eine Ausgabetransition hat. In Abbildung 6-19 ist ein Zustandsgraph angegeben, dessen Markierung M_O=[1,3,0,4,2] ist. Folgende Aussagen über Zustandsgraphen lassen sich herleiten:

– Die Anzahl von Marken in einer einfachen Schleife eines Zustandsgraphen ist invariant (konstant) für jede Reihenfolge von Schaltungen der Transitionen.

– Eine Anfangsmarkierung eines Zustandsgraphen lässt sich wieder erreichen, wenn jede der Transitionen genau einmal geschaltet hat.

– In einem Zustandsgraphen gibt es genau dann keine Deadlocks (Verklemmungen), wenn jede einfache Schleife wenigstens eine Markierung enthält. Wäre M_O=[0,3,0,4,0] die Ausgangsmarkierung des in Abbildung 6-19 dargestellten Zustandsgraphen, dann könnten Deadlocks nicht ausgeschlossen werden, da die einfache Schleife γ = <t_1, p_1, t_2, p_3, t_4, p_5> keine Markierungen enthält.

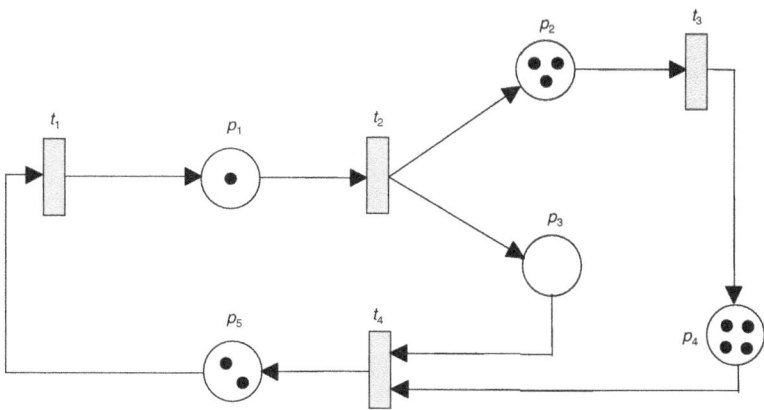

Abb. 6-19: Beispiel eines Zustandsgraphen

Ein Zustandsgraph, dem deterministische Zeiten zugeordnet sind, heißt deterministischer Zustandsgraph. Es sei γ eine einfache Schleife in einem deterministischen Zustandsgraphen, $\mu(\gamma)$ die Summe der Schaltzeiten, die die Transitionen in γ verbrauchen und $M(\gamma)$ die Anzahl der Markierungen in γ. Dann ist $C(\gamma)=\mu(\gamma)/M(\gamma)$ die *Zykluszeit* von γ. Eine kritische Schleife ist die, die die maximale Zykluszeit aufweist. Um das Zeitverhalten eines deterministischen Zustandsgraphen zu verbessern, muss man versuchen, die Zykluszeit auf einer kritischen Schleife zu verringern.

Literatur zum Kapitel 6:

BERNUS, P., MERTINS, K., SCHMIDT, G. (Hrsg.) (2006), *Handbook on Architectures of Information Systems*, Berlin: Springer

CHEN, P.P. (1976), *The entity-relationship model: towards a unified view of data*, in: ACM Transactions on Database Systems 1. Jg., Nr. 1, S. 9-36

CODD, E.F. (1970), *A relational model for large shared data banks*, in: Communications of the ACM 13. Jg., Nr. 6, S. 377-387

DATE, C.J. (2004), *An Introduction to Database Systems*, München: Addison-Wesley

DEMARCO, T. (1978), *Structured Analysis and System Specification*, New York/NY: Yourdon Press

DESHARNAIS, J./FRAPPIER, M./MILI, A. (2006), *State transition diagrams*, in: BERNUS, P./ MERTINS, K./SCHMIDT, G. (Hrsg.), *Handbook on Architectures of Information Systems*, Berlin: Springer, S. 153-172

HAREL, D. (1987): *Statecharts: A Visual Formalism for Complex Systems*, in: Science of Computer Programming, Vol. 8, S. 231-274

HAREL, D. (1988), *On visual formalisms*, in: Communications of the ACM, 31. Jg., Nr. 5, S. 514-530

HEUER, A. (1997), *Objektorientierte Datenbanken, Konzepte, Modelle, Standards und Systeme*, München: Addison-Wesley

JACKSON, M.A. (1975), *Principles of Program Design*, Fribourg: Academic Press

MEALY, G.H. (1955), *A method for synthesising sequential circuits*, in: Bell System Tech. J. 34. Jg., Nr. 5, S. 1045-1079

MOORE, E.F. (1956), *Gedanken-experiments on sequential machines*, in: Annals of Mathematics Studies, Vol. 34, S. 129-153

PROTH, J.-M. (2006), *Petri Nets*, in: BERNUS, P., MERTINS, K., SCHMIDT, G. (Hrsg.), Handbook on Architectures of Information Systems, Berlin: Springer, S. 133-152

ROB, P./CORONEL, C.M. (2006), *Database Systems, Design, Implementation and Management*, Boston: Course Technology Ptr (Sd)

SELIC, B./GULLEKSON, G./WARD, P.T. (1994), *Real-Time Object-Oriented Modeling*, New York: Wiley

Kapitel 7

7 Modellierung der Problemlösung

Kernaspekte des Kapitels:
- Effektivität und Effizienz der Suche nach Problemlösungen.
- Modelle für Suchverfahren.
- Assoziative und interaktive Lösungssuche.

Die Modellierung der Problemlösung kann erst erfolgen, wenn die Modelle der Problembeschreibung erstellt sind. Dann können Überlegungen zur Suche nach Problemlösungen durch Algorithmen angestellt werden. In diesem Kapitel werden Handlungsanleitungen zum Entwurf von Algorithmen sowohl aus iterativer als auch aus assoziativer und interaktiver Sicht vorgestellt.

Problemlösen bedeutet die Anwendung von *Verfahren* auf die Problembeschreibung mit dem Ziel der Lösungsfindung. Eine Problemlösung ist immer dann erforderlich, wenn ein Modell, das einen gegebenen *Ist-Zustand* beschreibt, in ein Modell für einen gewünschten *Soll-Zustand* überführt werden soll. Die Diskussion der Problembeschreibung war Gegenstand des vorangegangenen Kapitels. Die Problemlösung wird repräsentiert durch die Verwendung der Daten entsprechend Input und Output, durch die Funktionen entsprechend der Konkretisierung der Bearbeitungsvorschrift zur Erfüllung der Anforderungen und durch die Kommunikation mit dem realisierten Datenaustausch auf den Kanälen. Die Repräsentation der Problemlösung erfolgt in einem Modell, das die Frage beantwortet, auf welchem Weg der Ist-Zustand in den Soll-Zustand überführt werden kann. Schwerpunkt dieses Teils ist die Suche nach der Problemlösung durch geeignete *Algorithmen*. Algorithmen liefern eine Lösung bestimmter Güte (Effektivität) in bestimmter Zeit (Effizienz). Wir betrachten überwiegend Probleme, mit denen Anforderungen an eine Optimierung verknüpft sind.

Ein Problem Π ist durch eine allgemeine Frage gekennzeichnet, die beantwortet werden soll. Π wird präzisiert durch eine Beschreibung der Anforderungen, denen die Antwort auf die Frage genügen soll. Eine Problemausprägung I von Π ordnet allen Problemparametern spezifische Werte zu. Man unterscheidet zwischen Entscheidungsproblemen, Konstruktionsproblemen und Optimierungsproblemen. Ein *Entscheidungsproblem* Π_E ist gekennzeichnet durch die Menge von Ausprägungen I von Π und eine Zahl $k \in \mathbb{R}$. Die Frage lautet, *ob* es eine zulässige Lösung für Π gibt, deren Lösungswert $\leq k$ bzw. $\geq k$ ist. Ein *Konstruktionsproblem* Π_K ist gekennzeichnet durch eine Menge von Ausprägungen I von Π und eine Zahl $k \in \mathbb{R}$. Die Frage lautet, *welche* der zulässigen Lösungen einen Lösungswert $\leq k$ bzw. $\geq k$ hat. Ein *Optimierungsproblem* Π_O ist gekennzeichnet durch eine Menge von Ausprägungen I von Π und eine Wertfunktion. Die Frage lautet, welche der zulässigen Lösungen den minimalen bzw. maximalen Wert der Wertfunktion liefert. Mit Hilfe eines Investitionsproblems soll die Unterscheidung in Entscheidungs-, Konstruktions- und Optimierungsproblem verdeutlicht werden.

Beispiel 7-1: Wir wollen annehmen, dass verschiedene Investitionsobjekte realisiert werden können, jedoch ist das verfügbare Budget begrenzt. Jedes Investitionsobjekt hat einen Wert (Nutzen) und erfordert einen Investitionsbetrag. Eine Ausprägung des Investitionsproblems gibt an, wieviele Objekte zur Verfügung stehen, ihre Werte, den jeweils erforderlichen Betrag und die Höhe des Budgets. $\square$

Die verschiedenen Probleme lassen sich wie folgt formulieren

Entscheidungsproblem

Gegeben: Eine Menge von Objekten $A = \{a_1, a_2, ..., a_n\}$ mit Werten $v(a_i)$ und erforderlichen Beträgen $w(a_i)$, ein ganzzahliges Budget b und ein Mindestwert y.

Frage: Gibt es eine Teilmenge $A' \subseteq A$, so dass für die $a_i \in A'$ gilt: $\Sigma \, v(a_i) \geq y$ und $\Sigma \, w(a_i) \leq b$? Die Antwort lautet „Ja" oder „Nein".

Konstruktionsproblem

Gegeben: Eine Menge von Objekten $A = \{a_1, a_2, ..., a_n\}$ mit Werten $v(a_i)$ und erforderlichen Beträgen $w(a_i)$, ein ganzzahliges Budget b und ein Mindestwert y.

Frage: Für welche Teilmenge $A' \subseteq A$ gilt, dass für die $a_i \in A'$: $\Sigma \, v(a_i) \geq y$ und $\Sigma \, w(a_i) \leq b$? Die Antwort spezifiziert die Elemente der Teilmenge.

Optimierungsproblem

Gegeben: Eine Menge von Objekten $A = \{a_1, a_2, ..., a_n\}$ mit Werten $v(a_i)$ und erforderlichen Beträgen $w(a_i)$, ein ganzzahliges Budget b und ein Mindestwert y.

Frage: Für welche Teilmenge $A' \subseteq A$ gilt, dass für die $a_i \in A'$: $\Sigma\, v(a_i)$ maximal ist und $\Sigma\, w(a_i) \leq b$? Die Antwort muss den maximal erreichbaren Wert und die zugehörige Teilmenge der ausgewählten Objekte angeben.

Alternativ zum Optimalitätsanspruch kann man auch einem Akzeptanzanspruch folgen. Das Ziel der *Optimalität* ist es, das Problem bestmöglich zu lösen; das der *Akzeptanz* ist eine Problemlösung, die den Entscheidungsträger zufrieden stellt. Strebt man Optimalität an, so müssen optimale (exakte) Verfahren angewendet werden. Akzeptanz zu erreichen, ist das Feld der heuristischen Verfahren, kurz Heuristiken. Eine *Heuristik* ist ein Lösungsverfahren, für das nicht bewiesen werden kann, dass die optimale Lösung immer gefunden wird. Ziel des Vorgehens zur Problemlösung ist es, einen problemangepassten Ausgleich von Effektivität und Effizienz bei der Auswahl der Verfahren zu erreichen.

Ein Algorithmus A löst ein Problem Π dann, wenn er für alle Ausprägungen I von Π immer eine Lösung für Π findet. Die Zeitkomplexität bzw. der Zeitaufwand eines Algorithmus wird vereinbarungsgemäß in Abhängigkeit vom Umfang der Problemausprägung gemessen. Dieser ist die Eingabe für einen Algorithmus und wird dargestellt als eine endliche Liste von Symbolen S aus einer endlichen Menge eines Symbolvorrats, genannt Alphabet Σ. Die Beschreibung der Problemausprägung I von Π ist abhängig von der verwendeten Repräsentation. Die Eingabelänge, auch genannt Umfang $L[I]$ einer Ausprägung I von Π ist definiert als die Anzahl der Symbole $S \in \Sigma$ auf der Basis einer Kodierungsvorschrift. Die *Zeitkomplexität* eines Algorithmus bezeichnet die maximal auftretende Anzahl der elementaren Rechenoperationen für jedes $L[I]$ und wird in $O(f(L[I]))$ gemessen. Eine Funktion $g(x)$ ist $O(f(x))$, wenn Konstanten c und $x_0 \in \mathbb{N}$ existieren, so dass $|g(x)| \leq c|f(x)|$ für alle Werte $x \geq x_0$ ist.

Ein wichtiger Bestandteil der Inputlänge ist die Größe der auftretenden Zahlen. Theoretisch können diese Zahlen jeden beliebigen Wert annehmen, doch in der Praxis ist die Zahlengröße meist beschränkt. Man kann sie aus Erfahrungswerten ableiten. Geht man von einer beschränkten Zahlengröße aus, genügt es, die Eingabelänge durch die Anzahl der auftretenden Zahlen zu beschreiben, so dass man ein Aufwandmaß der Form $O(f(n))$ erhält, wobei n die Anzahl der auftretenden Zahlen angibt. Ein *polynomialer* Algorithmus liegt vor, wenn seine Aufwandsfunktion $f(n)$ eine polynomiale Funktion ist. Jeder Algorithmus, dessen Aufwand nicht durch ein Polynom in n abgeschätzt werden kann, soll als *exponentieller* Algorithmus bezeichnet werden. Die Unterscheidung zwischen diesen beiden Algorithmentypen ist von besonderer Bedeutung, wenn Probleme mit großen Problemausprägungen gelöst werden sollen.

Tabelle 7-1 gibt einen Überblick über die Rechenzeit von Algorithmen mit verschiedenen Aufwandsfunktionen $f(n)$ für eine gewählte Basis-rechenzeit, die der heutigen Informationstechnologie entspricht. Algorithmen, die eine polynomial begrenzte Zeitkomplexität von $O(n^c)$ für kleine c (c = 1,2,3) haben, gelten als effizient bzw. schnell.

Beispiel 7-2: Zur Aufwandsabschätzung eines Algorithmus soll das Quadrieren und Verdoppeln einer Zahl betrachtet werden. Um eine n-stellige Zahl zu verdoppeln (Umfang der Eingabe ist n), müssen n-mal zwei Ziffern addiert und eventuell ein Übertrag notiert werden. Die Anzahl von Rechenschritten, auch Laufzeit genannt, ist also proportional zu n. Bei der klassischen Methode des Quadrierens muss zunächst jede Ziffer der Zahl mit jeder anderen Ziffer multipliziert werden; dann müssen zwei Zahlen addiert werden. Anders ausgedrückt, beträgt beim Verdoppeln der Aufwand n Schritte, beim Quadrieren n^2 Schritte. Quadrieren ist also schwerer als Verdoppeln, das es mehr Aufwand erfordert. □

$f(n)$ ＼ n	10	20	30	40	50	60
n	$1*10^{-5}$ Sek.	$2*10^{-5}$ Sek.	$3*10^{-5}$ Sek.	$4*10^{-5}$ Sek.	$5*10^{-5}$ Sek.	$6*10^{-5}$ Sek.
n^2	$1*10^{-4}$ Sek.	$4*10{-4}$ Sek.	$9*10^{-4}$ Sek.	$16*10^{-4}$ Sek.	$25*10^{-4}$ Sek.	$36*10^{-4}$ Sek.
n^3	$1*10^{-3}$ Sek.	$8*10^{-3}$ Sek.	$27*10^{-3}$ Sek.	$64*10^{-3}$ Sek.	$125*10^{-3}$ Sek.	$216*10^{-3}$ Sek.
n^5	$1*10^{-1}$ Sek.	3.2 Sek.	24.3 Sek.	1.7 Min.	5.2 Min.	13.0 Min.
2^n	$1*10^{-3}$ Sek.	1 Sek.	17.9 Min.	12.7 Tage	35.7 Jahre	366 Jahrhunderte
3^n	$59*10^{-3}$ Sek.	58 Min.	6.5 Jahre	3855 Jahrhunderte	$2 \cdot 10^8$ Jahrhunderte	$1.3*10^{13}$ Jahrhunderte

Tab. 7-1: Rechenzeit und Aufwandsfunktionen

Heuristiken finden Anwendung bei schwer lösbaren Problemen. Ein Problem wird als schwer lösbar bezeichnet, wenn die Lösung nicht mit wirtschaftlich vertretbarem Aufwand erreicht werden kann. Diese Aussage kann präzisiert werden, wenn man die Zeitkomplexität von Algorithmen zur Problemlösung betrachtet. Dazu unterscheidet man zwei Klassen von Problemen, die Klasse **P** und die Klasse **NP** (GAREY/JOHNSON, D.S. 1979).

P sei die Klasse von Problemen, für die polynomiale Algorithmen existieren. Ein Problem heißt "vom Typ P", wenn ein Verfahren bekannt ist, das die Lösung für *jede* Problemausprägung vom Umfang n in höchstens n^c Rechenschritten liefert. Dabei darf c irgendeine natürliche Zahl sein, die nicht von n abhängt. Verdoppeln und Quadrieren sind also offensichtlich vom Typ P (mit $c=1$ und $c=2$). Ein Problem ist umso schwieriger, je größer das zugehörige c gewählt werden muss.

Beispiel 7-3: Betrachten wir das alphabetische Sortieren von k Visitenkarten. Viele Menschen würden zunächst die Karte heraussuchen, deren Name am weitesten vorn im Alphabet steht; sie treffen auf diese Karte nach maximal k Schritten. Dann wird das gleiche mit dem Rest noch einmal gemacht, es sind also nochmal maximal weitere $k-1$ Schritte erforderlich. Am Ende hat man maximal $1+2+...+k$-mal eine Visitenkarte in der Hand gehabt, das ist dasselbe wie $k(k+1)/2$-mal. Da sich $k(k+1)/2$ durch k^2 abschätzen lässt, ist Sortieren als Problem vom Typ P mit dem Exponenten $c=2$ erkannt. Man kann es geschickter machen und den Exponenten beinahe auf $c=1$ drücken. Das hat erhebliche Auswirkungen, da Sortieren in vielen Algorithmen eine fundamentale Rolle spielt. □

Alle Probleme vom Typ P sollen als „einfache" Probleme bezeichnet werden. Unter den Problemen, die nach dem heutigen Wissensstand nicht vom Typ P sind, also unter denen, die als „schwierig" bezeichnet werden, gibt es viele, die sich mit Glück dennoch schnell lösen lassen. Will man beispielsweise einen Teiler einer Zahl finden, könnte man einfach raten und damit eine systematische Suche über alle möglichen Teiler zwischen 2 und der Wurzel der Zahl vermeiden. **NP** sei die Klasse von Problemen, die durch Raten gelöst werden können.

Für die Zuordnung der Probleme zu den Klassen **P** und **NP** werden alle Probleme Π als Entscheidungsprobleme Π_E betrachtet. In **NP** sind alle Probleme enthalten, die mit exponentiellen Algorithmen gelöst werden können. Es ist leicht zu sehen, dass **P⊂NP**, doch ob **P=NP** ist eine prominente offene Frage, obwohl starke Vermutungen bestehen, dass eine Gleichheit von **P** und **NP** sehr unwahrscheinlich ist. Auf Grund von "Indizienbeweisen" kann man wohl annehmen, dass **P≠NP** ist. Die Konsequenzen dieser Annahme für die Lösbarkeit von Problemen lassen sich mit den folgenden Überlegungen aufzeigen.

– (1) Ein Problem Π' ist reduzierbar auf ein Problem Π ($\Pi' \propto \Pi$), wenn für jede Ausprägung von Π' eine Ausprägung von Π in polynomialer Zeit konstruiert werden kann, so dass, wenn man die Ausprägung von Π lösen kann, man auch die Ausprägung von Π' lösen kann.

– (2) Π und Π' sind äquivalent, wenn $\Pi' \propto \Pi$ und $\Pi \propto \Pi'$.

- (3) Π ist NP-vollständig, wenn $\Pi \in$ **NP** und $\Pi' \propto \Pi$ für jedes $\Pi' \in$ **NP**.

- (4) Π ist NP-schwierig, wenn $\Pi' \propto \Pi$ und Π' NP-vollständig ist. Daraus folgt, dass NP-schwierige Probleme wenigstens so schwer lösbar sind wie NP-vollständige Probleme, da sie nicht notwendigerweise zu **NP** gehören müssen.

Die *Reduzierbarkeit* von Π' auf Π bedeutet, dass Π' als Spezialfall von Π betrachtet werden kann. Daraus ergibt sich ein möglicher anderer Ausgangspunkt für die Einschätzung der Schwierigkeit von Problemen. Gäbe es für Π einen polynomialen Algorithmus, dann gäbe es auch für Π' einen. Kennt man jedoch für Π' noch kein polynomiales Verfahren, so liefert $\Pi' \propto \Pi$ die negative Einschätzung, dass die Aussichten, einen polynomialen Algorithmus für Π zu finden, mindestens so schlecht sind wie für Π'.

Um zu zeigen, dass ein Problem vom Typ P ist, muss ein Lösungsverfahren gefunden werden, das eine Laufzeit der Größenordnung n^c für den Eingabeumfang n hat. Der Nachweis des Gegenteils ist bei weitem schwieriger. Ein Problem ist *nicht* vom Typ P, wenn niemand ein Verfahren mit einer derart polynomial abschätzbaren Rechenzeit finden kann.

NP-vollständige und NP-schwierige Probleme sind Probleme, für die man bisher keine polynomialen Algorithmen kennt, und es auch unwahrscheinlich ist, sie zu finden, es sei denn **P=NP**. NP-vollständige Probleme sind schwierige Probleme, bei denen der Nachweis, dass sie sogar vom Typ P sind, sämtliche NP-Probleme zu P-Problemen machen würde. Alles Schwierige wäre dann letztlich doch einfach, was nach der heutigen Kenntnis jedoch unwahrscheinlich ist.

Kann man also von einem Problem Π zeigen, dass sein zugehöriges Entscheidungsproblem Π_E mindestens NP-vollständig ist, so ist die Anwendung von zeitaufwendigen Verfahren zur Lösung von Π vermutlich unvermeidbar, d.h. umgekehrt, es ist unwahrscheinlich, dass polynomiale Algorithmen für dieses Problem existieren, es sei denn **P=NP**. Das Entscheidungsproblem Π_E ist nicht schwerer als das zugehörige Konstruktionsproblem Π_K. Findet man eine Lösung mit Wert $\leq$ k bzw. $\geq k$, kann man sofort das Entscheidungsproblem lösen. Genauso kann das Konstruktionsproblem Π_K niemals schwerer als das zugehörige Optimierungsproblem Π_O sein, wenn der Lösungswert von Π_O leicht zu berechnen ist. Angenommen, man findet schnell eine Lösung für Π_O, so braucht man nur den entsprechenden Lösungswert zu berechnen und ihn mit der vorgegebenen Zahl k des Konstruktionsproblems Π_K zu vergleichen. Da Π_E niemals schwerer als Π_K und Π_K niemals schwerer als Π_O sein kann, wenn der Lösungswert von Π_O leicht zu berechnen ist, kann in diesem Fall auch Π_E niemals schwerer als Π_O sein.

Soll ein NP-schwieriges Optimierungsproblem mit einem Verfahren von geringem polynomialen Aufwand gelöst werden, müssen die Anforderungen, die man an die

Lösung stellt, abgeschwächt werden. Dabei unterscheidet man zwei Formen der Abschwächung. Bei der ersten wollen wir von einem Algorithmus A, der ein Optimierungsproblem Π_O lösen soll, nicht verlangen, dass er immer die optimale Lösung findet. Die Anforderung wird durch die Bedingung ersetzt, dass der Algorithmus A immer eine zulässige Lösung mit einem Lösungswert, der "nahe" dem optimalen Wert ist, finden muss. A wird dann *approximativer* Algorithmus bezüglich Π_O genannt. Die zweite Abschwächung besteht darin, dass ein Algorithmus A für Π_O gesucht wird, der "beinahe immer" eine optimale Lösung erzeugt. Kann man für einen Algorithmus keine im Voraus abschätzbare Lösungsgüte bestimmen, so bedeutet dies nicht unbedingt, dass dieses Verfahren schlecht ist. Es kann häufig eine Problemausprägung optimal lösen oder eine Lösung generieren, die der optimalen Lösung sehr nahe kommt. Solche Verfahren werden als gute Algorithmen im probabilistischen Sinne bezeichnet. A ist ein *probabilistischer* Algorithmus, wenn sich eine Wahrscheinlichkeit angeben lässt, mit der er ein Problem löst oder der Lösung hinreichend nahe kommt.

Es sei I eine Ausprägung von Π_O und $F^*(I)$ der Wert der optimalen Lösung für I. Ein approximativer Algorithmus erzeugt im Allgemeinen eine zulässige Lösung bezüglich I, mit einem Lösungswert $F(I)$ kleiner (größer) $F^*(I)$, falls Π_O ein Maximierungsproblem (Minimierungsproblem) ist. Es lassen sich nun verschiedene Arten approximativer Algorithmen definieren.

- A ist ein absolut approximativer Algorithmus für ein Problem Π_O genau dann, wenn für jede Ausprägung I von Π_O gilt: $|F^*(I) - F(I)| \leq k$ für eine Konstante k.
- A ist ein $f(n)$-approximativer Algorithmus genau dann, wenn für jede Ausprägung I mit Eingabelänge $L[I] = n$ gilt: $|F^*(I) - F(I)| \leq f(n)$.
- A ist ein relativ ε-approximativer Algorithmus, wenn gilt $|F^*(I) - F(I)| / F^*(I) \leq \varepsilon$ für eine Konstante ε.

Für ein Maximierungsproblem ist $|F^*(I) - F(I)| / F^*(I) \leq 1$ für jede zulässige Lösung bezüglich I. Ein ε-approximativer Algorithmus für Maximierungsprobleme muss demnach $\varepsilon < 1$ approximative Lösungen erzeugen.

Beispiel 7-4: Betrachten wir noch einmal das Beispiel 7-1 mit $n=3$, $b=100$, $v(a_i) =$ (20, 10, 19) und $w(a_i) =$ (65, 20, 35). Es sei $x(a_i) = 1$, falls das Objekt a_i realisiert wird und sonst sei $x(a_i) = 0$. $x(a_1, a_2, a_3) = (1,1,1)$ ist keine zulässige Lösung, da $\Sigma\ w(a_i)\ x(a_i) > b$. $x(a_1, a_2, a_3) = (1,0,1)$ ist eine optimale Lösung mit $\Sigma\ v(a_i)\ x(a_i)$ $= 39$, d.h. $F^*(I) = 39$ für diese Problemausprägung. $x(a_1, a_2, a_3) = (1,1,0)$ ist suboptimal mit $\Sigma\ v(a_i)\ x(a_i) = 30$. Alle zulässigen Lösungen, in diesem Falle alle 3-elementigen 0/1-Vektoren verschieden von (1,1,1), sind Kandidaten für die Lösung eines approximativen Verfahrens. Wäre die Lösung (1,1,0) Ergebnis eines approximativen Algorithmus für die obige Ausprägung, so gilt $F(I) = 30$ und damit ein absoluter Fehler von $|F^*(I)\text{-}F(I)| = 9$ und ein relativer Fehler von $|F^*(I)\text{-}F(I)| / F^*(I) = 0{,}23$. $\square$

Wir wollen das Problem aus Beispiel 7-4 mit dem folgenden Vorgehen lösen:

(1)   Ordne die Objekte nach nicht steigendem $v(a_i) / w(a_i)$.

(2)   Falls Objekt a_i realisiert wird, $x(a_i) := 1$ und sonst $x(a_i) := 0$.

Die Objekte werden in der Reihenfolge 3,2,1 betrachtet. Das Ergebnis ist $x(a_i) = (0,1,1)$, von dem wir wissen, dass es nicht optimal ist. Wir betrachten nun eine Problemausprägung mit $n = 2$, $v(a_i) = (2,r)$, $w(a_i) = (1,r)$ und $b = r$. Ist $r > 2$, so ist eine optimale Lösung $x(a_i) = (0,1)$, mit Lösungswert $F^*(I) = r$. Das approximative Verfahren generiert als Lösung $x(a_i) = (1,0)$ mit Lösungswert $F(I) = 2$. Somit ergibt sich $|F^*(I)\text{-}F(I)| = r - 2$. Unser approximatives Verfahren ist aber kein absolut approximatives Verfahren, da sich keine Konstante k angeben lässt, für die $|F^*(I)\text{-}F(I)| \leq k$ für alle Problemausprägungen I gilt. Da nun aber $|F^*(I)\text{-}F(I)| / F^*(I) = 1 - 2/r$ und sich dieser Ausdruck 1 nähert für große r, erzeugt das oben angegebene Verfahren immer eine zulässige Lösung, die 1-approximativ ist. Daher ist das Verfahren ein 1-approximativer Algorithmus.

Es ist auch vorstellbar, dass ein Algorithmus A mit ε als zusätzlicher Problemeingabe immer ε-approximative Lösungen erzeugt. $A(\varepsilon)$ ist ein *Approximationsschema* genau dann, wenn für jedes $\varepsilon > 0$ und jede Problemausprägung I $A(\varepsilon)$ eine zulässige Lösung erzeugt, so dass $|F^*(I)\text{-}F(I)| / F^*(I) \leq \varepsilon$ gilt mit $F^*(I) > 0$. Ein Approximationsschema ist ein *polynomiales* Approximationsschema genau dann, wenn es für jedes feste $\varepsilon > 0$ eine Rechenzeit hat, die polynomial in der Problemgröße ist. Ein Approximationsschema, dessen Rechenzeit polynomial in der Problemgröße und $1/\varepsilon$ ist, heißt *vollständig polynomiales* Approximationsschema.

Eine andere Art der Komplikation bei der Problemlösung kann darin liegen, dass die Inputdaten, die der Problembeschreibung zugrunde liegen entweder nicht verlässlich oder aber auch gar nicht bekannt sind. In einem solchen Fall spricht man von Problemen, die *online* gelöst werden müssen (BORODIN/EL-YANIV 1998). Die Güte der Lösung, die von einem Algorithmus *ALG* online erzeugt wird, wird mit der Güte einer optimalen Lösung verglichen, die *offline* hätte gefunden werden können, wenn alle Inputdaten vor der Erzeugung der Problemlösung bekannt gewesen wären. Für ein Minimierungsproblem (Maximierungsproblem) gilt die folgende relative Abschätzung $ALG(I) \leq c^*OPT(I)$ ($c^*ALG(I) \geq OPT(I)$). c heißt *competitive ratio* und gibt die relative Güte eines online Algorithmus im Vergleich zu einem optimalen offline Algorithmus an.

7.1 Problemlösen im Zustandsraum

Eine Möglichkeit zur Repräsentation des Vorgehens zum Finden von Problemlösungen ist das Zustandsraumkonzept. Es basiert auf zwei Bausteinen, *Zuständen* und *Operatoren*. Zustände lassen sich durch Eigenschaften und deren Werte charakterisieren; Operatoren erzeugen neue Zustände aus alten Zuständen. In ihrer Wirkung haben sie Ähnlichkeit mit Transitionen, die bereits im Rahmen der Kommunikationsmodellierung vorgestellt wurden. Der Zustandsraum enthält alle durch Operatoren erzeugbaren Zustände. Der *Anfangszustand* und der *Zielzustand* werden aus der Problembeschreibung abgeleitet, der *Weg* vom Anfangszustand zum Zielzustand ist die Anwort auf die gestellte Frage bzw. die Problemlösung; *Zwischenzustände* entstehen bei der Lösungssuche; sie sind entweder Teile der Problemlösung oder werden wieder verworfen (MEIßNER 1978). Zur Verdeutlichung soll das folgende Beispiel dienen.

Beispiel 7-5: Gegeben sei ein Graph mit Knoten und Kanten; Knoten repräsentieren Währungen und Kanten repräsentieren Tausch- bzw. Wechselmöglichkeiten zwischen Paaren von Währungen. Die Kanten sind bewertet mit den Wechselkosten. Die Frage lautet, in welcher Reihenfolge sind alle Währungen so zu tauschen, damit die entstehenden Kosten minimal sind. Das in Abbildung 7-1 dargestellte Modell und die Ausprägungen des Attributs Kosten $k(u,v)$, dargestellt in der Matrix, sind als Bestandteil der Problembeschreibung angegeben. ☐

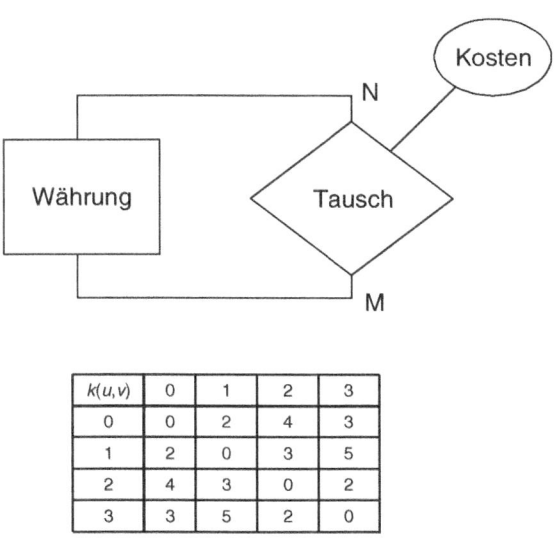

$k(u,v)$	0	1	2	3
0	0	2	4	3
1	2	0	3	5
2	4	3	0	2
3	3	5	2	0

Abb. 7-1: Beschreibung des Beispielproblems

Die Repräsentation der Problemlösung erfolgt durch Zustände und Operatoren. Zustände werden durch bereits getauschte Währungen beschrieben; Operatoren sind von der allgemeinen Form:

```
WENN Zustand z_i = u
UND  Zustand z_{i+1} = v ist von u aus direkt erreichbar
DANN erzeuge Zustand v unter Berücksichtigung von k(u,v)
SONST Stop
```

Eine kompakte Darstellung des Beispielproblems mit vier Währungen kann Abbildung 7-2 entnommen werden. Der Anfangszustand wird durch den Knoten 0 und der Zielzustand durch die Knoten 01230 bzw. 03210 repräsentiert; im Knoten 0 ist man im Besitz der Startwährung und im Knoten 01230 oder 03210 sind alle Währungen mit minimalen Kosten getauscht. Operatoren werden durch Pfeile abgebildet. Die Kosten sind an den jeweiligen Zuständen im Lösungsbaum vermerkt.

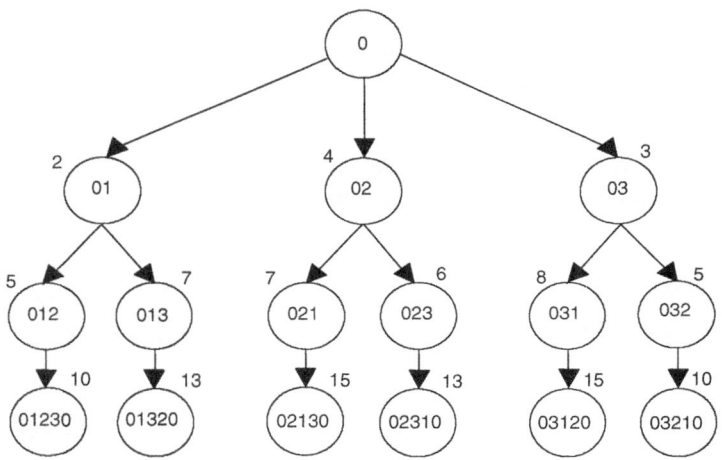

Abb. 7-2: Zustandsraumdarstellung

Die Elemente der Menge der *Zustände* $Z = \{z_i \mid i=1, ..., m\}$ lassen sich durch Eigenschaften und deren Ausprägungen charakterisieren. Verschiedene Zustände unterscheiden sich durch ihre Differenzen. Um Zustände zu erzeugen, benötigt man die Menge der *Operatoren* $Q = \{q_j \mid j=1, ..., m\}$. Wird ein Operator angewendet, so verändert er die Ausprägungen der Eigenschaften des vorliegenden Zustands und erzeugt dadurch einen neuen Zustand im Zustandsraum.

Ein Operator muss nicht auf jeden Zustand und auf einen Zustand muss nicht jeder Operator anwendbar sein. Vielmehr ist die Anwendbarkeit eines Operators an die Einhaltung bestimmter *Inputbedingungen* geknüpft. Operatoren lassen sich durch ihre Inputbedingungen und durch die Veränderung von Ausprägungen der Eigenschaften der Zustände kennzeichnen, auf die sie angewendet werden. Es sei $q_j \in Q$ ein Operator und $z_i \in Z$ ein Zustand, auf den q_j zulässig anwendbar ist; damit ergibt sich $z_i(q_j) = z_{i+1}$.

Beispiel 7-6: Ein weiteres Beispiel soll die Modellierung der Problemlösung im Zustandsraum erläutern. Es handelt sich um das Verschiebespiel mit Anfangszustand (a) und Endzustand (e), das in Abbildung 7-3 dargestellt ist. □

2	8
1	6
7	

1	2
8	
7	6

(a)   (e)

Abb. 7-3: Anfangs- und Endzustand des Verschiebespiels

Ein Zustand ist hier gegeben durch die jeweilige Konfiguration der mit Nummern versehenen Elemente auf dem aus 3 x 2 Feldern bestehenden Brett. Eine Operation ist die Bewegung eines Felds und durch genau zwei Zustände beschreibbar, die seinen In- und Output darstellen. Die Abbildung 7-4 beschreibt einen Operator durch die Variablen $x_1,..., x_6$.

Abb. 7-4: Operatorendarstellung für das Verschiebespiel

Eine andere Form der Repräsentation orientiert sich an der Matrixdarstellung der Zustände. Für einen beliebigen Zustand z_i kann man die Lage des Leerfeldes mit z_{kl} angeben, wobei k der Zeilenindex und l der Spaltenindex ist. Die Operatoren kann man jetzt durch die Verschiebung des Leerfeldes kompakter beschreiben:

(1) Nach rechts

$z_{kl} := z_{kl+1}$,   falls $l<2$;

$z_{kl} := z_{kl}$,   falls $l=2$;

(2) Nach links

$z_{kl} := z_{kl-1}$,   falls $l>1$;

$z_{kl} := z_{kl}$,   falls $l=1$

(3) Nach oben

$z_{kl} := z_{k-1l}$,   falls $k>1$;

$z_{kl} := z_{kl}$,   falls $k=1$;

(4) Nach unten

$z_{kl} := z_{k+1l}$,   falls $k<3$;

$z_{kl} := z_{kl}$,   falls $k=3$.

Beispiel 7-7: Als weiteres Beispiel dient ein Optimierungsproblem, das Rundreiseproblem. Gegeben sei eine Menge von Orten S, $|S| = m$, mit Entfernungskosten $k_{ij} \in \mathbb{N}_0$. Gesucht ist eine Rundreise, in der jeder Ort genau einmal enthalten ist und die entstehenden Kosten minimal sind. Eine Ausprägung dieses Problems wurde bereits durch Beispiel 7-5 beschrieben.

Jeder Zustand des Rundreiseproblems besteht aus denjenigen Orten, die bereits besucht worden sind. Der Anfangszustand besteht also nur aus einem Ort, dem Startort, zu dem man am Ende der Tour zurückkehrt. Der Endzustand ist eine kostenminimale Rundreise. Die Operatoren sind die Fahrten zwischen Paaren von Orten. Vom Startort aus sind Fahrten zu allen übrigen Orten möglich. Wählt man z.B. den Ort 1 als Startort, so sind Fahrten von 1 nach 2, von 1 nach 3 etc. möglich. Hat man sich für die Fahrt von 1 nach 2 entschieden, so kann man auf den resultierenden Zustand 1-2 nicht mehr alle Operatoren anwenden. So ist z.B. der Operator „Fahre von 2 nach 1" nicht anwendbar, weil dann kein zulässiger Zustand entsteht, sondern eine unvollständige Rundreise (Kurzzyklus). □

Die Modellierung der Zustände kann in Listen erfolgen. Die Operatoren können durch den Start- und Zielort jeder Fahrt beschrieben werden, z.B. (1,2), (1,3) etc. oder aber auch durch transformierbare Zustände wie etwa 1>(1-2), 1>(1-3) etc. Die Modellierung kann auch im Kalkül der Mathematischen Programmierung erfolgen. Dazu wird die Variable x_{ij} eingeführt, die den Wert 1 annimmt, wenn in der Rundreise die Fahrt von i nach j enthalten ist und sonst den Wert 0 annimmt, wenn diese Fahrt nicht in der Rundreise enthalten ist, d.h. $x_{ij} \in \{0,1\}$ $\forall i,j \in S$. Da jeder Ort genau einmal angefahren und genau einmal verlassen wird, gilt $\Sigma_{i=1,...,m}$ $x_{ij} = 1$ $\forall j \in S$ und $\Sigma_{j=1,...,m}$ $x_{ij} = 1$ $\forall i \in S$.

Um Kurzzyklen auszuschließen, muss man weitere Nebenbedingungen in Form von Ungleichungen einführen. Dies sei hier exemplarisch für Kurzzyklen, die nur aus zwei Orten bestehen, gezeigt.

$x_{12} + x_{21} \leq 1$;

$$x_{13} + x_{31} \leq 1;\ x_{23} + x_{32} \leq 1;$$

$$...$$

$$x_{1m} + x_{m1} \leq 1;\ x_{2m} + x_{m2} \leq 1;\ ...;\ x_{m\text{-}1m} + x_{mm\text{-}1} \leq 1.$$

Dazu kommen noch die Nebenbedingungen, die Kurzzyklen mit 3, 4, ..., m-1 Orten ausschließen. Da eine Rundreise mit minimalen Gesamtkosten gesucht wird, lautet die Zielfunktion $\Sigma_i\ \Sigma_j\ x_{ij}\ k_{ij} \rightarrow$ min.

Die *Mathematische Programmierung* ist ein universelles Werkzeug zur Repräsentation von Optimierungsproblemen, auf die dann geeignete Algorithmen zur Lösungssuche eingesetzt werden können. Allgemein besteht ein mathematisches Programm aus einer Zielfunktion $F(x_1, ..., x_n)$, die maximiert oder minimiert werden soll, und aus Nebenbedingungen $f_j(x_1, ..., x_n)$, $j = 1, ..., k$ mit Variablen x_i wie beispielsweise

$$\text{Max}\quad F(x_1, ..., x_n) \tag{7.1-0}$$

$$f_1(x_1, ..., x_n) \qquad \leq 0 \tag{7.1-1}$$
$$f_2(x_1, ..., x_n) \qquad = 0 \tag{7.1-2}$$

$$f_k(x_1, ..., x_n) \qquad > 0 \tag{7.1-3}$$

$$x_i \qquad \geq 0\ \ i = 1, ..., n \tag{7.1-4}$$

Der Lösungsvektor $X = (x_1, ..., x_n)$ ist zulässig, wenn er die Nebenbedingungen (7.1-1) - (7.1-4) erfüllt; X ist optimal, wenn er zulässig ist und die Zielfunktion (7.1-0) maximiert.

Mathematische Programmierung tritt in verschiedenen Ausprägungen auf. Die prominentesten sind Lineare Programmierung (F und f_j sind linear), Nichtlineare Programmierung (z.B. Quadratische Optimierung), Gemischt Ganzzahlige Programmierung, Fuzzy Mathematical Programming, Goal Programming, Randomized Programming, Stochastic Programming und Mehrkriterielle Mathematische Programmierung.

Mit der obigen Repräsentation des Rundreiseproblems als Ganzzahliges Mathematisches Programm ist der Raum der zulässigen Lösungen vollständig beschrieben. Ein Lösungsverfahren hätte den Zustandsraum nur noch möglichst geschickt abzusuchen. Bei der Repräsentation in Listen existiert dagegen noch kein Zustandsraum; er muss erst noch konstruiert werden. Ein Lösungsverfahren muss in diesem Fall also (1) laufend neue Zustände *erzeugen* und (2) *prüfen* (*analysieren*), ob sie eine Lösung für das Problem sind.

Um (1) von einem gegebenen Zustand z_i aus zu realisieren, muss ein Operator q_j aufgerufen und auf seine Anwendbarkeit geprüft werden. Ist der Operator anwendbar, wird der Zustand entsprechend der Vorschriften des Operators transformiert und ein neuer Zustand erzeugt. Bei (2) wird getestet, ob der neue Zustand eine Lösung ist. Ist das nicht der Fall, wird ein anderer Operator auf z_i anzuwenden versucht oder, wenn die Menge der Operatoren erschöpft ist, von einem anderen Zustand aus versucht, den Zustandsraum zu erzeugen. Ein einfaches systematisches Verfahren ist durch den Programmablaufplan in Abbildung 7-5 angegeben.

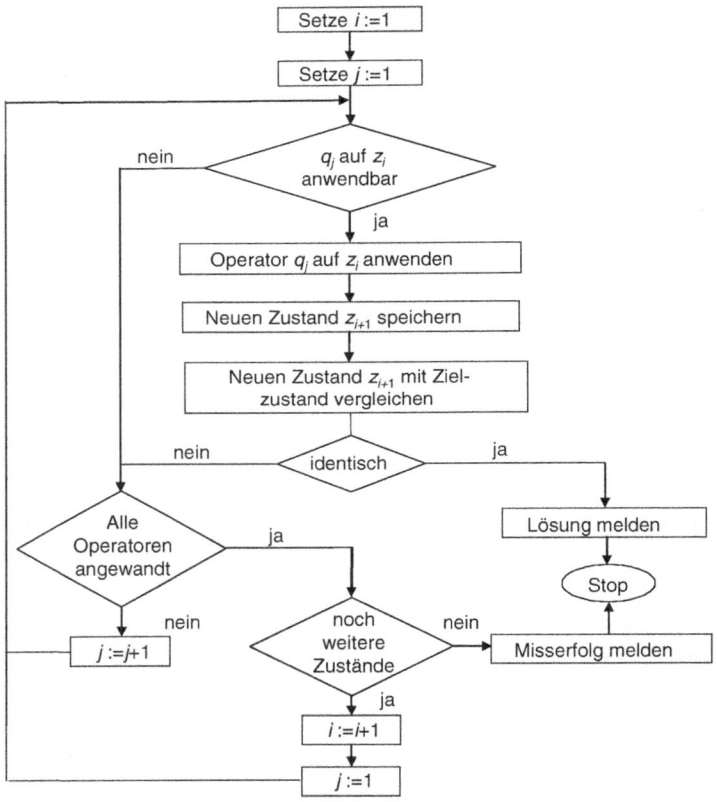

Abb. 7-5: Programmablaufplan zur Suche im Zustandsraum

Wenn man die Zustände als Knoten und die Operatoren als Pfeile repräsentiert, kann man, wie wir schon gesehen haben, Zustandsräume als Graphen darstellen. Wenn die Operatoren wie im Beispiel 7-6 reversibel sind, d.h. jeder der Zustände sowohl Input als auch Output eines Operators sein kann, dann ersetzt man die

Pfeile durch Kanten. Der den Zustandsraum abbildende Graph ist ein Baum. Der Anfangszustand ist die Wurzel des Baumes. Durch Anwendung der zulässigen Operatoren werden nun, ausgehend von der Wurzel auf der ersten Stufe $s=1$, neue Zustände erzeugt. Formal entspricht dies der Entfaltung der Wurzel, wobei deren Nachfolger entstehen. Ergibt eine Prüfung, dass keiner dieser Nachfolger der Endzustand ist, so werden in der zweiten Stufe $s=2$ die Knoten weiter entfaltet und analysiert. So wird fortgefahren, bis auf der Stufe $s=t$ ein Zustand erzeugt und geprüft wird, der als Lösung akzeptiert wird, oder das Verfahren abbricht. Blätter des Baumes, die keine vollständige Lösung beinhalten, heißen *aktive Knoten* bzw. *aktive Zustände*.

Bei der Suche im Zustandsraum sind Entscheidungen bei der Zustands- und Operatorenwahl zu treffen. Bei der *Zustandswahl* sind die aktiven Zustände zu bestimmen, die weiter *analysiert* werden, das heißt von denen aus durch Anwendung von Operatoren weitere Zustände erzeugt werden Auf welche Art und Weise dies geschieht, beschreibt die *Analysefunktion*. Im Einzelnen kann sich diese auf die folgenden Entscheidungen beziehen.

(1) *Ausschlussentscheidung:* Welche der erzeugten Zustände sollen von der weiteren Analyse ausgeschlossen werden? Werden keine Knoten ausgeschlossen, so bezeichnen wir das als *vollständige Analyse*, sonst als *beschränkte Analyse*.

(2) *Bewertungsentscheidung:* Wie werden erzeugte Zustände zur weiteren Analyse bewertet? Hier wird bestimmt, wie die Qualität der einzelnen Knoten bezüglich der gesuchten Problemlösung zu bemessen ist.

(3) *Reihenfolgeentscheidung:* Welche der nicht ausgeschlossenen Zustände werden als nächstes analysiert? Hier wird die Reihenfolge festgelegt, in der die Knoten des Baumes abgearbeitet werden.

Bei der *Operatorenwahl* sind die Operatoren zu bestimmen, die auf einen ausgewählten Zustand anzuwenden sind. Wie dies geschieht beschreibt die *Erzeugungsfunktion*. Hierdurch werden Anzahl und Art der einem bisher aktiven Knoten neuen nachfolgenden Knoten festgelegt. Im Einzelnen kann die Operatorenwahl folgende Entscheidung umfassen:

(1) *Ausschlussentscheidung*: Welche der zulässigen Operatoren werden nicht angewendet? Bleiben alle zulässigen Operatoren anwendbar, spricht man von einer *vollständigen Erzeugung*. Werden zulässige Operatoren wegen fehlender Relevanz von der Anwendung ausgeschlossen, liegt eine *beschränkte Erzeugung* vor.

(2) *Bewertungsentscheidung:* Wie werden zulässige Operatoren bewertet?

(3) *Reihenfolgeentscheidung:* In welcher Reihenfolge werden die Operatoren zur Entfaltung eines Zustands eingesetzt?

Verfahren mit vollständiger Analyse- und vollständiger Erzeugungsfunktion lösen ein Problem optimal.

Die bei der Zustands- und Operatorenwahl zu treffenden Entscheidungen treten während der Suche wie folgt auf. Man beginnt beim Anfangszustand, der Wurzel des zu konstruierenden Baumes, mit der Operatorenwahl. Es kommt eine vollständige oder beschränkte Erzeugung in Frage. Werden die ausgewählten Operatoren nicht simultan auf einen Zustand angewandt, d.h. werden die Folgezustände nicht alle parallel erzeugt, so ist eine *Reihenfolgeentscheidung* zu treffen. Diese kann systematisch, d.h. unabhängig von den Operatoren getroffen werden, oder sie erfolgt gezielt durch ihre *Bewertung*. Auf einige Bewertungsmöglichkeiten wird später noch eingegangen. Die Reihenfolgeentscheidung hat wesentlichen Einfluss auf den Suchaufwand, weil sie bestimmt, welche Folgezustände zuerst erzeugt werden. Sind Zustände erzeugt und geprüft, wird durch die Zustandswahl festgelegt, welche von ihnen analysiert werden und in welcher Reihenfolge das geschieht. Dies ist im Rahmen einer vollständigen oder beschränkten Analyse festzulegen. Die Reihenfolge kann unabhängig von einer Beurteilung der Zustände systematisch festgelegt werden, oder sie wird gezielt über die Bewertung der Knoten bestimmt. Die Reihenfolgeentscheidung hat auch hier, wie bei der Operatorenwahl, wesentlichen Einfluss auf den Suchaufwand. Wenn man die Möglichkeiten der Zustands- und Operatorenwahl miteinander verbindet, kann man die *blinde* und die *gezielte Suche* unterscheiden.

7.1.1   Blinde Suche

Bei der blinden Suche werden Zustands- und Operatorenwahl ohne Bezug zum angestrebten und bisher erreichten Zustand festgelegt, d.h. die Bewertungsentscheidung spielt keine Rolle. Blinde, wenn auch systematische Festlegung, kann bei der Ausschluss- und der Reihenfolgeentscheidung auftreten. Blinder Ausschluss liegt beispielsweise vor, wenn man eine konstante oder eine in Abhängigkeit von der Stufe des Baumes variable Anzahl von Zuständen bzw. Operatoren ausschließt. Die Reihenfolge der Operatoren kann man blind z.B. nach ihrer Numerierung, die der Zustände z.B. in Abhängigkeit ihrer Erzeugung festlegen. Im Folgenden werden einige Suchprinzipien vorgestellt, die die Reihenfolgeentscheidung blind festlegen. Man unterscheidet breiten- und tiefenorientierte Suche.

Bei der *breitenorientierten* Suche werden die Knoten in der Reihenfolge ihrer Erzeugung auch analysiert. Die Reihenfolge der Knotenanalyse korrespondiert mit der Reihenfolge der Operatorenanwendung. Bei der *tiefenorientierten* Suche wird der jeweils zuletzt bzw. zuerst erzeugte Knoten als nächster analysiert. Dadurch wird erst ein Ast des Baumes bis zu seiner maximalen Tiefe erzeugt, bevor man einen weiteren Ast entfaltet. Wenn bei beiden Suchprinzipien die Erzeugung vollständig ist, so ist es auch die Analyse, so dass die Verfahren die optimale Lösung finden.

Man kann breiten- und tiefenorientierte Suche auch verbinden, indem man einen Ast bis zu einer begrenzten Tiefe erzeugt, dann in die Breite geht, einen weiteren erzeugt und wieder in der Tiefe begrenzt analysiert. Dies ist das Prinzip der begrenzten tiefenorientierten Suche. Die Begrenzung wird durch eine Schranke für die maximale Tiefe gegeben. Nach dem Prinzip der begrenzten tiefenorientierten Suche wird dann jeweils derjenige Knoten als nächster entfaltet, bei dem der Abstand seiner Tiefe zur Schranke minimal ist. Gibt es mehrere solcher Knoten, wird derjenige entfaltet, der zuletzt erzeugt worden ist. Es ist einsichtig, dass dieses Prinzip ohne Schwierigkeiten zur Grundlage optimaler Lösungsverfahren gemacht werden kann, wenn man z.B. die Schranke für die maximale Tiefe systematisch erhöht.

Beispiel 7-8: Wir verdeutlichen das Konzept der blinden Suche an dem Verschiebespiel aus Abbildung 7-3. Zunächst verwenden wir das breitenorientierte Prinzip. Die Erzeugung sei vollständig, die Reihenfolge der zulässigen Operatoren systematisch wie folgt festgelegt: Bewegung des Leerfeldes nach links, nach oben, nach rechts, nach unten. Abbildung 7-6 zeigt den Baum. Die Knoten sind in der Reihenfolge ihrer Analyse nummeriert. Der Ast (1), (3), (6), (11), (17), (23) zeigt den Pfad zur Lösung mit 5 Zügen. Es mussten 24 Knoten erzeugt und davon 23 geprüft werden, bevor die Lösung gefunden wurde; ein beträchtlicher Aufwand zur Lösung einer so einfachen Aufgabe. □

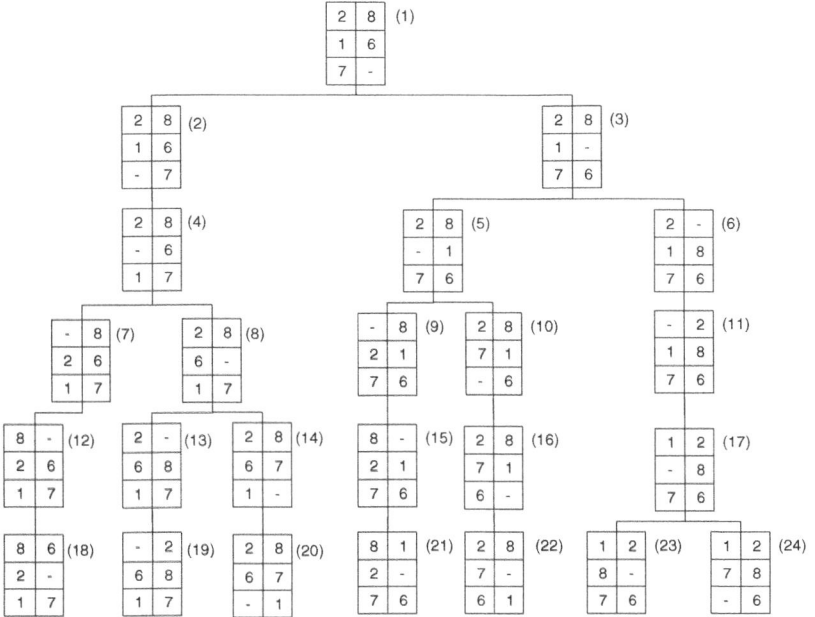

Abb. 7-6: Blinde breitenorientierte Suche

Wir werden nun versuchen, das Verschiebespiel mit dem tiefenorientierten Prinzip zu lösen. Dabei ergibt sich der linke Ast mit den Knoten (2), (3), (4) und (5) aus Abbildung 7-7. Der vollständige Baum der Abbildung wird erzeugt, wenn man das Verschiebespiel mit dem Prinzip der begrenzten tiefenorientierten Suche bearbeitet und die Schranke für die maximale Tiefe mit 5 vorgibt. Da wir von der breitenorientierten Suche wissen, dass der Endzustand in 5 Zügen gefunden werden kann, ist damit die Lösungsfindung sichergestellt. Darüber hinaus werden manchmal auch vergleichsweise weniger Knoten erzeugt und geprüft.

Alle Verfahren, die nach den vorgestellten Prinzipien arbeiten, erzeugen und analysieren Zustandsräume orientierungslos bzw. blind. Durch Einbau von Heuristiken ist man in der Lage, die Suche gezielter durchzuführen.

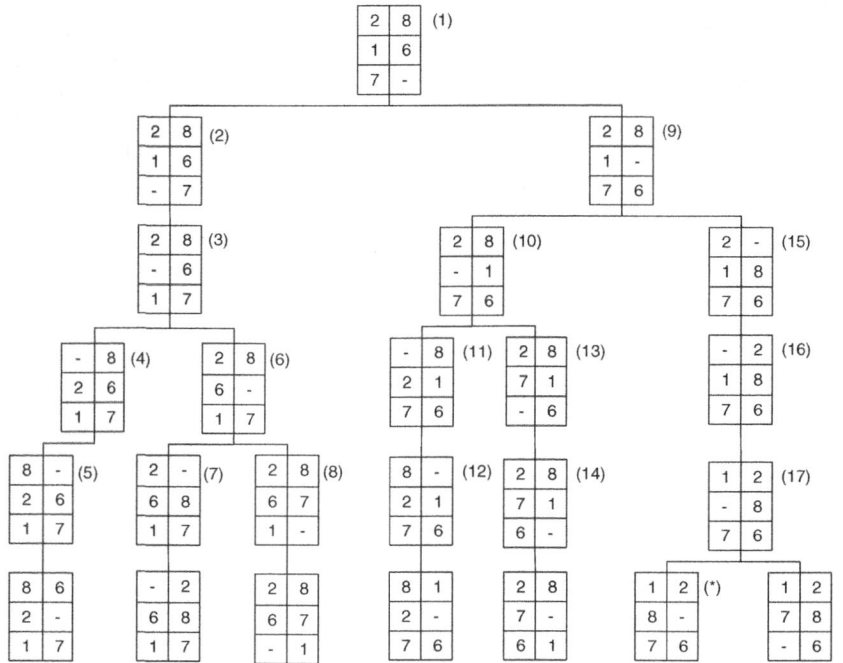

Abb. 7-7: Blinde tiefenorientierte Suche

Die *Spezifikation* der Suche im Zustandsraum kann beispielsweise durch Jackson-Diagramme, Pseudocode, Programmablaufpläne, Entscheidungstabellen und Struktogramme erfolgen. Zur Verdeutlichung der Möglichkeiten soll die blinde Suche im Zustandsraum durch Entscheidungtabelle, Struktogramm und Pseudocode beschrieben werden. Diese Repräsentationen sind in den Abbildungen 7-8 bis 7-10 dargestellt.

In Abbildung 7-8 ist die Entscheidungstabelle zur blinden Suche im Zustandsraum dargestellt. Dabei werden vier Bedingungen und vier Entscheidungen unterschieden. Bedingung 1 bedeutet, dass der aktuelle Operator auf den Zustand anwendbar ist; 2 bedeutet, dass der neue Zustand mit dem Zielzustand identisch ist; 3 bedeutet, dass alle Operatoren angewandt worden sind und 4, dass noch nicht analysierte Zustände existieren. Entscheidung A bedeutet, Misserfolg melden; B bedeutet, Lösung melden; C bedeutet, einen Operator auf den neuen Zustand anzuwenden und D, dass ein neuer Operator auf einen bekannten Zustand angewendet wird.

Bedingungen					Entscheidungen			
1	2	3	4		A	B	C	D
ja	ja					X		
ja	nein	ja	nein		X			
ja	nein	ja	ja				X	
ja	nein	nein						X
nein		ja	ja				X	
nein		ja	nein		X			
nein		nein						X

Abb. 7-8: Entscheidungstabelle zur blinden Suche im Zustandsraum

In Abbildung 7-9 ist das Struktogramm und in Abbildung 7-10 ist der Pseudocode für das Verfahren der blinden Suche im Zustandsraum angegeben. Die Darstellung des Pseudocode orientiert sich an der Programmiersprache Pascal. Ein Block besteht aus einer Folge von Anweisungen und wird durch **begin** und **end** begrenzt. Eine Anweisung kann ein Block, eine Zuweisung, eine Bedingung (**if, case**) eine Schleife (**for, while, repeat**) oder ein Sprung zu einer anderen Anweisung, zum Ende einer Schleife (**exit loop**) oder zum Ende des Algorithmus (**exit**) bedeuten. Kommentare werden durch '--' eingeleitet.

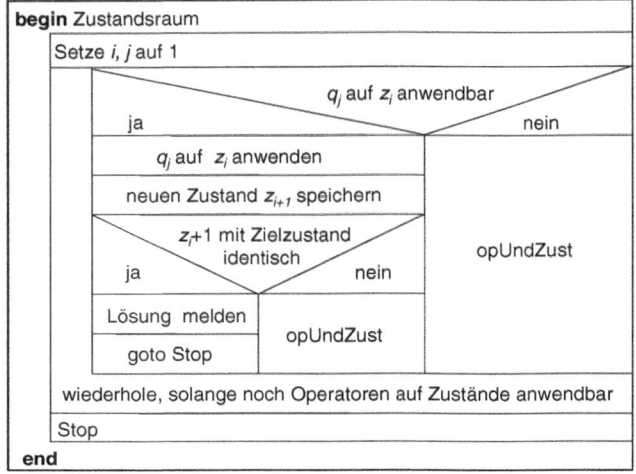

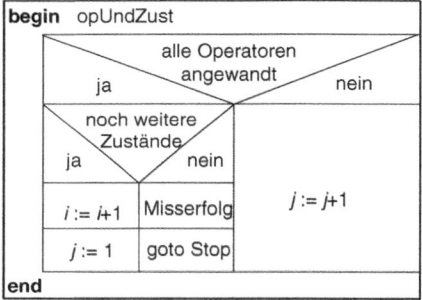

Abb. 7-9: Struktogramm zur blinden Suche im Zustandsraum

Algorithmus   Blinde Suche im Zustandsraum

begin
while   Operatoren q_j auf Zustand z_i anwendbar und Zielzustand noch
        nicht   erreicht
        -- die while Schleife entspricht der vollständigen Erzeugungsfunktion
do begin
        erzeuge neuen Zustand
        vergleiche neuen Zustand mit Zielzustand
    end;
gehe zum nächsten zu analysierenden Zustand
-- diese Anweisung repräsentiert die vollständige Analysefunktion
end;

Abb. 7-10: Pseudocode zur blinden Suche im Zustandsraum

7.1.2 Gezielte Suche

Die gezielte Suche versucht, die Zustands- und Operatorenwahl durch *heuristische* Überlegungen so festzulegen, dass der Endzustand möglichst erreicht und der Suchaufwand dabei möglichst gering wird. Will man ein optimales Lösungsverfahren, so müssen Erzeugung und Analyse vollständig sein. Heuristiken können dabei die Reihefolgeentscheidungen unterstützen. Dazu müssen Zustände und Operatoren bewertet werden. Je besser die Bewertungsentscheidung, desto weniger Knoten werden erzeugt und analysiert, d.h. desto geringer ist der Suchaufwand. Besteht man nicht auf einer optimalen Lösungsfindung, so sind beschränkte Erzeugung und Analyse die Kernstücke der Verfahren, die es durch Heuristiken festzulegen gilt. Auch hierzu müssen Operatoren und Zustände bewertet werden.

Die Qualität der Bewertungsentscheidung bestimmt sowohl die Güte der erreichbaren Lösung als auch den Suchaufwand. Wir besprechen im Folgenden einige prinzipielle Möglichkeiten, Bewertungsentscheidungen zu treffen. Dies kann allerdings nicht unabhängig davon geschehen, ob das Lösungsverfahren optimal oder heuristisch sein soll.

Vollständige Analyse und Erzeugung

Bei optimalen Verfahren hat die Bewertung die Aufgabe, die Reihenfolge der Anwendung von Operatoren der vollständigen Erzeugung und/oder die Reihenfolge der Entfaltung von Zuständen der vollständigen Analyse festzulegen. Die Bewertung eines Knotens soll Informationen darüber liefern, wie sinnvoll es ist, ihn als nächsten zu entfalten mit dem Ziel, den Suchaufwand möglichst gering zu halten. Der geringste Aufwand entsteht, wenn nur Knoten erzeugt und analysiert werden, die auf dem kürzesten Weg vom Anfangszustand a zum Zielzustand e liegen. Dann besteht der Baum aus nur einem verzweigungslosen Ast von a nach e. Mit der *vollständig vorausschauenden abschätzenden* Bewertung kann man unter den zu analysierenden Knoten denjenigen identifizieren, der mit größter subjektiver Wahrscheinlichkeit auf dem kürzesten Weg liegt.

Um einen Knoten x zu bewerten, muss man zweierlei bedenken. Einmal hat man bereits Suchaufwand betrieben, um von a nach x zu kommen. Zum anderen wird man noch Knoten erzeugen und analysieren, um von x nach e zu gelangen. Wenn die Kanten der Wege im Baum alle gleich bewertet sind, entspricht der Aufwand des Weges von a nach x der Länge dieses Weges $k(a,x)$. Für den kürzesten Weg von a nach x definieren wir die Knotenbewertung von x mit

$$g(x) = k(a,x).$$

Zur Ermittlung des Aufwandes des verbleibenden Weges sei $k(x,e)$ die Anzahl der Kanten auf einem Weg von x nach e. Wir definieren die Knotenbewertung von x für den kürzesten Weg von x nach e mit

$$h(x) = \min\{k(x,e)\}.$$

Daraus ergibt sich für die Bewertungsfunktion eines Knotens x

$$f(x) = g(x) + h(x).$$

Der Wert $f(x)$ gibt die Länge des kürzesten Weges von a nach e über x an. Dieser Wert lässt sich exakt nur ex post bestimmen, wenn der Baum bereits erzeugt und der Endzustand gefunden wurde. Ex ante sind wir auf eine Abschätzung von $f(x)$ angewiesen. Wir nehmen $\underline{f}(x)$ als Abschätzung für $f(x)$ und $\underline{h}(x)$ als Abschätzung für $h(x)$. Die Genauigkeit von $\underline{h}(x)$ hängt von der Stärke der Heuristiken ab, die der Problemlöser in die Funktion $\underline{f}(x)$ einbauen kann. $\underline{h}$ wird deshalb auch *heuristische Information* genannt. Das beste $\underline{h}(x)$ wäre eine Funktion identisch mit $h(x)$, was zu einem Minimum des Suchaufwandes führte. Wenn $0 < \underline{h}(x) \leq h(x)$, d.h. wenn die Abschätzung eine *untere Schranke* (lower bound) ist, lässt sich zeigen, dass ein Lösungsverfahren, das $\underline{f}(x) = g(x) + \underline{h}(x)$ in der oben genannten Weise benutzt,

(i)   den kürzesten Weg von a nach e findet und dabei

(ii)   weniger Knoten entfaltet als ein Verfahren mit $\underline{h}(x)=0$.

Ferner lässt sich zeigen, dass, wenn man für $\underline{h}(x)$ die größtmögliche untere Schranke für $h(x)$ definiert, am wenigsten Knoten erzeugt werden, ohne (i) zu verletzen. Allerdings erfordert die Ermittlung besserer Schranken im Allgemeinen auch einen größeren Rechenaufwand, so dass dadurch der für den Suchprozess nötige Aufwand wiederum steigt. Es ist also bei der Angabe von Schranken darauf zu achten, dass der Selektionsvorteil durch ein trennschärferes $\underline{h}(x)$ nicht durch den Aufwand zu dessen Berechnung überkompensiert wird.

Wir demonstrieren die gezielte Suche mit vollständig vorausschauender abschätzender Bewertung an dem bereits bekannten Verschiebespiel. Im Vordergrund steht die Berechnung der Abschätzung $\underline{h}(x)$. Wenn wir im Anfangszustand a beginnen, soll $\underline{h}(a)$ also eine Abschätzung der Anzahl der Züge sein, mit denen man möglichst schnell zum Zielzustand e kommt. Nun ist dies sicherlich davon abhängig, wieviele der Felder sich in der falschen Position befinden, wenn man a mit e vergleicht. Diese heuristische Überlegung können wir für eine erste Abschätzung heranziehen und definieren

$\underline{h}_1(x)$: Anzahl der Felder, die noch nicht in ihrer endgültigen Position sind.

Der Anfangszustand wird bewertet mit $f(a)=0+4$, da $g(a)=0$ und die Felder 1, 2, 6 und 8 falsch liegen. Auf der ersten Stufe werden die Knoten (6, 2, -) und (4, 3, 2) der Abbildung 7-8 erzeugt. Für sie ist $g(x)=1$ und $f(x)$ wird wie folgt berechnet.

$s = 1$ $\quad$ $f(2) = 1 + 5 = 6$ $\qquad$ $s = 2$ $\qquad$ $f(5) = 2 + 3 = 5*$

$\qquad\qquad$ $f(3) = 1 + 3 = 4*$ $\qquad\qquad\qquad$ $f(6) = 2 + 3 = 5*$

Der Knoten (4, 3, 2) hat das kleinste $f(x)$ und wird weiter entfaltet, so dass sich in Stufe 2 die Knoten (5, 4, 3) und (5, 5, 4) ergeben. Sie weisen beide den minimalen Wert auf, so dass auch beide entfaltet werden und ihre Nachfolger in der nächsten Stufe zu bewerten sind. Der vollständige Baum bei Verwendung von $f(x) = g(x) + \underline{h}_1(x)$ ist in Abbildung 7-11 dargestellt.

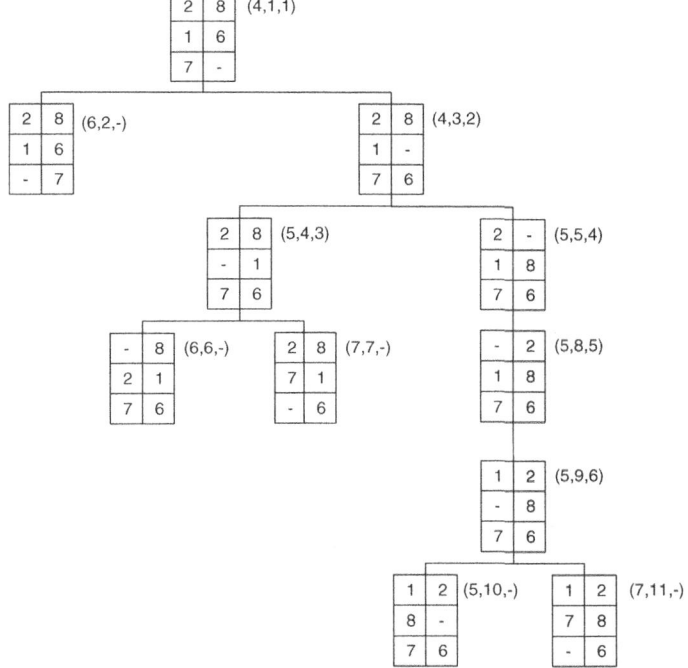

Abb. 7-11: Gezielte Suche mit vollständiger Bewertung

Die Knotennummern geben die Bewertung, die Reihenfolge der Erzeugung und die Reihenfolge der Analyse des jeweiligen Knotens an. Wie man sieht, wird der kürzeste Weg zum Ziel auch hier gefunden, allerdings werden aufgrund der in $\underline{h}_1(x)$ implizierten Heuristik bedeutend weniger Knoten erzeugt und entfaltet als etwa bei den blinden Verfahren.

Der Suchaufwand lässt sich noch weiter reduzieren, wenn die heuristische Funktion verbessert wird. $\underline{h}_1(x)$ ist nicht sehr selektiv, weil sie nichts darüber aussagt, welche Entfernungen noch zu überwinden sind, um die endgültige Position zu realisieren. Wenn man dies berücksichtigt, kann man definieren

$\underline{h}_2(x)$: Summe der Entfernungen der Felder von ihrer endgültigen Position.

Es ergibt sich so für den Anfangsknoten die Bewertung $f(a) = 1 + 1 + 1 + 0 + 2 = 5$, wobei sich die Zahlen in der Summe auf die Felder 1,2,6,7 und 8 beziehen. Bei Anwendung von $f(x) = g(x) + \underline{h}_2(x)$ reduziert sich der Baum auf einen Zweig, der ganz ohne breitenorientierte Suche auskommt.

Das Prinzip der vollständig vorausschauenden abschätzenden Bewertung lässt sich auch zur Lösung von Optimierungsproblemen benutzen. Wenn der Endzustand minimale Kosten aufweisen soll und die Operatoren mit Kosten bewertet sind, so ist ein Lösungsweg mit minimalen Kosten gesucht. Ein Beispiel für eine solche Formulierung ist das bereits vorgestellte Rundreiseproblem. Eine gängige Abschätzung ergibt sich, wenn man die Bedingungen, die Kurzzyklen verbieten, fallen lässt. Es entsteht dadurch ein sehr schnell lösbares Problem, dessen Lösungswert als *untere Schranke* dienen kann. Es ist sicher, dass keine Lösung des Ausgangsproblems einen kleineren Zielfunktionswert haben kann als eine solche, die jeden Ort mit seinem kostengünstigsten Nachbarn verbindet. Bei vielen Optimierungsproblemen ist die Konstruktion guter Abschätzungen $f(x)$, die Schranken für $f(x)$ sind, schwieriger vorzunehmen als beim Rundreiseproblem. Die Angabe guter unterer Schranken ist somit ein zentrales Problem der gezielten optimalen Suchverfahren, die mit diesem Bewertungsprinzip arbeiten.

Die vollständig vorausschauende abschätzende Knotenbewertung kann auch bei heuristischen Lösungsverfahren benutzt werden, wenn $\underline{h}(x)$ keine untere Schranke mehr für $h(x)$ ist (bei Minimierungsproblemen). Der Suchaufwand kann verringert werden, da weniger Knoten analysiert werden müssen und der Aufwand zur Berechnung von $\underline{h}(x)$ meist geringer wird. Als sehr leistungsfähig hat sich dabei eine durchschnittliche Abschätzung erwiesen, die nicht mit einzelnen, sondern mit summarischen Bewertungen arbeitet.

Beschränkte Analyse und Erzeugung

Es gibt eine Reihe von Prinzipien, mit denen man Erzeugung und Analyse gezielt beschränken kann. Bevor wir darauf eingehen, wollen wir zwei grundlegende organisatorische Entscheidungen ansprechen, die für die Beschränkung wichtig sind. Das eine ist die Stufung; sie ist das Prinzip zur Beschränkung der Analyse. Das andere ist der Freiheitsgrad; er ist das Prinzip zur Beeinflussung der Erzeugung. *Stufung* meint, dass von den durch vollständige Erzeugung generierten Knoten nur ein Teil analysiert wird. Werden alle Knoten einer Stufe bis auf einen ausgeschlossen, so wird der Ausschluss zur Auswahl. Der *Freiheitsgrad* kennzeichnet die Anzahl von zulässigen Operatoren, die auf jeder Stufe anwendbar sind. Wird diese Anzahl mit steigender Stufe tendenziell kleiner, so spricht man von abnehmendem, wird sie größer, von zunehmendem Freiheitsgrad. Der abnehmende Freiheitsgrad ist eine organisatorische Ausschlussentscheidung, die unabhängig von dem gezielten Ausschluss über Bewertung erfolgt. Gezielte Auswahlentscheidungen über Bewertungen sind für solche Verfahren besonders wichtig, die abnehmenden Freiheitsgrad haben und bei denen auf jeder Stufe genau ein Operator anzuwenden bzw. ein Zustand weiter zu analysieren ist.

Es sollen nun einige Prinzipien vorgestellt werden, die hilfreich bei der Angabe gezielter beschränkter Erzeugungs- und Analysefunktionen sind. Die Prinzipien betreffen vornehmlich die *Bewertungen*, die die Auswahl- bzw. Ausschlussentscheidungen fundieren. Auswahlprinzipien selbst sind rarer. Der Einfluss der Bewertung auf die Reihenfolge wird nur der Vollständigkeit halber angesprochen. Die Bewertungsprinzipien von Zuständen und Operatoren werden gemeinsam besprochen. Dies ist sinnvoll, da die Zustände einer Stufe aus der Operatorenwahl der vorherigen Stufe resultieren. Insofern werden Bewertung und Ausschluss von Operatoren sich vielfach aus der Bewertung von Folgezuständen ableiten bzw. die Bewertung und der Ausschluss von Zuständen werden sich mit der Bewertung von Operatoren begründen lassen.

Die Bewertungsprinzipien unterscheiden sich durch die Informationen, die sie bei der Ermittlung der Bewertung berücksichtigen. Im einfachsten Fall wird nur auf die bereits in der Problembeschreibung gegebenen Informationen zurückgegriffen, sonst auch auf Informationen, die das heuristische Verfahren bei der Konstruktion des Zustandsraums erzeugt. Von einem zu analysierenden Zustand aus betrachtet, der sich auf einer beliebigen Stufe $s = k$ befinden mag, gibt es im Wesentlichen vier Teile des Zustandsraums:

(1)   Den zu Verfahrensbeginn auf der Stufe $s = 0$ vorliegenden Zustandsraum; er ist leer oder enthält einen Anfangszustand.

(2)   Den bis zum Analysezustand auf den Stufen $0 < s \leq k$ bereits erzeugten Zustandsraum.

(3)   Den durch Anwendung von Operatoren auf den ausgewählten Zustand direkt erzeugbaren Teil des Zustandsraums auf der Stufe $s = k+1$.

(4)   Den noch nicht erzeugten, auf den Stufen $k+1 < s \leq t$ erzeugbaren Teil des Zustandsraums.

Entsprechend gibt es vier Gruppen von Bewertungsprinzipien:

(1)   *Problemdatenbewertung* (statische Bewertung): Diese Bewertungsverfahren berücksichtigen nur den in $s = 0$ vorliegenden Zustandsraum. Damit ist man auf die mit der Problembeschreibung gegebenen Daten angewiesen. Da sich die Problemdaten im Verfahrensablauf nicht ändern, bezeichnet man die Verfahren auch als statisch.

(2)   *Zurückschauende Bewertung* (dynamische Bewertung): Bei diesem Bewertungsverfahren wird der bereits erzeugte Teil des Zustandsraums berücksichtigt. Vom Analysezustand in $s = k$ aus muss man bei stufenweiser Konstruktion des Zustandsraums auf diesen Teil zurückschauen. Da durch die im Verfahrensablauf dazukommenden Informationen die Problemdaten ergänzt werden, ist die Informationsbasis veränderbar. Die Verfahren werden deshalb auch als dynamisch bezeichnet.

(3)   *Aktuelle Bewertung*: Hier werden die Informationen berücksichtigt, die durch Analyse des ausgewählten Knotens unmittelbar zugänglich werden. Das sind für das Verfahren die aktuellsten Informationen über den Zustandsraum der Stufe $s = k+1$.

(4)   *Vorausschauende Bewertung*: Bei diesen Verfahren werden Teile des Zustandsraums betrachtet, die auch durch aktuelle Analyse nicht zugänglich sind. Diese liegen auf der Stufe $k+1 < s \leq t$, was vom Analysezustand aus gesehen einer Vorausschau gleichkommt. Die Verfahren unterscheiden sich im Wesentlichen durch die Tiefe der Vorausschau, die Größe des in der Tiefe konstruierten Zustandsraums sowie die Eigenschaften der zur Bewertung herangezogenen Zustände. Diese Merkmale definieren die drei wichtigsten Verfahren der vorausschauenden Bewertung.

(4.1) *Begrenzt vorausschauende exakte Bewertung*: Hier wird eine $\underline{s}$-stufige Vorausschau gemacht, mit $1 < \underline{s} < t\text{-}k$. Dabei wird der unter dem Analysezustand befindliche Teil des Zustandsraums in begrenzter Tiefe vollständig oder beschränkt unter Verwendung eines optimalen Verfahrens erzeugt. Die Bewertung der Operatoren ist deshalb exakt, bezogen auf den in der Begrenzung enthaltenen Teil des Zustandsraums.

(4.2) *Vollständig vorausschauende abschätzende primale Bewertung*: Hier wird die Vorausschau bis zur maximalen Tiefe des Zustandsraums in $s = t$ getrieben und eine zulässige Lösung des Problems erzeugt. Diese wird auch primale Lösung genannt. Natürlich kann man wegen des Aufwandes die primale Lösung nur durch ein extrem beschränktes Erzeugungsverfahren konstruieren. Der Wert der zulässigen Lösung ist eine Abschätzung des Wertes der besten Lösung und kann gut als obere Schranke dienen im Sinne von "schlechter kann die beste Lösung nicht sein".

(4.3) *Vollständige vorausschauende abschätzende duale Bewertung*: Auch hier wird die Vorausschau bis zur maximalen Tiefe getrieben. Allerdings wird nicht das ursprüngliche Problem vom Analysezustand aus gelöst, sondern ein relaxiertes Problem. Dieses erhält man aus dem ursprünglichen Problem, in dem man Anforderungen vernachlässigt, die die Lösung besonders erschweren. Die Lösung des relaxierten Problems ist im Allgemeinen keine zulässige Lösung für das ursprüngliche Problem und wird deshalb als duale Lösung bezeichnet. Den Wert der dualen Lösung kann man als Abschätzung des Wertes der besten Lösung des ursprünglichen Problems ansehen. Hat das duale Problem dieselbe Zielfunktion wie das primale und wird seine Lösung mit einem optimalen Verfahren erzeugt und die Bewertung analytisch durchgeführt, so ist die duale Bewertung eine untere Schranke für den Wert der besten Lösung des primalen im Sinne von „besser kann die beste Lösung nicht sein".

Ist ein Teil eines Baums bewertet, erfolgt die Ausschluss- oder Auswahlentscheidung. Sie ist natürlich von dem Bewertungsprinzip nicht unabhängig, insbesondere nicht in ihrer Begründung und Leistungsfähigkeit, weshalb der Kontext zur Bewertung immer wieder hergestellt wird. Als wesentliche Auswahlprinzipien gelten:

(1) Prinzip des *besten Operators/Zustands*: Dieses Prinzip besagt, dass von den zulässig anwendbaren Operatoren oder weiter zu analysierenden Zuständen derjenige mit der besten Bewertung zu wählen ist. Die Leistungsfähigkeit des Prinzips ist wesentlich vom Bewertungsprinzip abhängig.

(2) Prinzip des *Verlustzuwachses*: Im Gegensatz zum optimistischen Prinzip des besten Operators/Zustands versucht man hier durch eine eher pessimistische Abschätzung zur Auswahl zu kommen. Man schätzt ab, was passiert, wenn man den besten Operator/Zustand nicht auswählt. Die Kalkulation gründet sich auf folgende Überlegungen: Wenn der beste Operator/Zustand nicht gewählt wird, so entsteht ein Verlust, weil man etwa den zweitbesten wählen muss. Die Höhe dieses Verlustes, der Verlustzuwachs, ist ein guter Indikator für die Dringlichkeit der Wahl des besten Operators/Zustands. Im Allgemeinen wird der mindestens entstehende Verlustzuwachs berechnet und der mit dem Maximum gewählt. Deshalb spricht man präziser auch vom Prinzip des max-min-Verlustzuwachses, d.h. man möchte den maximal eintretbaren Verlust minimieren. Das Prinzip führt ceteris paribus zu besseren Auswahlentscheidungen als das des besten Operators/Zustands. In seiner Leistungsfähigkeit ist es natürlich wiederum vom Bewertungsprinzip abhängig.

(3) Prinzip der *n-besten Nachfolger*: Während die Prinzipien des besten Operators und des max-min-Verlustzuwachses genau einen Operator oder Zustand auswählen, ist das Prinzip der n-besten Nachfolger relevant, wenn mehrere Operatoren ausgewählt oder mehrere Zustände weiter analysiert werden sollen. Das Prinzip wird hauptsächlich in Verbindung mit der begrenzt vorausschauenden exakten Bewertung benutzt, wenn dabei vollständige Erzeugung/Analyse vermieden werden soll. Im Allgemeinen ist n so klein, dass die Reihenfolge, in der n Operatoren angewendet oder n Knoten analysiert werden, keine große Rolle spielt.

Die genannten Prinzipien finden in vielen optimalen und heuristischen Algorithmen Anwendung. Beispiele für *heuristische* Suchverfahren sind Greedy-Verfahren, Hill Climbing, Beam Search, Tabu Search, Ejection Chains, Genetische Algorithmen und Simulated Annealing. Beispiele für *optimale* Suchverfahren sind die vollständige Enumeration, Branch and Bound und der A*-Algorithmus. Ein Teil der folgenden Darstellung ist BLAZEWICZ/ECKER/PESCH/SCHMIDT/WEGLARZ (2001) entnommen.

Exakte Suchverfahren

Gegeben sei eine endliche Menge S von zulässigen Lösungen und ein Zielkriterium γ: S $\rightarrow$ $\mathbb{R}$, wir suchen $S^* \in$ S mit der Eigenschaft, dass $\gamma(S^*) = \min_{S \in S} \{ \gamma(S) \}$.

Das Verfahren *Branch and Bound* findet S^* auf Basis vollständiger Erzeugung und Analyse (Enumeration) aller $S \in$ S, indem gezielt unvollständige Teillösungen aus S zu Lösungen schrittweise vervollständigt werden.

Wie der Name schon sagt besteht Branch and Bound aus den beiden Teilen Verzweigen und Begrenzen bzw. Abschneiden. *Branching* zerlegt Probleme in zwei oder mehr Teilprobleme, die normalerweise gegenseitig disjunkt sind. Teilprobleme werden nach dem gleichen Schema weiter zerlegt. *Bounding* berechnet einen *lower bound* auf den optimalen Lösungswert für jedes generierte Teilproblem. Branching kann durch einen *Suchbau* repräsentiert werden. Auf Ebene 0 besteht der Baum nur aus einem Knoten, der das Ausgangsproblem repräsentiert; auf den weiteren Ebenen besteht der Suchbaum aus Knoten, die Teilprobleme des Problems auf der Vorgängerebene repräsentieren. Kanten verbinden jeden Problem-Knoten mit den entsprechenden Teilproblem-Knoten. Eine Liste bisher erzeugter, aber noch nicht analysierter Knoten für noch nicht eliminierte (abgeschnittene) Teilprobleme wird bei der Durchführung des Verfahrens laufend aktualisiert (Liste von aktiven Knoten)

Angenommen im Verlauf des Branch and Bound Verfahrens wird eine (vollständige) Lösung S für ein *Minimierungsproblem* mit Zielfunktionswert $\gamma(S)$ generiert. Darüber hinaus nehmen wir an, es existiere ein Knoten mit einem lower bound $LB > \gamma(S)$. In diesem Fall braucht dieser Knoten nicht mehr bei der Suche nach S^* berücksichtigt werden, da die optimale Lösung keinen Wert haben kann, der kleiner als $\gamma(S)$ ist; alle Knoten mit dieser Eigenschaft werden vom Baum abgeschnitten (eliminiert) und können auch nicht weiter verzweigt werden.

Die Lösung, die man benutzt, um Knoten abzuschneiden, heißt auch *trial* solution. Am Anfang der Suche kann solch eine Lösung durch eine schnell zu findene zulässige Lösung repräsentiert warden; im weiteren Verlauf werden solche zulässigen Lösungen beim Aufbau des Suchbaumes erzeugt. Der Lösungswert $\gamma(S)$ einer trial solution S wird auch als *upper bound* bezeichnet.

Knoten des Suchbaums können nicht nur auf Basis der bounds von der weiteren Suche ausgeschlossen warden, sondern auch durch sogenannte Dominanz-Eigenschaften oder Zulässigkeitsbedingungen, die für ein gegebenes Problem abgeleitet werden.

Die Wahl des Knotens, der nicht ausgeschlosen wurde und der als nächster zu analysieren ist, erfolgt nach einer zu wählenden *Suchstrategie*. Die Suchstrategien jumptracking und backtracking werden am häufigsten benutzt. *Jumptracking* implementiert eine tiefenorientierte *frontier search*, bei der ein Knoten mit minimalen lower bound zuerst analysiert wird, während *backtracking* eine tiefenorientierte Suche implementiert, wobei die Sohn-Knoten eines Vater-Knotens entweder in beliebiger Reihenfolge oder in der Reihenfolge nicht-fallender lower bounds analysiert werden. Jumptracking tendiert dazu eine relative lange Liste aktiver Knoten zu erzeugen; Backtracking hat zu jedem Zeitpunkt relativ wenige Knoten auf der Liste. Ein Vorteil des jumptracking ist die Qualität der dabei gefundenen trial solutions, die normalerweise viel näher am Optimum liegen als trial solutions, die durch backtracking in frühen Phasen der Suche erzeugt werden.

Somit sind Entscheidungen über

(*i*) das Vorgehen beim branching, die Suchstrategie und

(*ii*) das Vorgehen zum bounding bzw. zur Elemination von Knoten

ausschlaggebend für die Effizienz des Verfahrens. Diese Entscheidungen müssen abhängig von den Eigenschaften des vorliegenden Problems getroffen werden. Es existiert ein trade off zwischen dem Zeitaufwand zur Berechnung von lower bounds bzw. trial solutions und der Erzeugung des Suchbaums. Das Zeitverhalten des Branch and Bound Verfahrens ist unvorhersagbar und lässt sich nur durch Experimente abschätzen. Jedoch ist es offensichtlich, dass die Zeitkomplexität des Verfahrens exponentiell in der Problemgröße ist, wenn nach optimalen Lösungen gesucht wird.

Heuristische Suchverfahren

Grundlegende heuristische Suchverfahren warden häufig als *Meta-Heuristiken*, wissensverarbeitende oder lernfähige Strategien bezeichnet. Offensichtlich ist es bedeutsam zu entscheiden, welches problemspezifische Wissen für die Konstruktion der Lern-Algorithmen benutzt werden soll. Sehr allgemeine Methoden mit einer großen Anzahl von Anwendungsmöglichkeiten sind schwach bezogen auf die erzielte Qualität des Lösungsverfahrens. Problemspezifische Methoden erzielen eine hohe Qualität, sind aber nur auf enge Domänen anwendbar.

Lokale Suchverfahren stellen einen Kompromiss zwischen den beiden Alternativen dar. Gentische Algorithmen und Neuronale Netze sind eher der ersten Vrfahrensgruppe zuzuordnen; Tabu Search und Simulated Annealing eher der zweiten, Betrachten wir ein Minimierungsproblem min $\{\gamma(x) \mid x \in S\}$ mit γ als Zielfunktion und S als Suchraum, d.h. die Menge der zulässigen Problemlösungen. Ein intuitiver Lösungsansatz ist es, die Suche mit einer zulässigen Lösung zu beginnen und diese langsam zu pertubieren, um eine Verbesserung des Zielfunktionswertes zu erreichen. Mit jeder Lösung x sei eine Teilmenge von Lösungen $N(x)$ von S, die *Nachbarschaft* von x assoziiert. Die Lösungen in $N(x)$ werden als Perturbationen von x bezeichnet.

Ein einfaches lokales Suchverfahren beginnt mit einer zulässigen Startlösung und arbeitet sich von Nachbar zu Nachbar so vor, dass der Zielfunktionswert immer weiter sinkt. Dabei sind folgende Fragen zu beantworten.

(1) Wie ermittelt man eine geeignete Startlösung? In den meisten Fällen bereitet das Finden *einer* Startlösung keine großen Schwierigkeiten; welche jedoch für eine schnelle Lösungsfindung geeignet ist, ist viel schwerer zu beantworten. Aus diesem Grunde wird das lokale Suchverfahren auf verschiedene (zufällig erzeugte) Startlösungen angewendet.

(2) Wie definiert man Nachbarschaften?

(3) Wie bestimmt man die Nachbarschaft einer gegebenen Lösung? Bei der Wahl der Nachbarschaft ist ein trade-off zwischen Lösungsqualität und Aufwand des Algorithmus zu beachten.

(4) Welche Nachbarschaft wird für die weitere Suche gewählt, damit der Zielfunktionswert verbessert werden kann (die erste, die beste, eine zufällige)?

Genauere Auskunft zur Beantwortung der dritten und vierten Frage erhält man durch Experimente.

Lokale Suchverfahren sind attraktiv wegen ihrer breiten Anwendbarkeit und ihrer geringen rechnerischen Komplexität. Alles was benötigt wird, ist eine geeignete Definition der Nachbarschaft und ein möglichst effizientes Verfahren zum Suchen in der Nachbarschaft. In ihrer einfachsten Form, dem *hill-climbing*, bricht die Suche ab, sobald ein lokales Optimum gefunden wurde, beispielsweise eine Lösung x so dass $\gamma(x) \leq \gamma(y)$ für alle y aus $N(x)$. Im Allgemeinen ist ein solches lokale Optimum kein globales Optimum; gewöhnlich kann keine Garantie gegeben warden, dass der Wert der Zielfunktion eines beliebigen lokalen Optimums nahe am globalen Optimum liegt. Mit Hilfe vieler Neustarts und verschiedener Erweiterungen der Suche soll das Hängenbleiben in lokalen Optima vermieden werden. Beispiele für lokale heuristische Suchverfahren sind *Simulated Annealing*, *Tabu Search*, *Ejection Chains* und *Genetic Algorithms*. Ihre Grundlagen und Beispiele für ihre Anwendung sind in BLAZEWICZ/ECKER/PESCH/SCHMIDT/WEGLARZ (2001) dargestellt.

7.1.3   Problemlösung und Problemtyp

Die Art des Vorgehens zum Finden der Problemlösung ist abhängig vom Problemtyp bzw. von der Problembeschreibung. Die meisten betriebswirtschaftlichen Probleme lassen sich auf die folgenden drei Problemtypen reduzieren:

(1) *Analyseproblem* (Wegeproblem)

Gegeben: ein Anfangszustand, ein oder mehrere Zielzustände, Operatoren;

Gesucht: Weg(e) vom Anfangszustand zu den Zielzuständen (Operatorenfolge);

Beispiele: Diagnose, Interpretation, Klassifikation, Überwachung, Lernen.

(2) *Simulationsproblem* (Zielproblem)

Gegeben: ein Anfangszustand, Operatoren mit Reihenfolge;

Gesucht: mögliche Zielzustände;

Beispiele: Experimente, Planspiele, Prognosen.

(3) *Syntheseproblem* (Ziel-Wege-Problem)

Gegeben: ein Anfangszustand, Anforderungen an den Zielzustand (zeitliche, räumliche Anordnung von Elementen), Operatoren;

Gesucht: Zielzustand, Weg vom Anfangszustand zum Zielzustand (Operatorenfolge);

Beispiele: Planung, Steuerung, Therapie, Konstruktion.

Bei dem in Beispiel 7-5 formulierten Problem handelt es sich um ein Syntheseproblem, bei dem in Beispiel 7-6 um ein Analyseproblem. Modifizierte Formulierungen der Problembeschreibung können zu Simulationsproblemen führen.

Bisher haben wir angenommen, dass die Suche im Zustandsraum mit dem Anfangszustand beginnt. Dies ist aber nicht nötig. Allgemein unterscheidet man bei den Suchrichtungen die *Vorwärts-* und die *Rückwärtsverkettung*. Bei der Vorwärtsverkettung werden von einem Anfangszustand ausgehend über Zwischenzustände Zielzustände gesucht. Dieses Vorgehen nennt man auch datenorientiert, da man von den Inputdaten ausgehend sich auf den Zielzustand zubewegt. Der umgekehrte Weg wird bei der Rückwärtsverkettung eingeschlagen; hier beginnt die Suche in einem möglichen Zielzustand, von dem aus ein vorliegender Anfangszustand erreicht werden soll. Dieses Vorgehen heißt auch lösungsorientiert, da man von der geforderten Lösung ausgehend sich auf den Ausgangszustand zubewegt. Beide Suchrichtungen können, wie schon erwähnt, *tiefen-* oder *breitenorientiert* eingeschlagen werden. Standardvorgehen für Analyseprobleme ist die Rückwärtsverkettung, d.h. ausgehend von möglichen Zielzuständen wird versucht, den bekannten Anfangszustand zu erreichen. Standardvorgehen für Synthese- und Simulationsprobleme ist die Vorwärtsverkettung, d.h. ausgehend vom Anfangszustand wird versucht, einen oder mehrere Zielzustände zu erreichen.

Beispiel 7-9: Folgendes Beispiel zur Kundenberatung soll die Arbeitsweise von Vorwärts- und Rückwärtsverkettung verdeutlichen. Der Anfangszustand sei: Kunde trifft ein (A), Kunde wünscht Sollkonzept (B), Istaufnahme liegt vor (C), Ressourcen sind verfügbar (D);

Operatoren:
(1) WENN   ein Kunde eintrifft (A)
    UND   er eine Beratung wünscht
    UND   er ein Sollkonzept wünscht (B)
    DANN   wird ein Beratungsauftrag gebildet (E);
(2) WENN   ein Beratungsauftrag vorliegt (E)
    UND   die Istaufnahme vorliegt (C)
    DANN   kann der Beratungsauftrag 'Sollkonzept' geplant werden (F);
(3) WENN   ein Beratungsauftrag vorliegt (E)
    UND   die Istaufnahme vorliegt (C)
    DANN   können einzelne Schritte bestimmt werden (G);
(4) WENN   einzelne Schritte bestimmt sind (G)
    UND   Ressourcen verfügbar sind (D)
    DANN   kann die Beratung beginnen (H).

Verkettung: Beratungsauftrag wird gebildet (E) ↔ Beratungsauftrag 'Sollkonzept' kann geplant werden (F) ↔ einzelne Schritte können bestimmt werden (G) ↔ Beratung kann beginnen (H). ☐

Bei der Reihenfolge der Anwendung von Operatoren und damit der Erzeugung von Zuständen hat man die bereits diskutierten Möglichkeiten. Die Suche lässt sich auch durch die Berücksichtigung zusätzlicher Informationen effizienter gestalten. Ein Beispiel dafür ist die *Problemzerlegung*. Bei der Problemzerlegung benutzt man problemspezifische Informationen zur Dekomposition eines schwierigen Ausgangsproblems in mehrere leichtere Teilprobleme. Jedes dieser Teilprobleme wird gelöst, und die einzelnen Teillösungen werden zur Lösung des Ausgangsproblems zusammengesetzt.

Eine andere Möglichkeit der Problemreduktion besteht darin, zu erreichende Zwischenzustände für die Lösungssuche zu definieren, um damit über fest definierte *Etappen* die Lösung zu finden. So kann beispielsweise ein 'Beratungsauftrag' durch Datenkomprimierung als 'schwieriger Auftrag' identifiziert werden. Aus dieser Hypothese kann durch die Zusatzinformation, dass 'Zeitdruck' herrscht, die allgemeine Diagnose abgeleitet werden, dass der 'Beratungsauftrag' durch 'Fremdvergabe' erfüllt werden sollte. Im Sinne einer Verfeinerung kann dann durch die

Berücksichtigung von 'Zuverlässigkeit' eine spezielle Diagnose gestellt werden, dass der 'Beratungsauftrag' ein Fall für den 'Berater x' ist.

Eine weitere Möglichkeit zur Definition von Zwischenzuständen besteht darin, das Problem vor Beginn der Lösungssuche zu zerlegen und entsprechend dem Prinzip der *Problemreduktion* vorzugehen (NILSSON 1980). Beispielsweise folgt die Beschreibung von Planungsproblemen über definitorische Gleichungen diesem Vorgehen. Mit Hilfe solcher Gleichungen lassen sich beispielsweise Gewinn, Umsatz und Produktumsatz wie folgt definieren:

Gewinn	=	Umsatz - Kosten
Umsatz	=	Summe aller Produktumsätze
Produktumsatz	=	Produktpreis × Absatzmenge

Will man jetzt den Gewinn maximieren, besteht eine Möglichkeit darin, zunächst den Produktumsatz, dann den Umsatz und schließlich den Gewinn zu maximieren.

7.2 Problemlösen mit neuronalen Netzen

Mit Hilfe künstlicher neuronaler Netze versucht man, assoziatives Problemlösen nachzubilden (FREEMAN/SKAPURA 1991; HERTZ/KROGH/PALMER 1991). Ein neuronales Netz besteht aus einer Menge von stark vernetzten Knoten, wobei jeder Knoten einfache Berechnungen ausführt und die Resultate an Nachbarknoten weiterleitet. Ziel ist es, einen Anfangszustand (*Muster*) mit einem Zielzustand (*Original*) zu verknüpfen, auch wenn man nicht genau weiß, wie die Problemlösung schrittweise erzeugt werden sollte. Als Vorbild dient dabei das menschliche Gehirn, bei dem viele Neuronen relativ langsam, aber parallel und stark vernetzt arbeiten. Das Gehirn wandelt Eingabewerte in Ausgabewerte assoziativ um. Zur Simulation des menschlichen Gehirns werden massiv parallele Algorithmen benötigt, die eine große Anzahl von Knoten (Neuronen) und gewichteter Verbindungen zwischen ihnen verarbeiten können. Wesentliche Gestaltungsmerkmale eines künstlichen neuronalen Netzes sind die Verarbeitungsvorschriften in einem Knoten, die Netztopologie und das Lernverfahren.

Ein elementarer Netztyp ist das *Hopfield-Netz* (HOPFIELD 1982). Es basiert auf verteilter Problembeschreibung und verteilter, asynchroner Problemlösung. Dabei wird ein Anfangszustand als Aktivitätsmuster auf den Knoten abgelegt. Gesucht wird ein Zielzustand bzw. die Verknüpfung dieses Musters mit einem zu suchenden Original. Zum Finden der Lösung trifft jeder Knoten lokale Entscheidungen. Die Summe aller lokalen Entscheidungen bildet die globale Lösung.

In Hopfield-Netzen gibt es zwei Arten von Knoten, aktive und passive. Es seien x und y zwei Knoten, die durch eine Kante (x,y) mit Gewicht $c(x,y)$ verbunden sind. Ist $c(x,y)>0$, so haben x und y die Tendenz sich gegenseitig zu aktivieren; ist $c(x,y)<0$, so versucht der aktive Knoten den anderen Knoten zu deaktivieren. Der folgende, in Pseudocode formulierte Algorithmus, bringt jedes Hopfield-Netz in einen Gleichgewichtszustand.

Algorithmus *Parallele Relaxation* (HOPFIELD 1982)
begin
while Knoten existieren, die ihren Zustand noch verändern können
   do begin
      Wähle einen beliebigen Knoten x;
      Berechne die Summe $f(x)$ aller Gewichte $c(x,y)$ der Kanten, die von
      allen aktiven Nachbarknoten y zu x führen;
      if $f(x) > 0$ **then** x wird aktiv **else** x wird inaktiv
     end;
end;

Beispiel 7-10: Wird dieses Verfahren auf das Hopfield-Netz, das in Abbildung 7-12 mit Start bezeichnet ist, angewandt, ergibt sich der Gleichgewichtszustand Ziel. Aktive Knoten sind schwarz gefärbt. □

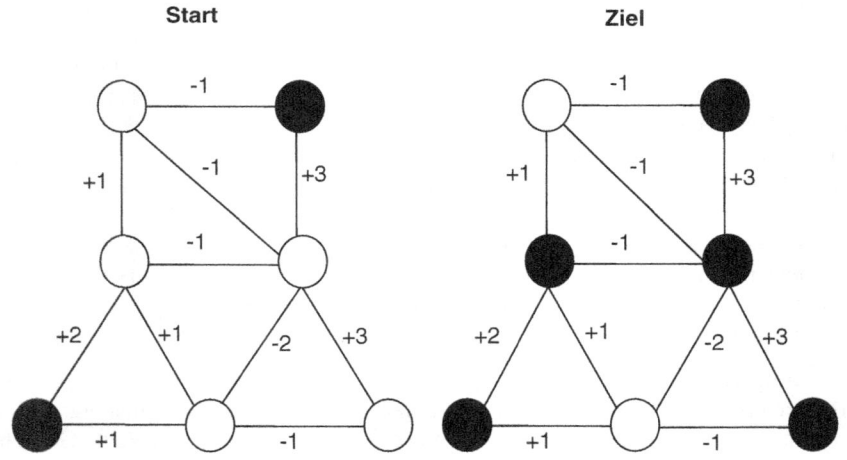

Abb. 7-12: Hopfield-Netz ohne und mit Gleichgewicht nach RICH/KNIGHT (1991)

Kennt man nur Teile eines Musters, so kann man mit Hilfe obigen Verfahrens das zugehörige Original (Gleichgewichtszustand) bestimmen. Hopfield-Netze sind fehlertolerant, da bei falschem Verhalten oder Ausfall einzelner Knoten dieses durch die Entscheidungen der Nachbarknoten wieder ausgeglichen werden kann.

Eine andere Art künstlicher neuronaler Netze ist das *Perzeptron* (ROSENBLATT 1962), bei dem die Knoten (Prozessoren) verschiedenen Schichten zugeordnet und nur Knoten benachbarter Schichten miteinander verbunden sind. Ein Prozessor eines Perzeptrons hat Eingänge und Ausgänge. Ist die gewichtete Summe seiner Eingänge S größer als ein gegebener Schwellenwert C, so sendet der Prozessor den Wert 1; wenn nicht, sendet er den Wert 0. Ein Beispiel eines Perzeptrons ist in Abbildung 7-13 dargestellt. Alles, was ein Perzeptron berechnen kann, kann es über eine Lernregel lernen zu berechnen. *Lernen* erfolgt über Veränderungen von Gewichten und Schwellenwerten.

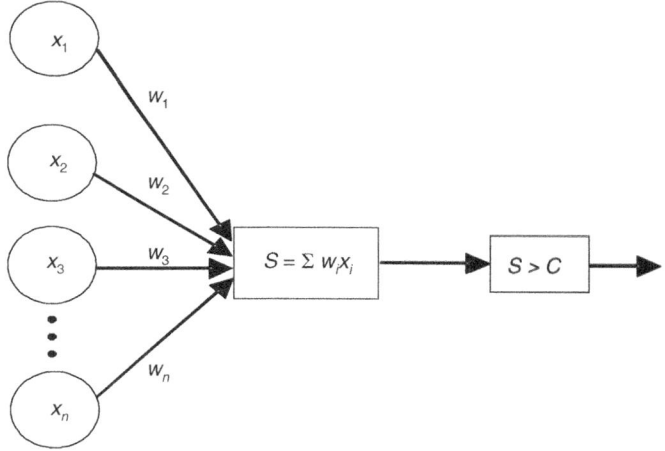

Abb. 7-13: Perzeptron nach RICH/KNIGHT (1991)

Beispiel 7-11: Als Beispiel soll das Lernen von Hyperebenen dienen, die in Abbildung 7-14 dargestellt sind. Es soll eine Gerade gefunden werden, die schwarze und weiße, in der Ebene liegende Punkte trennt. Solche Problemstellungen treten beispielsweise bei der Datenanalyse auf. Es seien

$$g(x) = w_0 + w_1 x_1 + w_2 x_2$$

der Input des Perzeptrons und $o(x)$ der Output mit $o(x) = 1$, falls $g(x) > 0$ (weiße Punkte) und $o(x) = 0$, falls $g(x) < 0$ (schwarze Punkte). Ist $g(x) = 0$, so ist die Reaktion des Perzeptrons nicht definiert. Die Geradengleichung wird also ausgewertet durch $S=g(x)=0$ und damit durch

$$x_1 = -w_0/w_1 - (w_2/w_1)x_2,$$

d.h. die Geradengleichung lässt sich eindeutig durch die Werte der Gewichte bestimmen. Dabei geben w_0/w_1 den Achsenabschnitt und w_2/w_1 die Steigung an. Ist $w_0+w_1x_1 > -w_2x_2$ oder $< -w_2x_2$, dann ist die Geradengleichung noch nicht bestimmt. Die folgende Lernregel lässt sich verwenden. Falls das Perzeptron falsch *feuert* ($g(x) = w_0+w_1x_1+w_2x_2 > 0$), vermindere jedes w_i in Abhängigkeit von x_i, und falls es falsch *nicht feuert* ($g(x) = w_0+w_1x_1+w_2x_2 < 0$), erhöhe jedes w_i in Abhängigkeit von x_i. Wichtig für die Lernregel ist, dass der Achsenabschnitt der Geraden und das Steigungsmaß entsprechend variiert werden können. Es ist leicht vorstellbar, dass diese Art zu lernen äußerst zeitaufwendig ist. Für einen schnellen Erfolg ist ein geschickter Trainingsaufbau, dem das Perzeptron unterworfen wird, erforderlich. In Abbildung 7-14 ist das Lernverhalten des Perzeptrons dargestellt; k gibt die Anzahl der Iterationen auf der Trainingsmenge an. $\square$

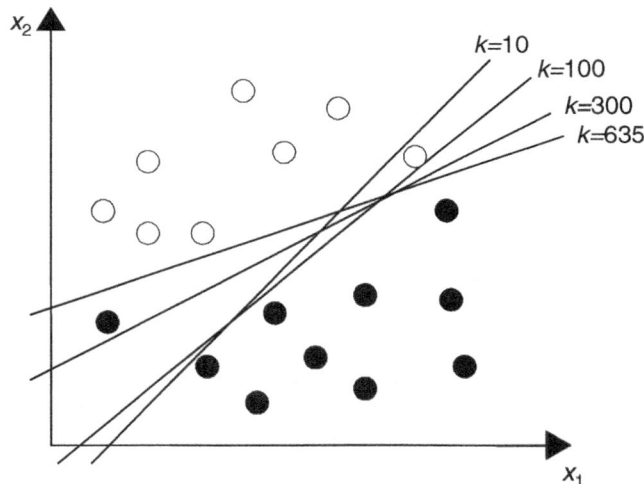

Abb. 7-14: Lernen für ein separierbares Muster nach RICH/KNIGHT (1991)

Das *Perzeptron-Konvergenz-Theorem* besagt, dass ein Perzeptron lernen kann, alle *linear separablen Inputs*, wie beispielsweise die in Abbildung 7-14, zu klassifizieren. Die Anwendbarkeit eines Perzeptrons zur Mustererkennung setzt voraus, dass die Frage beantwortet werden kann, ob ein vorliegendes Problem als linear separabler Input repräsentiert werden kann; diese Frage alleine ist meistens schon schwer lösbar.

Um komplexe Muster zu erkennen, ist ein *mehrschichtiges* Perzeptron nötig, wie beispielsweise in Abbildung 7-15 dargestellt. Ein mehrschichtiges Perzeptron besteht aus einer Eingabeschicht (x_i), einer Ausgabeschicht (y_i) und einer oder mehrerer verdeckter Schichten (h_i).

Um ein mehrschichtiges Perzeptron zu trainieren, müssen die Anzahl der Schichten, die Anzahl der Knoten pro Schicht und die Gewichte variiert werden. Die Werte von x_i, h_i, y_i bilden das Aktivitätsmaß der entsprechenden Knoten ab. In Abbildung 7-15 existieren nur Vorwärtsverbindungen; die Aktivitätsmaße der Knoten der Output-Schicht bestimmen das Ergebnis.

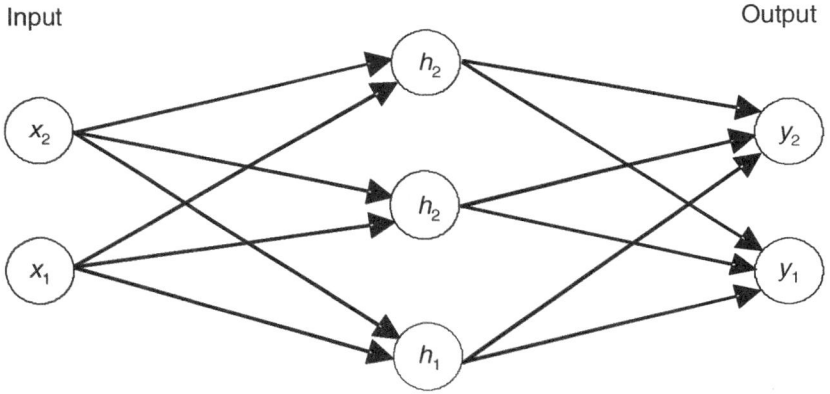

Abb. 7-15: Mehrschichtiges Perzeptron

Beispiel 7-12: In Abbildung 7-16 ist ein dreischichtiges Netzwerk zur Erkennung von Ziffern dargestellt. □

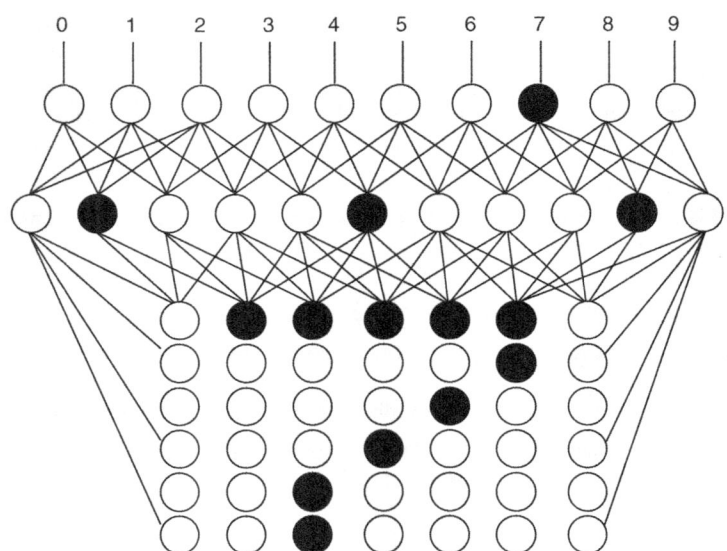

Abb. 7-16: Perzeptron zur Erkennung von Ziffern nach RICH/KNIGHT (1991)

Eine dritte Art künstlicher neuronaler Netze sind *Boltzmann-Maschinen*. Hopfield-Netze können ihr Gleichgewicht in lokalen Optima finden; gesucht ist jedoch häufig ein globales Optimum. Die bereits vorgestellte Heuristik *Simulated Annealing* versucht, das Verbleiben in lokalen Optima zu vermeiden (VAN LAARHOVEN/ AARTS 1989). Die Verbindung von Hopfield-Netzwerken und Simulated Annealing nennt man Boltzmann-Maschine (AARTS/KORST 1990). Dabei wird jeder Knoten nur mit einer Wahrscheinlichkeit $p=1/(1+e^{-E/T})$ aktiv, wobei E die Summe der aktiven Eingänge des entsprechenden Knotens und T die Temperatur des Netzes darstellt. Auch das Training von Boltzmann-Maschinen ist sehr aufwendig.

7.3 Interaktives Problemlösen

Eine gängige Einteilung von Verfahren für die Problemlösung unterscheidet in Anlehnung an die entsprechenden Modelle konstruktive und deskriptive Verfahren. Konstruktive Verfahren werden typischerweise zur Lösung von Analyse- und Syntheseproblemen, deskriptive zur Lösung von Simulationsproblemen eingesetzt.

Konstruktive Verfahren versuchen, möglichst gute Problemlösungen zu finden, während man mit *deskriptiven Verfahren* mögliche Entscheidungsalternativen evaluiert. Deskriptive Verfahren stellen somit ein Werkzeug für den Entscheidungsträger dar, um ein besseres Verständnis für ein Problem zu gewinnen. Ein

Nachteil dieser Verfahren ist es, dass sie keine Lösung für das Problem erzeugen, sondern nur Auswirkungen vorgegebener Entscheidungen analysieren können. Zwar kann man versuchen, im Rahmen eines – je nach Detaillierungsgrad des Modells und des Verfahrens – zeit- und kostenaufwendigen Iterations- bzw. Trainingsprozesses immer bessere Entscheidungen zu generieren, jedoch ist der Erfolg eines solchen Vorgehens von den jeweiligen Vorgaben abhängig.

Der Nachteil der deskriptiven Verfahren ist der Vorteil der konstruktiven; mit ihnen lassen sich Lösungen vergleichsweise schnell generieren. Ihr Nachteil besteht darin, dass sich manche Sichten auf das Problem, wenn überhaupt, nur sehr ungenau abbilden lassen und häufig nur deterministische Fragestellungen untersucht werden können.

Eine wechselseitige *Kopplung* beider Arten von Verfahren würde die genannten Nachteile vermeiden und ihre Vorteile verbinden. Die Qualität konstruktiv erzeugter Lösungen könnte mit Hilfe deskriptiver Verfahren evaluiert werden. Mit den daraus gewonnenen Erkenntnissen ließe sich das Modell und das konstruktive Verfahren solange verfeinern, bis man eine befriedigende Lösung gefunden hat. In vielen Fällen ist es zu Beginn der Analyse noch unklar, welche Kriterien für die Lösungsfindung wichtiger und weniger wichtig sind. Hier bietet sich der Weg an, dass man zunächst versucht, mit Hilfe deskriptiver Verfahren eine Intuition für die relevanten Problemparameter zu erhalten, die dann als Vorgaben für ein konstruktives Verfahren berücksichtigt werden. Die Wechselwirkung beider Verfahrenstypen ist in Abbildung 7-17 dargestellt.

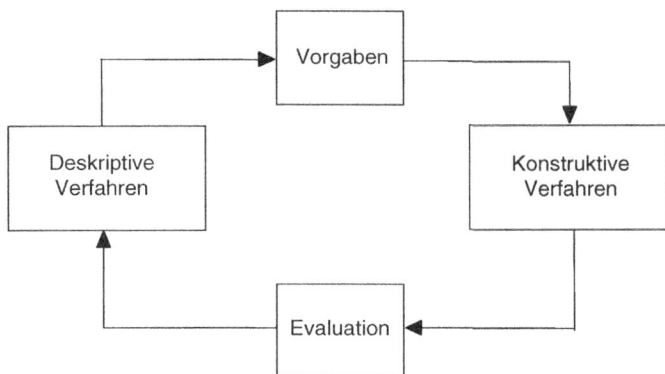

Abb. 7-17: Wechselwirkungen deskriptiver und konstruktiver Verfahren

Die Verbindung von konstruktiven und deskriptiven Ansätzen unterliegt einem interaktiven Lösungskonzept (VAZSONY 1965) Bisher gibt es nur wenige Methoden für die Problemlösung, die ein solches Konzept auf der Basis konstruktiver und deskriptiver Modelle verfolgen. Der Schwerpunkt bisheriger Ansätze liegt auf einer isolierten Betrachtungsweise der Verfahren und ihrer Nutzbarmachung für den Problemlösungsprozess. Was fehlt, ist eine problemangepasste Verbindung aller Möglichkeiten auf dem Hintergrund eines abgestimmten Vorgehens. In diesem Sinne ist es das Ziel, verschiedene Ansätze der Problembearbeitung unter Freisetzung von synergetischen Effekten zu verschmelzen.

Interaktives Problemlösen mit Hilfe von IuK-Systemen lässt sich durch ein allgemeines Vorgehen menschlicher Problemlöser, aufbauend auf Analyse, Konstruktion und Bewertung als rückgekoppelter Prozess im Sinne eines Regelkreises abbilden. Zunächst werden in einer *Analysephase* die zu berücksichtigenden Rahmenbedingungen, die gegebenen Problemparameter und die relevanten Kriterien für die Problemlösung untersucht und festgelegt. Rahmenbedingungen bestehen aus harten und weichen Bedingungen (Constraints) (VAN HENTENRYCK 1989). Harte Bedingungen sind Restriktionen, die durch eine Problemlösung nicht verletzt werden dürfen, und weiche Bedingungen sind Präferenzen, an denen die Qualität der Problemlösung ähnlich wie an der Erfüllung von Zielkriterien gemessen wird. Der Grad ihrer Realisierung steht somit in bestimmten Bandbreiten zur Disposition. Präferenzen nehmen also eine Zwischenstellung zwischen Restriktionen und Zielkriterien ein. Aufbauend auf der Analysephase werden entsprechende Lösungsvorschläge für die Problembeschreibung mit Hilfe konstruktiver Verfahren generiert. Dies geschieht in einer *Konstruktionsphase*. Schließlich werden im Rahmen einer *Bewertungsphase* die Vorschläge mit Hilfe deskriptiver Verfahren evaluiert und Rückkopplungen zur Analysephase ausgelöst.

Das in Abbildung 7-18 dargestellte Problemlösungsmodell arbeitet auf einer geschlossenen Analyse-Konstruktion-Bewertungs- (*AKB-*) *Schleife* mit Feedbackmechanismen. Zunächst wird das Problem mit Hilfe von *A* beschrieben. Darauf aufbauend werden durch *K* eine oder mehrere Problemlösungen generiert, die dann von *B* evaluiert werden. Sind die Ergebnisse der Bewertungsphase für den Anwender zufriedenstellend, wird die gefundene Lösung akzeptiert. Ist dies nicht der Fall, wird die Feedbackschleife *AKB* solange durchlaufen, bis die gefundene Lösung das gewünschte Ergebnis liefert oder keine weiteren Verbesserungen angestrebt werden.

Die *Analysekomponente* übernimmt die Beschreibung des Problems in einer Form, in der sie von der Konstruktionskomponente verarbeitet werden kann. Im Wesentlichen werden dabei die zu berücksichtigenden Restriktionen, Präferenzen und Zielkriterien festgelegt. Die *Konstruktionskomponente* erzeugt Lösungen. Sie basiert, abhängig von der Komplexität der vorliegenden Problemstellung, auf optimalen oder auf heuristischen Problemlösungsverfahren. Leider lassen sich durch dieses Vorgehen in den meisten Fällen nur statische und deterministische Problembeschreibungen verarbeiten. Dynamik und Stochastik sind auf diese Weise, wenn überhaupt, nur sehr ungenau abbildbar. Um die erforderlichen Antworten unter Berücksichtigung auch dieser Aspekte zu erhalten, werden dem Entscheidungsträger durch die *Bewertungskomponente* auch deskriptive Verfahren, gekoppelt mit Möglichkeiten der Sensitivitätsanalyse, zur Verfügung gestellt.

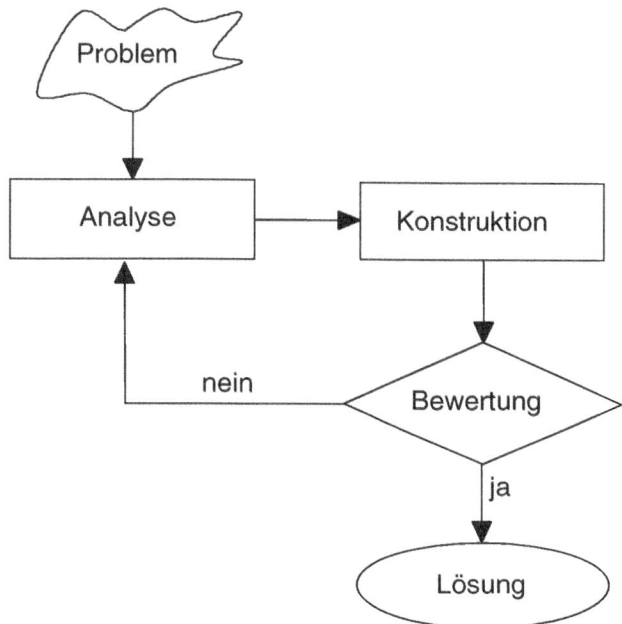

Abb. 7-18: Interaktives Problemlösen mit der AKB-Methode

Die *AKB*-Schleife wird durch die Rückkopplung von *B* zu *A* geschlossen. Ist die bisher gefundene Lösung auf Grund der Ergebnisse der Evaluation für den Anwender nicht akzeptabel, so muss *A* im Sinne einer Diagnose der Ablehnungsgründe neue Nebenbedingungen und Präferenzen sowie gegebenenfalls auch veränderte Zielkriterien, d.h. eine überarbeitete Problembeschreibung, für einen erneuten Durchlauf der Schleife bereitstellen.

Literatur zum Kapitel 7:

AARTS, E./KORST, J. (1990), *Simulated Annealing and Boltzmann Machines*, New York: Wiley

BLAZEWICZ, J./ECKER, K./PESCH, E./SCHMIDT, G./ WEGLARZ, J. (2001), *Scheduling Computer and Manufacturing Processes*, Berlin: Springer

BORODIN, A./EL-YANIV, R. (1998), *Online Computation and Competitive Analysis*, New York: Cambridge University Press

FREEMAN, J.A./SKAPURA, D.M. (1991), *Neuronal Networks: Algorithms, Applications, and Programming Techniques*, München: Addison Wesley

GAREY, M.R./JOHNSON, D.S. (1979), *Computers and Intractability: A Guide to the Theory of NP-Completeness*, San Francisco: Freeman

HERTZ, J./KROGH, A./PALMER, R.G. (1991), *Introduction to the Theory of Neural Computation*, München: Addison Wesley

HOPFIELD, J.J. (1982), *Neural networks and physical systems with emergent collective computational* ABILITIES, in: Proceedings of the National Academy of Science, 79. Jg., Nr. 8, S. 2554-2558

MEIßNER, J.D. (1978), *Heuristische Programmierung*, Wiesbaden: Akademische Verlagsgesellschaft

NILSSON, N.J. (1980), *Principles of Artificial Intelligence*, Palo Alto/Cal.: Tioga

ROSENBLATT, F. (1962), *Principles of Neurodynamics: Perceptrons and the Theory of Brain Mechanisms*, Washington: Spartan

RICH, E./KNIGHT, K. (1991), *Artificial Intelligence*, Chicago: McGraw-Hill

VAN HENTENRYCK, P. (1989), *Constraint Satisfaction in Logic Programming*, München: Addison Wesley

VAN LAARHOVEN, P.J.M./AARTS, E.H.L.(1989), *Simulated Annealing: Theory and Applications*, Neuwied: Kluwer

VAZSONYI, A. (1965), *Automated information systems in planning, control and command*, in: Management Science, 11. Jg., Nr. 4, B2-B41

Kapitel

8

8 Integrierte Modellierung

Kernaspekte des Kapitels:
- Möglichkeiten der integrierten Modellierung.
- Sprachen und Vorgehensweisen.
- Prozess- versus Objektorientierung.

Die integrierte Modellierung versucht Problemlösung und Problembeschreibung in einem Modell abzubilden. Zunächst werden konventionelle Methoden der integrierten Modellierung behandelt. Danach wird auf wissensorientierte, objektorientierte und prozessorientierte Methoden eingegangen.

Für eine integrierte Anwendungsentwicklung bedarf es neben einer vertikalen Abstimmung von Analyse, Design und Implementierung einer horizontalen von Daten, Funktionen und Kommunikation. Dabei sind insbesondere auch Datenstrukturen und Algorithmen bzw. Beschreibungs- und Lösungsmodelle aufeinander abzustimmen. Einerseits kann das Lösungsverfahren nicht unabhängig vom Beschreibungsmodell entworfen werden, andererseits setzen bestimmte Algorithmen für ihre Anwendung geeignete Datenstrukturen voraus. Während in den beiden vorangegangenen Kapiteln die Modellierung einzelner Sichten erfolgte, steht nun der Versuch einer integrierten Modellierung, d.h. der simultanen Betrachtung mehrerer Sichten auf Anwendungsebene, im Mittelpunkt der Überlegungen. Dabei soll zwischen konventionellen, wissens-, objekt- und prozessorientierten Vorgehen unterschieden werden (BALDI ET AL. 1991A).

Beispiele für konventionelle Methoden zur integrierten, strukturierten Systementwicklung (YOURDON/CONSTANTINE 1986) sind Structured Analysis (SA), Structured Analysis / Real Time (SA/RT) sowie Teile von IDEF. Eine Methode zur Modellierung wissensbasierter Systeme ist Knowledge Acquisition and Documentation Structuring (KADS); Objektorientierte Analyse (OOA), Generalized Process Networks (GPN), IDEF3 und Unified Modeling Language (UML) sind Methoden zur objekt- bzw. zur prozessorientierten Modellierung. Bei der Anzahl der existierenden Verfahren ist es wichtig, ihre Stärken und Schwächen zu kennen. Evaluation und Vergleich können aus theoretischer Sicht mit Hilfe linguistischer Ansätze und empirisch mit Hilfe von Fallstudien durchgeführt werden. Vergleiche konventioneller, wissens- und objektorientierter Methoden findet man in BALDI ET AL. (1991A), LOY (1990), FICHMAN/KEMERER (1992). Im Folgenden liegt der Schwerpunkt der Betrachtungen auf dem Fachentwurf.

8.1 Konventionelle Methoden

Zunächst soll kurz auf die Methode SA eingegangen werden. Darauf aufbauend werden IDEF0 und IDEF1X vorgestellt. *SA* (DEMARCO 1978 und ROSS 1977) hat ihren Schwerpunkt auf der *Funktionssicht* und kombiniert die Basistechniken *Datenflussdiagramm*, *Data Dictionary* und *Minispezifikation* (MSP) - häufig in Form von Pseudocode - im Rahmen eines Top-down-Ansatzes über *Kontext-Diagramme*. Kontext-Diagramme repräsentieren den Zusammenhang einzelner Modelle und ihre Abgrenzung zur Systemumgebung. Kontext-Diagramme werden über einen Diagrammbaum weiter verfeinert. Auf der Ebene der Blätter des Baumes werden die Funktionen mit Hilfe der Minispezifikation beschrieben. Mit SA lassen sich nur Datenflüsse via Funktionen, aber keine über einzelne Funktionen hinausgehende Kontrollstrukturen abbilden. Ein Beispiel für einen Ausschnitt eines SA-Modells ist in Abbildung 8-1 dargestellt.

SA/RT ist eine Erweiterung von SA und ergänzt diese Methode um die Darstellung des *Zeitverhaltens* des Systems und seiner einzelnen Elemente. Es werden die Vorgehensweisen nach WARD/MELLOR (1985), WARD/MELLOR (1986) und nach HATLEY/PIRBHAI (1988) unterschieden; hier soll nur auf den zuletzt genannten Ansatz eingegangen werden. Im Mittelpunkt der Betrachtungen steht das Analysemodell, das aus Funktions-, Daten- und Kommunikationsmodell besteht. Das Funktionsmodell entspricht im wesentlichen dem des SA-Modells. Das Datenmodell lässt sich beispielsweise durch ein Entity-Relationship-Modell realisieren. Zur Darstellung der Kommunikation werden Datenflüsse durch Steuerungsflüsse ergänzt, die durch gestrichelte Pfeile im Datenflussdiagramm dargestellt werden.

Wie welche Funktionen aktiviert bzw. deaktiviert werden, wird mit Hilfe von Aktivierungstabellen, Zustandsübergangsdiagrammen oder Entscheidungstabellen festgelegt. In den *Zustandsübergangsdiagrammen* wird beschrieben, wie ein Ereignis ein System über Transitionen von einem Zustand in den nächsten Zustand überführt. *Entscheidungstabellen* dienen der Ergänzung, falls ein Übergang vom Auftreten vieler bedingter Ereignisse abhängt. *Aktivierungstabellen* beschreiben

den Zusammenhang von Ereignissen mit den Funktionen noch einmal in Tabellen-
form. In Abbildung 8-2 ist ein Beispiel eines SA/RT-Modells dargestellt.

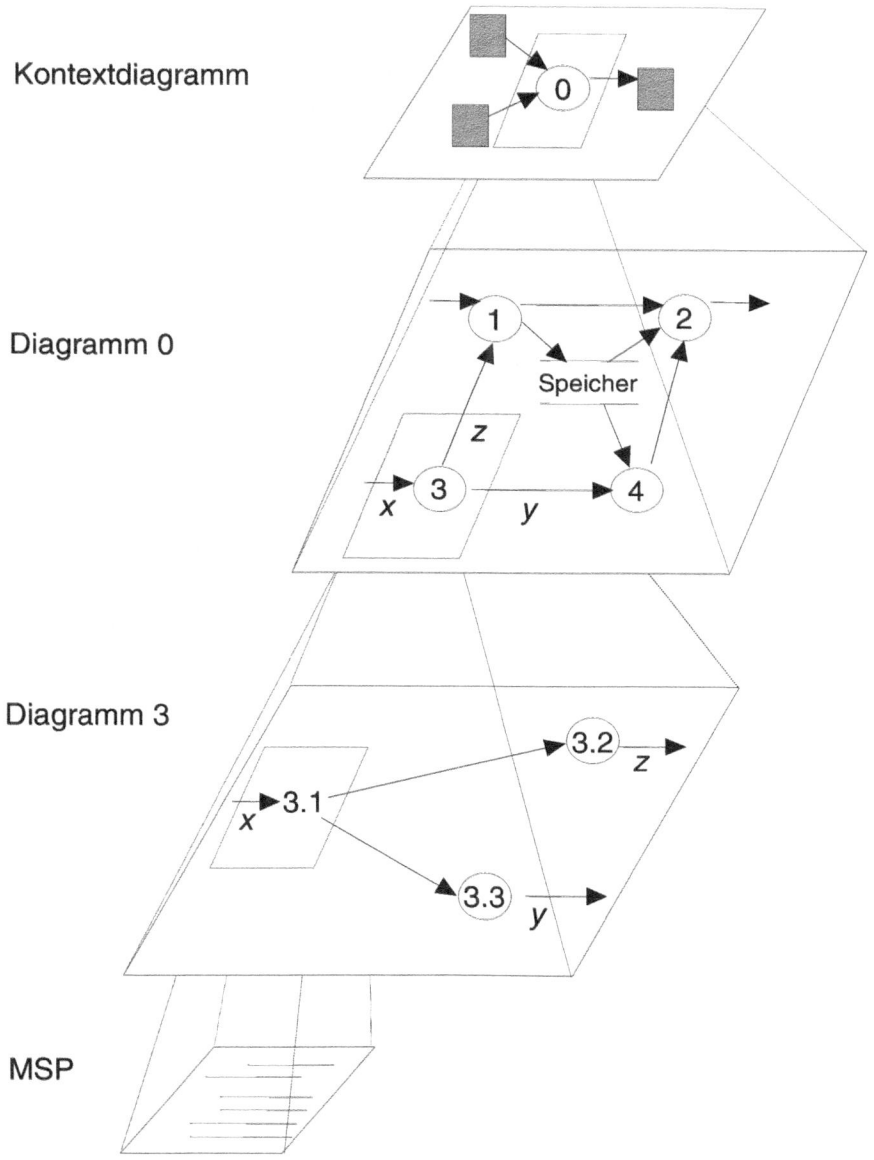

Abb. 8-1: Beispiel eines SA-Modells nach BALZERT (1991)

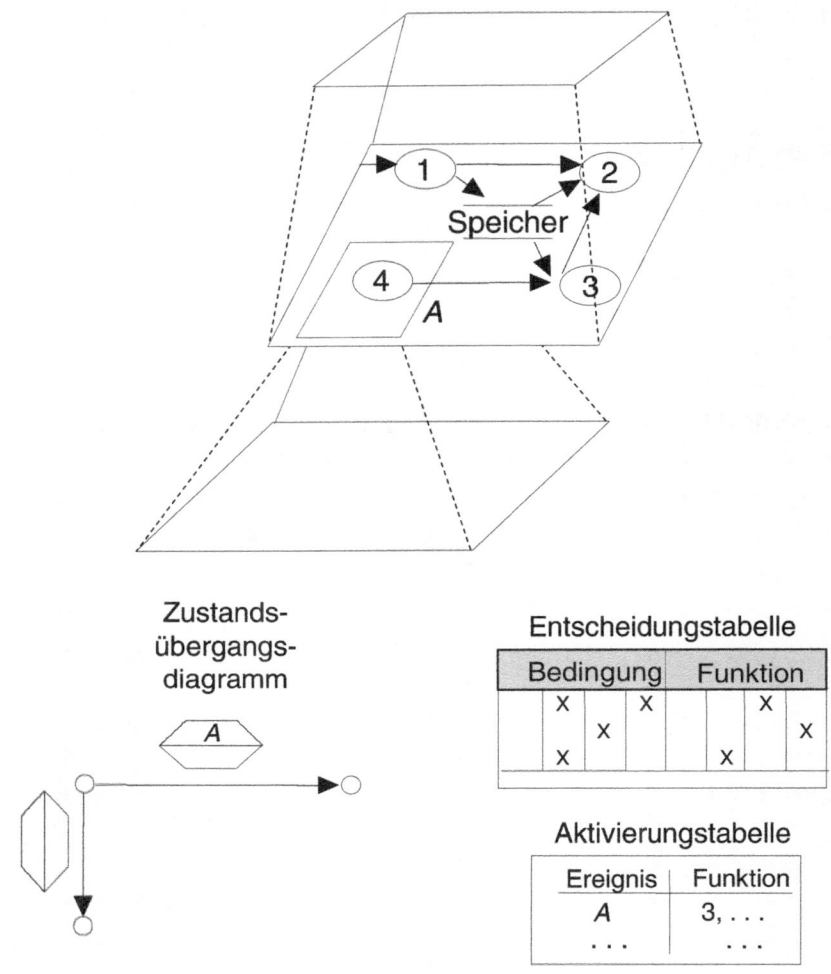

Abb. 8-2: Beispiel eines SA/RT-Modells

Als Vertreter einer konventionellen Methode zur integrierten Modellierung soll nun IDEF etwas genauer betrachtet werden. IDEF ist weit verbreitet und besteht aus Modellierungssprachen, um Informationen zu repräsentieren und aus Methoden, um Informationen zu sammeln, zu pflegen und zu nutzen. IDEF wurde in den 70er Jahren in den USA zuerst als Funktionsmodellierungsmethode (IDEF0), dann als Datenmodellierungsmethode (IDEF1X) und später als Methode zur Spezifikation von Simulationsmodellen (IDEF2) entwickelt. IDEF0 basiert auf der Structured Analysis and Design Technique (SADT) (ROSS1977). IDEF1 basiert auf der

Entitiy-Link-Key-Attribute- (ELKA-) Methode (RAMEY/BROWN 1987). Inzwischen gibt es IDEF3, IDEF4 und IDEF5. IDEF3 ist eine Weiterentwicklung von IDEF2 mit Schwerpunkt auf der Prozessmodellierung. IDEF4 ist eine objektorientierte Software-Design-Methode. IDEF5 ist eine Wissensaquisitions- und Knowledge-Engineering-Methode, um Unternehmensontologien zu generieren (GRUBER 1993). Ontologien legen die begrifflichen (konzeptionellen) Grundlagen einer Theorie. Im Folgenden soll eine Einführung in IDEF0 und IDEF1X gegeben, d.h. ihre grundlegende Syntax und Semantik erklärt werden. Die Ausführungen basieren auf MENZEL/MAYER (2006).

8.1.1 Funktionsmodellierungsmethode IDEF0

Im Mittelpunkt von IDEF0 stehen *Funktionen*. Eine Funktion hat einen *Input*, benutzt einen *Mechanismus*, unterliegt einer *Steuerung* und erzeugt einen *Output*. Die Steuerung besteht aus *Parametern*, die die Ausführung der Funktion spezifizieren. Mechanismen repräsentieren *Ressourcen*, die bei der Durchführung der Funktion benutzt werden. Beispielsweise werden bei der Entwicklung eines IuK-Systems Funktionen aufgerufen, die durch Parameter gesteuert werden, die sich aus den Anforderungen für die Systementwicklung ableiten lassen. Die Mechanismen der Funktionen umfassen bei dieser Anwendung Informationsmanager, Anwender sowie Systementwickler und Rechner. Input, Steuerung, Output und Mechanismen werden in IDEF0 als *Konzepte* oder ICOMs bezeichnet. ICOM ist ein Akronym für die vier Konzeptnamen.

Nach IDEF0 besteht die Welt aus Funktionen und ICOMs. Entsprechend enthält die graphische Beschreibungssprache von IDEF0 die Konstrukte *Knoten* zur Repräsentation der *Funktionen* und *Pfeile* zur Repräsentation der *ICOMs*. Knoten haben die Form eines Rechtecks. Pfeile und Knoten werden mit den Namen der Konzepte beschriftet. Die Verbindungen von Knoten und Pfeilen (Inzidenz) müssen gegebene Bedingungen der Darstellung einhalten. So kann die Spitze eines Pfeiles nur mit der unteren, der linken oder der oberen Seite eines Knotens verbunden werden, das Pfeilende nur mit der rechten Seite eines Knotens. Die entsprechenden Konstrukte sind in Abbildung 8-3 dargestellt.

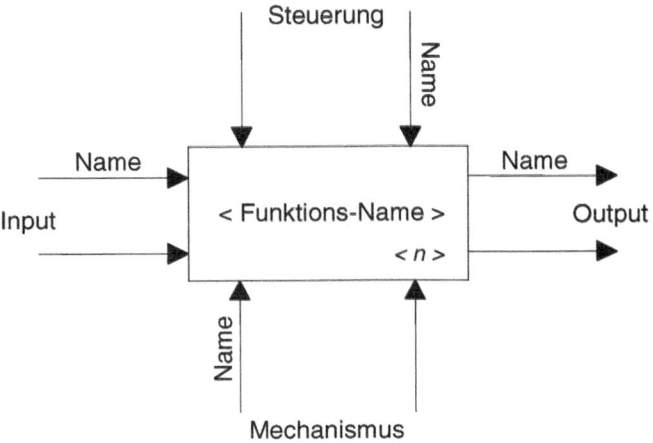

Abb. 8-3: Konstrukte von IDEF0

Man unterscheidet eingehende und ausgehende Pfeile. Eingehende Pfeile sind solche, die auf eine Funktion hinführen, und ausgehende Pfeile solche, die von ihr wegführen. Jeder Knoten eines Modells muss wenigstens einen eingehenden Steuerungspfeil und einen herausführenden Outputpfeil haben. Ein Steuerungspfeil ist nötig, da die Ausführung der Funktion genau beschrieben werden muss (zufällige, unstrukturierte und nicht wiederholbare Funktionen lassen sich mit IDEF0 nicht darstellen). Ein Outputpfeil ist erforderlich, da sonst die Funktion keinen Zweck erfüllen würde. Inputpfeile sind nicht immer nötig, da angenommen wird, dass nicht jede Funktion einen Input haben muss. Pfeile können auseinanderlaufen (Verzweigung) und sich wieder treffen (Vereinigung). Ein Beispiel für die Pfeildarstellung ist in Abbildung 8-4 angegeben.

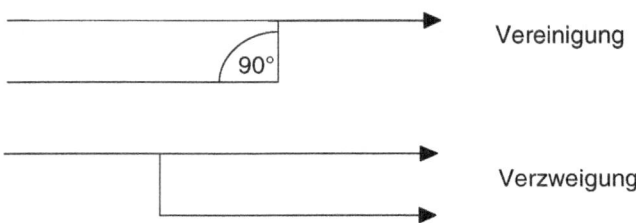

Abb. 8-4: Pfeildarstellung

Wenn mehrere Knoten und Pfeile miteinander verbunden werden, spricht man von *Diagrammen*. Die Knoten eines Diagramms werden durch Pfade verbunden. Abbildung 8-5 zeigt ein IDEF0-Diagramm zur Darstellung der Auftragsabwicklung.

Pfeile mit horizontalen Spitzen repräsentieren Input und Output, Pfeile mit vertikalen Spitzen Steuerung und Mechanismen.

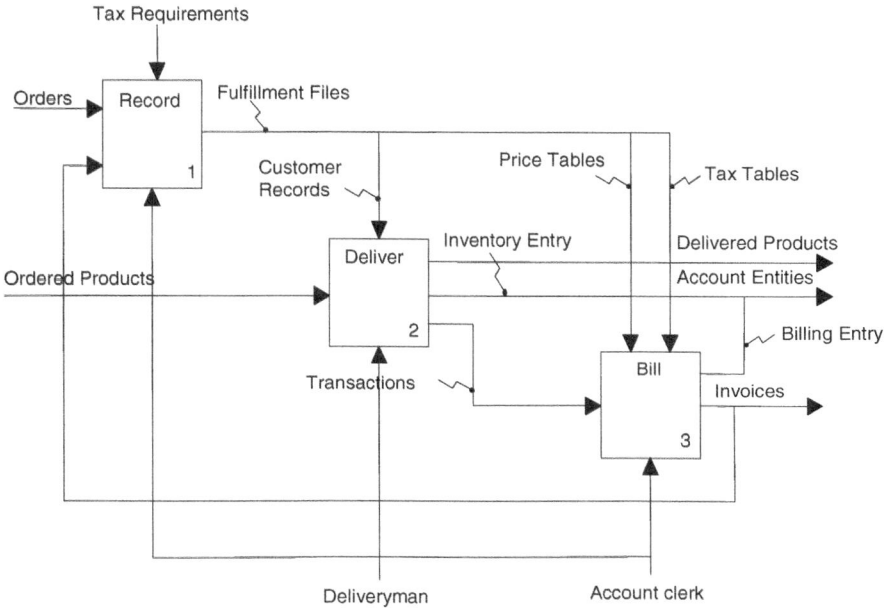

Abb. 8-5: Ein Beispieldiagramm zur Auftragsabwicklung

Ein IDEF0-Modell besteht aus einem Baum von IDEF0-Diagrammen. Der Wurzelknoten heißt auch Top-Level- oder Kontext-Diagramm des Modells. Das Top-Level-Diagramm enthält selbst nur einen Knoten. Dieser repräsentiert eine aggregierte Funktion, die das IDEF0-Modell über mehrere Stufen darstellt. Eine Vater-Sohn-Beziehung zwischen zwei Diagrammen eines IDEF0-Modells bedeutet, dass der Sohn direkter Nachfolger des Vaters ist und eine Detaillierung einer Funktion des Vater-Diagramms darstellt. Ein Sohn-Diagramm wird auch als Dekompositions-Diagramm oder Detail-Diagramm bezeichnet. Für jeden Knoten ist nur ein Detail-Diagramm erlaubt. Eine gebräuchliche Regel ist, dass ein Detail-Diagramm drei bis sechs Funktionen enthält. Man nimmt an, dass ein Diagramm mit einer geringeren Anzahl von Funktionen nicht genügend Informationen enthält; ein Diagramm mit einer größeren Anzahl enthält schon wieder zu viele Informationen und sollte in einer nächsten Dekompositionsstufe weiter detailliert werden. Ein Beispiel für ein einfaches IDEF0-Modell mit drei Stufen ist in Abbildung 8-6 dargestellt.

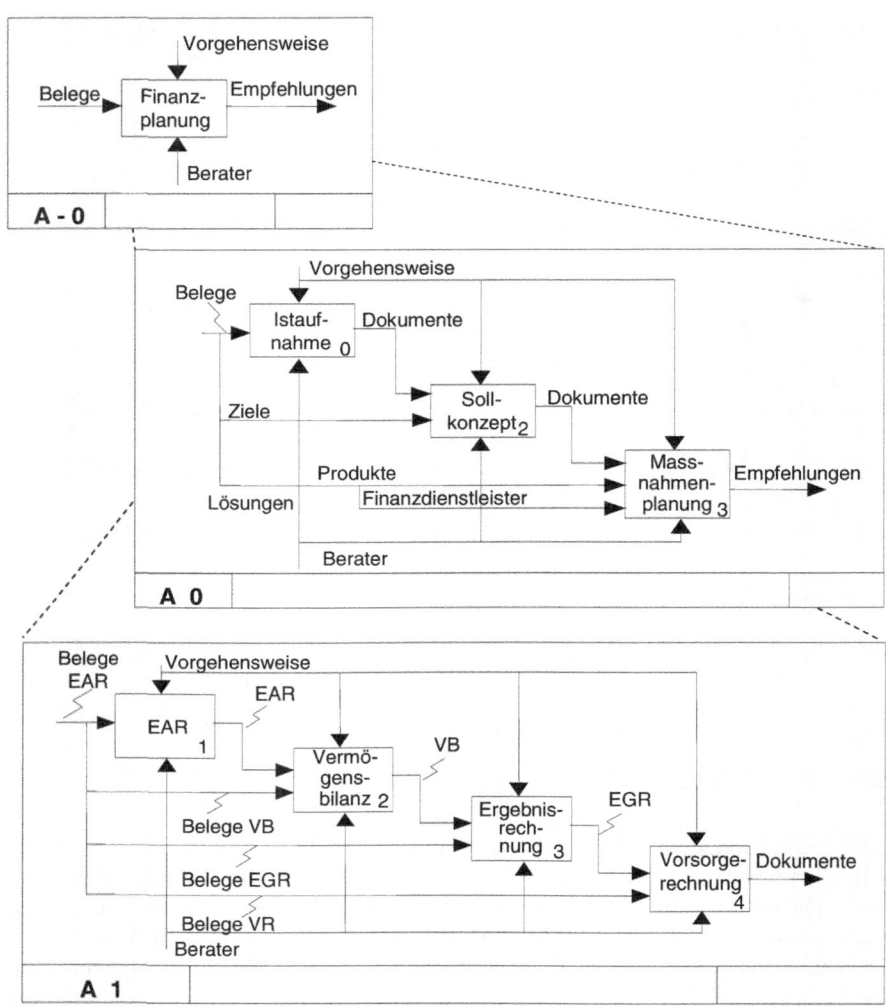

Abb. 8-6: Ein IDEF0-Modell

Jedes Diagramm und jeder seiner Knoten hat eine Nummer zur eindeutigen Identifikation. Das Top-Level-Diagramm eines Modells hat die Nummer A-0. Die Nummer jedes anderen Diagramms wird aus der Nummer des Vater-Knotens abgeleitet. Es seien x und y zwei Diagramme eines Modells. x ist ein Vorgänger von y genau dann, wenn x entweder der Vater-Knoten von y ist oder der Vater-Knoten eines Diagramms, das Vorgänger von y ist. Umgekehrt ist y ein Nachfolger von x genau dann, wenn x ein Vorgänger von y ist. Pfeile in Nachfolger-Diagrammen müssen Entsprechungen zu Pfeilen in Vorgänger-Diagrammen haben und umgekehrt.

8.1.2 Datenmodellierungsmethode IDEF1X

IDEF1X verfügt über eine Ontologie und eine korrespondierende Sprache zum Entwurf von *Datenmodellen.* Zunächst soll die Ontologie vorgestellt werden. Die IDEF1X-Ontologie hat enge Entsprechungen zu denen der Entity-Relationship- und NIAM-Modellierungssprachen (HALPIN 2006). Die ontologischen Kategorien von IDEF1X sind Entitäten, Attribute und Beziehungen. *Entitäten* sind Klassen von wirklichen oder möglichen Dingen einer Vorstellungswelt. Entitäten können sich auf konkrete Klassen wie Angestellte oder Maschinen, auf idealisierte Klassen wie beispielsweise Firmen oder Staaten und auf abstrakte Klassen wie beispielsweise Gesetze oder Raumkoordinaten beziehen. Eine Klasse, die eine Entität bezeichnet, umfasst Ausprägungen dieser Entität.

Jede Entität hat eine Menge von *Attributen,* denen Werte zugeordnet werden. Die Menge der Werte, die ein Attribut annehmen kann, wird als die Domäne des Attributs bezeichnet. Die *Domäne* eines Attributs ist immer ein bestimmter Datentyp wie 'String', 'Integer', 'Boolean' oder ein anderer abgeleiteter Typ dieser Basistypen. Beispielsweise können Attribute der Entitäten Angestellter, Name und Nationalität vom Typ 'String', Gehalt vom Typ 'Integer' und Ehestand vom Typ 'Boolean' sein. In IDEF1X werden Schlüssel definiert. Ein *Schlüssel* einer Entität *E* ist eine Menge der Attribute von *E*, die jede Ausprägung dieser Entität von einer anderen Ausprägung eindeutig unterscheidet. Idealerweise sollte ein Schlüssel die kleinste Teilmenge der Attribute sein, die die Eigenschaft der eindeutigen Unterscheidung aufweist. Falls ein Attribut Teil eines Schlüssels ist, bezeichnet man es als *Schlüsselattribut.*

Beziehungen bestehen zwischen Ausprägungen zweier Entitäten und werden durch *Relationen* definiert. Bei IDEF1X wird eine dieser Entitäten als Eltern-Entität und die andere als Kind-Entität bezeichnet. Eine (binäre) Relation *R* lässt sich als Menge von geordneten Entitätenpaaren *(a,b)* repräsentieren, mit der Eigenschaft, dass *b* eine Ausprägung der Kind-Entität und *a* eine Ausprägung der Eltern-Entität ist. Relationen lassen sich durch die Angabe von Kardinalitäten weiter spezifizieren. Die Kardinalität einer Beziehung gibt an, wieviele Ausprägungen der Kind-Entität mit einer Ausprägung der Eltern-Entität assoziiert sind. Sehr häufig hat eine Beziehung keine eindeutige Kardinalität. IDEF1X unterscheidet die Kardinalitäten 1 oder mehr, 0 oder 1, genau N und von N bis M.

Die grundlegenden Elemente der IDEF1X-Sprache sind Knoten, die Entitäten mit ihren Attributen repräsentieren, sowie verschiedene Arten von Beziehungen. Knoten treten als Rechteck mit spitzen und mit gerundeten Ecken auf. Beispiele sind in Abbildung 8-7 angegeben.

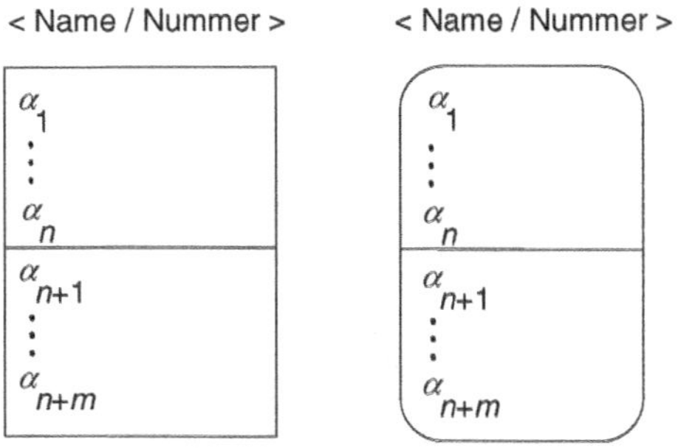

< Name / Nummer >   < Name / Nummer >

$$\alpha_1$$
$$\vdots$$
$$\alpha_n$$
$$\alpha_{n+1}$$
$$\vdots$$
$$\alpha_{n+m}$$

Abb. 8-7: Entitäten

Die α_i repräsentieren Attributnamen. Oberhalb der horizontalen Linie werden die Schlüsselattribute angegeben, die auch als *Primärschlüssel* der Entität bezeichnet werden. Die unterhalb der horizontalen Linie dargestellten Attribute sind Nicht-Schlüsselattribute. Welche Art der Eckendarstellung gewählt wird, hängt von der Beziehung ab, die eine Entität mit einer anderen Entität verbindet.

Der am häufigsten vorkommende Typ von Beziehungen zwischen Entitäten in einem IDEF1X-Modell ist eine *identifizierende Beziehung*. Ihre Syntax ist in Abbildung 8-8 dargestellt. Eine Beziehung B heißt identifizierende Beziehung, wenn alle Attribute des Primärschlüssels der Eltern via B zu Attributen im Primärschlüssel des Kindes migrieren. Wenn dies nicht gilt, ist B eine *nicht-identifizierende Beziehung*.

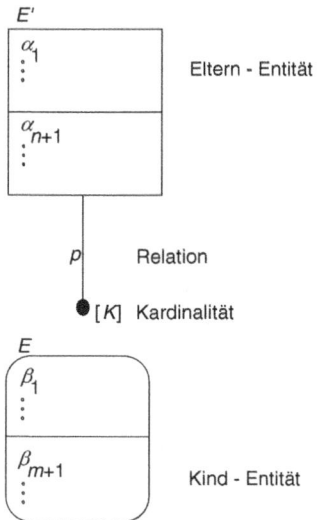

Abb. 8-8: Syntax einer identifizierenden Beziehung

Ist eine Entität *E* eine Kind-Entität in einer identifizierenden Beziehung, dann wird zu ihrer Darstellung ein Rechteck mit gerundeten Ecken benutzt, um diesen Zusammenhang zu verdeutlichen. Im anderen Fall wird eines mit spitzen Ecken benutzt. Ein Beispiel für eine identifizierende Beziehung ist in Abbildung 8-9 dargestellt.

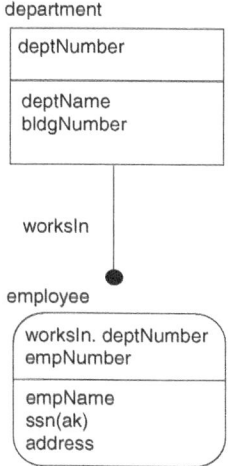

Abb. 8-9: Beispiel für eine identifizierende Beziehung

In diesem Beispiel migriert das Primärschlüsselattribut 'deptNumber' der Elternentität zum Attribut 'worksIn.deptNumber' der Kindentität. Dieses taucht als Primärschlüsselattribut der Entität employee auf. Diese Beziehung ist daher nach obiger Definition eine identifizierende Beziehung. Im Beispiel ist 'empNumber' allein nicht ausreichend, um einen Mitarbeiter von einem anderen Mitarbeiter zu unterscheiden. 'empNumber' ist nur einzigartig innerhalb einer Abteilung; man muss auch die 'deptNumber' der Abteilung wissen, in der ein Mitarbeiter arbeitet, um ihn eindeutig identifizieren zu können. Somit enthält der Primärschlüssel von employee auch ein migriertes Attribut 'worksIn.deptNumber'. Der Beziehungsname 'worksIn' wird Teil des Namens des migrierten Attributs. Dies ist wichtig, um die Richtung der Migration anzuzeigen. Identifizierende Beziehungen werden durch eine durchgezogene Linie gekennzeichnet, nicht-identifizierende Beziehungen durch eine gestrichelte Linie. Eine optionale nicht-identifizierende Beziehung wird durch eine gestrichelte Linie mit einer Raute dargestellt. In Abbildung 8-10 sind solche Beziehungen dargestellt.

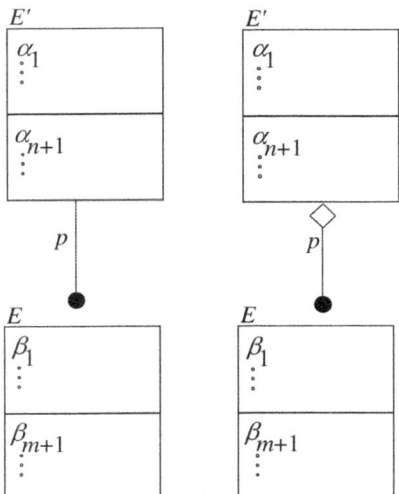

Abb. 8-10: Syntax von nicht-identifizierenden Beziehungen

8.2 Wissensorientierte Methoden

Bisher wurde davon ausgegangen, dass alle Modellelemente bereits bekannt, ausreichend gut strukturiert und dokumentiert sind, um sie leicht in ein entsprechendes Modell überführen zu können. Bei vielen Anwendungen verhält sich dies aber nicht so, insbesondere dann nicht, wenn implizites, nicht dokumentiertes menschliches Wissen zu verarbeiten ist. Bevor es entsprechend modelliert werden kann, muss es zunächst erhoben und interpretiert werden. Solches Wissen bezieht sich häufig nicht nur auf die Problembeschreibung, sondern auch auf die Problemlösung. Aus diesem Grund wird die Wissensmodellierung erst jetzt im Rahmen der integrierten Modellierung behandelt. Was die Ausgestaltung einzelner Phasen des System-Lebenszyklus betrifft, unterliegt die Modellierung von Wissen einem modifizierten Ansatz im Vergleich zum konventionellen Vorgehen.

Die Modellierung von Wissen ist auch Erkenntnisgegenstand der Künstlichen Intelligenz (Artificial Intelligence). RICH/KNIGHT (1991) schlagen für diese Disziplin die folgende Definition vor: "Artificial Intelligence is the study to make computers do things which, at the moment, people do better". Aus historischer Sicht lässt sich die Entwicklung der Modellierung von Wissen in verschiedene Phasen einteilen. Am Anfang standen Bestrebungen, *menschliches Denken* in seiner allgemeinsten Form zu simulieren. Beispielhafte Anwendungen waren Theorembeweisen, Spielprobleme (Schach, Dame etc.), Bewegen von Bausteinen

(Towers of Hanoi) und der General Problem Solver. Fazit war, dass eine problemunabhängige Simulation menschlichen Problemlösens nicht möglich ist.

Aufbauend auf diesem Ergebnis widmete man sich der detaillierten Untersuchung spezieller Problemstellungen. Dazu bedurfte es einer geeigneten *Wissensrepräsentation* und darauf abgestimmter *Suchverfahren*. Fazit war die Erkenntnis, dass problemspezifisches Wissen von ausschlaggebender Bedeutung für die Qualität der Problemlösung und die Schnelligkeit der Lösungsfindung ist. Aus diesem Grunde konzentriert man sich inzwischen auf sogenannte Special-Purpose-Programme, wie beispielsweise problemspezifische Expertensysteme. Die anfängliche Euphorie bezüglich des Potentials der Künstlichen Intelligenz ist inzwischen durch eine realistische Einschätzung abgelöst worden.

Heute werden aus Anwendungssicht neben Experten- bzw. wissensbasierten Systemen die folgenden Teilgebiete der Wissensmodellierung unterschieden:

- Verarbeitung natürlicher Sprache (geschrieben, gesprochen) zur Mensch-Maschine-Kommunikation;
- Deduktionsysteme und automatisches Programmieren mit den Schwerpunkten Theorembeweisen (neues Wissen aus vorhandenem ableiten), Programmverifikation (Programme auf Korrektheit untersuchen) und Programmsynthese (Programme aus der Spezifikation ableiten);
- Bilderkennen und Bildverstehen (Computervision);
- Robotik (Entwicklung computergesteuerter Handhabungsgeräte);
- Intelligente Lernsysteme, die Lernprogramme via Benutzermodelle zur Verfügung stellen.

Die Modellierung von Wissen dient der Abbildung von spezifisch menschlichen Erkenntnissen über die Anwendungswelt. Das Analysemodell erhält man durch *Wissenserhebung* und *Wissensinterpretation*. Wissenserhebung bedeutet, das Wissen aus entsprechenden Quellen zu extrahieren; Interpretation bedeutet, das Wissen in das Fachmodell aufzunehmen.

Die wichtigsten *Wissenserhebungsquellen* sind Dokumente und menschliche Experten. Abhängig von der jeweiligen Quelle kommen Standardtechniken zum Einsatz, wie sie bereits im Rahmen der Sytemanalyse für die Erhebung während der Istanalyse vorgestellt wurden. Sie umfassen Unterlagenstudium, Beobachtung, Prototyp-Review sowie strukturiertes und unstrukturiertes Interview. Techniken, die speziell für die Wissenserhebung entwickelt wurden, sind die Introspektion und das Laut-Denken-Protokoll. Bei der Introspektion wird einem menschlichen Experten die Frage gestellt, wie er ein auftretendes Problem der Anwendungswelt lösen würde. Beim Laut-Denken-Protokoll werden verschiedene Arten von Testfällen (schwierige, häufige, seltene, etc.) für Probleme unter wechselnden Randbedingungen, wie beispielsweise beschränkte Informations- oder Zeitvorgabe, dem Experten zur Lösung vorgelegt.

Gängige *Wissenselemente* sind Fakten, Vermutungen und Heuristiken. Fakten sind überprüfbare Behauptungen und stellen explizites Wissen dar. So sind die Aussagen "Ein Beratungsauftrag gehört zu einem Kunden" oder "Alle Beratungsaufträge haben einen Wert" Fakten. Vermutungen sind mehr oder weniger plausible Behauptungen, wie beispielsweise "Beratungsaufträge haben vermutlich festgelegte Termine". Heuristiken sind Regeln, die auf guten Einschätzungen basieren. Regeln stellen in den meisten Fällen implizites Wissen dar und dienen der Herleitung neuer Fakten bzw. Vermutungen; so lässt sich aus obigem Wissen ableiten, dass "WENN ein Auftrag vorliegt, DANN hat er einen Wert UND vermutlich einen Liefertermin". Während bei Datenmodellen eine "closed world assumption" gilt, d.h. Aussagen, die nicht als wahr bekannt sind, werden als falsch angenommen, gilt bei Wissensmodellen eine "open world assumption", d.h. Aussagen, die nicht als wahr bekannt sind, werden als unbekannt bzw. vermutet angenommen.

Weiterhin lässt sich vollständiges von unvollständigem Wissen unterscheiden. Präzises Wissen wie "Die Kreditabteilung hat acht Mitarbeiter" steht vagem Wissen wie "Die Kreditabteilung hat viele Mitarbeiter" gegenüber; sicheres Wissen, wie "Die Beratung wird heute durchgeführt" steht unsicherem Wissen, wie "Mit einer Wahrscheinlichkeit von 50% wird die Beratung heute durchgeführt" gegenüber. Weiterhin spielen bei der Wissensmodellierung Default- und Meta-Wissen eine große Rolle. Default-Wissen ist Wissen, das nur wenige Ausnahmen aufweist, wie beispielsweise "Sollsaldi werden ausgeglichen". Meta-Wissen ist Wissen über Wissen. Seine Verwendung führt zu einer kompakten Wissensrepräsentation; so erlaubt es die Aussage "Die Vorgesetzten-Beziehung ist transitiv", das Faktum "Schulze ist Vorgesetzter von Maier" allein durch "Müller ist Vorgesetzter von Maier" und "Schulze ist Vorgesetzter von Müller" herzuleiten.

Ist das Wissen erhoben, wird es im Rahmen der *Wissensinterpretation* in ein konzeptionelles Modell überführt. Einfache Repräsentationstechniken für Wissen sind Frames; Beziehungen lassen sich durch Hierarchiediagramme, semantische Netze, Constraints, Produktionsregeln sowie Entscheidungstabellen bzw. -bäume darstellen. Einige dieser Techniken sind schon aus den vorigen Kapiteln bekannt.

Frames bestehen aus Slots, die das Wissenselement näher beschreiben; so können Slots Attribute, Zeiger auf andere Frames oder auch ausführbare Funktionen enthalten. Die Instanz eines Frames ist die Ausprägung eines Wissenselements der Anwendungswelt. Die Syntax von Frames ist in Abbildung 8-11 am Beispiel einer Beratung dargestellt. Die dargestellte ifAddedFunktion wird aufgerufen, wenn der Slot *j* mit einem neuen Wert belegt wird.

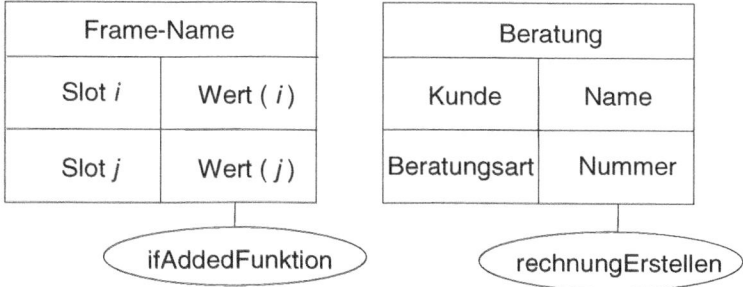

Abb. 8-11: Syntax von Frames

Beziehungen, die strenge Hierarchien darstellen, lassen sich durch *Hierarchiediagramme* repräsentieren. Ein Beispiel für eine Taxonomie der Beratung zeigt Abbildung 8-12.

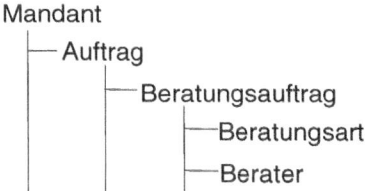

Abb. 8-12: Beispieltaxonomie der Beratung

Semantische Netze eignen sich zur Darstellung von allgemeinen Beziehungen zwischen Wissenselementen und von komplexen Taxonomien. Ein Beispiel zeigt Abbildung 8-13.

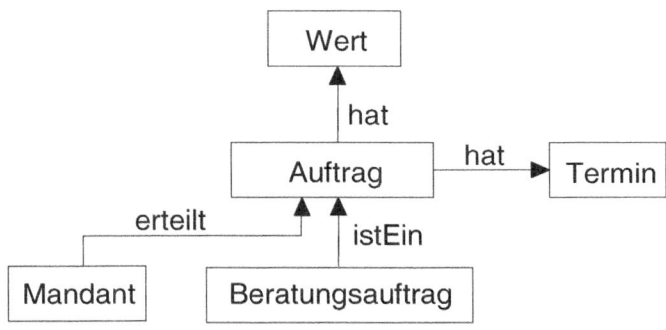

Abb. 8-13: Netzausschnitt für die Beratung

Auch mit *Constraints* lässt sich der Zusammenhang von Wissenselementen be-schreiben. So stellen die Aussagen "Ein Auftrag wird von genau einem Kunden erteilt" oder "Der Liefertermin eines Auftrags muss eingehalten werden" Constraints dar. Sie repräsentieren eher Bedingungen für die Lösungsfindung, während die vorher erwähnten Techniken eher Strukturen der Problembeschrei-bung abbilden. Eine häufig angewandte Methode zur Problemlösung, die auf der Repräsentation mit Constraints basiert, ist Constraint Propagation (PESCH/TETZ-LAFF 1996).

Mit *Entscheidungsbäumen* lassen sich Aktionen, die Wissenselemente in Bezie-hung setzen, beschreiben. Der in Abbildung 8-14 dargestellte Entscheidungsbaum könnte die folgende Situation repräsentieren. Geht eine Kundenanfrage ein, ob eine Beratung durch einen ausgewählten Berater möglich ist (1), wird zunächst geprüft, ob der Berater verfügbar ist (2); ist dies nicht der Fall, wird geprüft, ob der Kunde wichtig ist (3) und beim Kunden nochmals nachgefragt, ob die Bera-tung wirklich dringlich ist (4). Ist der Kunde wichtig und die Beratung dringlich, aber der gewünschte Berater nicht vorhanden, wird ein anderer Mitarbeiter mit der Beratung beauftragt (5). Entscheidungen werden durch Rauten repräsentiert; Pfei-le, die nach rechts verzweigen, stehen für "ja", Pfeile nach links für "nein".

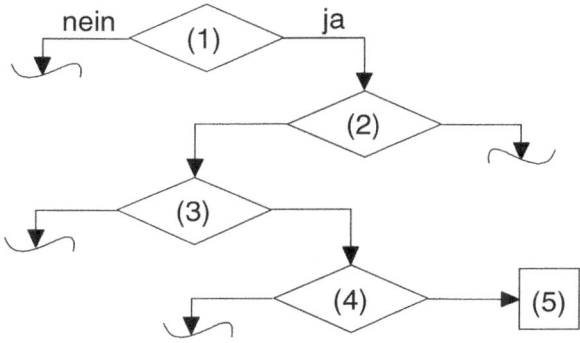

Abb. 8-14: Beispiel für einen Entscheidungsbaum

Produktionsregeln stellen eine andere, weit verbreitete und daher als "natürlich" empfundene Darstellungsform für Wenn-Dann-Beziehungen zwischen einzelnen Wissenselementen dar. Ihr Aufbau ist von der Art WENN "Prämisse" DANN "Konklusion / Aktion". Im Unterschied zu netzartigen Wissensrepräsentations-formen besitzen Regeln ein hohes Maß an Modularität. Der Entscheidungsbaum aus Abbildung 8-14 lautet in Regelform WENN eine Kundenanfrage eingeht (1) UND der gewünschte Berater nicht verfügbar ist (2) UND der Kunde wichtig ist

(3) UND die Beratung dringlich ist (4) DANN wird ein anderer Mitarbeiter mit der Beratung beauftragt (5).

Eine Methode zur Verbindung von Wissenserhebung und Wissensinterpretation durch automatische Regelgenerierung ist das *Konstruktgitterverfahren*, das eine Bewertung von Attributen einzelner Entitäten entsprechend vorgegebener Dipole vornimmt. Entwickelt wurde es mit dem Ziel der Erfassung von Einstellungen von Personen über die Welt (KELLY 1955). Dabei wird von der Annahme ausgegangen, dass menschliches Verhalten auf Konstrukten aufbaut; Konstrukte sind subjektive Hypothesen für die Beschreibung von Zusammenhängen, die selbst nicht beobachtbar sind, sondern nur aus anderen beobachtbaren Daten erschlossen werden können. Man nimmt an, dass jeder Mensch ein charakteristisches Konstruktsystem besitzt, das aus seinen Erfahrungen gebildet wurde.

Das Konstruktgitterverfahren besteht aus einer Erhebungs- und einer Auswertungsphase. Im Rahmen der *Erhebung* wird der Experte nach Elementen des Wissensgebietes gefragt; dann werden *Tripel* über die Elemente gebildet mit der Einschränkung, dass zwei Elemente eine vorgegebene Eigenschaft teilen, das dritte aber nicht. Die Ergebnisse werden dann einer *Auswertung* unterworfen; dabei wird durch Cluster- oder Implikationsanalyse festgestellt, welche Konstrukte die Elemente des Wissensgebietes verbinden. Computergestützte Werkzeuge für den Wissenserwerb, die nach dem Konstruktgitteransatz vorgehen, sind KSS0 (Knowledge Support System Zero) und ETS (Expertise Transfer System) (GAINES 1988).

Beispiel 8-1: Nehmen wir an, dass es sich bei dem Wissensgebiet um 'Persönliche Finanzplanung' handelt und bei den Elementen um verschiedene Beratungsleistungen, wie Vermögensbilanz, Ergebnisrechnung, Portfoliobildung etc. Eine Möglichkeit, ein Tripel zu bilden wäre, wäre es, bezogen auf die Eignung für die Istaufnahme das Tripel (Vermögensbilanz, Ergebnisrechnung, Portfoliobildung), wobei angenommen wird, dass die Portfoliobildung für die Istaufnahme nicht benötigt wird. Nach Bildung verschiedener Tripel für unterschiedliche Merkmale der Persönlichen Finanzplanung würde die Auswertung zur Ableitung der Konstrukte erfolgen. ☐

Für die Wissenserhebung und -interpretation auf der Basis von *Beispielen* (induktives Lernen) ist das *ID3-Verfahren* entwickelt worden (QUINLAN 1979, WEBER/ZIMMERMANN 1991). Grundlage sind nominal skalierte Attribute und Entscheidungen, gewonnen aus Beispielen. Die Entscheidungen werden mit Hilfe des Verfahrens analysiert. Das Ergebnis der Auswertung kann dann als Regelsystem dargestellt werden.

Algorithmus *ID3*
begin
Wurzel := alle Beispiele
while nicht homogene Blätter existieren
---ein Blatt ist nicht homogen, wenn es verschiedene
---Entscheidungsausprägungen enthält
do begin
    Wähle ein nicht homogenes Blatt und ein Aufspaltungsattribut mit

    $\min_a \{IG\ (a) = \sum_{i=1,...,m(a)} p_i\ E_i\}$

    ---$m(a)$: Anzahl Ausprägungen des Attributs a
    ---p_i: Anzahl Ausprägungen i des Attributs / Anzahl Beispiele
    ---$E_i = -r_i \log_2 r_i - (1-r_i)\log_2(1-r_i)$
    ---r_i: Anzahl ja-Entscheidungen / Anzahl Beispiele ($0 \leq r_i \leq 1$)
    Erzeuge neue Blätter für jede Ausprägung des Aufspaltungsattributs
    end;
end;

Beispiel 8-2: Das ID3-Verfahren soll am Beispiel einer Anlageempfehlung erläutert werden. Abhängig von gegebenen Attributen werden Entscheidungen über eine 'Empfehlung' getroffen. Es liegen acht Beispiele für Entscheidungen in Tabelle 8-1 vor.

	Attribute der Anlage			Entscheidung
	Risiko	Koupon	Rendite	Empfehlung
A1	Hoch	ja	normal	ja
A2	Hoch	nein	hoch	nein
A3	Niedrig	nein	normal	ja
A4	Mittel	ja	normal	nein
A5	Mittel	nein	normal	nein
A6	Hoch	nein	normal	ja
A7	Mittel	nein	hoch	nein
A8	Hoch	Ja	hoch	nein

Tab. 8-1: Beispiele für Entscheidungen

Der Ablauf des ID3-Verfahrens bezogen auf das Beispielproblem ist aus Tabelle 8-2 ersichtlich. Es sind nur zwei Iterationen nötig. Danach existieren nur noch homogene Blätter.

	1. Iteration	2. Iteration
Nicht homogene Blätter	$(A1,\ldots,A8)$	$(A1,A2,A6,A8)$
Gewählt	$(A1,\ldots,A8)$	$(A1,A2,A6,A8)$
Aufspaltungsattribut	Risiko	Rendite
Homogene Blätter	$(A4,A5,A7)(A3)$	$(A2,A8)(A1,A6)$

Tab. 8-2: Ablauf des ID3-Verfahrens

Als Ergebnis liegt die folgende Handlungsanleitung auf der Basis von Risiko und Rendite der Anlage für die Entscheidung über die Anlageempfehlungen vor:

WENN Risiko=mittel, DANN Ablehnung;

Risiko=niedrig, Annahme;

Risiko=hoch UND Rendite=hoch Ablehnung;

Risiko=hoch UND Rendite=normal Annahme. □

Ist das konzeptionelle Analysemodell erstellt, so muss es in das logische Designmodell überführt werden. Die Repräsentation von Wissen im Rahmen des Designmodells kann durch Logikkalküle erfolgen. Ein einfaches Kalkül ist die *Aussagenlogik*. Ihre Elemente sind Aussagen, verknüpft mit Operatoren UND, ODER, NON (Negation) und → (Implikation). Der Modus Ponens ist eine gebräuchliche Ableitungsregel für die Auswertung; er erlaubt es, aus den beiden Aussagen A und $A{\to}B$, die Aussage B abzuleiten.

Beispiel 8-3: Folgendes Beispiel verdeutlicht die Modellierung von Wissen mit Hilfe der Aussagenlogik.

```
PROBLEMBESCHREIBUNG
Fakten:  "Zinsen steigen."  (A)
Regeln:  "Zinsen steigen." → "Aktienkurse fallen."  (A→B)
Frage:   "Fallen die Aktienkurse?"  (Ist B wahr?)

PROBLEMLÖSUNG (Modus Ponens)
Zu zeigen:     Ist B wahr, wenn A und A→B wahr sind
Annahme:       A  UND (A→B) sind wahr
→ A UND (NON A ODER B) wahr
→ B                    wahr
```

Eine Erweiterung der Aussagenlogik ist die *Prädikatenlogik erster Ordnung*, die boolesche Relationen repräsentiert. Hierbei führt man die Quantoren $\forall$ (für alle), $\exists$ (mindestens eins) und $\exists!$ (genau eins) ein. Ein Prädikat $p(x, ..., y)$ mit Argumenten x bis y nimmt entweder die Werte 0 oder 1 bzw. wahr oder falsch an.

Beispiel 8-4: Folgendes Beispiel demonstriert die Modellierung von Wissen mit Hilfe der Prädikatenlogik erster Ordnung.

```
PROBLEMBESCHREIBUNG
Fakten:  ehepaar(hans,ute), berät(ute,finanzplaner)
Regeln:  (R1)  ∀X1,X2: ehepaar(X1,X2) → verheiratet(X1,X2)
         (R2)  ∀X1,X2,X3: verheiratet(X1,X2) UND
                          berät(X2,X3) → berät(X1,X3)
     ---Ehepaare werden vom gleichen Finanzplaner beraten.
Frage:   Ist "berät(hans,finanzplaner)" wahr?

PROBLEMLÖSUNG
Substitution: hans := X1, ute := X2, finanzplaner := X3
     (R1): verheiratet(X1,X2)
     (R2): berät(X1,X3) → berät(hans,finanzplaner)
```

Eine *deklarative* Programmiersprache, die auf der Prädikatenlogik aufbaut, ist Prolog. Das Implementierungsmodell für das Beispiel lautet in Prolog-Notation:

```
PROBLEMBESCHREIBUNG
Fakten:  ehepaar(hans,ute), berät(ute,finanzplaner)
Regeln:  (R1) verheiratet(X1,X2) :- ehepaar(X1,X2)
         (R2) berät(X1,X3) :- verheiratet(X1,X2),
                              berät(X2,X3)
Fragen:  ?-berät(hans,finanzplaner)
         ?-berät(hans,X)

PROBLEMLÖSUNG
Antworten:  >Yes
            >X="finanzplaner"
```

Im Gegensatz zur klassischen Logik, die darauf basiert, dass eine Aussage nur wahr oder falsch sein kann, lassen sich mit *unscharfer Logik* (Fuzzy Logic) Aussagen mit differenzierterem Wahrheitsgehalt repräsentieren (ZADEH 1965 und ZIMMERMANN 2001). Für die klassische Logik gilt, dass ein Element a entweder in einer Menge A enthalten oder nicht enthalten ist, d.h. für die *Zugehörigkeit* gilt $f(a) \in \{0,1\}$. Eine solch eindeutige Aussage ist bei Anwendung der unscharfen Logik nicht nötig. Für die unscharfe Logik gilt, dass ein Element u, in einer Grundmenge U mit Zugehörigkeit $f(u) \in [0,1]$ enthalten ist.

Beispiel 8-5: Um den Unterschied zwischen klassischer und unscharfer Logik zu verdeutlichen, soll angenommen werden, dass die Elemente (100) und (80) in der scharfen Menge *sehrTeuer* enthalten sind. Für die unscharfe Menge *seerTeuer* gilt beispielsweise *seerTeuer* = {100, 80, 75; 1, 0.7, 0.3}, d.h. (80) ist nur zu 70% und (75) nur zu 30% in *seerTeuer* enthalten. □

Für die Verknüpfung unscharfer Mengen X, Y zur unscharfen Menge Z gelten die folgenden Vorschriften:

- Negation, Komplement $Z = \text{NON } X$: $f(z)=1-f(x)$;
- Konjunktion, Durchschnitt (logisches "und")
- $Z = X \text{ UND } Y$: $f(z)=\min\{f(x),f(y)\}$;
- Disjunktion, Vereinigung ("inklusiv oder")
- $Z = X \text{ ODER } Y$: $f(z)=\max\{f(x),f(y)\}$;
- Implikation $X \rightarrow Y$: $\max\{1-f(x),f(y)\}$.

Ein anderes Logikkalkül zur Modellierung von Wissen sind *Rough Sets*. Es ist ein Hilfsmittel zur Klassifikation von Objekten einer Anwendungswelt. Grundlagen und Anwendungen sind in PAWLAK (1991) und SLOWINSKI (1992) beschrieben.

Eine stärkere Strukturierung der Modellierung hinsichtlich der Dimension Modellzweck kann in Analogie zur Methode *KADS* (SCHREIBER/WIELINGA/BREUKER 1993) erfolgen. Sie ist für die Entwicklung wissensbasierter Systeme gedacht, legt besonderen Wert auf Wiederverwendbarkeit und hat ihren Schwerpunkt auf der Erstellung des Analysemodells.

KADS unterscheidet vier Modelltypen zur Entwicklung von wissensbasierten IuK-Systemen. Das Organisationsmodell bildet die Rahmenorganisation ab. Daneben gibt es Modelle für die Problembeschreibung mit unterschiedlichem Detaillierungsgrad. Diese definieren das Anwendungsproblem und legen die Anforderungen an die Lösung fest. Weiter gibt es noch das Modell der Kooperation von System und Benutzer und das Modell der Problemlösung.

KADS unterscheidet beim Modell der *Problemlösung* vier Schichten. Jede Schicht hat einen Namen, besteht aus Elementen und ist über eine Beziehung mit der darunter liegenden Schicht verbunden. Informationen in oberen Schichten werden von unteren Schichten benutzt. Das Schichtenmodell ist in Tabelle 8-3 dargestellt.

SCHICHT *i*	ELEMENTE	BEZIEHUNG ZU *i*-1
4 Strategie	Ziele, Regeln	macht Vorgaben für
3 Aufgabe	Problemlösungs-methode, Kommunikation	ruft auf
2 Inferenz	Lösungsschritte, Funktionen, Datenfluss	wird angewandt auf
1 Anwendung	Entitäten (Attribute, Werte), Relationen (isA, partOf, causes)	

Tab. 8-3: Schichten des Modells der Problemlösung

Die Schicht der Anwendung umfasst statisches Wissen über das Anwendungsgebiet (Entitäten, Relationen), vergleichbar einem Datenmodell. Die Inferenz ist anwendungsunabhängig und unterscheidet generische Funktionen, die bei der Suche nach der Problemlösung aufgerufen werden. Diese Schicht ist vergleichbar dem Funktionsmodell für die Problemlösung. In der Aufgabenschicht wird ähnlich dem Kommunikationsmodell definiert, wie elementare Funktionen der Inferenzschicht eingesetzt werden, um vorgegebene Ziele für die Problemlösung zu erreichen. Die Schicht der Strategie versucht Vorgaben zu definieren, in welchem Umfeld und auf welche Art die Problemlösung erzeugt werden soll.

Beispiel 8-6: Als Beispiel für die Modellierung der Problemlösung mit KADS soll die Kundenberatung dienen. Es soll das Problem gelöst werden, ob eine Beratung von einem Berater durchgeführt werden kann oder nicht (Auftragsklärung). Aus problemtypologischer Sicht handelt es sich um ein Analyseproblem. Im Folgenden ist das Schichtenmodell aus Tabelle 8-3 auf das Problem der Auftragsklärung bzw. auf ein Analyseproblem angewandt.

```
ANWENDUNG: Auftragsklärung
Entitäten:        Beratungswunsch, Schwerpunkte, Ressourcen,
                  Termin, Beratungsdauer, Berater etc.
Relationen:       paarweise Beziehungen der Entitäten

INFERENZ
Lösungsschritte:
Symptome bestimmen (Beratungswunsch)
Hypothesen aufstellen (Schwierigkeit der Beratung)
Grobdiagnosen herleiten (Aussagen zur Art der Beratung)
Feindiagnosen bestimmen (Berater auswählen)
```

```
Funktionen:
(0) dataCollection (Symptome bestimmen)
(1) transform/abstract (Hypothesen aufstellen)
    Input:    Symptome
    Output:   Hypothesen
    Methode:  Abstraktion, Generalisierung
    Wissensunterstützung: heuristische Regeln
(2) match (Grobdiagnosen herleiten)
    Input:    Hypothesen
    Output:   Grobdiagnosen
    Methode:  Heuristische Zuordnung
    Wissensunterstützung: Regeln
(3) specify (Feindiagnosen bestimmen)
Datenfluss:
(0)-Symptome →(1)-Hypothesen →(2)-Grobdiagnosen →
(3)-Feindiagnosen


AUFGABE
Die Problemlösungsmethode folgt entweder der Vor-
wärtsverkettung (von den Symptomen über Hypothesen und
Grobdiagnosen zu den Feindiagnosen) oder der
Rückwärtsverkettung (umgekehrt) oder Mischformen.


STRATEGIE
Schnelle grobe Lösung ist zeitaufwendiger detaillierter
Lösung vorzuziehen.
```

Da das Schichtenmodell als Modell der Problemlösung für generische Problemtypen auch ohne die Anwendungsschicht Gültigkeit hat, gibt es eine Bibliothek für Interpretationsmodelle, d.h. für Modelle der Schichten (2)-(4). Die grobe Einteilung folgt einer Problemklassifikation, wie sie unten dargestellt ist.

```
SYSTEM ANALYSIS      SYSTEM SYNTHESIS

identify             transformation
classify             design
simpleClassify       configuration
diagnosis            planning
monitoring           modelling
prediction
```

Beispielhaft soll hier die Schicht der Inferenz des Interpretationsmodells für "Monitoring" (Überwachung) in Abbildung 8-15 vorgestellt werden. Sie besteht aus verschiedenen Funktionen. Die Funktion 'Klassifiziere' ist näher erläutert.

Für die Verwendung und Erzeugung von Interpretationsmodellen im Rahmen von KADS wird das folgende Vorgehen vorgeschlagen:

(1) Verbale Problembeschreibung;

(2) Auswahl und Kombination generischer Interpretationsmodelle;

(3) Hinzufügen des Anwendungsbereichs;

(4) Arbeiten auf dem Anwendungsmodell;

(5) Abstraktion vom Anwendungsbereich;

(6) Weitere Zerlegung und Abstraktion und danach Übernahme in die Bibliothek der Interpretationsmodelle.

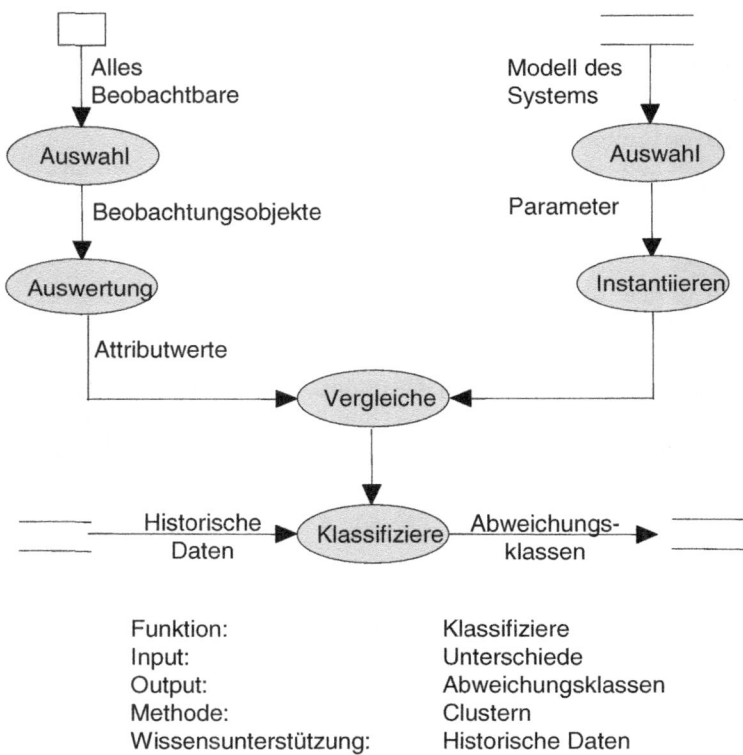

Abb. 8-15: Auszug aus einem Interpretationsmodell für „Monitoring"

8.3 Objekt- und prozessorientierte Methoden

Neuere Methoden der integrierten Modellierung basieren auf einem objekt-orientierten Vorgehen. Das Paradigma der *objektorientierten Modellierung* hat seinen Ursprung in der objektorientierten Programmierung, bezieht sich aber im gleichen Sinne auch auf die Phasen Analyse und Design. Einen Überblick zum objektorientierten Vorgehen findet man beispielsweise in WILFS-BROCK/WILKER-SON/WIENER (1990), BLAHA/RUMBAUGH (2004) und NERSON (1992).

Bei der objektorientierten Modellierung werden Daten und Funktionen gemeinsam betrachtet und an Objekte gebunden. Objekte sind unterscheidbare Elemente der Anwendungswelt. Sie können realer oder künstlicher Natur sein. Objekte lassen sich durch ihr *Verhalten* beschreiben und bestehen aus *Attributen* und *Methoden*. Methoden werden auch als Funktionen, Dienste oder Algorithmen bezeichnet. Ein Objekt lässt sich als Black Box interpretieren, die objekteigene Methoden zur Verfügung stellt. Objekte kommunizieren miteinander mit Hilfe von *Nachrichten,* auch Botschaften genannt, und tauschen auf diesem Wege ihre Dienste aus. Die Methode(n) eines Objekts besteht in der Ausführung seiner zulässigen Operationen, angewandt auf seine Attribute; Objekte der gleichen Art lassen sich zu *Klassen* zusammenfassen, d.h. sie bilden *Instanzen* bzw. Ausprägungen der entsprechenden Klasse. Objekte können erzeugt und vernichtet werden. Klassen lassen sich zu Superklassen zusammenfassen und in Subklassen zerlegen.

Beispiel 8-7: Betrachten wir das Objekt AKTIE. Es gehört zur Klasse WERTPAPIER. Ein Attribut dient der Beschreibung einer Klasse bzw. eines Objekts, und seine Ausprägung ist der Attributwert. "Preis" und "Handelsplatz" sind Attribute von AKTIE; '100' und 'London' sind entsprechende Werte. Das Verhalten eines Objekts wird durch seine Methode(n) beschrieben; <renditeBestimmen> und <ausschütten> sind beispielsweise Methoden der Klasse WERTPAPIER. ☐

Die wichtigsten statischen Beziehungen zwischen einzelnen Objekten bzw. Klassen sind die *Generalisierung* bzw. *Spezialisierung* (isA-Beziehung), mit denen das *Vererben* von Attributen und Methoden darstellbar ist, und die *Aggregation* bzw. Zerlegung (partOf-Beziehung). Daneben gibt es anwendungsabhängige Beziehungen, die durch entsprechende zu vergebende Namen oder durch die beteiligten Objektpartner beschrieben werden. Beziehungen können entsprechend ihrer Kardinalitäten in 1:1-, 1:N- und N:M-Typen unterschieden werden, und es können ihnen Attribute zugeordnet werden. Darüber hinaus lassen sich weitere semantische Eigenschaften der Anwendungswelt durch zusätzliche Beschreibungen von Beziehungen abbilden.

Die Charakteristika der objektorientierten Modellierung sind Identität, Klassifikation, Polymorphismus und Vererbung. *Identität* bedeutet, dass jedes Objekt einzigartig, d.h. unterscheidbar ist; *Klassifikation* bedeutet, dass sich ähnliche Objekte zu Klassen zusammenfassen lassen; *Polymorphismus* bedeutet, dass die Ausgestaltung einer Methode abhängig von der zugehörigen Klasse ist; *Vererbung* bedeutet, dass Attribute und Methoden nach unten in der Klassen-Objekt-Hierarchie weitergereicht werden.

Beispiel 8-8: Die genannten Charakteristika lassen sich mit Hilfe der Klasse WERTPAPIER und der Objekte AKTIE und ANLEIHE nachvollziehen. AKTIE und ANLEIHE lassen sich über ein WERTPAPIER klassifizieren. Die Rendite der AKTIE berechnet sich nach einer anderen Vorschrift als die der ANLEIHE. Attribute von WERTPAPIER wie beispielsweise "Handelsplatz" oder "Preis" lassen sich an AKTIE und ANLEIHE vererben. □

Das Vorgehen der objektorientierten Modellierung orientiert sich auf vertikaler Ebene am bekannten Phasenschema der Modellrealisierung. Im Analysemodell wird beschrieben, was das System zu leisten hat. Das Designmodell baut auf dem Analysemodell auf, beschreibt, wie die Anforderungen erfüllt werden, und enthält schon Implementierungsaspekte. Der Schwerpunkt liegt hier auf Datenstrukturen und Algorithmen zur Implementierung jeder Klasse. Das Designmodell wird schließlich in eine (objektorientierte) Programmiersprache übersetzt. Die Entsprechungen von objektorientierter zu konventioneller prozeduraler Programmierung sind in Tabelle 8-4 dargestellt.

OBJEKTORIENTIERT	KONVENTIONELL
Objekt mit Zustand	Variable mit Wert
Klasse	Datentyp
Methode	Funktion
Botschaft	Prozeduraufruf
Klassenhierarchie	Typhierarchie

Tab. 8-4: Entsprechungen von Programmelementen

Im Vergleich zum konventionellen Vorgehen hat die objektorientierte Modellierung einige Vorteile. Die *Wiederverwendbarkeit* existierender Software wird durch Bindung von Programmcode an Objekte (Kapselung) vereinfacht; *Änderungen* an Objekten können lokal vorgenommen werden, ohne dass andere Objekte betroffen sind. Der Aufbau und die Verwaltung von *Objekt-Bibliotheken* wird dadurch erleichtert. Existierender Programmcode kann durch Vererbung auf neue Objekte übertragen werden. Damit ist gleichzeitig eine Verbesserung der *Softwarequalität* verbunden, da bewährte Teile der Software benutzt werden können und somit eine zusätzliche Fehlerquelle weitgehend ausgeschlossen wird. Wartung und Pflege der Modelle werden insgesamt vereinfacht. Die Übertragbarkeit der Modelle in den verschiedenen Realisierungsphasen verhindert Brüche zwischen den einzelnen Phasen und sichert ihre Konsistenz.

In der Literatur wird eine Vielzahl von Vorgehensweisen zur Erstellung des objektorientierten Analysemodells vorgeschlagen. Einen guten Überblick zu diesem Thema findet man in WILFS-BROCK/JOHNSON (1990) und MONARCHI/PUHR (1992). Als eine Möglichkeit gilt das folgende Vorgehen:

(1) Verbale Beschreibung der Anforderungen.

(2) Suche nach Objekten.

(3) Suche nach Klassen, isA- und partOf-Beziehungen.

(4) Dekomposition in Teilmodelle.

(5) Definition von Attributen und Objektbeziehungen.

(6) Definition von Methoden und Botschaftsbeziehungen.

In der natürlichsprachigen Problembeschreibung sind Substantive Kandidaten für Klassen und Objekte, Verben Kandidaten für Methoden und Beziehungen und Adjektive Kandidaten für die Attribute von Klassen oder Objekten. Als Ergebnis erhält man ein Objektmodell-Diagramm und ein Object Dictionary.

Die hier benutzte Repräsentation für das objektorientierte Analysemodell basiert auf dem Vorschlag von Coad und Yourdon (COAD/YOURDON 1991). Diese unterscheiden fünf Schichten des Objektmodells; in Klammern ist die Beziehung zum Vorgehen bei der Erstellung des Objektmodells vermerkt:

1 Subjektschicht: enthält Subsysteme (Cluster) logisch zusammen-gehörender Klassen (Schritt 4);

2 Klassen- / Objektschicht: enthält Klassen und Objekte (Schritt 2);

3 Strukturschicht: Darstellung von Generalisierung (isA) und Zerlegung (partOf) (Schritt 3);

4 Attributschicht: enthält Attribute und Objektbeziehungen (Schritt 5);

5 Methoden- und Kommunikationsschicht: enthält Methoden und Botschaftsbeziehungen (Schritt 6).

Die Schichten 1-4 entsprechen dem Datenmodell, die Schicht 5 dem Funktions- und dem Kommunikationsmodell. Über das Datenmodell wird die eher statische Sicht auf Klassen und Objekte mit ihren Beziehungen abgebildet. Zur Abbildung der dynamischen Sicht müssen das Funktions- und das Kommunikationsmodell noch erweitert bzw. vervollständigt werden, d.h. Datenfluss- und Zustandsübergangsdiagramme müssen im Objektmodell explizit Berücksichtigung finden. Auf diese Weise ist auch eine Migration von konventioneller zu objektorientierter Modellierung möglich.

Für ein betriebliches Analysemodell ist es weiterhin wichtig, dass die Aufbau- und Ablauforganisation der Anwendungswelt Berücksichtigung finden. Objekte lassen sich Organisationseinheiten zuordnen, wobei ein Unterschied zwischen Daten und Funktionen besteht. Funktionen werden im Allgemeinen von nur einer Organisationseinheit verwaltet, während auf Daten verschiedene Organisationseinheiten

Zugriff haben können. So ist es nicht sinnvoll, ein Objekt ausschließlich einer Organisationseinheit zuzuordnen. Sind Funktionen mehreren Organisationseinheiten zugeordnet, d.h. existieren entsprechende N:M-Beziehungen, so sollten durch Zerlegungen solange Elementarfunktionen gebildet werden, bis nur noch 1:1- oder N:1-Beziehungen zwischen Funktionen und Organisationseinheiten existieren. Im Folgenden soll angenommen werden, dass eine entsprechende Zerlegung erfolgt ist und somit jede Methode genau einer Organisationseinheit zugeordnet werden kann.

Beispiel 8-9: Mit dem in der Abbildung 8-16 dargestellten Objektmodell zur Beratung von Mandanten sollen Möglichkeiten der Integration von Modellen verdeutlicht werden. Dem Beispiel liegt der folgende Sachverhalt zugrunde. Wenn ein Mandant (MA) eine Beratungsleistung (BR) wünscht, wird ein Auftrag (Beratungsauftrag) angelegt. Die gewünschte Beratungsleistung ist Teil eines definierten oder noch zu definierenden Kundenprozesses (KP), in dem der Umgang mit dem jeweiligen Kunden beschrieben ist. Der Kundenprozess besteht aus Aktivitäten (A), die mit Hilfe von Ressourcen (RES) ausgeführt werden. Für den Mandanten wird eine Beratungsleistung angelegt (brAnlegen), die Beratungsleistung hat die Aufgabe, den Kundenprozess auszuwählen bzw. zu kreieren (kpErstellen), der Kundenprozess muss Aktivitäten generieren (aErzeugen), für die einzelnen Aktivitäten müssen Termine bestimmt werden (terBestimmen) und die benötigten Ressourcen müssen ausgewählt (resBestimmen) und reserviert (resReservieren) werden. Objekte und Beziehungen werden aus dem Entity-Relationship-Modell, Methoden und Nachrichtenverbindungen werden aus dem Datenflussdiagramm übernommen. Organisationseinheiten werden den Methoden zugeordnet. □

Die Notation liest sich wie folgt. Objekte sind dreigeteilt in Objektname, Attribute und Methoden mit zugehörigen Organisationseinheiten. Attribute und Organisationseinheiten sind im Beispiel aus Gründen der Vereinfachung weggelassen. Beziehungen zwischen Objekten werden durch gestrichelte Kanten repräsentiert; Dreiecke bezeichnen partOf-Beziehungen und Halbkreise isA-Beziehungen. Bei Instanzenbeziehungen ist der Name an der Kante vermerkt. Daneben ist zu den Beziehungen, wenn nötig, die jeweilige Kardinalität angegeben. Pfeile beschreiben Botschaftsbeziehungen.

Zur integrierten Modellierung müssen Methoden und Kommunikation des Objektmodells für Problembeschreibung und Problemlösung weiter spezifiziert werden. Hilfestellung leisten dabei das Funktions- und Kommunikationsmodell. Funktionen für die Problemlösung werden durch Methoden, und Zustände werden durch Attribute und ihre Werte abgebildet. Zustandsübergänge werden durch Ereignisse ausgelöst; Ereignisse sind entweder extern oder werden intern von Objekten erzeugt. Bedingung für einen Zustandswechsel ist das Übermitteln von Daten zwischen Sender- und Empfängerobjekt. Falls sich Objekte in unterschiedlichen Zuständen befinden können, kann man die Ausprägung eines Zustands durch Einführen eines Zustandsattributs vermerken. Alle Objekte einer Klasse sind im gleichen Zustandsübergangsdiagramm repräsentiert. Die gemeinsame Kommunikationssicht verbindet lokale Zustandsübergangsdiagramme von Objekten über gemeinsame Ereignisse. Sie beschreibt das zulässige Verhalten des Objektmodells.

Beispiel 8-10: Die Integration von Funktions- und Kommunikationsmodell in das Objektmodell aus Abbildung 8-16 ist in Abbildung 8-17 dargestellt. Zustände werden durch Objekte und die Werte von Attributen beschrieben; Datenflüsse sind an Ereignisse gekoppelt. Der Eintritt eines Ereignisses und vorliegende Daten haben das Auslösen von Methoden zur Folge. Datenflüsse und Ereignisse sind Botschaftsbeziehungen zugeordnet; über dem Pfeil stehen die Daten und darunter das auslösende Ereignis. Für den Prozess der Beratung gibt es einen Start- und einen Endzustand; der Startzustand wird durch die Objektzustände vor der Auftragserfassung und der Endzustand durch die Objektzustände nach Ablauf des Prozesses Beratung beschrieben; Schnittstellen zur Systemumgebung sind die Daten eines Beratungsauftrags und die Reservierungsdaten für die Ressourcen. Es wird angenommen, dass neben den Objekten keine zusätzlichen Datenspeicher benötigt werden. □

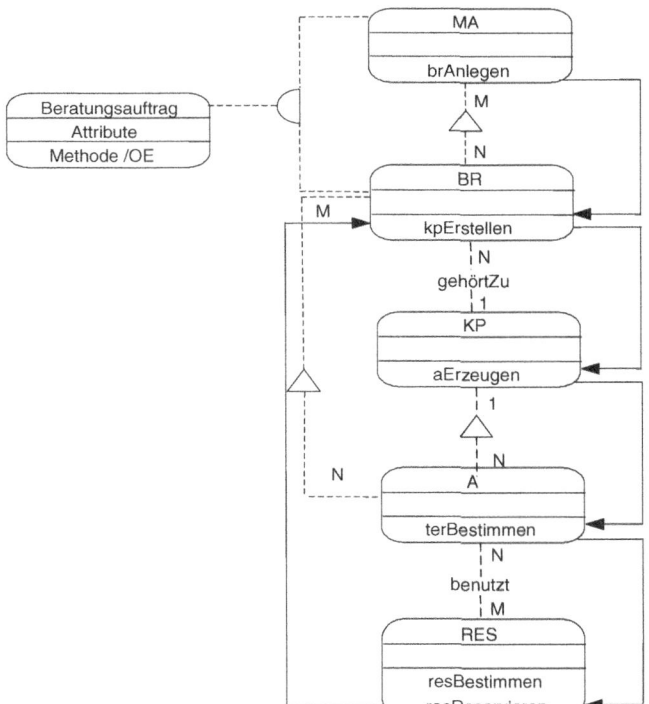

Abb. 8-16: Objektmodell für die Beratung

Zum Abschluss soll noch kurz darauf eingegangen werden, wie aus dem Analysemodell das Design- und das Implementierungsmodell abgeleitet werden. Zur Erstellung des Designmodells wird das Analysemodell um DV-spezifische Anforderungen, d.h. um zusätzliche interne Klassen, Attribute und Beziehungen ergänzt. Eine wichtige Designaufgabe ist die detaillierte Spezifikation der Algorithmen. Das Designmodell unterliegt den Anforderungen der Effizienzsteigerung. Dazu wird häufig auch noch einmal das Analysemodell Veränderungen unterworfen.

Für die objektorientierte Implementierung des Designmodells gelten die gleichen Prinzipien wie für die konventionelle Programmierung. Hauptziel ist jedoch die Wiederverwendbarkeit von Klassen und Methoden. Für die Implementierung bieten sich objektorientierte Programmiersprachen an, aber es können auch, je nach Anwendung, konventionelle Programmiersprachen herangezogen werden.

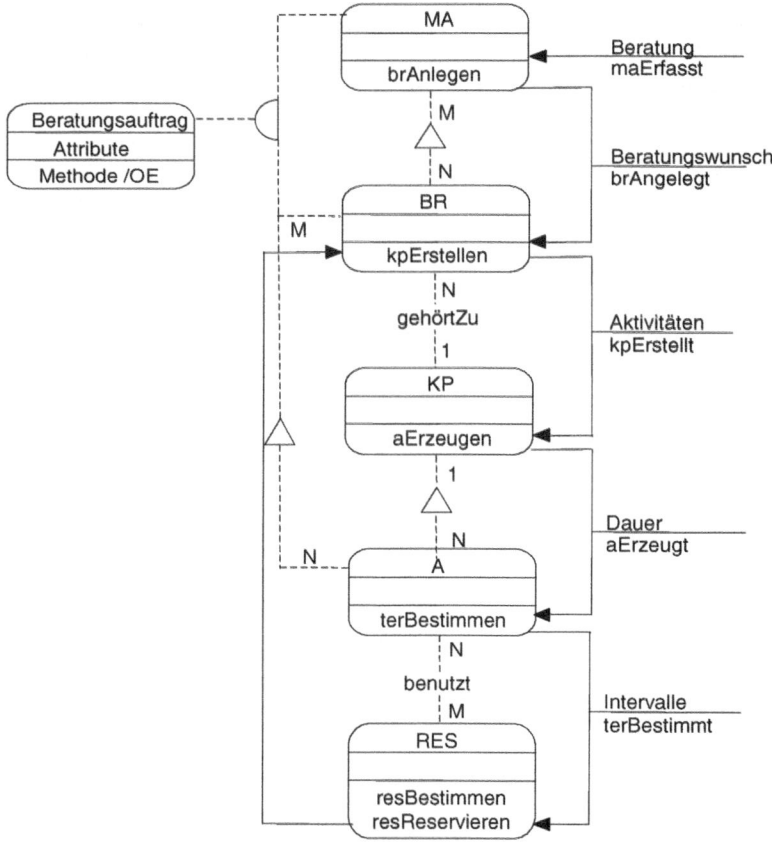

Abb. 8-17: Integriertes Objektmodell für die Beratung

Beispiel 8-11: Eine objektorientierte Implementierung mit Hilfe der Datenstruktur "record" sei im Folgenden beispielhaft dargestellt.

(i) Klasse wird als Datentyp vereinbart

```
MANDANT
Name:
Leistung:
Betreuer: (oneOf diekmann, funke, müller)
Leist.Nr.:

Mandant = record
begin
Name: String [10]
Leistung: String [10]
Betreuer: (Diekmann, Funke, Müller)
Leist.Nr.: Integer [4]
end;
```

(ii) Instanz der Klasse MANDANT wird als Variable vom Datentyp Privatkunde abgebildet

```
PRIVATKUNDE
Name: Meier
Leistung: Analyse
Berater: diekmann (oneOf diekmann, funke, müller)
Leist.Nr.: 4711

VAR    Privatkunde : Mandant
  begin
  Privatkunde.Name := "Meier"
  Privatkunde.Leistung := "Analyse"
  ...
  end;
```

Beispiel 8-12: Wie ein objektorientiertes Implementierungsmodell erstellt wird, soll am Beispiel der Verwaltung von Aufträgen in Analogie zu dem Modell in WEDEKIND (1990) gezeigt werden. Zu berücksichtigende Informationen sind Beratungsauftragsnummer, Beratungsauftragswert und Datum, sowie Buchungsvorgänge wie Eingang und Ausgang. Das folgende Designmodell liegt vor:

```
AUFTRAG   (aufnr, offenePosten, datum, art; <buchen>)
aAUFTRAG  (konr, saldo, datum, <buchen>)
bAUFTRAG  (konr, saldo, datum, <buchen>)
cAUFTRAG  (konr, saldo, datum, <buchen>)
```

Das Implementierungsmodell lautet in Eiffel-Notation auszugsweise wie folgt:

```
class AUFTRAG export
   aufnr,offenePosten,datum,art
feature
aufnr:      INTEGER;
offenePosten:   REAL;
datum:      DATUM;
art:        CHAR;
--art bezeichnet verschiedene Auftragsarten
--Die Methode <buchen> wird durch die Prozeduren `eingang'
--und `ausgang' implementiert:

eingang (b:REAL) is
   do
   offenePposten:=offenePosten-b
   end; -- eingang

ausgang (b:REAL) is
   do
   offenePosten:=offenePosten+b
   end; -- ausgang
end;-- class AUFTRAG
```

Vererbung lässt sich auf die folgende Art und Weise realisieren:

```
Class aAUFTRAG export
   aufnr,saldo,datum
inherit
   AUFTRAG except art, rename offenePosten as saldo

feature -- zusätzliche Attribute für aAUFTRAG
...
end; -- class aAUFTRAG
...
```

Objektmodelle gelten als eine gute Möglichkeit, integrierte Modellierung aus verschieden Sichten durchzuführen. Inzwischen hat das objektorientierte Vorgehen auch eine weite Verbreitung gefunden. Ein wichtiger Anwendungsbereich betrieblichen Modellierens ist das Management von Unternehmensprozessen. Ein *Unternehmensprozess* ist das organisierte, schrittweise Vorgehen, um einen gegebenen Input in einen gewünschten Output zu verwandeln. Dabei werden Ressourcen benötigt und Leistungen erstellt. Beispiele für funktionsorientierte Unternehmensprozesse sind: „Produktentwicklung", „Beschaffung" oder „Auftragsabwicklung"; „Bearbeitung von Schadenmeldungen" bei Versicherungsgesellschaften oder „Bearbeitung von Kreditanträgen" bei Banken sind branchenorientierte Beispiele. Der Output eines Unternehmensprozesses sollte immer eine Wertschöpfung in Form einer Ware oder einer Dienstleistung für einen Kunden innerhalb oder außerhalb der Organisation sein (SCHMIDT 2002).

Der Begriff Unternehmensprozess hat zwei Bedeutungen. Ein Unternehmensprozess kann sich auf einen *Prozesstyp* oder eine *Prozessausprägung* beziehen. Der Prozesstyp ergibt sich dadurch, dass man einen Prozess abstrakt beschreibt. Die Prozessausprägung ist ein realer Prozess, der den Regeln und der Struktur eines gegebenen Prozesstyps folgt. Der Prozesstyp kann als *Schablone* für eine Prozessausprägung interpretiert werden. So gehört zum Prozesstyp „Leistungserstellung" die Ausprägung „Erstellung der Leistung Anlageberatung". Im Folgenden bezeichnen wir eine Prozessausprägung auch als einen *Job*, der auszuführen ist.

Der Prozesstyp wird durch seinen Input und Output, Funktionen, die ausgeführt werden müssen, und Regeln der Synchronisation beschrieben. *Input* und *Output* stehen in Beziehung zu materiellen und immateriellen Dingen. Beispielsweise werden bei der Ausführung von *materiellen* Prozessen verschiedene Arten von Rohmaterialien (Input) in verarbeitete Materialien (Output) umgewandelt; *immaterielle* Prozesse verwandeln Input-Daten in Output-Daten. Im Allgemeinen bestehen Input und Output sowohl aus Material als auch aus Daten.

Eine *Funktion* stellt die Transformation von Input in Output dar. Verschiedene Funktionen sind über *Vorrangbeziehungen* miteinander verbunden, die die Reihenfolge, in der Funktionen ausgeführt werden können, beschränken. Beispielsweise repräsentiert eine Vorrangbeziehung zwischen zwei Funktionen, dass der Output einer vorausgehenden Funktion Teil des Inputs einer nachfolgenden Funktion ist. Funktionen, die nicht unabhängig von anderen Funktionen ausgeführt werden können, müssen also *synchronisiert* werden. Bevor eine Funktion ausgeführt werden kann, müssen *Vor-Bedingungen* erfüllt sein; nach der korrekten Ausführung einer Funktion sind *Nach-Bedingungen* erfüllt.

Die Möglichkeiten der Synchronisation, die Beginn und Ende einer Funktion beeinflussen, werden durch Angabe von *Start-* und *Endereignis* beschrieben. Im Allgemeinen stellt ein Ereignis einen Zeitpunkt dar, zu dem bestimmte Zustände eintreten. Ereignisse lassen sich durch Werte von *Zustandsattributen* beschreiben. Die Attributwerte eines Ereignisses werden mit den Vor-Bedingungen und den Nach-Bedingungen der Funktionen verglichen. Bevor eine Funktion ausgeführt werden kann, muss für ihre Vor-Bedingungen und die Attributwerte des zugehörigen Beginn-Ereignisses Gleichheit erfüllt sein; nach der Ausführung einer Funktion muss für ihre Nach-Bedingungen und die Attributwerte des Endereignisses Gleichheit erfüllt sein.

Um einen Prozesstyp vollständig zu beschreiben, müssen alle Input- und Outputvariablen der Funktionen angegeben werden. Die *Inputvariablen* beziehen sich auf den *Produzenten*, der für die Ausführung der Funktion verantwortlich zeichnet, die erforderlichen *Ressourcen* und die benötigten *Daten*. Die *Outputvariablen* beziehen sich auf das durch eine Funktion erstellte *Produkt*, den *Kunden* des Produkts und die *Daten*, die verfügbar sein müssen, nachdem die Funktion ausgeführt worden ist. Wenn ein Prozesstyp vollständig spezifiziert ist, können die Prozessausprägungen entsprechend der Spezifikation ausgeführt werden. Input, Output, Funktionen und Synchronisation einer Prozessausprägung beziehen sich auf einen auszuführenden Job.

Die Ausprägung einer Funktion heißt *Task*. Eine Task ist Teil eines Jobs. Für die Ausführung von Tasks müssen Entscheidungen über das *zeitliche* Eintreten der Ausführung getroffen werden. Dabei müssen Bedingungen, wie sie durch den Prozesstyp spezifiziert sind, beachtet werden. Die Synchronisation von Prozessausprägungen zu planen, bedeutet, Jobs mit ihren Tasks unter Beachtung von Vorrangbeziehungen den Ressourcen im Zeitverlauf zuzuweisen. Dies ist die Aufgabe der *Ablaufplanung* (BLAZEWICZ ET AL. 2001). Tasks und Jobs werden durch Attribute charakterisiert. Ein entsprechendes Modell wird in SCHMIDT (1996) vorgestellt. Fragen, die durch die Ablaufplanung beantwortet werden, sind: Welche Tasks welcher Jobs sollen durch welche Ressourcen zu welchem Zeitpunkt ausgeführt werden?

Entwurfsplanung und *Ablaufplanung* von Unternehmensprozessen sind zwei herausragende Aufgaben des Prozessmanagements. Der Entwurf beschäftigt sich mit der Festlegung der Strukturen eines Prozesstyps, bevor er zum ersten Mal durchgeführt wird. Die Ablaufplanung befasst sich damit, Ressourcen konkurrierenden Prozessausprägungen zeitlich zuzuordnen. Beide Aufgaben erfordern ein Modell für Unternehmensprozesse.

8.3.1 Generalized Process Networks

Die Sichten der Modellierung mit GPN werden aus der Architektur LISA abgeleitet (SCHMIDT 2006). Entsprechend der *Modelldetaillierung* werden Modelle für Prozesstypen und Prozessausprägungen erstellt. In Bezug auf die *Modellelemente* und ihre Beziehungen werden Input (Daten, Ressourcen), Output (Daten, Produkte), organisatorisches Umfeld (Produzent, Kunde), Funktionen und Synchronisation (Ereignisse, Bedingungen, Vorrangbeziehungen) repräsentiert. Entsprechend der Sicht auf den *Lebenszyklus* von Systemen benötigt man Modelle für die Analyse, das Design und die Implementierung. Schließlich benötigt man im Hinblick auf den *Modellierungszweck* Modelle für die Problembeschreibung und die Problemlösung.

Es gibt viele Sprachen, um Unternehmensprozesse zu beschreiben BERNUS/MERTINS/SCHMIDT (2006). Die meisten wurden zum Zweck des *Entwurfs* von Prozessen entwickelt, wobei der Schwerpunkt auf der Problembeschreibung liegt. Modelle, die für Zwecke der Ablaufplanung, insbesondere für die Optimierung, geeignet sein sollen, erfordern eine Darstellung, die sich für die Lösung von kombinatorischen Problemen eignet. Existierende Modellierungssprachen unterstützen nicht die Repräsentation der kombinatorischen Struktur des Problems; daher eignen sie sich auch nicht für die Ablaufplanung von Unternehmensprozessen (CURTIS/KELLNER/OVER 1992).

Eine Modellierungssprache muss mindestens zwei Anforderungen erfüllen:

– Vollständigkeit und Widerspruchsfreiheit: Alle wesentlichen Sichten auf ein System müssen sich repräsentieren, und die Abbildungen der Sichten müssen sich konsistent beschreiben lassen.

– Verständlichkeit: Syntax und Semantik der Sprache sollten für die Zielgruppe der Nutzer leicht verständlich und anwendbar sein.

Für die Sichten, wie sie in LISA definiert werden, ergeben sich die folgenden Konsequenzen:

– *Lebenszyklus.* Es ist nicht nützlich, nur eine monolithische Modellierungssprache zu haben, die alle Phasen des Lebenszyklus abdeckt. Jede Phase erfordert die Repräsentation unterschiedlicher Aspekte, und hat damit spezielle syntaktische und semantische Anforderungen. GPN ist für die Phase der Analyse entworfen.

– *Detaillierung.* Es gibt zwei Ebenen der Detaillierung, den Prozesstyp und seine Ausprägungen. Da diese beiden Ebenen miteinander zusammenhängen, sollte die Modellierungssprache beide repräsentieren können. GPN modelliert sowohl Prozesstypen als auch Prozessausprägungen.

– *Elemente.* Input, Output, Funktionen und die Anforderungen der Synchronisation von Unternehmensprozessen werden modelliert. GPN repräsentiert alle Elemente des Unternehmensprozesses, die für Entwurfs- und Ablaufplanung erforderlich sind.

– *Zweck.* Die meisten Modelle von Unternehmensprozessen sind deskriptiver Natur, und es besteht keine Verbindung zu konstruktiven Modellen für das Lösen von Problemen. Mit GPN können beide Modellarten formuliert werden.

Es wird zwischen einem Modell zum Entwurf bezogen auf den Prozesstyp und einem Modell zur Ablaufplanung bezogen auf die Prozessausprägungen unterschieden. Beide Modelle werden mit GPN erstellt. Die *syntaktischen* Elemente der Sprache sind Knoten, Pfeile und Markierungen, die Knoten und Pfeilen zugeordnet sind (siehe Abbildung 8-18).

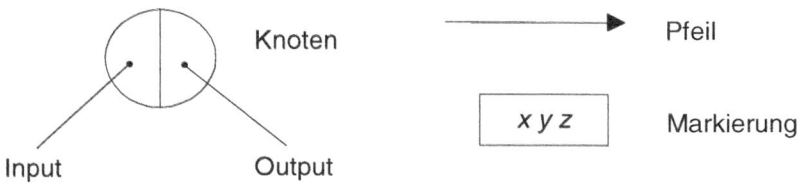

Abb. 8-18: Syntaktische Elemente von GPN

Die *Semantik* von GPN wird in sechs Schichten definiert. Die erste Schicht definiert die Bedeutung der syntaktischen Elemente, die zweite Schicht ist der funktionalen Spezifikation gewidmet, die dritte der Synchronisation, die die Beziehungen zwischen Funktionen repräsentiert, die vierte den Input- und Outputdaten, die fünfte den erforderlichen Ressourcen und den erzeugten Produkten, und die sechste Schicht beschreibt die Beziehung zwischen Kunde und Produzent. Die semantischen Schichten von GPN werden in Abbildung 8-19 gezeigt.

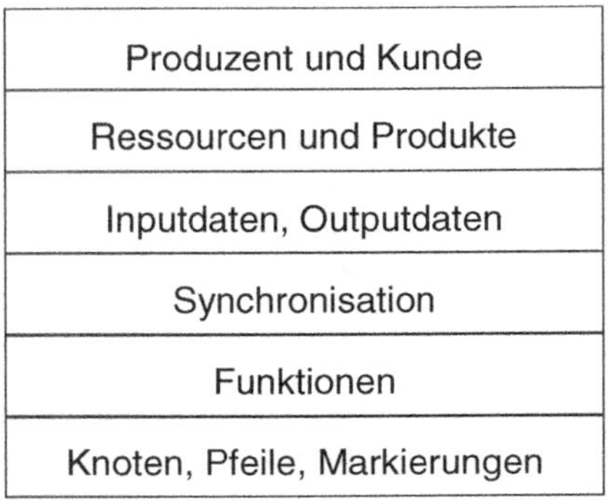

Produzent und Kunde
Ressourcen und Produkte
Inputdaten, Outputdaten
Synchronisation
Funktionen
Knoten, Pfeile, Markierungen

Abb. 8-19: Semantische Schichten von GPN

Pfeile repräsentieren Funktionen. Mit jeder Funktion sind eine Anzahl von Vor- und Nach-Bedingungen verbunden. Die Vor-Bedingungen müssen erfüllt sein, damit die Funktion ausgeführt werden kann; die Nach-Bedingungen sind erfüllt, wenn die Funktionen korrekt ausgeführt wurden.

Knoten repräsentieren Ereignisse und Bedingungen für die Synchronisation von Funktionen. Ein Ereignis, das wenigstens zwei Funktionen trennt, stellt die Bedingung dar, dass die beiden Funktionen nicht parallel, sondern nur in einer gegebenen Folge ausgeführt werden können. Funktionen, die kein trennendes Ereignis haben, können parallel ausgeführt werden. Das Auftreten eines Ereignisses ist *notwendig* für die Ausführung einer Funktion. Jedes Ereignis wird durch Attributwerte beschrieben, die das Ereignis kennzeichnen. Das Eintreten eines Ereignisses ist dann auch *hinreichend* für die Ausführung einer Funktion, wenn die Werteliste der Attribute des Ereignisses (Umwelteigenschaften) den Vor-Bedingungen der mit diesem Ereignis inzidenten Funktion entspricht. Mit jeder Funktion sind zwei Ereignisse verbunden; eines stellt ihren Beginn und das andere ihr Ende dar. Abbildung 8-20 zeigt die Darstellung einer Funktion (i,j) mit ihren Beginn- und Endereignissen i und j, Vor- und Nachbedingungen und der Werteliste der Ereignisse.

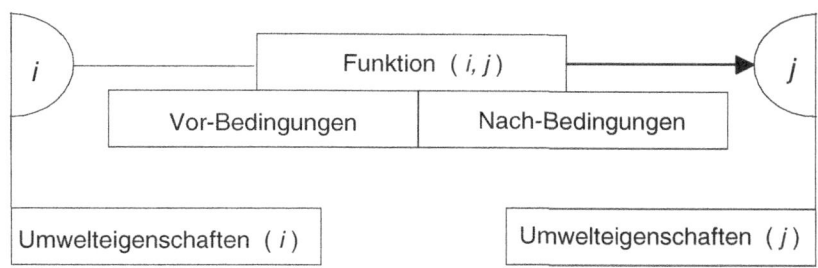

Abb. 8-20: Die ersten drei Schichten

Den Pfeilen können zusätzliche Beschriftungen hinzugefügt werden, wie Abbildung 8-21 zeigt.

– *Produzent-Kunde.* Der Produzent ist für die Ausführung der Funktion verantwortlich, und der Kunde benötigt die Ergebnisse der Funktion.

– *Ressourcen-Produkte.* Ressourcen sind der erforderliche physische Input einer Funktion, Produkte sind der erzeugte physische Output.

– *Inputdaten-Outputdaten.* Inputdaten repräsentieren die erforderlichen Daten, um eine Funktion durchzuführen, und Outputdaten repräsentieren die verfügbaren Daten, nachdem die Funktion ausgeführt worden ist.

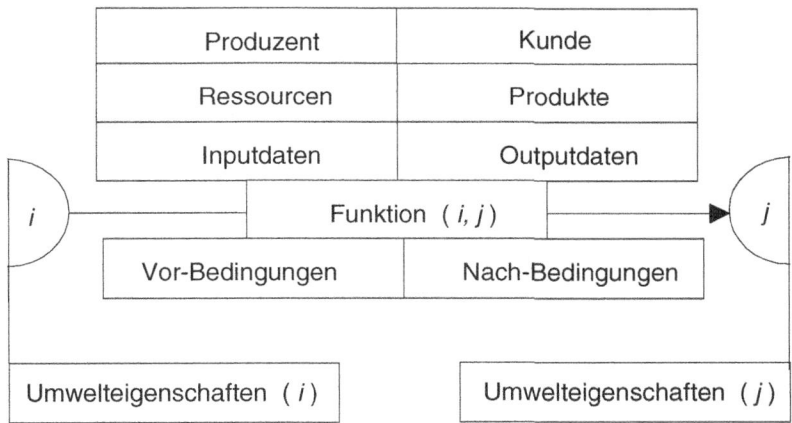

Abb. 8-21: Darstellung von Knoten und Pfeilen

Knoten repräsentieren die Abhängigkeiten zwischen einzelnen Funktionen. Es wird zwischen sechs möglichen Abhängigkeiten unterschieden: drei für Beginn- und drei für Endereignisse (Abbildung 8-22).

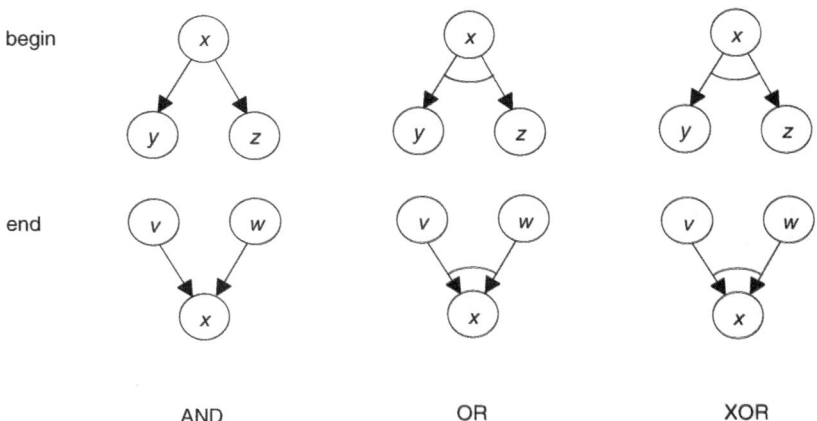

AND   OR   XOR

Abb. 8-22: Beginn- und Endereignisse

- *begin-AND*: *alle* Funktionen, die durch dieses Ereignis ausgelöst werden, müssen durchgeführt werden (die Vor-Bedingungen aller Funktionen müssen durch die Werte der Attribute des auslösenden Ereignisses erfüllt sein);
- *begin-OR*: *mindestens eine* durch dieses Ereignis ausgelöste Funktion muss durchgeführt werden (die Vor-Bedingungen mindestens einer Funktion müssen durch die Werte der Attribute des auslösenden Ereignisses erfüllt werden);
- *begin-XOR: genau eine* durch dieses Ereignis ausgelöste Funktion muss durchgeführt werden (die Vor-Bedingungen einer und nur einer Funktion müssen durch die Werte der Attribute des auslösenden Ereignisses erfüllt werden);
- *end-AND*: dieses Ereignis tritt nur ein, wenn *alle* Funktionen, die mit diesem Ereignis enden, ausgeführt wurden (die Nach-Bedingungen aller Funktionen müssen durch die Werte der Attribute des abschließenden Ereignisses erfüllt werden);
- *end-OR*: dieses Ereignis tritt ein, wenn *mindestens eine* Funktion, die mit diesem Ereignis endet, ausgeführt wurde (die Nach-Bedingungen mindestens einer Funktion müssen durch die Werte der Attribute des abschließenden Ereignisses erfüllt werden);
- *end-XOR*: dieses Ereignis tritt ein, wenn *genau eine* Funktion, die mit diesem Ereignis endet, ausgeführt wurde (die Nach-Bedingungen einer und nur einer Funktion müssen durch die Werte der Attribute des abschließenden Ereignisses erfüllt werden).

Wird das Modell eines *Prozesstyps* erzeugt, so werden alle Attribute definiert, ohne ihre Werte angeben zu müssen. Bei der Darstellung des Prozesstyps eines Anwendungsbereichs beziehen sich alle Knoten, Pfeile und Markierungen auf Objekte oder Objekttypen dieser Anwendung, z.B. können

- Produzent und Kunde zwei verschiedene Organisationseinheiten eines Unternehmens darstellen,
- Ressourcen sowohl Maschinen oder Mitarbeiter mit bestimmten Qualifikationen als auch Material, das verarbeitet werden muss, sein,
- Produkte Arten von Waren oder Dienstleistungen sein,
- Funktionen Aktivitäten für die Transformation von Material und Daten darstellen,
- die Werteliste der Ereignisse, alle Vor- und Nach-Bedingungen der Funktionen sowie alle Input- und Outputdaten aus dem Anwendungsbereich abgeleitet werden.

Beispiel 8-13: Abbildung 8-23 zeigt das Beispiel eines Prozesstyps, der mit GPN-Syntax repräsentiert wird. Die Funktion "Erzeuge Bestellung" kann als eine Aktivität eines Bestellprozesses interpretiert werden. Vor-Bedingungen beziehen sich auf die Voraussetzung, dass ein "Budget verfügbar" für den Kauf sein muss. Die Nach-Bedingung "Bestellung vorbereitet" sollte nach Ausführung der Funktion erfüllt sein. Dies bedeutet, dass die Bestellung weitergeleitet werden kann. Beide Bedingungen weisen Gleichheit mit einer Teilmenge der Attributwerte der Beginn- und Endereignisse auf. Benötigte Daten, um eine Bestellung vorzubereiten, sind der "Lieferant" (Anschrift des Lieferanten) und die "Bestellartikel" (Liste der Artikel); die erzeugten Daten beziehen sich auf die Geldeinheiten der "Bestellsumme" und die "Mehrwertsteuer". Erforderliche Ressourcen sind hier eine "Sekretariatskraft" und ein "Computer"; das erzeugte Produkt ist das "Bestelldokument". Der Kunde Produktionsabteilung "PA" fordert den Produzenten Beschaffungsabteilung "BA" auf, die Funktion "Erzeuge Bestellung" auszuführen.

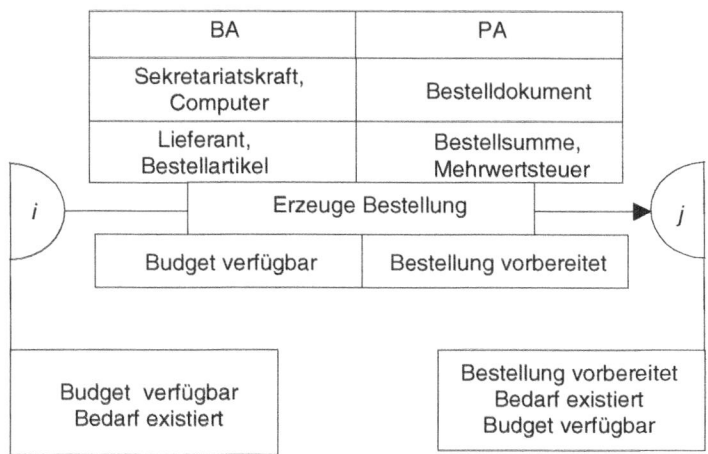

Abb. 8-23: Ein Beispiel für den Prozessentwurf

Beim Entwurf von Unternehmensprozessen werden die erforderlichen Attribute festgelegt; ihre Werte werden dann bestimmt, wenn eine Ausprägung des Prozesses bekannt ist. Beispielsweise können die Ausprägungen für "Lieferant" oder "Bestellartikel" "Lieferant ABC" und "Bestellartikel 123" sein. ☐

Eine Aufgabe der Modellierung von Prozessausprägungen liegt darin, Antworten auf Fragen der Ablaufplanung zu finden. Dazu wird auf der Ausprägungsebene das Modell des Prozesstyps derart erweitert, dass individuelle Jobs beschrieben werden können. Es werden so viele Kopien von Pfeilen (Tasks) und Knoten (Ereignisse) eingeführt wie Prozessausprägungen auftreten. Ereignisse werden mit Wertelisten aktueller Systemzustände markiert.

Die Markierungen der Tasks beziehen sich jetzt auf operationale Aspekte, wie beispielsweise Bearbeitungsdauern und aktuell benötigte Ressourcen. Wegen des Wettbewerbs der Jobs um knappe Ressourcen können nicht alle Ereignisse gleichzeitig eintreten. Falls zwei Tasks dieselbe, nicht teilbare Ressource benötigen, kann nur eine der beiden Tasks zu einem Zeitpunkt ausgeführt werden. Dies bedeutet, dass weder die beiden Beginnereignisse noch die beiden Endereignisse gleichzeitig auftreten können. Falls zwei oder mehr Tasks nicht gleichzeitig ausgeführt werden können, wird eine *Hyperkante* zwischen den Beginnereignissen der entsprechenden Tasks eingeführt. Eine Hyperkante ist eine Kante, die Ereignisse miteinander verbindet, die nicht gleichzeitig eintreten können. Abbildung 8-24 zeigt vier Ereignisse, die durch fünf Kanten verbunden sind. Keine der durch Kanten verbundenen Ereignisse können gleichzeitig eintreten. Die entsprechende Hyperkante besteht aus den Knoten 1, 2, 3 und 4, die durch die fünf Kanten (1,2), (1,3), (1,4), (2,3) und (2,4) verbunden sind.

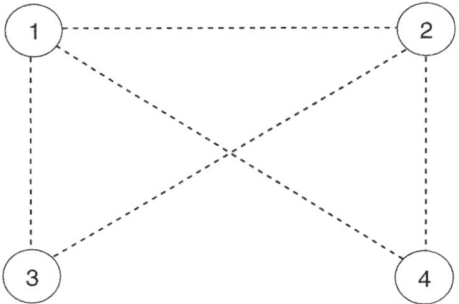

Abb. 8-24: Beispiel einer Hyperkante

Im Falle von zwei Ereignissen besteht die Hyperkante nur aus einer Kante und zwei Knoten; falls es mehr als zwei Ereignisse gibt, die nicht gleichzeitig eintreten dürfen, umfasst die Hyperkante alle diese Ereignisse. Tasks, die mit Ereignissen inzident sind, die Knoten einer Hyperkante darstellen, schaffen Konflikte im Hinblick auf die Verwendung von Ressourcen. Die Ablaufplanung muss diese Konflikte derart auflösen, dass ein zulässiger Plan erzeugt werden kann (vgl. SCHMIDT 1989 und ECKER/GUPTA/SCHMIDT 1997).

Beispiel 8-14: Abbildung 8-25 zeigt den Ausschnitt eines GPN-Modells auf Ausprägungsebene. Es sind zwei Ausprägungen des Prozesstyps "Erzeuge Bestellung" dargestellt: "Erzeuge Bestellung 1" und "Erzeuge Bestellung 2"; beide Aufgaben müssen von derselben Ressource, dem Mitarbeiter "Strunz", ausgeführt werden. Produzent und Kunde sind für beide Tasks dieselben. Da der Mitarbeiter eine Ressource ist, auf die alle Tasks zugreifen, muss eine Hyperkante eingeführt werden, die aus einer Kante zwischen den beiden Beginnereignissen von "Erzeuge Bestellung 1" und "Erzeuge Bestellung 2" besteht. Die Hyperkante repräsentiert die Situation, dass zwischen den beiden Tasks ein Ressourcen-Konflikt bezüglich des Mitarbeiters besteht. ☐

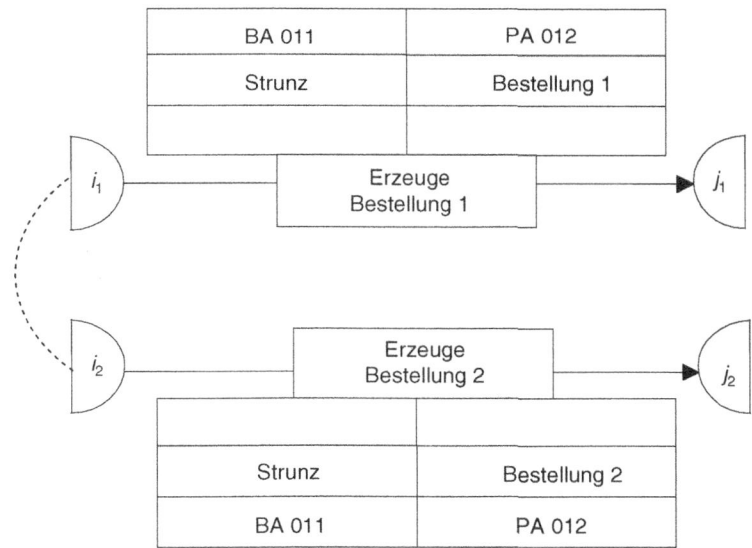

Abb. 8-25: Ein Beispiel für ein Ablaufplanungsproblem

Die eingeführten Kanten repräsentieren die kombinatorische Struktur des Ablaufplanungsproblems auf der Ausprägungsebene. Um das Problem zu lösen, müssen alle miteinander im Konflikt befindlichen Ereignisse in eine zulässige Reihenfolge gebracht werden. Algorithmen, mit denen man diese Art von kombinatorischen Optimierungsproblemen lösen kann, findet man in ECKER/SCHMIDT (1993).

Mit Hilfe einer kleinen Fallstudie soll gezeigt werden, wie GPN für die integrierte Modellierung eines Unternehmensprozesses für die Entwurfs- und Ablaufplanung benutzt werden kann. Die Fallstudie behandelt einen Bestellprozess. Dieser umfasst den Kauf von Produkten und die Zahlung der Rechnungen. Zunächst wird auf das Modell der Entwurfsplanung eingegangen.

Die Bestellung wird per Post oder Fax an den Lieferanten gesandt; eine Kopie der Bestellung wird an die Buchhaltung weitergeleitet. Der Lieferant schickt die Waren zusammen mit dem Lieferschein an den Auftraggeber; auf getrenntem Wege wird die Rechnung zugestellt. Sobald die Rechnung eintrifft, vergleicht der Besteller diese mit dem Lieferschein, der Bestellung und den gelieferten Produkten Die Dokumente werden auf ihre Vollständigkeit und Korrektheit geprüft. Wenn die Dokumente diese Kriterien erfüllen, veranlasst der Auftraggeber die Bezahlung der Rechnung; wenn nicht, erhebt er Einspruch gegen die Rechnung beim Lieferanten. Rechnungen für gekaufte Produkte treffen regelmäßig ein und müssen ordnungsgemäß bearbeitet werden.

Der Bestellprozess ist in Abbildung 8-26 aus der Sicht von Lieferanten und Besteller dargestellt. Pfeile, die von links nach rechts führen, repräsentieren die Funktionen aus der Sicht des Bestellers, und Pfeile, die von oben nach unten führen, repräsentieren die Funktionen aus der Sicht des Lieferanten. Die Bestellung kann per Fax oder Post versandt werden. Dies wird durch die beiden Funktionen "Fax Order" und "Mail Order" dargestellt. Sobald die Bestellung durch den Lieferanten bestätigt ist, wird die Kopie der Bestellung an die Buchhaltung weitergegeben, was durch die Funktion "Send Copy" repräsentiert wird. Wenn die bestellten Waren und die entsprechende Rechnung eingetroffen sind, kann die Funktion "Check Invoice" ausgeführt werden. Abhängig vom Ergebnis des Prüfvorgangs werden die Funktionen "Pay" oder "Complain" ausgeführt. Gibt es nur für einen Teil der Lieferung Anlass zu Beschwerden, werden beide Funktionen ausgeführt.

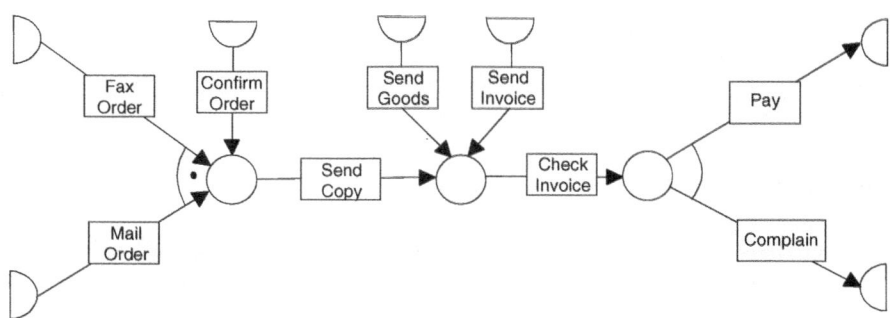

Abb. 8-26: Bestellprozess der Fallstudie

In Abbildung 8-26 sind die Markierungen nur für einen Teil der Schichten von GPN dargestellt. Als Beispiel für eine vollständige Markierung mit allen sechs Schichten soll die Funktion "Check Invoice" dienen. Das Modell ist in Abbildung 8-27 dargestellt. Es wird angenommen, dass die Beschaffungsabteilung (PD) die Verantwortung für die Ausführung dieser Funktion hat und die Produktionsabteilung (MD) und die Buchhaltung (APD) das Ergebnis der Funktion nachfragen. Als Ressource wird ein Rechnungsprüfer benötigt. Damit die Funktion "Check Invoice" ausgeführt werden kann, müssen die Auftrags- und Rechnungsdaten vorliegen. Die Funktion erzeugt kommentierte Rechnungsdaten. Bevor die Funktion ausgeführt werden kann, müssen die bestellten Waren und die Rechnung eingetroffen sein; nachdem die Funktion korrekt ausgeführt worden ist, ist die Rechnung geprüft. Die übrigen Funktionen des Bestellprozesses werden in analoger Weise markiert.

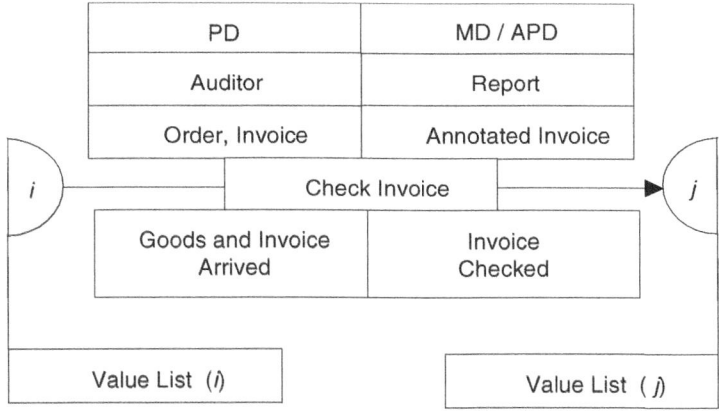

Abb. 8-27: GPN-Modell der Funktion „Check Invoice"

Die Struktur des Prozesses auf der Typebene dient als Vorgabe für die Entscheidungen der Ablaufplanung, die verschiedene Ausprägungen des Bestellprozesses betrachten. Es soll angenommen werden, dass mit jeder Rechnung Skontierungsmöglichkeiten bei rechtzeitiger Zahlung und Aufschläge bei verspäteter Zahlung entstehen.

Die Funktion "Check Invoice" erfordert eine Bearbeitungszeit, die abhängig vom erforderlichen Prüfaufwand ist. Darüber hinaus sind für jede Ausprägung zwei Parameter wichtig. Einer bezieht sich auf den Zeitpunkt, zu dem die Rechnung bezahlt sein muss, um noch Skonto abziehen zu können, der andere bezieht sich auf den Zeitpunkt, nach dem ein Aufschlag fällig ist. Um das Problem einfach zu halten, soll angenommen werden, dass Skonto- und Zinssatz für die Aufschläge gleich sind. Weiterhin soll angenommen werden, dass nur ein Rechnungsprüfer zur Verfügung steht, um die Funktion "Check Invoice" auszuführen, und dass drei Rechnungen geprüft werden müssen.

Es ist offensichtlich, dass die Reihenfolge der Bearbeitung auf den Zeitpunkt der Zahlung einen Einfluss hat, wenn man mögliche Skonti und Verzugszinsen berücksichtigt. In Tabelle 8-5 sind die zu berücksichtigenden Parameter für die Ablaufplanung dargestellt:

– Nummer der Rechnung (J_j),

– Gesamtbetrag der Rechnung (w_j),

– erforderliche Zeit, um eine Rechnung zu prüfen (p_j),

– Termin für Skonto (dd_j),

– Termin für Verzugszinsen (pd_j) sowie

– Skonto und Verzugszinsen (r_j).

J_j	w_j	p_j	dd_j	pd_j	r_j
J_1	200	5	10	20	0,05
J_2	400	6	10	20	0,05
J_3	400	5	10	15	0,05

Tab. 8-5: Parameter der Ablaufplanung für das Beispiel

Im allgemeinen Fall gibt es n Rechnungen mit n! Möglichkeiten, sie mit Hilfe einer einzigen Ressource zu bearbeiten. In Abhängigkeit von der Reihenfolge der Bearbeitung erhält man 30 Geldeinheiten Skonto (J_1, J_3, J_2 oder J_3, J_1, J_2) oder man muss 10 Geldeinheiten Verzugszinsen bezahlen (J_1, J_2, J_3).

Abbildung 8-28 zeigt das GPN-Modell für die Ablaufplanung. Alle Markierungen außer Ressourcen, Inputdaten und Funktionen sind ausgelassen. Die Beginnereignisse 1, 2 und 3 können nicht gleichzeitig auftreten, weil nur ein "Auditor X" zur Verfügung steht, um die Rechnungen zu prüfen. Um die Konflikte zwischen den Ereignissen aufzuzeigen, führen wir eine Hyperkante ein, die aus den Knoten 1, 2 und 3 besteht. Die Daten, die für die Ablaufplanung benötigt werden, beziehen sich auf die Bearbeitungszeiten p_j, die Höhe des Rechnungsbetrags w_j, die Höhe von Skonto und Verzugszinsen r_j, die Termine für Fälligkeit von Skonto dd_j und Verzugszinsen pd_j.

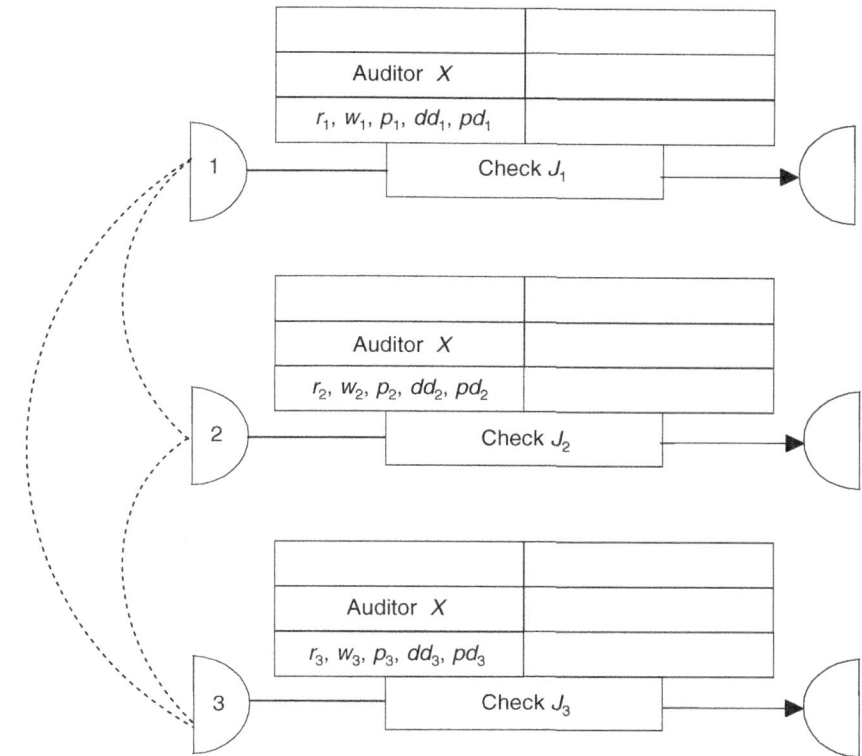

Abb. 8-28: GPN-Modell für die Ablaufplanung

Die Entscheidung der Ablaufplanung bezieht sich auf die Reihenfolge des Auftretens der drei Ereignisse 1, 2 und 3, d.h. die drei dargestellten Kanten müssen in Pfeile verwandelt werden, die eine zulässige Vorgänger-Nachfolger-Beziehung der Ereignisse definieren. Die Repräsentation mit GPN ist für eine direkte Anwendung von Optimierungsverfahren geeignet, da das dargestellte Modell einer Standardformulierung für die Lösung von Ablaufplanungsproblemen entspricht (BLAZEWICZ ET AL. 2001). Liegt die Richtung der Pfeile fest, ist der Ablaufplan bekannt. Abbildung 8-29 zeigt einen optimalen Ablaufplan, bei dem die Ereignisse in der Reihenfolge 3, 1, 2 eintreten.

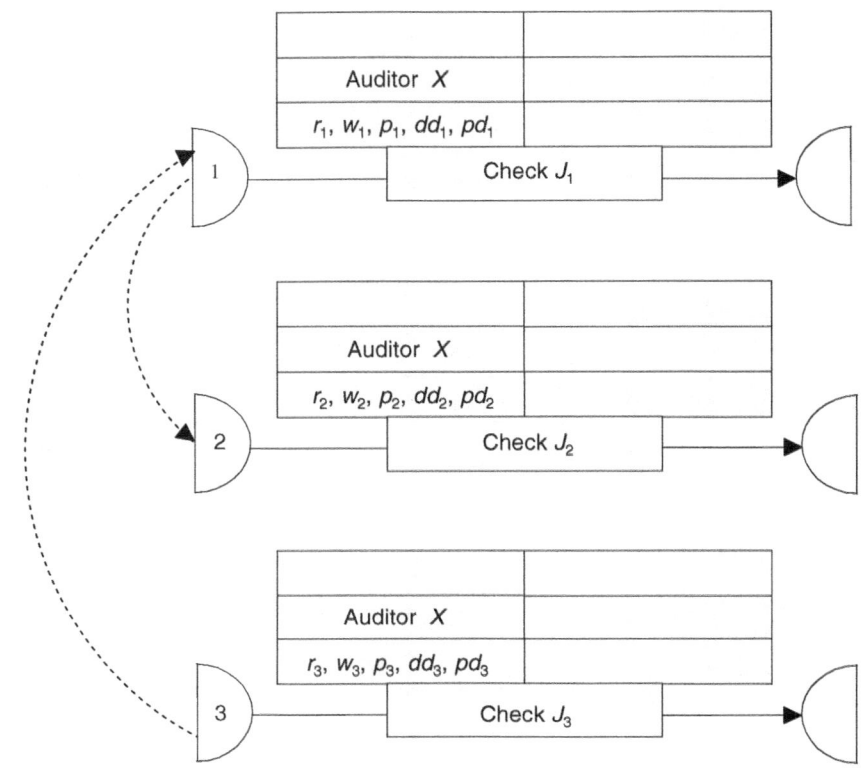

Abb. 8-29: Optimale Lösung für das Problem der Fallstudie

8.3.2   Prozessmodellierungsmethode IDEF3

Diese Methode lässt sich benutzen, um Unternehmensprozesse auf der Typebene abzubilden. Die Ausführungen in diesem Teil basieren auf MENZEL/MAYER (2006). Mit IDEF3 wird die Intention verfolgt, eine allgemeine Prozessmodellierungsmethode anzubieten, ohne eine spezielle Sicht auf Produkte und Ressourcen zu legen. Ein IDEF3-Prozess heißt auch *Unit of Behaviour* (UOB). Er wird charakterisiert durch *Objekte* und *zeitliche Beziehungen*.

Die Elemente der IDEF3-Sprache zur Beschreibung von Prozessen sind in Abbildung 8-30 dargestellt. Ein UOB-Knoten charakterisiert die entsprechende Unit of Behavior; Vorrangbeziehungen beschreiben zeitliche Beschränkungen. Verzweigungen repräsentieren Bedingungen, die mit Vorrangbeziehungen verbunden sind.

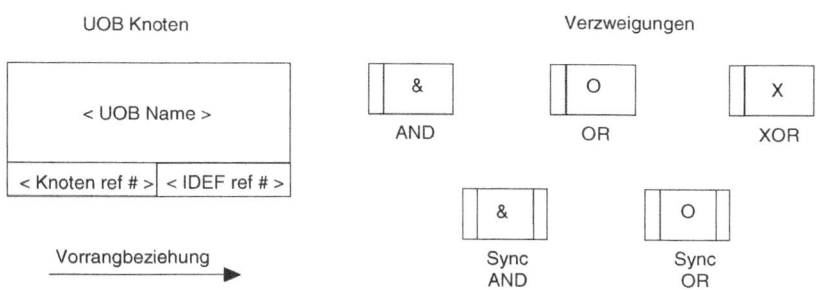

Abb. 8-30: Grundlegende Elemente des IDEF3-Lexikons

Die elementaren IDEF3-Konstrukte sind in Abbildung 8-31 dargestellt. Der Knoten am Beginn einer Vorrangbeziehung heißt Quelle (Knoten mit Nummer 1 und Beschriftung *A*), und der Knoten am Ende der Beziehung heißt Senke (Knoten mit Nummer 2 und Beschriftung *B*). Knoten 1 ist der direkte Vorgänger von Knoten 2, und Knoten 2 ist der direkte Nachfolger von Knoten 1. Die Nummerierung muss zur Identifikation jeder UOB eindeutig sein. Dem unteren rechten Teil eines UOB-Knoten wird optional eine IDEF-Modellnummer zugeordnet. Diese ermöglicht das Auffinden von Knoten als Bestandteil unterschiedlicher IDEF-Modelle.

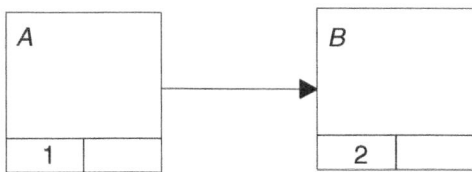

Abb. 8-31: IDEF3-Konstrukte

Jedes IDEF3-Modell hat unterschiedliche *Aktivierungen*. Dieses sind mögliche Weltzustände, die durch das Modell repräsentiert werden können. Sie lassen sich aus der Struktur der Vorrangbeziehung ableiten. Beispielsweise gibt es für zwei benachbarte Knoten genau eine Möglichkeit der Aktivierung. Wie in Abbildung 8-32 dargestellt, folgt UOB *B* der UOB *A*; dies ist die einzige Möglichkeit, wie sich *A* und *B* aus zeitlicher Sicht verhalten können.

Verzweigungen in IDEF3 stellen Bedingungen dar, die die Ablauflogik eines Prozesses repräsentieren. Eigentlich müssten auch hier Verzweigungen und Vereinigungen unterschieden werden. Da eine Vereinigung auch als Verzweigung entgegen der Pfeilrichtung interpretiert werden kann, sprechen wir im Folgenden nur noch von Verzweigungen. Sie dienen der Synchronisation verschiedener Prozess-pfade. Ein IDEF3-Modell enthält Verzweigungen,

- aus denen parallele Teilprozesse hervorgehen (AND),
- aus denen alternative Teilprozesse hervorgehen (OR, XOR),
- in denen parallele Teilprozesse in einen gemeinsamen Prozess münden,
- in denen alternative Teilprozesse in einen gemeinsamen Prozess münden.

Verzweigungen haben konjunktive und disjunktive *Ein-* und *Ausgänge*. Konjunktive Ausgänge erzeugen parallele Teilprozesse, disjunktive Ausgänge erzeugen alternative Teilprozesse. Konjunktive Eingänge vereinigen parallele Teilprozesse, disjunktive Eingänge vereinigen alternative Teilprozesse. IDEF3 kennt zwei Arten von Verzweigungen, um die Möglichkeiten abzubilden, die sich beim Auftreten von alternativen Teilprozessen ergeben:

- Verzweigungen mit einem Eingang und mehreren Ausgängen,
- Verzweigungen mit mehreren Eingängen und einem Ausgang.

Eine konjunktive oder AND-Verzweigung wird durch '&' gekennzeichnet. Bei den disjunktiven Verzweigungen gibt es inklusive und exklusive Verzweigungen, d.h. OR- und XOR-Verzweigungen. OR-Verzweigungen werden durch ein 'O' und XOR-Verzweigungen durch ein 'X' gekennzeichnet.

Die Verzweigungssyntax ist in Abbildung 8-32 dargestellt, wobei $\gamma \in \{\&, O, X\}$. Für $\gamma = \&$ bedeutet eine Aktivierung des Modells auf der linken Seite, dass eine Ausprägung A des Knoten 1 gefolgt wird durch eine Ausprägung B und eine Ausprägung C der Knoten 2 und 3. Wenn die Verzweigung synchron verläuft, dann beginnen B und C zum gleichen Zeitpunkt. Für nicht-synchrone Verzweigungen gibt es keine Bedingungen, wann bestimmte Ausprägungen von B und C zu beginnen haben; es ist nur erforderlich, dass B und C nach A beginnen. Das rechte Modell der Abbildung 8-32 besteht aus Ausprägungen A und B der Knoten 1 und 2. Diesen folgt eine einzige Ausprägung C des Knoten 3; falls die Verzweigung synchron ist, dann enden A und B zum gleichen Zeitpunkt.

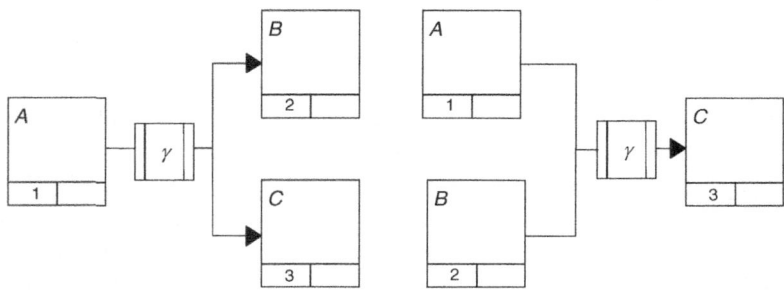

Abb. 8-32: Syntax von Verzweigungen

Ist $\gamma = O$ ($\gamma = X$), bedeutet dies für das Modell auf der linken Seite der Abbildung 8-32, dass einer Ausprägung A des Knoten 1 eine Ausprägung B des Knoten 2 oder eine Ausprägung C des Knoten 3 (aber für XOR-Verzweigungen nicht beide) folgt. Falls die OR-Verzweigung synchron ist, bedeutet dies, dass es Ausprägungen der Knoten 2 und 3 geben muss, die zum gleichen Zeitpunkt beginnen. Ähnlich bedeutet eine Aktivierung des rechten Modells in Abbildung 8-32, dass eine Ausprägung von Knoten 1 oder eine Ausprägung von Knoten 2 (aber für XOR-Verzweigungen nicht beide) gefolgt wird von einer Ausprägung des Knoten 3. Falls die OR-Verzweigung synchron ist, bedeutet dies, dass es eine Ausprägung gibt, bei der Ausprägungen der Knoten 1 und 2 zum gleichen Zeitpunkt enden.

Diese semantischen Regeln lassen sich verallgemeinern für Verzweigungen, die sich auf beliebig viele UOB-Knoten beziehen. Bedingungen für Verzweigungen werden oftmals direkt an den einzelnen Verzweigungspunkten vermerkt.

Ein IDEF3-Modell ist eine Sammlung von einem oder mehreren IDEF3-Prozessdiagrammen. Ein Prozessdiagramm ist Teil eines umfassenderen Modells und stellt einen Modellausschnitt dar. Ein Beispiel eines Prozessdiagramms ist in Abbildung 8-33 dargestellt.

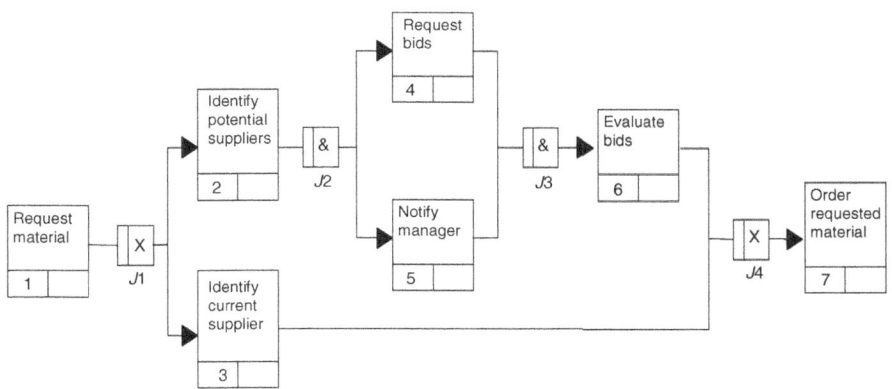

Abb. 8-33: Ein Beispiel für ein IDEF3-Prozessdiagramm

Der Quellknoten repräsentiert die Nachfrage nach Material. Darauf folgt entweder die Wahl eines aktuellen Lieferanten oder der Vorschlag neuer Lieferanten. Eine dieser OR-Verzweigung zugefügte Bedingung könnte angeben, dass der Pfad zu neuen Lieferanten nur eingeschlagen wird, wenn es keinen aktuellen Lieferanten gibt. Wenn der aktuelle Lieferant bestimmt ist, dann wird eine Bestellung aufgegeben. Im anderen Pfad folgt der Identifizierung neuer Lieferanten die Benachrichtigung des Vorgesetzten und eine Anfrage zur Angebotsabgabe der potentiellen Lieferanten.

Wenn beide Aktivitäten ausgeführt sind, werden die eingehenden Angebote verglichen, und die Bestellung wird an den Lieferanten mit dem besten Angebot weitergeleitet.

Vorrangbeziehungen sind transitiv, d.h. falls UOB *A* vor *B* ausgeführt werden muss und *B* vor *C*, dann folgt daraus, dass *A* auch vor *C* ausgeführt werden muss. Eine Schleife in einem Modell würde bedeuten, dass der Beginn einer UOB *i* vom Ende einer UOB *j* abhängt, die wiederum selbst vom Beginn der UOB *i* abhängt. Schleifendurchläufe lassen sich implizit und explizit aufschreiben. Falls es eine Obergrenze für die Anzahl der Durchläufe gibt, so ist das Modell endlich, im anderen Fall unendlich. In Abbildung 8-34 sind beide Möglichkeiten der Schleifendarstellung angegeben.

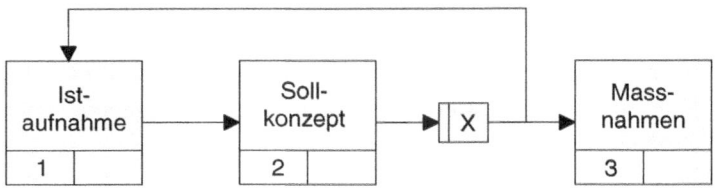

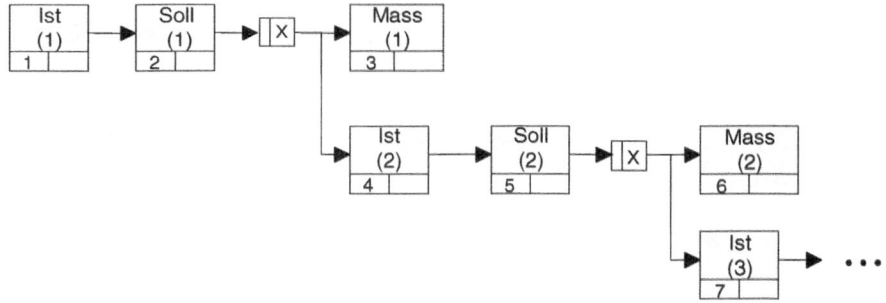

Abb. 8-34: Darstellung von Schleifen

Schleifen werden in IDEF3-Modellen häufig mit Hilfe von Verweisen dargestellt. Verweise sind nützlich, um ein Modell übersichtlich zu gestalten. Sie werden benutzt, um auf bereits vereinbarte UOB-Knoten zu verweisen und vereinfachen damit die Wiederverwendbarkeit von Modellbestandteilen. Es gibt zwei Arten von Verweisen: Call and Wait und Call and Continue. Ihre Syntax ist in Abbildung 8-35 dargestellt. Der Typ eines Verweises ist entweder UOB, SCENARIO, TS oder GOTO. Ein UOB-Verweis zeigt auf einen bereits definierten UOB-Knoten. Ein SCENARIO-Verweis zeigt auf ein bereits definiertes Modell. Ein TS-Verweis zeigt auf ein Objektzustandsmodell, das später noch erläutert wird. Ein GOTO verweist auf ein UOB-Knoten oder ein Prozessdiagramm. Der Locator gibt die Adresse des Verweises an.

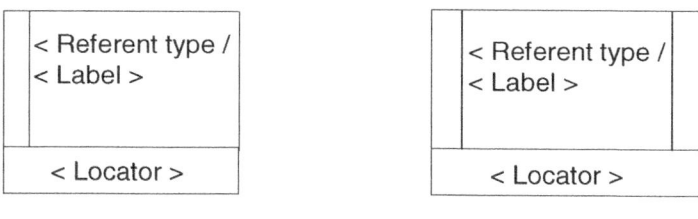

Call-and-Continue-Verweis   Call-and-Wait-Verweis

Abb. 8-35: Syntax von Verweisen

Ein Call-and-Wait-Verweis bedeutet, dass die Ausführung des Teils des Modells, in dem sich der Verweis befindet, solange gestoppt wird, bis der Teil eines Modells ausgeführt worden ist, auf den verwiesen wird. Im Gegensatz dazu wird ein Call-and-Continue-Verweis dahingehend interpretiert, dass das aufgerufene Modell und das Modell mit dem Verweis parallel ausgeführt werden. Üblicherweise wird in IDEF3 ein GOTO-Verweis dazu benutzt, um Schleifen kompakt abzubilden. Beispielsweise könnte der Prozess, der in Abbildung 8-34 dargestellt wurde, auch mit der Darstellung aus Abbildung 8-36 repräsentiert werden.

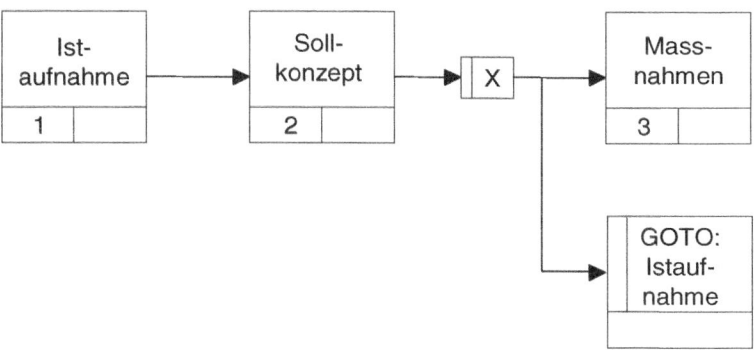

Abb. 8-36: Darstellung einer Schleife mit einem GOTO

Die Dekomposition eines UOB-Knoten in einem Modell bedeutet die Erzeugung eines neuen IDEF3-Prozessdiagramms, das den UOB-Knoten genauer beschreibt. In einem IDEF3-Modell ist jedes Prozessdiagramm entweder die Dekomposition eines UOB-Knotens, oder es ist ein Top-Level-Prozessdiagramm. Die Dekomposition eines UOB-Knotens wird dadurch angezeigt, dass der dekomponierte Knoten schattiert dargestellt wird. Ein Beispiel ist in Abbildung 8-37 gegeben.

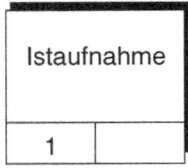

Abb. 8-37: Beispiel-Syntax für eine Dekomposition

Anfänglich waren Prozessdiagramme der einzige Teil der IDEF3-Sprache. Bald wurde jedoch deutlich, dass auch Objekte mit ihren jeweiligen Zuständen abgebildet werden sollten, d.h. man wollte die Ausführung eines Prozesses durch Objekte und ihre Zustandswechsel repräsentieren. Dies führte zur Aufnahme von Zustandsübergangsdiagrammen in die IDEF3-Sprache.

Die Notation der Zustandsübergangsdiagramme ist in Abbildung 8-38 dargestellt. Der Knoten, der einen Zustand repräsentiert, enthält den Namen des Zustands. Zusätzlich kann der Name des Objekts angegeben werden (optional), das sich in diesem Zustand befindet.

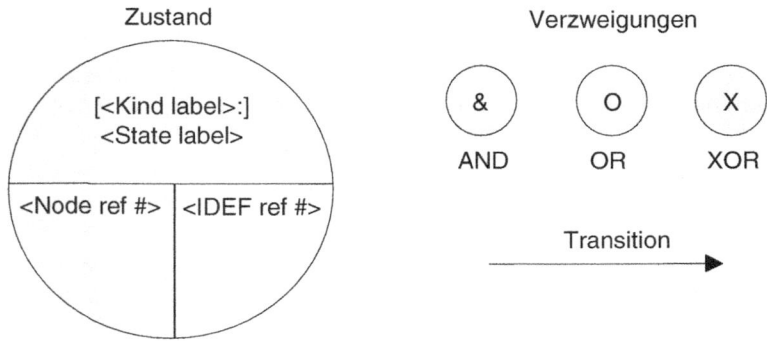

Abb. 8-38: Syntax von IDEF3-Zustandsübergangsdiagrammen

Beispielsweise könnte ein Zustand den Namen 'heiß' haben. Falls sich 'heiß' auf die Klasse Wasser bezieht, könnte der erweiterte Name 'Wasser:heiß' zur Charakterisierung benutzt werden. Im unteren Teil des Knotens werden wieder die Knotennummer und die IDEF-Referenznummer eingetragen. Beide Markierungen lassen sich genauso wie die bei den Prozessdiagrammen interpretieren. Ein Pfeil repräsentiert jetzt eine Transition, d.h. den Übergang von einem Zustand zu einem anderen Zustand. Wie in Abbildung 8-39 dargestellt, ist $K1$ ein optionaler Klassen-Name und $S1$ und $S2$ sind Namen für Zustände. Der Pfeil bedeutet, dass der Zustand $K1$:$S1$ in den Zustand $K1$:$S2$ übergeht.

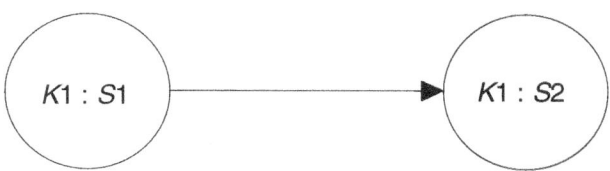

Abb. 8-39: Zustandsübergang

Ein Zustandsübergangsdiagramm lässt sich wie folgt beschreiben. Es gibt ein Objekt X, das sich im Zustand $S1$ befindet. Nach dem Zustandsübergang gibt es ein Objekt Y, das sich im Zustand $S2$ befindet. Für jede Ausprägung eines Zustandsübergangsdiagramms ist es erforderlich, dass X sich im Zustand $S1$ befindet, bevor Y sich im Zustand $S2$ befinden kann. Es ist erlaubt, wenn auch nicht unbedingt typisch, dass $X \neq Y$. Ebenso ist es erlaubt, dass X im Zustand $S1$ bleibt, nachdem Y in den Zustand $S2$ überführt worden ist.

Die Pfeile in einem Zustandsübergangsdiagramm sind etwas anders zu interpretieren als die Vorrangbeziehungen in den Prozessdiagrammen. Eine Vorrangbeziehung in einem Prozessdiagramm bedeutet, dass eine UOB A unbedingt beendet sein muss, bevor eine UOB B beginnt. Eine Zustandsübergangsbeziehung bedeutet dagegen, dass ein Objekt in einem Zustand sein muss, bevor ein anderes oder das gleiche Objekt in einen neuen Zustand überführt werden können. Hierbei ist der Bezug der Beginnzeitpunkt des Zustands und nicht der Endzeitpunkt. Die Vorrangbeziehung in Zustandsübergangsdiagrammen ist somit zeitlich schwächer als die in Prozessdiagrammen.

Da sich UOB-Knoten auf mehrere verschiedene Objekte, die sich in verschiedenen Zuständen befinden können, beziehen und da sich auch Zustandsübergänge in UOB-Knoten ereignen, ist es sinnvoll, diese Informationen in Zustandsübergangsdiagrammen abzubilden. Die einfachste Art ist die Repräsentation durch UOB-Verweise, mit denen die Pfeile eines Zustandsübergangsdiagramms markiert werden. Diese Art der Repräsentation ist in Abbildung 8-40 dargestellt.

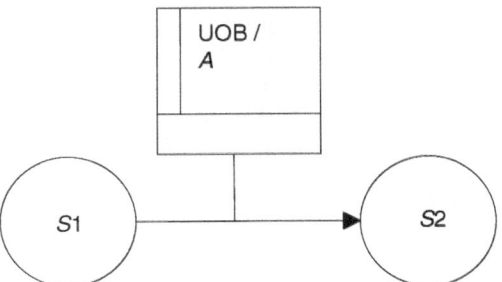

Abb. 8-40: Anwendung eines UOB-Verweises

Abbildung 8-40 besagt, dass es ein Objekt X im Zustand $S1$ vor oder zum Start einer UOB A gibt und ein Objekt Y im Zustand $S2$ nach dem Start der UOB A. Stärkere Bedingungen wie beispielsweise '$X=Y$' oder 'X und Y treten in A auf' oder 'X ist in $S1$ beim Start von A und Y ist in $S2$ beim Ende' können bei Bedarf vereinbart werden.

Zustandsübergängen können weitere Verweise hinzugefügt werden, um mehr Informationen über den entsprechenden Prozess auszudrücken. Die Zuordnung von UOB-Verweisen zu den Pfeilen drückt das zeitliche Verhalten der entsprechenden UOBs aus. Beispielsweise gibt das Diagramm in Abbildung 8-41 an, dass ein Zustandsübergang auftritt, der das parallele Auftreten der beiden UOBs A und B, die zum gleichen Zeitpunkt beginnen, beinhaltet; eine dritte UOB C beginnt nach A und B. Da der B-Verweis vom Typ Call and Wait ist, muss UOB B beendet sein, bevor UOB C beginnen kann.

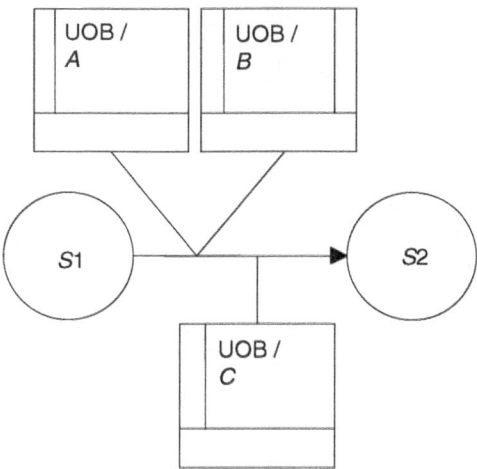

Abb. 8-41: Darstellung mehrerer UOB-Verweise

Das Objekt *X* ist im Zustandsübergangsdiagramm von Abbildung 8-41 in Zustand *S*1 zum Start von *A* und *B*, und es ist in *S*2 am Ende von *C*. Diese Art der Semantik lässt sich analog auf andere Fälle mit Mehrfachverweisen erweitern.

Falls die zeitliche Reihenfolge des Auftretens der UOBs bei einem Zustandsübergang nicht bekannt ist, wird dies durch einen kleinen Kreis (Anker) dargestellt. Ein solches Beispiel ist in Abbildung 8-42 gegeben.

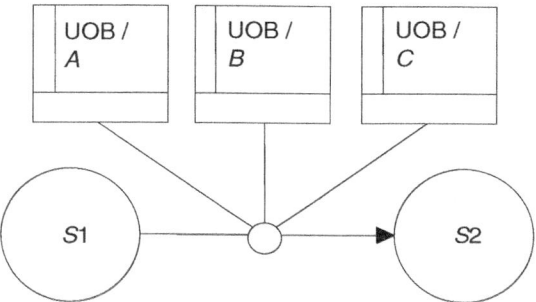

Abb. 8-42: Zeitlich unbestimmtes Auftreten von UOBs

Das Beispiel eines Zustandsübergangsdiagramms ist in Abbildung 8-43 dargestellt. Das Diagramm repräsentiert ein Projekt, das von einem Anfangszustand aus startet, in den Zustand des ersten Meilensteins übergeht und darauf in den Zustand des zweiten Meilensteins. Auf diesem Weg werden die UOBs ausgeführt, mit denen die Zustandsübergangspfeile markiert sind.

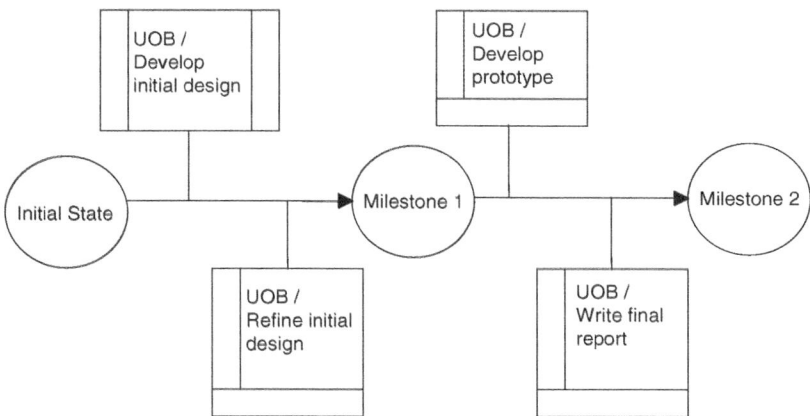

Abb. 8-43: Beispiel eines Zustandsübergangsdiagramms

Verzweigungen bei Zustandsübergängen erlauben die Darstellung von parallelen und alternativen Pfaden. Solche Verzweigungen können in den drei in Abbildung 8-44 dargestellten Arten auftreten.

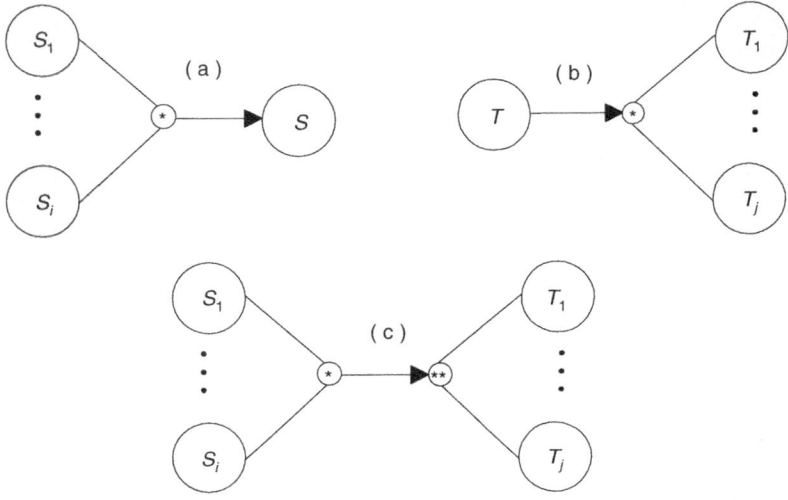

Abb. 8-44: Verzweigungen bei Zustandsübergängen

Die Semantik der Verzweigungen bei Zustandsübergängen ist ähnlich denen bei Prozessdiagrammen. Falls der Platzhalter '*' ein '&' im Diagramm (a) ist, so bedeutet dies einen Zustandsübergang, in dem die Objekte X_1 bis X_i in den Zuständen S_1 bis S_i sind und ein Übergang zu einem Objekt W stattfindet, das sich im Zustand S befindet. Falls der Platzhalter '*' ein 'X' ist im Diagramm (b), dann bedeutet dies, dass ein Übergang von einem Objekt V, das sich im Zustand T befindet, zu einem Objekt W in genau einem der Zustände T_1, ..., T_j mündet. Die Darstellung unter (c) erlaubt es, noch komplexere Übergänge darzustellen. Ist beispielsweise '*' ein 'O' und '**' ein '&', dann repräsentiert das Diagramm einen Zustandsübergang, bei dem eines oder auch mehrere der Objekte X_1, ..., X_i, die sich in den Zuständen S_1, ..., S_i befinden, zu den Objekten W_1, ..., W_j, die sich in den Zuständen T_1, ..., T_j befinden, übergehen.

8.3.3   Unified Modeling Language

Die Unified Modeling Language (UML) ist eine Sprache, die die objektorientierte und prozessorientierte Modellierung verbindet. Sie hat sich zu einer Standardsprache zur Beschreibung von IuK-Systemen in den Phasen Ist-Aufnahme, Analyse, Design und Implementierung entwickelt. Nach LETTERS (2006) sind UML-Modelle immer integraler Bestandteil von Projekten und dienen sowohl Anwendern, Managern, Designern und Entwicklern als Kommunikationsplattform. Der erfolgreiche Einsatz der UML ermöglicht eine wesentliche Verbesserung von Qualität und Produktivität während des gesamten Softwareentwicklungszyklus.

Unter dem Dach der UML befinden sich eine Vielzahl von Diagrammen, die sich zur Repräsentation verschiedener *Sichten* unterschiedlich gut eignen. UML dient sowohl der Modellierung *statischer* als auch *dynamischer* Sichten auf IuK-Systeme. Die Sprache ist zur Modellierung von Objekten und ihren Beziehungen ebenso geeignet wie zur Modellierung von Prozessen mit Nebenläufigkeits- und Echtzeitanforderungen. Die hier vorgestellte Notation bezieht sich auf UML in der Version 2.0 und basiert auf FOWLER (2004). Sie ist nicht vollständig bezüglich UML, aber vollständig zum Verständnis der angegebenen Beispiele.

Die einzelnen Diagrammtypen der UML beantworten die Frage *wer* macht *was* *wann* und *wie*. Sie lassen sich grob in zwei Kategorien unterteilen:

(1) Strukturdiagramme (statische (datenorientierte) Sicht: *wer* macht *was*)
   – Klassendiagramm
   – Kompositionsstrukturdiagramm
   – Komponentendiagramm
   – Installationsdiagramm
   – Objektdiagramm
   – Paketdiagramm
(2) Verhaltensdiagramme (dynamische (funktions- und kommunikationsorientierte) Sicht: *wann* und *wie*)
   – Anwendungsfalldiagramm
   – Aktivitätsdiagramm
   – Zustandsdiagramm
   – Interaktionsdiagramme: Sequenzdiagramm, Kommunikationsdiagramm, Interaktionsübersicht, Zeitdiagramm

Die einzelnen Diagrammtypen sind in Abbildung 8-45 als Baum dargestellt. Die Beziehungen zwischen den Knoten sind, wie in Taxonomien üblich, mittels Generalisierungsrelationen (isA-Beziehung) angegeben. So lässt sich aus der Abbildung beispielsweise ablesen, dass ein Klassendiagramm ein Strukturdiagramm ist. Ein Sequenzdiagramm ist ein Interaktionsdiagramm und demnach auch ein Verhaltensdiagramm.

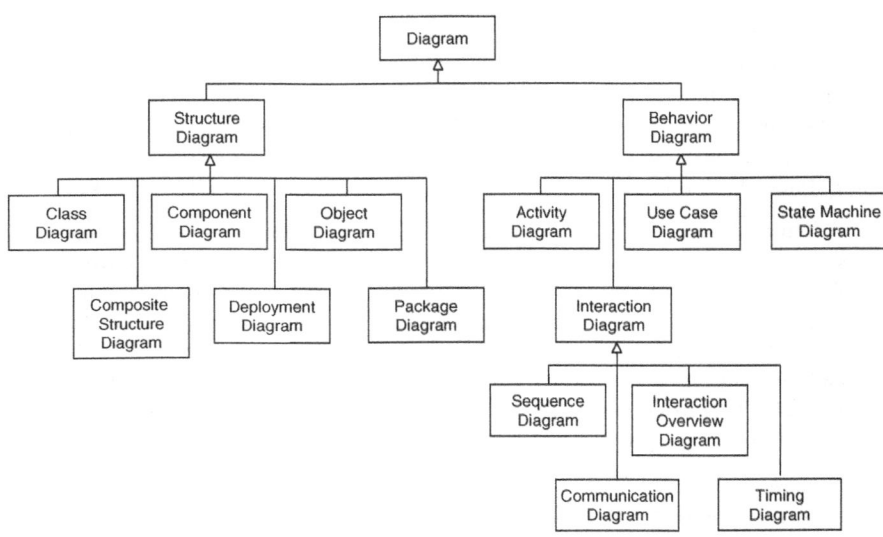

Abb. 8-45: Struktur- und Verhaltensdiagramme der UML nach OBJECT MANAGEMENT GROUP (2004)

Eine beispielhafte Zuordnung einzelner Diagramme zu den Phasen der Softwareentwicklung kann der Tabelle 8-6 entnommen werden.

Lebenszyklus	Statisches Modell	Dynamisches Modell
Anforderungsdefinition		Anwendungsfalldiagramm, Aktivitätsdiagramm
Analyse	Analyse-Klassendiagramm, Paketdiagramm	Sequenzdiagramm
Design	Design-Klassendiagramm	Zustandsdiagramm, Kooperationsdiagramm, Zeitdiagramm
Implementierung	Implementierungs-Klassendiagramm, Komponentendiagramm, Installationsdiagramm	

Tab. 8-6: Zuordnung von Diagrammen zu den Phasen der Softwareentwicklung

Der Fokus der Betrachtung liegt im Folgenden auf den vier Modellen, die von besonderer Bedeutung für der Modellierung von betriebswirtschaftlichen IuK-Systemen sind: *Klassendiagramme* aus der Kategorie Strukturdiagramme sowie

Anwendungsfalldiagramme, Aktivitätsdiagramme, Sequenzdiagramme und *Zustandsdiagramme* aus der Kategorie Verhaltensdiagramme.

8.3.3.1 Anwendungsfalldiagramm

Anwendungsfälle (Use Cases) dienen dazu, die Anforderungen an das zu entwickelnde System aus der *Sicht des Anwenders* bzw. der Anwendung abzubilden. Zu jedem Anwendungsfall gehören Szenarien. Ein *Szenario* ist eine Reihenfolge von Schritten, die die Interaktion zwischen einem Anwender und dem System beschreiben. Anwendungsfalldiagramme stellen die Außensicht auf den Funktionsumfang dar und geben einen Überblick über die verschiedenen Use Cases in Form von Aktivitäten oder Prozessen, die das System abdecken sollte. Auf Grund ihrer Zielsetzung werden diese Diagramme entsprechend früh im Softwareentwicklungsprozess zur Spezifikation der Anforderungsdefinition verwendet.

Der Schwerpunkt liegt auf der Identifikation der Benutzer (*Akteure*) und der Funktionalität (*Anwendungsfälle*) des Systems. Akteure und Anwendungsfälle sind die Komponenten der Anwendungsfalldiagramme. Ein Anwendungsfall kann einen anderen benutzen, aufrufen oder erweitern. Anwendungsfälle können neben der Darstellung im Diagramm zusätzlich in einer ausführlicheren Form verbal beschrieben werden. Die *verbale Beschreibung* enthält üblicherweise den typischen Ablauf eines Anwendungsfalls sowie Handlungsalternativen, gegebenenfalls ergänzt um Fehlerfälle und die Angabe, auf welcher Abstraktionsebene man den Anwendungsfall betrachtet. In Abbildung 8-46 ist das Beispiel eines Anwendungsfalldiagramms mit textueller Beschreibung dargestellt.

Anwendungsfalldiagramme enthalten als Elemente *Akteure*, *Anwendungsfälle* und *Beziehungen*. Akteure werden als Knoten in Form von „Strichmännchen" und Anwendungsfälle werden als Knoten in Form einer Ellipse dargestellt; die Knoten sind mit Namen oder Kurzbezeichnungen markiert. Um anzugeben, welcher Akteur an welchen Anwendungsfällen beteiligt ist, wird eine Kommunikationsbeziehung durch eine Kante angegeben. Die Kommunikation kann in beiden Richtungen, vom Akteur zum Anwendungsfall und umgekehrt, erfolgen. Auch andere *Systeme*, die mit dem zu spezifizierenden System verbunden werden sollen, können als Akteure in Anwendungsfalldiagramme aufgenommen werden. Die Systemgrenze des zu entwickelnden Systems wird durch ein Rechteck repräsentiert. So wird in Abbildung 8-46 ein Authentifikationssystem zur Passwortüberprüfung genutzt, das zwar als Akteur im Diagramm auftritt aber außerhalb der Systemgrenze liegt, da es bereits existiert und nicht Bestandteil des zu entwickelnden Systems ist.

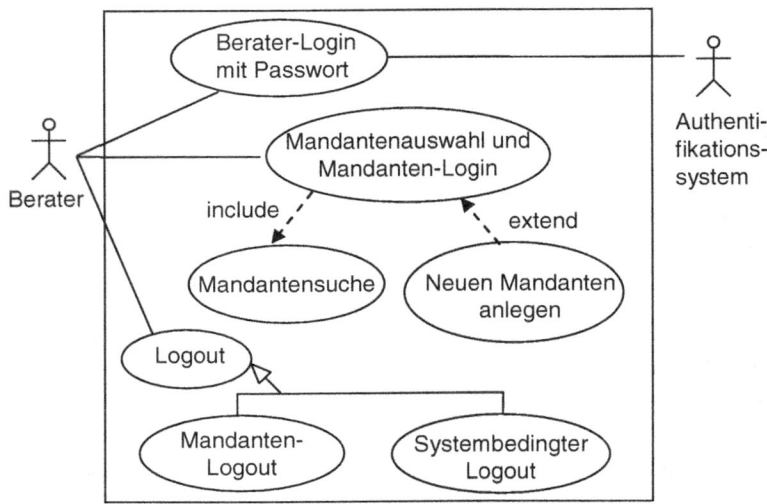

Anwendungsfall 'Mandant im Finanzplanungssystem anmelden'

Hauptszenario:
1. Berater ruft die Mandantenverwaltung des Systems auf
2. Berater blättert durch die Mandantenliste und wählt die
    gewünschte Person aus
3. Berater kann sich durch die Anzeige der Personenstammdaten
    (Name, Geburtsdatum, u.ä.) versichern, dass er den richtigen
    Mandanten gewählt hat
4. Berater meldet Mandanten an

Modifikationen:
2a: Erstberatung für Neukunden
      1. Berater legt einen neuen Mandanten im System an
      2. Berater gibt Mandantendaten ein und erhält eine Übersicht wie
          in 3. mit der Möglichkeit, die getätigten Angaben zu editieren. Weiter mit 4.
2b: Namenssuche in der Mandantenliste
      1. Berater nutzt das Suchinterface des Mandantenverwaltungssystem,
          um sich das Blättern in der Liste zu ersparen
      2. Berater erhält die zu den Suchkriterien passenden Mandanten und wählt
          den gewünschten aus. Weiter mit 4.

Abb. 8-46: Anwendungsfall/-diagramm

Wie die einzelnen Anwendungsfälle selbst untereinander in Verbindung stehen, kann durch drei verschiedene Beziehungstypen spezifiziert werden.

*   Die „*include*"-Beziehung zwischen Anwendungsfall *A* (Mandantenauswahl und Mandanten-Login) und Anwendungsfall *B* (Mandantensuche) gibt durch

einen gestrichelten Pfeil (*A,B*) an, dass *B* in *A* eingebunden wird (*B* ist Sub-Anwendungsfall von *A*). Wenn *A* ausgeführt wird, wird auch *immer B* ausgeführt und die Ergebnisse von *B* fließen in *A* ein.

- Die „*extend*"-Beziehung zwischen Anwendungsfall *A* und Anwendungsfall *C* (Neuen Mandanten anlegen) wird durch einen gestrichelten Pfeil (*C,A*) repräsentiert und besagt, dass eine Ausführung von *A* eine Ausführung von *C* nach sich ziehen *kann*. Zu beachten ist hier die Option, dass also *A* durch *C* erweitert werden kann, aber nicht muss. Ein neuer Mandant wird nur angelegt, falls der Berater den Mandanten zum ersten Mal berät, ansonsten wird der Berater mittels der Mandantensuche den Mandanten auswählen. Man kann in einem Anwendungsfall zusätzlich Bedingungen spezifizieren, die angeben, wann eine Erweiterung ausgeführt wird.

- Die dritte Möglichkeit eine Beziehung zwischen Anwendungsfällen zu beschreiben, ist die *Generalisierung*. Dabei liegt die übliche Semantik zu Grunde, d.h. die erbenden Anwendungsfälle erhalten alle Eigenschaften des „Super-Anwendungsfalles" und können diese modifizieren oder ergänzen. Die Generalisierung zwischen Anwendungsfällen wird wie die Generalisierung zwischen Klassen wiedergegeben. So sind `Systembedingter Logout` und `Mandanten-Logout` Sub-Use Cases von `Logout`. (vgl. Abbildung 8-46)

Um möglichst alle Anwendungsfälle und damit die gesamte Funktionalität des zu entwickelnden IuK-Systems beschreiben zu können, ist es notwendig, bei der Identifikation der Anwendungsfälle systematisch vorzugehen. Dabei muss der Kunde bzw. die spätere Benutzergruppe des zu realisierenden Systems eingebunden werden. So ist gewährleistet, dass man zumindest alle wichtigen Anwendungsfälle im weiteren Verlauf der Modellierung des Systems in Betracht zieht. Verwendung finden hierbei Fragenkataloge, die dem Benutzer zur Beantwortung vorgelegt werden oder verbale Systembeschreibungen, die im Anschluss einer genauen Analyse unterzogen werden, um ein entsprechendes Anwendungsfalldiagramm erstellen zu können.

8.3.3.2 Aktivitätsdiagramm

Aktivitätsdiagramme helfen den *Ablauf* eines Anwendungsfalls bzw. Vorgangs zu beschreiben. Aktivitätsdiagrammen liegt ein ähnlicher Ansatz zu Grunde wie bei Petri-Netzen oder Generalized Process Networks. In Abbildung 8-47 ist das Beispiel eines Aktivitätsdiagramms angegeben.

Die einzelnen Schritte eines Anwendungsfalls werden als Aktivitäten aufgefasst und durch Knoten in der Form von Rechtecken mit abgerundeten Ecken abgebildet. Die Aktivitäten werden auf der Basis von Vorrangbeziehungen durch Pfeile miteinander verbunden. Der *Kontrollfluss* kann durch Verzweigungen mit Bedingungen und der *Datenfluss* durch Weitergabe von Daten entlang der Vorrangbe-

ziehungen repräsentiert werden. Beginn und Ende der Schrittfolgen werden gesondert gekennzeichnet.

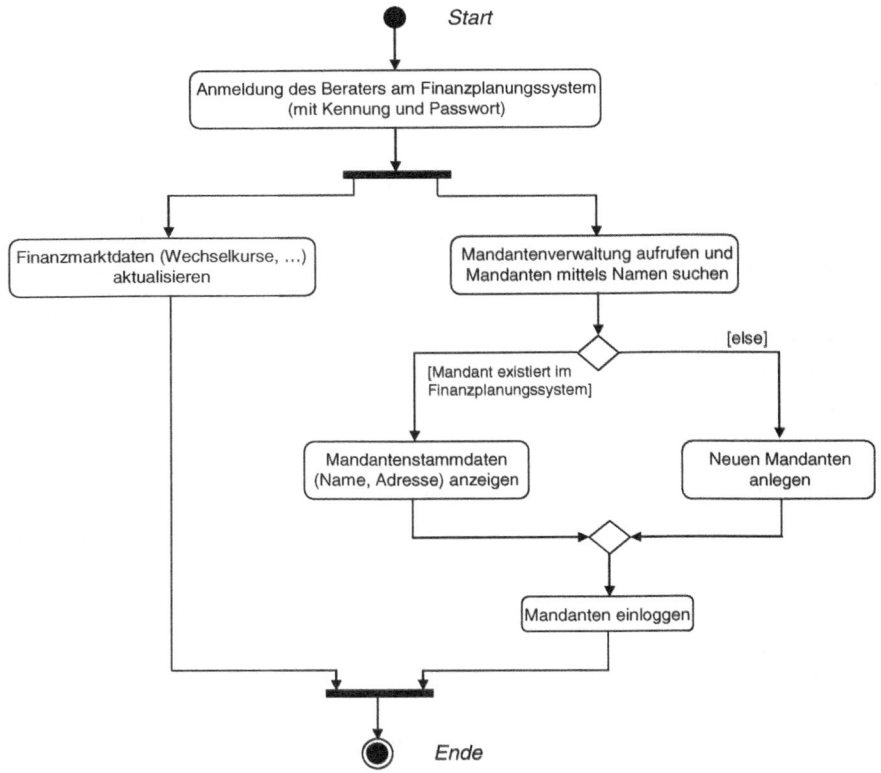

Abb. 8-47: Beispiel eines Aktivitätsdiagramms

In Abbildung 8-47 folgt nach dem Start die Aktivität Anmeldung des Bera-
ters am Finanzplanungssystem. Anschließend erfolgt eine Verzweigung der
Aktivitäten: Während die Mandantenverwaltung aufrufen erfolgt, erfolgt
gleichzeitig grundlegende Finanzmarktdaten aktualisieren wie beispielsweise Wechselkurse von diversen Währungen aktualisieren. Die nach der Verzweigung folgenden Aktivitäten werden parallel durchgeführt. Die Harke in der
zuletzt genannten Aktivität weist darauf hin, dass ein gesondertes Aktivitätsdiagramm hierfür zur Verfügung steht, das den Prozess Finanzmarktdaten aktualisieren detaillierter beschreibt (Abbildung 8-48). Die Anbindung des Sub-Aktivitäts-
diagramms erfolgt über die Schnittstelle der Eingabe- und Ausgabeparameter der
Aktivität, die detailliert spezifiziert wird.

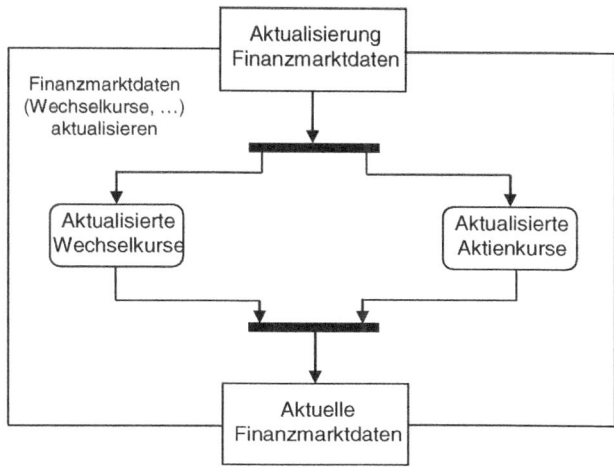

Abb. 8-48: Beispiel eines Sub-Aktivitätsdiagrams

Der Aktivität `Mandantenverwaltung aufrufen` folgt die Unterscheidung, ob ein neuer Mandant angelegt wird, oder ob der gesuchte Mandant bereits im System existiert. Bei der Unterscheidung wird also nur eine Tätigkeit ausgeführt, entweder Mandantenstammdaten anzeigen oder Neuen `Mandanten anlegen`. Die beiden alternativen Pfade werden vereinigt und im nächsten Schritt `erfolgt Mandanten einloggen`. Die Zusammenführung paralleler Aktivitätspfade erfolgt vor Erreichen des Ende. Beendet ist dieser Use Case, sobald der Mandant angemeldet ist und die Daten aktualisiert wurden.

8.3.3.3 Klassendiagramm

Aus den Anwendungsfällen und den Aktivitäten lassen sich Klassen (Objekttypen) mit Attributen, Operationen (Methoden) und Beziehungen ableiten. Klassendiagramme beschreiben die Klassen eines Systems und die statischen Beziehungen zwischen diesen. Die Attribute der Klassen und die für jede Klasse zur Verfügung stehenden Operationen sind ebenso Bestandteil des Klassendiagramms wie Restriktionen bezüglich der Beziehungen zwischen Klassen und anderer Art. Logisch zusammenhängende Klassen bilden *Pakete*. Klassendiagramme werden im Rahmen des Softwareentwicklungsprozesses weiter verfeinert und bilden den Kern der Implementierung. In Abbildung 8-49 ist das Beispiel eines Klassendiagramms angegeben.

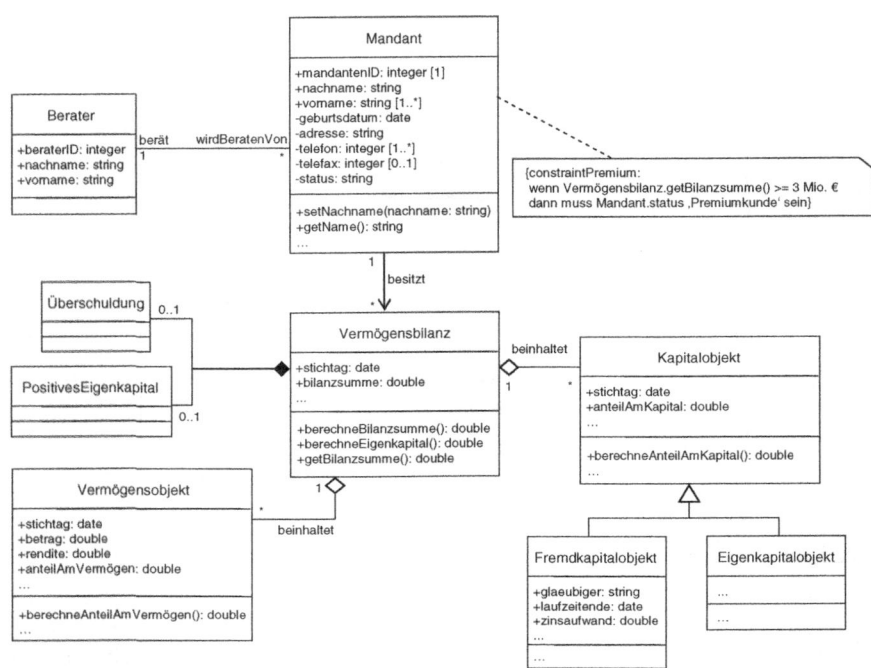

Abb. 8-49: Beispiel eines Klassendiagramms

Eine Klasse wird als Knoten in der Form eines Rechtecks repräsentiert, das aus drei Teilen besteht. Der obere Teil ist obligatorisch und gibt den Namen der Klasse (Vermögensbilanz) und eventuell weitere allgemeine Eigenschaften an. Die darunter liegenden Teile des Rechtecks sind optional. Üblicherweise folgen in der Mitte die Attribute (stichtag) und Unten die Operationen der Klasse (berechneBilanzsumme). Attribute werden durch den Attributnamen sowie optional weitere Angaben, wie Sichtbarkeit (z.B. + für public und – für private) oder Typangabe (z.B. string, integer), näher spezifiziert. Multiplizitäten legen fest, wieviele Werte das Attribut eines Objektes einer Klasse annehmen kann. Die Defaultanzahl ist eins und muss nicht gesondert angegeben werden. Manchmal kann die Angabe trotzdem zur Hervorhebung erfolgen. Zum Beispiel hat ein Mandant immer genau eine mandantenID ([1]), außerdem mindestens eine telefonnummer ([1..*]) und optional eine telefaxnummer ([0..1]). Operationen werden ähnlich wie Attribute dargestellt, enthalten zusätzlich jedoch die Möglichkeit, Angaben zu den Parametern der Operation (z.B. Attribute, auf denen die Operation ausgeführt wird) vorzunehmen.

Beziehungen zwischen Klassen lassen sich in Assoziation, Aggregation, Komposition, Generalisierung und Abhängigkeit unterscheiden:

- *Assoziationen* dienen der Beschreibung einer statischen Verbindung zwischen zwei Klassen. Diese können gerichtet oder ungerichtet sein und werden als Pfeile bzw. Kanten repräsentiert. Mit der Assoziation kann man Multiziplitäten für beide Klassen angeben. Die Multiziplität gibt die anzahlmäßige Beziehung zwischen zwei durch eine Assoziation verbundene Klassen als Intervall durch seine Grenzen an. Am häufigsten finden die Multiziplitäten 1 (genau eine), 0..1 (keine oder eine), * (beliebig viele, also 0 oder mehr) Verwendung. So gibt es für einen Mandant beliebig viele Vermögensbilanz(en) (z.b. zu verschiedenen Stichtagen). Eine Vermögensbilanz lässt sich aber umgekehrt immer genau einem Mandant zuordnen. Neben unidirektionalen gibt es auch bidirektionale Assoziationen. Ein Berater berät einen Mandant bei der Finanzplanung, ein Mandant wirdBeratenVon einem Berater.

- *Aggregation* und *Komposition* gehen auf Assoziationen zurück und spezialisieren diesen Beziehungstyp. Die Aggregation steht für eine partOf-Beziehung zwischen zwei Klassen. Graphisch wird eine Aggregation dadurch dargestellt, dass der Kante eine ungefüllte Raute an dem Ende zugeordnet wird, an dem sich die Klasse befindet, die das „Ganze" darstellt. Eine Vermögensbilanz besteht aus Vermögensobjekt (Aktiva) und Kapitalobjekt (Passiva). *Komposition* verstärkt die Intention der Aggregationsbeziehung und spezifiziert diese weiter: Eine Ausprägung von Vermögensbilanz weist entweder eine Überschuldung oder positives Eigenkapital aus, aber niemals beides gleichzeitig (exklusiv-oder partOf-Beziehung). Kompositionen werden durch gefüllte Rauten gekennzeichnet.

- *Generalisierung* meint die Beziehung zwischen Sub- und Superklassen. Eine Sub- oder Unterklasse weist die gleichen Eigenschaften wie die zugehörige Super- oder Oberklasse auf und kann diesen weitere, speziellere Merkmale hinzufügen. In diesem Zusammenhang spricht man auch von *Vererbung*: Die Subklasse erbt alle Eigenschaften von der zugehörigen Superklasse. Fremdkapitalobjekt ist eine Subklasse von Kapitalobjekt und erbt daher alle Attribute und Operationen der Klasse Kapitalobjekt. Auch ein Fremdkapitalobjekt weist beispielsweise einen stichtag auf und verfügt über die Operation berechneAnteilAmKapital. Darüber hinaus spezialisiert die Klasse Fremdkapitalobjekt die Oberklasse Kapitalobjekt durch die zusätzlichen Attribute glaeubiger, laufzeitende und zinsaufwand. Die Klasse Eigenkapitalobjekt ist ebenfalls eine Subklasse von Kapitalobjekt. Die Generalisierungs-Beziehung kann nur zwischen Klassen existieren und betrifft nicht die Objektebene, die die konkreten Ausprägungen einer Klasse widerspiegelt. Die Zuordnung von Objekten zu Klassen wird als *Klassifikation* bezeichnet.

Constraints sind teilweise bereits durch die vorgestellten Konstrukte in einem Klassendiagramm spezifiziert (z.B. ein Mandant wird beraten vom Berater oder ein Mandant weist genau eine mandantenID auf). Trotzdem lassen sich nicht alle Constraints auf diese Art und Weise repräsentieren. Um weitere Bedingungen oder Einschränkungen angeben zu können, kann jede Form von Constraint in geschweiften Klammern repräsentiert werden. Der Constraint kann durch eine verbale Beschreibung oder ein Stück Pseudocode spezifiziert werden (`{constraintPremium: ...}`).

Zur Ermittlung von Klassen und dem Erstellen eines Klassendiagramms kann man sich an Anwendungsfallbeschreibungen orientieren. Die Menge an potentiellen Klassen bilden dabei die vorkommenden Substantive in der Systembeschreibung. Diese werden anschließend einer Überprüfung unterzogen, bei der gleichzeitig Attribute und Operationen identifiziert und einer Klasse zugeordnet sowie irrelevante Begriffe aussortiert werden. Um die Beziehungen zwischen den Klassen zu modellieren, kann man zuerst die Beziehungen auf Objektebene analysieren und anschließend auf Klassenebene übertragen.

8.3.3.4 Sequenzdiagramm

Sequenzdiagramme repräsentieren das dynamische Modell, indem sie das *Verhalten* von Akteuren und ihren Interaktionen aus *zeitlicher Sicht* wiedergeben. Sequenzdiagramme werden meist dazu genutzt, einen einzelnen Anwendungsfall durch die zeitliche Abfolge des Nachrichtenaustausches zwischen Objekten zu spezifizieren. Der Fokus liegt demnach nicht auf der Beziehung zwischen den Objekten, die am Informationsaustausch beteiligt sind, sondern auf dem Systemverhalten selbst, charakterisiert durch den Informationsaustausch. In Abbildung 8-50 ist das Beispiel eines Sequenzdiagramms angegeben.

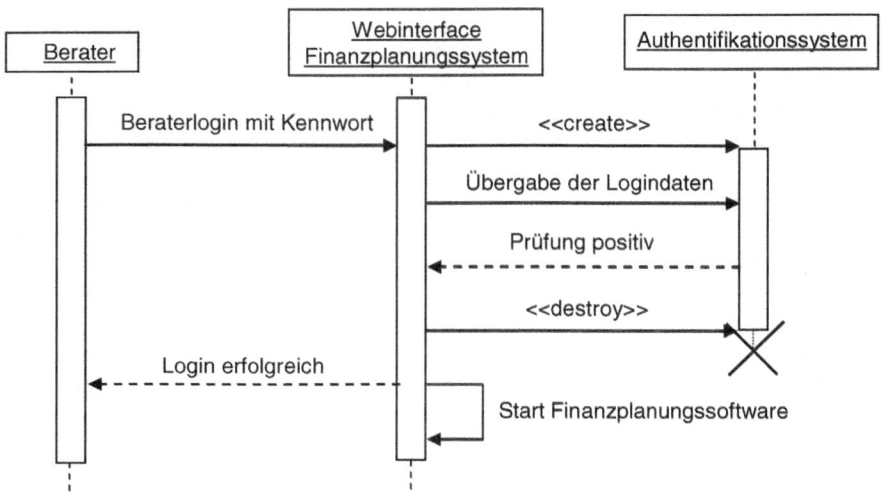

Abb. 8-50: Beispiel eines Sequenzdiagramms

Sequenzdiagramme sind zweidimensionale Diagramme. Vertikal wird die Lebensdauer eines Objektes (Authentifikationssystem) angegeben, in der horizontalen Ebene werden Ereignisse, Nachrichten oder die Erzeugung von Objekten eingetragen (Übergabe der Logindaten, Prüfung positiv). Damit kann die zeitliche Reihenfolge des Informationsaustausches modelliert werden.

Das in der Abbildung 8-50 dargestellte Beispiel weist die drei Objekte Berater, Webinterface Finanzplanungssystem und Authentifikationssystem auf. Zuerst meldet sich der Berater mit seinem Beraterlogin mit Kennwort über das Webinterface Finanzplanungssystem an. Dieses erzeugt das Objekt Authentifikationssystem und übermittelt diesem die Logindaten zur Überprüfung. Die Rückantwort ist Prüfung positiv, woraufhin das Objekt Authentifikationssystem nicht mehr benötigt wird und daher vom Webinterface Finanzplanungssystem aus gelöscht wird. Das Kreuz unterhalb der Lebenslinie verdeutlicht diesen Sachverhalt. Der Berater erhält die Antwort Login erfolgreich und im Webinterface Finanzplanungssystem wird über einen Selbstaufruf die eigentliche Finanzplanungssoftware gestartet. Der Fall, dass das Authentifikationssystem feststellt, dass die Überprüfung des Beraterlogin mit Kennwort negativ ausfällt und der Zugriff auf die Finanzplanungssoftware demzufolge verweigert wird, ist durch ein weiteres Sequenzdiagramm zu modellieren.

8.3.3.5 Zustandsübergangsdiagramm

Mit Zustandsübergangsdiagrammen (State Machine Diagrams) lässt sich das *Systemverhalten*, insbesondere auch über mehrere Anwendungsfälle hinweg, beschreiben. Es werden *Zustände*, *Zustandsübergänge* und *Bedingungen* für die Zustandsübergänge einer Klasse bzw. eines Objekts modelliert. Zustandsübergangsdiagramme werden häufig zur Modellierung der Benutzerinteraktion mit der Benutzerschnittstelle eines Systems verwendet. In Abbildung 8-51 ist ein Diagramm dargestellt, das das Systemverhalten bei der Anmeldung zu einer Finanzplanungssoftware beschreibt.

Die Syntax der Zustandsübergangsdiagramme bezieht sich auf die Abbildung der Komponenten *Zustand* und *Transition*. Zustände werden durch Knoten repräsentiert; außer *Startzustand* und *Endzustand* haben alle anderen Zustände einen Namen. Transitionen werden durch Pfeile mit *optionalen Markierungen* repräsentiert. Die Markierung eines Pfeils besteht aus der Bezeichnung der *Ereignisse* (eines oder mehrere), die die Transition auslösen (trigger-signature), notwendigen boolschen *Bedingungen* (guard), die erfüllt sein müssen, und Aktivitäten (activity), die während des Zustandsübergangs ausgeführt werden. In der Abbildung 8-51 liest sich die Transition vom Zustand Login-Maske zum Zustand Passwortüberprüfung wie folgt: "vom Zustand Login-Maske erreicht man den Zustand Passwortüberprüfung, wenn Ereignis Anmeldebutton gedrückt eintritt und Login-

und `Passwortfeld` ausgefüllt ist; während des Zustandsübergangs wird die `Log-in-Uhrzeit` protokolliert. Gehen von einem Zustand mehrere Transitionen ab, wird durch Ereignisse und Bedingungen entschieden, welcher der Folgezustände erreicht wird. Unterschiedliche Zustände repräsentieren unterschiedliche Reaktionen auf Ereignisse. Sind die Transitionen nicht markiert, gibt es keine Einschränkungen bei Zustandsübergängen.

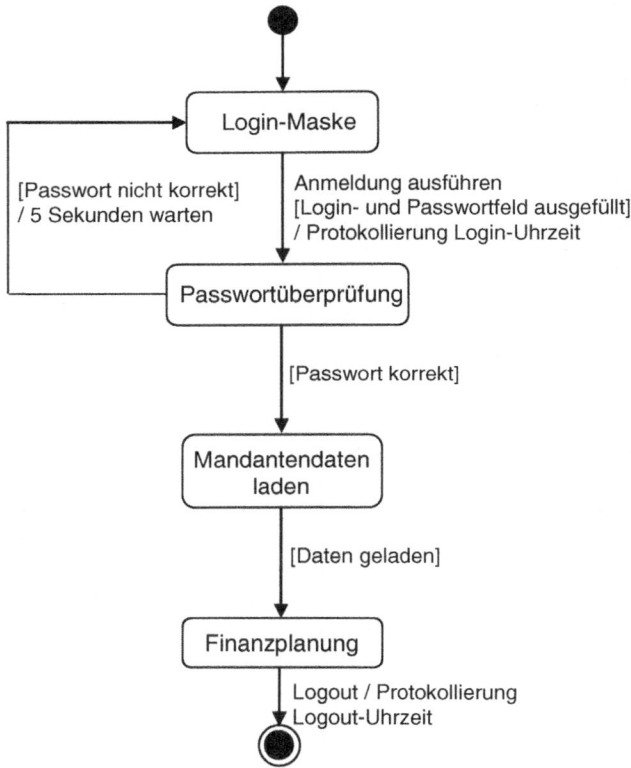

Abb. 8-51: Beispiel eines State Machine Diagrams

In Abbildung 8-51 erreicht man vom *Anfangszustand* den ersten Systemzustand (`Login-Maske`), ohne Beachtung eines Ereignisses oder einer Bedingung und ohne Ausführung einer bestimmten Aktivität. Beim nächsten Zustandsübergang sind diese drei optionalen Informationen angegeben: Ist der Anmeldebutton gedrückt (`trigger-signature`) und Login – und Passwortfeld ausgefüllt (`guard`) wahr kann die Passwortüberprüfung ausgeführt werden. Bei Durchführung des Zustandsübergangs erfolgt die Protokollierung `Login-Uhrzeit` (*activity*). Ist das

Passwort nicht korrekt, soll das System aus Sicherheitsgründen 5 Sekunden warten, bevor erneut die `Login-Maske` erscheint. Ist dagegen das Passwort korrekt erfolgt `Mandantendaten laden`. Sind diese Daten geladen erfolgt der Übergang zum Zustand `Finanzplanung`. Meldet sich der Benutzer ab (`Logout`), erfolgt die `Protokollierung Logout-Uhrzeit` und der *Endzustand* wird erreicht.

Literatur zum Kapitel 8:

BALZERT, H. (1991), *Ein Überblick über die Methoden- und Werkzeuglandschaft*, in: BALZERT, H. (Hrsg.), CASE Systeme und Werkzeuge, Mannheim: BI Wissenschaftsverlag, S. 27-100

BALDI, S./BICHER, A./BRAUN, W./HAGGENMÜLLER, R./KNUTH, R./NEEß, I./SCHMIDT, G./SCHOBERTH, A. (1991a), *CONNEX: Eine Fallstudie zur Modellierung eingebetteter wissensbasierter Systeme*, Arbeitsbericht EMSC, München

BALDI, S./BICHER, A./HAGGENMÜLLER, R./SCHMIDT, G. (1991b), *Comparison of principles, methods and techniques for modelling conventional systems and knowledge based systems*, Arbeitsbericht EBS, Oestrich-Winkel

BLAZEWICZ, J./ECKER, K./PESCH, E./SCHMIDT, G./WEGLARZ, J. (2001), *Scheduling Computer and Manufacturing Processes*, Berlin: Springer

BERNUS, P./MERTINS, K./SCHMIDT, G. (Hrsg.) (2006), *Handbook on Architectures of Information Systems*, Berlin: Springer

BLAHA, M./RUMBAUGH, J. (2004), *Object-Oriented Modeling and Design with UML*, New Jersey: Prentice Hall

CURTIS, B./KELLNER, M.I./OVER, J. (1992), *Process modeling*, in: Communications of the ACM, 35. Jg., Nr. 9, S. 75-90

COAD, P./YOURDON, E. (1991), *Object-Oriented Analysis*, New Jersey: Prentice Hall

DEMARCO, T. (1978), *Structured Analysis and System Specification*, New York/NY: Yourdon Press

ECKER, K./GUPTA, J./SCHMIDT, G. (1997), *Framework for decision support systems for scheduling problems*, in: European Journal of Operational Research, Vol. 101, S. 452-462

ECKER, K./SCHMIDT, G. (1993), *Conflict resolution algorithms for scheduling problems*, in: ECKER, K./HIRSCHBERG, R. (Hrsg.), Lessach Workshop on Parallel Processing, Report No. 93/5, TU Clausthal, S. 81-90

FICHMAN, R.G./KEMERER, C.F. (1992), *Object-oriented and conventional analysis and design methodologies*, in: IEEE Computer, 25. Jg., Nr. 10, S. 22-39

FOWLER, M. (2004), *UML Distilled – A Brief Guide to the StandardObject Modeling Language*, Upper Saddle River/NJ: Pearson

GAINES, B. (1988), *Knowledge acquisition systems for rapid prototyping of expert systems*, Infor, 26. Jg., S. 256-285

GRUBER, T.R. (1993), *A translation approach to portable ontologies*, in: Knowledge Acquisition, Vol. 5, Nr. 2, S. 199-220

HALPIN, T. (2006), *ORM/NIAM Object-role modeling*, in: BERNUS, P./MERTINS, K./SCHMIDT, G. (Hrsg.), Handbook on Architectures of Information Systems, Berlin: Springer, S. 81-104

HATLEY, D.J./PIRBHAI, I.A. (1988), *Strategies for Real-Time System Specification*, New York/NY: Dorset House

KELLY, G. (1955), *The Psychology of Personal Constructs*, New York: Norton

LETTERS, F. (2006), *Modeling Information-Systems with UML: Unified Modeling Language*, in: BERNUS, P./MERTINS, K./SCHMIDT, G. (Hrsg.), Handbook on Architectures of Information Systems, Berlin: Springer, S. 411-456

LOY, P.H. (1990), *A comparison of object-oriented and structured development methodologies*, ACMSIGSoft Software Eng. Notes, 15. Jg., Nr. 1, S. 44-48

MENZEL, C./MAYER, R.J. (2006), *The IDEF family of languages*, in: BERNUS, P./MERTINS, K./SCHMIDT, G. (Hrsg.), Handbook on Architectures of Information Systems, Berlin: Springer, S. 215-250

MONARCHI, D./PUHR, G. (1992), *A research typology for object-oriented analysis and design*, in: Communications of the ACM, 35.Jg., Nr. 9, S. 35-47

NERSON, J.-M. (1992), *Applying object-oriented analysis and design*, in: Communications of the ACM, 35. Jg., Nr. 9, S. 63-74

OBJECT MANAGEMENT GROUP (OMG) (Hrsg.) (2004), *UML 2.0: Superstructure Specification*, www.omg.org

PAWLAK, Z. (1991), *Rough Sets*, Berlin: Springer

PESCH, E./TETZLAFF, U. (1996), *Constraint propagation based scheduling of job shops*, Informs Journal on Computing, 8. Jg., Nr. 2, S. 144-156

QUINLAN, J.R. (1979), *Discovering rules by induction from large collections of examples*, in: MICHIE, D. (Hrsg.), Introductory Readings in Expert Systems, New York: Gordon and Breach, S. 33-46

RAMEY, T./BROWN, R. (1987), *Entity, Link, Key Attribute semantic information modeling: the ELKA method*, ms Hughes Aircraft

RICH, E./KNIGHT, K. (1991), *Artificial Intelligence*, Chicago: McGraw-Hill

ROSS, D.T. (1977), *Structured analysis: a language for communicating ideas*, in: IEEE Trans. Software Eng., 3. Jg., Nr. 1, S. 16-34

SCHMIDT, G. (1989), *Constraint satisfaction problems in project scheduling*, in: SLOWINSKI, R./WEGLARZ, J. (Hrsg.), Recent Advances in Project Scheduling, München, S. 135-150

SCHMIDT, G. (1996), *Modelling production scheduling systems*, in: International Journal of Production Economics, Vol. 46-47, S. 109-118

SCHMIDT, G. (2002), *Prozessmanagement - Modelle und Methoden*, Berlin: Springer

SCHMIDT, G. (2006), *Scheduling models for workflow management*, in: BERNUS, P./MERTINS, K./SCHMIDT, G. (Hrsg.), Handbook on Architectures of Information Systems, Berlin: Springer, S. 191-208

SLOWINSKI, R. (1992), *Intelligent Decision Support*, Neuwied: Kluwer

SLOWINSKI, R./WEGLARZ, J., (Hrsg.) (1989), *Recent Advances in Project Scheduling*, München

SCHREIBER, G./WIELINGA, B./BREUKER, J. (Hrsg.) (1993), *KADS - A Principled Approach to Knowledge-Based System Development*, Fribourg: Academic Press

WILFS-BROCK, J.R./JOHNSON, R.E. (1990), *Surveying current research in object-oriented design*, in: Communications of the ACM, 33. Jg., Nr. 9, S. 104-124

WILFS-BROCK, R.J./WILKERSON, B./WIENER, L. (1990), *Designing Object-Oriented Software*, New Jersey: Prentice Hall

WEDEKIND, H. (1990), *Objektorientierung und Vererbung*, Informationstechnik, 2. Jg.

WARD, P.T./MELLOR, S.J. (1985), *Structured Development of Real Time Systems*, 2. Aufl., New Jersey: Prentice Hall

WARD, P.T./MELLOR, S.J. (1986), *Structured Development of Real Time Systems*, 3. Aufl., New York/NY: Yourdon Press

WEBER, R./ZIMMERMANN, H.J. (1991), *Automatische Akquisition von unscharfen Expertenwissen*, Künstliche Intelligenz, 2. Jg., S. 20-26

YOURDON, E./CONSTANTINE, L.L. (1986), *Structured Design: Fundamentals of a Discipline of Computer Program and Systems Design*, New Jersey: Prentice Hall

ZADEH, L.A. (1965), *Fuzzy sets*, in: Information and Control, 8. Jg., S. 338-353

ZIMMERMANN, H.J. (2001), *Fuzzy Set Theory and its Applications*, Neuwied: Kluwer

Kapitel

9

9 Neue Wege des IT-Managements

Kernaspekte des Kapitels:
- Wandel im Selbstverständnis von IT-Bereichen.
- Elemente einer IT-Strategie für FDL-Unternehmen.
- Organisation von IT-Bereichen.
- Durchführung von IT-Projekten bei Finanzdienstleistern.
- Überlegungen zur Steuerung von IT-Bereichen.

Die Aufgaben des Managements in der Informationsverarbeitung der Finanzindustrie sind außerordentlich vielfältig und reichen von strategischen Themen (z.B. Entwicklung der IT-Architektur) über operative Aufgaben (z.B. Leitung von IT-Projekten, Budgetierung, Organisation) bis hin zu Transformationsfragen (Change Management im IT-Bereich, Anforderungen an die IT-Governance). Dieses Kapitel behandelt Themenbereiche aus dem umfangreichen Spektrum des IT-Managements, die aus unserer Sicht von besonderer Bedeutung in den nächsten Jahren sind. Ausgehend vom aktuellen Wandel im Selbstverständnis werden strategische Aspekte der IT behandelt, um daran anschließend die Organisation der IT zu beleuchten. Eine wichtige Rolle spielt in Banken und Versicherungsunternehmen die Durchführung von IT-Projekten. Das Kapitel endet mit Überlegungen zur Steuerung der FDL-IT.

9.1 Wandel des IT-Bereichs

Die Erwartungen der Geschäftsleitungen an die IT haben sich drastisch geändert. Dem müssen die IT-Verantwortlichen in Banken und Versicherungen Rechnung tragen. Im Folgenden wird zunächst der Veränderungsprozess im Selbstverständnis der IT-Bereiche skizziert *(Abschnitt 9.1.1)*. Es werden dann die wesentlichen Aspekte der notwendigen Transformation dargestellt *(Abschnitt 9.1.2)* und schließlich das wichtige Thema der IT-Governance behandelt *(Abschnitt 9.1.3)*.

9.1.1   Veränderung des Selbstverständnisses

Über viele Entwicklungsschritte hinweg haben sich die IT-Abteilungen der Finanzdienstleister verändert. Waren sie zu Beginn noch meist ein Anhängsel der Organisationsabteilungen, so wuchsen sie später zu großen und eigenständigen Bereichen heran. Die Bereitstellung von Systemen zur Massendatenverarbeitung und die Sicherstellung eines kostengünstigen Geschäftsbetriebs waren lange die Hauptaufgaben der IT-Abteilungen. Mit dem Wachstum des Internet und dem Aufbau von Online-Vertriebskanälen Ende der 1990er Jahre wurden durch IT Umsätze generiert und neue Geschäftsfelder erschlossen. Es entstanden neue Produkte und teilweise komplett neue Geschäftsmodelle. Die IT wurde damit zum Werttreiber im Unternehmen und zunehmend Bestandteil von Finanzdienstleistungsprodukten. Die Rolle der IT veränderte sich demzufolge von der reinen Unterstützungsfunktion hin zum „Enabler" für neue strategische Optionen. Auf diese Weise reagierte der IT-Bereich nicht mehr auf Veränderungen, sondern führte diese selbst herbei (KRCMAR 2005; BUCHTA/EUL/SCHULTE-CROONENBERG 2004).

Allerdings erlitt die Trendwende hin zur IT als Innovationsgeber mit dem Platzen der E-Commerce-Blase einen harten Rückschlag. Die Liberalisierung der Finanzmärkte, steigende regulative Anforderungen, sinkende Margen, anspruchsvollere Kunden, starker Wettbewerb und insbesondere das Wegbrechen von Erträgen aus Investmentgeschäften führten zu enormen Gewinnrückgängen in der deutschen Finanzbranche. Statt nach neuen Möglichkeiten der Ertragsgenerierung zu suchen, wurde in erster Linie versucht in allen Bereichen des Unternehmens die Kosten zu senken. Zudem hatte in vielen IT-Abteilungen fehlendes Verständnis über die Unternehmensstrategie und die eigentlichen Geschäftsprozesse zu einer Fehlallokation von Ressourcen geführt. Bei vielen IT-Innovationen wurden die Kosten nicht in Relation zum erwarteten Nutzen gesetzt (ANNUSCHEIT 2005). Viele Innovationen waren schlicht nicht tragbar. Kostenreduktion stand nun an oberster Stelle. Die Unternehmens-IT wurde tendenziell wieder als interner Dienstleister mit reiner Unterstützungsfunktion betrachtet und die Rolle als Enabler trat in den Hintergrund.

Trends wie Konsolidierung und Spezialisierung in der Finanzbranche führen derzeit wieder zu einer Aufwertung der IT hin zum Enabler für neue strategische Optionen. Erfahrungen mit Fusionen und Übernahmen, aber auch dem Verkauf von Unternehmensanteilen, zeigen deutlich, dass die Aufstellung der eigenen IT wesentlich über den Erfolg solcher Maßnahmen entscheidet. Ferner macht das Aufbrechen der Wertschöpfungskette und die daraus folgende Fokussierung vieler Institute auf bestimmte Kernkompetenzen wie Vertrieb, Produktentwicklung oder

Abwicklung deutlich, dass viele dieser strategischen Erneuerungen erst durch entsprechende Veränderungen der IT-Systeme möglich werden. Diese bedeutende Rolle der IT ergibt sich aus deren tiefen Integration in alle Unternehmensbereiche und Geschäftsprozesse von Finanzdienstleistern. Dadurch erfordert ein Wechsel der Unternehmensstrategie auch immer eine Veränderung der IT-Strategie. Die Rolle der IT hat sich damit verändert. Sie muss das aktuelle Unternehmen sowie die (vermutete) zukünftige Organisation und deren Geschäftsprozesse abbilden können. Als Enabler hat die heutige IT die Aufgabe, nicht nur die Leistungsfähigkeit des gesamten Unternehmens sicherzustellen, sondern auch durch Innovationen aktiv zur Entwicklung von Neugeschäft beizutragen.

9.1.2 Aspekte der Transformation

Damit sich die IT-Bereiche vom Dienstleister zum Wertschöpfer im Unternehmen entwickeln können, müssen sie einen Transformationsprozess durchlaufen. Die Auswirkungen sind vielschichtig. Die wichtigsten Aspekte werden hier kurz skizziert.

Sourcing

Das dominierende Vorgehensmodell beim Einsatz der IT in der Finanzbranche war die Eigenentwicklung von Software. Mit dem Aufkommen von Standardsoftware und neuen Sourcing-Konzepten verliert die Eigenentwicklung jedoch immer mehr an Bedeutung. Legacy-Systeme werden durch neue, meist modularisierte Fremdsysteme ersetzt und dabei Outsourcing in all seinen Varianten genutzt (ANNUSCHEIT 2005). Diese Veränderung hat zur Folge, dass bisherige Aufgaben wie Entwicklung und Programmierung teilweise wegfallen und neue Aufgaben wie Auswahl, Steuerung und Kontrolle von Sourcing-Partnern (*Vendor Management*) hinzukommen. Beispielsweise müssen weniger Handbücher zur Systemdokumentation geschrieben werden, aber dafür Service Level Agreements (SLAs) mit der Rechtsabteilung und dem Anbieter verhandelt, dokumentiert und permanent überprüft werden.

IT-Merger-Integration und IT-Carve-out

In der Vergangenheit musste die IT hauptsächlich auf internes Wachstum reagieren. Diese Veränderung ging vorwiegend langsam von statten und wurde in der Regel durch den technologischen Fortschritt (z.B. leistungsfähigere Prozessoren, Netzwerke, Speicher und Datenbanken) abgefangen. Dass komplette Unternehmensbereiche an andere Gesellschaften veräußert wurden, kam nur vereinzelt vor bzw. hatte durch den noch geringen Grad der Integration von IT in die Geschäftsprozesse wenig Einfluss. Durch die Notwendigkeit zur Konsolidierung und Spezialisierung kommt es heute aber immer häufiger zu Fusionen, Käufen oder Verkäufen von Unternehmen bzw. Unternehmensteilen. Bei Zusammenschlüssen muss der IT-Bereich mit der so genannten *IT-Merger-Integration* reagieren. Dies umfasst im Wesentlichen die Integration der IT-Landschaften, die Kostenreduktion und damit die Realisierung von IT-Synergien sowie die Sicherstellung einer langfristigen Wachstumsstrategie des Unternehmens. Soll ein Unternehmensteil veräußert werden, spricht man aus IT-Sicht vom *IT-Carve-out* oder auch von *IT-Desintegration*. Die Hauptaufgaben liegen hier in der Konzeption von IT-Ziellandschaften und der Sicherstellung des IT-Betriebs sowohl im Ursprungsunternehmen als auch im abgetrennten Unternehmensteil (BUCHTA/EUL/SCHULTE-CROONENBERG 2004).

Prozessorganisation und Prozessmanagement

Die Organisationsstruktur der FDL-IT orientiert sich bis heute vorwiegend an eingesetzten Technologien und Systemen (z.B. SAP, Oracle, DB2; Front-End, Back-End). Geschäftsprozesse ziehen sich aber durch verschiedene Systeme, die über Schnittstellen miteinander kommunizieren und die unterschiedlichste Technologien nutzen. Eine an Prozessen ausgerichtete Organisation des IT-Bereichs verspricht daher eine konzeptionell erfolgreichere und kostengünstigere Leistungserstellung. Die klassische Linienorganisation wird hierbei durch eine Struktur ersetzt, die sich an funktionalen Kompetenzpools orientiert (FÄSSLER 2005). Dies lässt sich leicht an einem Beispiel verdeutlichen: Bei einer an Systemen orientierten Organisationsstruktur gibt es beispielsweise zwei Teams in der IT-Abteilung. Das eine Team entwickelt und pflegt die auf einer Oracle-Datenbank basierende Front-End-Anwendung und das andere ist ausschließlich für Mainframe-Anwendungen zuständig. Beide Systeme unterstützen jedoch die Zahlungsverkehrs- und Kontoführungsprozesse. Bei einer prozessorientierten Organisationsstruktur werden die Teams entsprechend den beiden Prozessen unterteilt, so dass z.B. Oracle-Entwickler direkt mit Maineframe-Entwicklern in einem Team arbeiten und beispielsweise das Kompetenzteam „Zahlungsverkehr" bilden.

In der Zukunft werden die IT-Bereiche immer mehr das Geschäftsprozessmanagement der Gesamtbank übernehmen, obwohl dies originär keine Aufgabe der IT ist bzw. war. ANNUSCHEIT (2005) erklärt diese Veränderung mit dem profunden Wissen der IT-Mitarbeiter über Geschäftsprozesse. Dieses Wissen haben sich die Mitarbeiter durch jahrelange Erfahrung bei der Entwicklung von FDL-Software und der Umsetzung von IT-Projekten angeeignet. Des Weiteren konzentrieren sich die Mitarbeiter der Geschäftsbereiche immer stärker z.B. auf Vertriebstätigkeiten in ihrem Kundensegment und damit weniger auf bereichsübergreifende Prozesse. Es entsteht damit eine Lücke, die durch den IT-Bereich abgedeckt werden kann. Die Prozesskompetenz von IT-Mitarbeitern wird auch durch immer neue regulatorische Anforderungen gesteigert, da diese Anforderungen in der Regel Anpassungen der IT zur Folge haben und nur zu bewerkstelligen sind, wenn der Gesamtprozess verstanden worden ist. Teilweise werden sogar Teilprozesse gestaltet, die die

Mitarbeiter in den Fachbereichen gar nicht wahrnehmen (Beispiel: Abgabe von Kontoinformationen an die BaFin gemäß § 24c KWG).

Profil der IT-Mitarbeiter

Die Mitarbeiter der IT sind durch die aktuellen Veränderungen direkt betroffen. Fusionen und Outsourcing-Maßnahmen stellen oft die bisherigen IT-Arbeitsplätze zur Disposition. Um der Rolle „IT als Enabler" gerecht zu werden, müssen die IT-Mitarbeiter aktiv Innovationen vorantreiben und dürfen nicht warten, bis die Fachabteilung mit neuen Anforderungen auf sie zukommt. Hochspezialisierte Technologien und Systeme werden von außen bezogen und erfordern Mitarbeiter, die entsprechende SLAs aushandeln und überprüfen können. Es genügt nicht mehr, sich in einzelnen Teilbereichen auszukennen, sondern es wird erwartet, dass komplette Geschäftsprozesse verstanden, unterstützt und optimiert werden. Aus dem ursprünglichen Programmierer und Techniker werden somit Produktmanager, Sourcing-Manager und Prozess-Manager. Das heißt nicht, dass es keine auf Programmierung und Technik spezialisierten IT-Mitarbeiter mehr geben wird, sondern lediglich, dass sich die Großzahl der Mitarbeiter in Richtung bank- bzw. versicherungsfachlichem Wissen bewegen muss, um den zukünftigen Aufgaben gerecht zu werden.

IT-Leitung

Auch das Selbstverständnis der IT-Leitung ändert sich. So entscheidet der IT-Leiter heute nicht mehr lediglich über den optimalen Einsatz von Soft- und Hardware, sondern bestimmt als *Chief Information Officer (CIO)* die Unternehmensstrategie mit und trägt durch Entwicklung und Umsetzung einer IT-Strategie zur Erfüllung der Unternehmensziele bei. Während früher bei einem typischen IT-Leiter Informatikkenntnisse entscheidend waren, sind es heute die betriebswirtschaftlichen Fähigkeiten und in Zukunft werden es wohl Führungsqualitäten und Kommunikationsfähigkeiten sein. Der zukünftige CIO sieht seine Aufgabe als eine Schlüsselfunktion für die Weiterentwicklung des Unternehmens an. Es gilt den Wertbeitrag der IT zu quantifizieren und diesen intern zu kommunizieren. Zusätzlich muss einerseits die IT-Unterstützung für den laufenden Betrieb sichergestellt werden, andererseits die Transformation der IT-Organisation zur Bewältigung ihrer neuen Rolle angestoßen und durchgeführt werden. CIOs der Zukunft wollen Umsätze generieren und den IT-Bereich vom Cost Center zum Profit Center entwickeln. Den Veränderungsprozess müssen sie durch ein aktives Change Management[87] begleiten.

---

[87] Unter Change Management werden alle Maßnahmen und Aufgaben gefasst, die zu einer Veränderung von Strategie, Strukturen, Prozessen usw. eingesetzt werden, um zu erreichen, dass alle Beteiligte und Betroffene diese Veränderung akzeptieren und unterstützen (GROTE 2001).

9.1.3   IT-Governance

Sowohl in der Literatur als auch in der Unternehmenspraxis etabliert sich aktuell der Begriff „IT-Governance". Darunter werden Ansätze und Methoden verstanden, mit denen die FDL-IT in die Lage versetzt werden soll, auf die oben skizzierten Herausforderungen zu reagieren. Im Wesentlichen geht es um eine effizientere und effektivere Steuerung der IT als Ganzes.

Die Begriffsauffassungen reichen unterschiedlich weit: So definieren VAN GREMBERGEN/DE HAES/GULDENTOPS (2004) IT-Governance als „the organisational capacity exercised by the Board, executive management and IT management to control the formulation and implementation of IT strategy and in this way ensure the fusion of business and IT." Andere Autoren legen den Begriff deutlich weiter aus. Danach beinhaltet er über den Alignment-Aspekt hinaus auch die Herstellung von Compliance, die Erfolgsmessung, das Ressourcen-Management sowie das Risikomanagement (z.B. JOHANNSEN/GOEKEN 2006).

Der weiten Auslegung folgend umfasst IT-Governance ein breites Spektrum an Aufgaben, das von der Abstimmung der IT mit den Geschäftszielen („Business-IT-Alignment") bis hin zur operativen Steuerung des Betriebs von Anwendungssystemen reicht. Es werden also sowohl strategische Fragestellungen als auch Fragen der operativen Durchführung des IT-Betriebs einschließlich der hierfür notwendigen Maßnahmen der Aufbau- und Ablauforganisation adressiert. IT-Governance hat damit das Ziel, die IT auf die Geschäftstätigkeit auszurichten, mit IT-Ressourcen und den damit verbundenen Risiken verantwortungsvoll umzugehen und IT-bezogene Wettbewerbsvorteile zu erkennen und zu nutzen. Im Kern geht es also darum, die im Abschnitt 9.1 beschriebene Unterstützungs- und Enablerfunktion adäquat zu erfüllen.

Hinsichtlich der Aufgaben und Ziele weist IT-Governance Schnittstellen und Überschneidungen zu anderen Gebieten auf – beispielsweise zum Informationsmanagement (KRCMAR 2005) und zum IT-Controlling (HORVÁTH/RIEG 2001). Jedoch gewinnen die Aufgaben an sich sowie ihre integrierte Betrachtung an Relevanz und rücken verstärkt ins Bewusstsein der IT-Verantwortlichen. Der Schwerpunkt der IT-Governance liegt mehr auf der Transformation und der Anpassung der IT an aktuelle und zukünftige Anforderungen, die von der Geschäftsseite an sie herangetragen werden. Insofern erscheint ein neuer Begriff als neue begriffliche Klammer zur Umschreibung des erweiterten Aufgabenspektrums gerechtfertigt.

Als methodische Hilfsmittel der IT-Governance etablieren sich so genannte Frameworks. Sie definieren den Rahmen sowie die Anforderungen und Ergebnisse der IT-Steuerung, indem sie branchenunabhängige Best-Practices-Methoden beschreiben. Hierunter fallen u.a. CObIT[88], ISO 17799 sowie das in 9.2.2 beschriebene ITIL[89]. Während ITIL eher die operative Ebene adressiert und ISO 17799 unterstützende Methoden für die Informationssicherheit bereitstellt, stellt CObIT ein Referenzmodell dar, das insbesondere den Abgleich zwischen Geschäfts- und IT-Strategie verbessern soll. Es beschreibt 34 Kontrollziele und IT-Prozesse, die in vier Domänen eingeteilt werden: Planning and Organization (PO), Acquisition and Implementation (AI), Delivery and Support (DS) sowie Monitoring (ME) (Abbildung 9-1). Die jeweils neueste Version von CObIT wird vom internationalen Prüfungsverband *Information Systems Audit and Control Association (ISACA)* und dem *IT Governance Institute (ITGI)* herausgegeben.

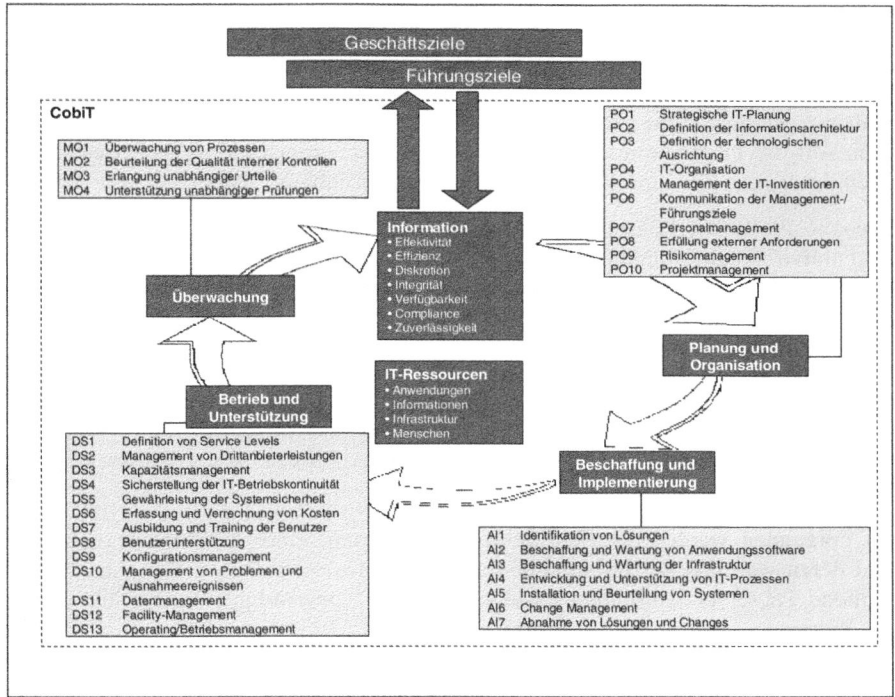

Abb. 9-1: Regelkreis und Elemente des Referenzmodells CObIT (ITGI 2006, übersetzt)

Da sowohl die strategische Ausrichtung der IT als auch die Definition der Unternehmensziele gleichermaßen relevant für den Unternehmenserfolg sind, lässt sich

---

[88] CObIT = Control Objectives for Information and Related Technology.

[89] ITL = IT Infrastructure Library.

nach Ansicht des *IT Governance Institutes*[90] die *Corporate Governance*[91] und die IT-Governance nicht von einander losgelöst behandeln. Vielmehr kann IT-Governance als IT-bezogene Spezialisierung der unter dem Begriff *Corporate Governance* zusammengefassten Vorschläge und Konzepte angesehen werden (JOHANNSEN/GOEKEN 2006; MEYER/ZARNEKOW/KOLBE 2003).

9.2 IT-Strategie von Finanzdienstleistern

Die Geschäftsstrategie eines Finanzdienstleisters und die IT-Strategie des Instituts müssen in einem engen Zusammenhang stehen, denn die IT soll auf vielfältige Weise zum Unternehmenserfolg beitragen. Einerseits muss die IT die Durchführung der Geschäftsprozesse sicherstellen („Unterstützungsfunktion"). Dazu zählt beispielsweise die automatisierte Verarbeitung von Überweisungen in Banken oder ein automatisierter Rating-Service in Versicherungsunternehmen. Andererseits soll die IT bestimmte strategische Optionen („Innovationsgeber") ermöglichen. In diesem Fall nimmt die IT die Rolle des „Enablers" wahr (KRCMAR 2005).

Diese Rolle hat die IT insbesondere im Bereich des E-Commerce. Beispielsweise sind durch Online-Banking bzw. Online-Tools zur Beantragung von Versicherungsschutz neue Vertriebskanäle und Geschäftsmodelle entstanden. Durch die umfassende Einbindung in alle Unternehmensbereiche und deren Geschäftsprozesse sorgt die IT nicht nur für einen reibungslosen Ablauf des Tagesgeschäfts, sondern trägt entscheidend zur zukünftigen Wettbewerbsfähigkeit des gesamten Unternehmens bei. In diesem Zusammenhang wird in jüngster Zeit von *Agilität* gesprochen, die ein Unternehmen durch die enge Verknüpfung von Technologie und Geschäftsaktivitäten erreichen soll (MELARKODE/FROM-POULSEN/WARNAKULASURIYA 2004).

Im Folgenden werden die Schritte zur Entwicklung einer IT-Strategie skizziert und deren wesentliche Bestandteile dargestellt *(Abschnitt 9.2.1)*. Ein aktuell umstrittene These, IT würde aus strategischer Sicht „unsichtbar" werden und daher als Werttreiber kaum noch eine Rolle spielen, wird im Anschluß *diskutiert (Abschnitt 9.2.2)*.

---

[90] Weitere Informationen finden sich unter www.itgi.org.

[91] Unter Corporate Goverance wird die verantwortliche und auf langfristige Wertsteigerung ausgerichtete Organisation der Unternehmensleitung und -kontrolle verstanden (MEYER,/ZARNEKOW/KOLBE 2003).

9.2.1 Vorgehensmodell zur Entwicklung einer IT-Strategie

Mit der IT-Strategie wird die grobe Richtung für die Gestaltung der Informations-systeme festgelegt. Sie gibt damit einen Handlungsrahmen für alle IT-relevanten Entscheidungen vor. Die IT-Strategie basiert auf der Unternehmensstrategie und auf den Geschäftsprozessen der Bank bzw. des Versicherers. Die Bestandteile einer IT-Strategie sind *Basisstrategie, Architekturen* und *Vorhabenplanung*.

Die Abbildung 9-2 zeigt ein Vorgehensmodell zur Entwicklung einer IT-Strategie. Das Modell orientiert sich am Ansatz des St. Galler Informationssystem-Managements (vgl. ÖSTERLE/BRENNER/HILBERS 1992; BRENNER/ZARNEKOW/PÖRTIG 2003). Das Vorgehensmodell dient als Grundlage für die im Folgenden beschriebenen Schritte zur Entwicklung einer IT-Strategie.

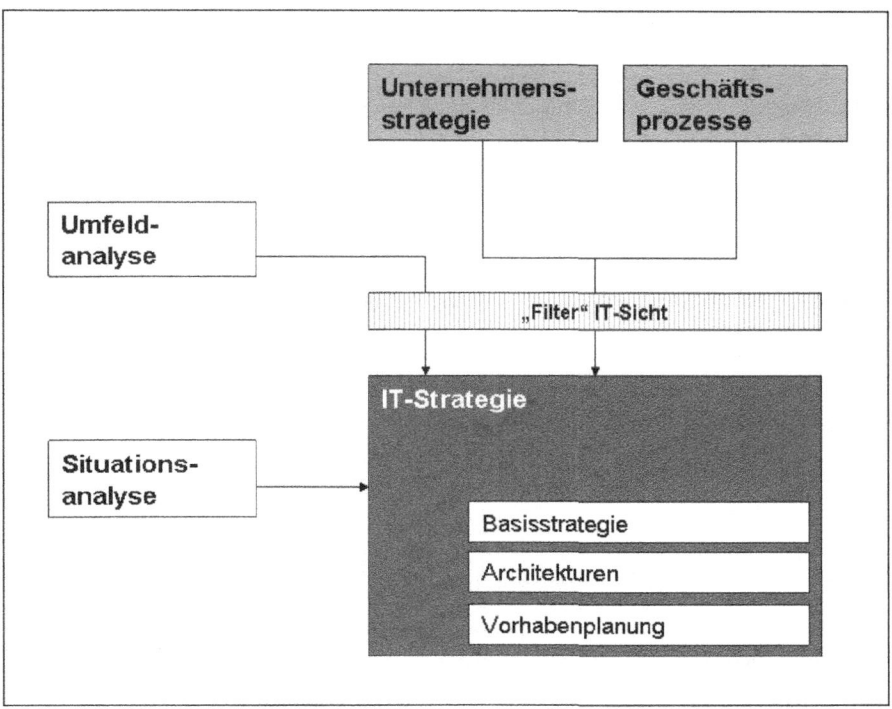

Abb. 9-2: Vorgehensmodell zur Entwicklung einer IT-Strategie (in Anlehnung BRENNER/ZARNEKOW/PÖRTIG 2003, S. 156)

In der *Situationsanalyse* werden die IT-Systeme aus fachlicher, technischer und organisatorischer Sicht analysiert. Es werden Ist- und Soll-Zustand erhoben und der Handlungsbedarf für die nächsten drei bis fünf Jahre abgeleitet. Aus fachlicher

Sicht sind zwei Aspekte besonders wichtig: die Analyse des Beitrags der IT zum Unternehmenserfolg sowie die Erarbeitung der wesentlichen Anforderungen an die IT zur Bewältigung der unternehmerischen Herausforderungen. Die aus technischer Sicht bedeutenden Aspekte sind die Beschreibung und Beurteilung der Anwendungslandschaft und der technischen Infrastruktur. Die organisatorische Sicht betrachtet alle IT-relevanten Geschäftsprozesse innerhalb der Bank bzw. des Versicherers. Dazu werden die relevanten Prozesse beschrieben und der konkrete IT-Bedarf aufgezeigt.

In der *Umfeldanalyse* werden mögliche Entwicklungen innerhalb und außerhalb des Finanzdienstleisters analysiert. Die wesentliche Aufgabe liegt in der Identifikation potenzieller Veränderungen („Elements of Change") und deren Bewertung bezüglich ihrer Auswirkungen auf die Unternehmens-IT. Bei der Umfeldanalyse wird zwischen internen, externen und technologischen Veränderungen unterschieden. Interne Veränderungen ergeben sich aus dem Unternehmen selbst. So sind beispielsweise geplante Änderungen der Unternehmensstrategie oder der Geschäftsprozessen zu identifizieren und zu bewerten. Externe Veränderungen liegen außerhalb des Unternehmens, beispielsweise Änderungen von Gesetzen oder Marktstrukturen. Die Analyse der technologischen Veränderungen umfasst alle relevanten technischen Veränderungen, die vom Unternehmen aufgenommen werden müssen (z.B. Software-Updates) oder aufgenommen werden können (z.B. Innovationen).

Auf Grundlage der durch die Situations- und Umweltanalyse gewonnenen Informationen werden die einzelnen Elemente der IT-Strategie entwickelt. Die *Basisstrategie* fasst in kurzer und allgemeinverständlicher Form die Ergebnisse der Situations- und Umfeldanalyse zusammen. Wesentliche Elemente sind die Rahmenbedingungen der Strategie, die Positionierung der IT in der Bank bzw. im Versicherungsunternehmen sowie die IT-Ziele einschließlich der Nennung von wesentlichen Maßnahmen für einen Zeitraum von bis zu fünf Jahren (z.B. Ablösung der Kernsysteme im Kontenbereich).

Der Strategiebestandteil *Architekturen* liefert gegenseitig abgestimmte Konzepte bzw. „Bebauungspläne", die zur Realisierung der IT-Strategie notwendig sind. Wesentliche Elemente sind das organisatorische Konzept, die Applikationsarchitektur, die technologische Architektur und die Sicherheitsarchitektur.

In der *Vorhabenplanung* werden die einzelnen Vorhaben festgelegt, die zur Erreichung der Ziele („Soll-Zustand") notwendig sind. Jedes Vorhaben wird mit Zielsetzung, Zeitplan und Aufwandsschätzung beschrieben. Durch die Bewertung der einzelnen Vorhaben wird ein realisierbares Projektportfolio entwickelt. Bereits laufende Projekte werden mit in die Vorhabenplanung und -bewertung einbezogen.

Insbesondere durch die beiden Bestandteile *Architekturen* und *Vorhabenplanung* wird deutlich, dass eine IT-Strategie nicht bei allgemeinen strategischen Vorgaben endet, sondern konkrete Handlungsmöglichkeiten zur operativen Umsetzung aufzeigt.

9.2.2 Relevanz der IT aus strategischer Sicht

Bezogen auf die IT-Bereiche aller Branchen wird derzeit ein vermeintlich gegenläufiger Trend heftig diskutiert. CARR (2003) behauptet in seinem Artikel „IT Doesn't Matter", dass IT als Werttreiber mittlerweile kaum noch eine Rolle spielt und der strategische Nutzen der IT zur Erlangung von Wettbewerbsvorteilen überschätzt wird. Der Fokus der IT-Leistung würde sich damit mehr in Richtung Reduzierung der IT-Kosten sowie Sicherstellung des täglichen IT-Betriebs durch Erhöhung der Zuverlässigkeit und der IT-Sicherheit verändern. Carr stützt seine These auf den Vergleich der heutigen IT mit vergangenen Innovationen wie dem Schienenverkehr, der Elektrizität oder dem Telefon. Jede dieser Innovationen war zwar zu Beginn ihrer Entstehung ähnlich revolutionär wie die Entstehung der IT. Mit Beginn der allgemeinen und standardisierten Verfügbarkeit für alle Marktteilnehmer boten aber auch diese Innovationen kein Differenzierungspotenzial mehr. Wenn die IT einwandfrei funktioniert, so Carr, wird sie aus strategischer Sicht „unsichtbar".

Viele Autoren widersprechen dieser These deutlich – so auch BROWN/HAGEL (2003). Sie argumentieren, dass die IT durchaus in Teilbereichen an strategischer Bedeutung verloren hat, aber trotzdem in ihrer Gesamtheit von inhärenter strategischer Bedeutung ist. Aktuelle und zukünftige IT-Innovationen ermöglichen denjenigen Unternehmen, die diese Innovationen zuerst einsetzen, sich von der Konkurrenz zu differenzieren und dadurch Wettbewerbsvorteile zu erlangen. Die Rolle der IT als Enabler darf deshalb nicht unterschätzt werden, sondern muss aktiv gefördert werden. Dieser Punkt gilt speziell für Finanzdienstleister, da IT-Systeme für die Finanzindustrie – im Vergleich zu anderen Branchen – derzeit noch relativ wenig standardisiert sind.

9.3 Organisation des IT-Bereichs

Vor dem Hintergrund vermeintlich hoher IT-Kosten, gestiegener Anforderungen aus den Fachbereichen der Finanzdienstleister sowie aufgrund von Outsourcing-Überlegungen hat sich der Charakter der IT-Leistungserbringung in den letzten Jahren drastisch verändert. Immer mehr werden die IT-Verantwortlichen gezwungen, einen Nachweis für Produktivitätssteigerungen und Wertzuwachs des Unternehmens zu erbringen. War die FDL-IT ursprünglich ein Bereitsteller von Technologie, so ist sie heute ein Dienstleister, der die Geschäftsprozesse der Bank oder des Versicherers unterstützt. Diesem Denken muss auch die Organisation des IT-Bereichs folgen.

Ein wesentlicher Schritt zur Neuausrichtung liegt in der prozessbezogenen Organisation der IT selbst. Dieser Aspekt wird im *Abschnitt 9.3.1* bearbeitet. Einen erheblichen Einfluß in Richtung einer dienstleistungsorientierten IT übt derzeit das Prozessmodell der *IT Infrastructure Library (ITIL)* aus, weshalb dieses Modell hier als Beispiel für eine Neuausrichtung gezeigt wird *(Abschnitt 9.3.2)*. Basierend auf den Prozessen der IT sollte die Aufbauorganisation der IT-Bereiche gestaltet werden *(Abschnitt 9.3.3)*. Im *Abschnitt 9.3.4* steht die Positionierung und Integration der IT in die Gesamtorganisation im Vordergrund.

9.3.1 Prozessorientierung im IT-Bereich

In der Vergangenheit hat sich die IT zu sehr an Plattformen orientiert anstatt sich auf Dienstleistung (Service) und die Prozesse ihrer Kunden (d.h. der Fachbereiche) zu konzentrieren. Die Transformation zu einer service- und prozessorientierten Organisation fordert vom IT-Bereich nun, sich selbst als eine plattformübergreifende Prozessstruktur zu verstehen.

Die Lieferung von IT-Leistungen erfolgt heute in eigenständigen Prozessen. Deren Ziel ist die technische Unterstützung der Geschäftsprozesse des Finanzdienstleisters. In einem ersten Ansatz kann die Leistungserbringung in die Prozesse „Bereitstellung von Infrastruktur" und „Bereitstellung von bankfachlichen Applikationen" unterteilt werden. Zunehmend etablieren sich neben diesen Kernprozessen noch die Steuerungsprozesse „Sourcing" und „Solution Providing", bei denen die Aktivitäten externer Lieferanten in die Gesamtaktivitäten der Bank oder des Versicherers eingegliedert und als Gesamtlösungen den Fachbereichen zur Verfügung gestellt werden. Im Folgenden werden die genannten Prozesse detailliert.

Prozess zur Bereitstellung der Infrastruktur: In den meisten Banken, Versicherungsunternehmen und Rechenzentralen wird dieser Prozess durch die ITIL beschrieben (siehe Abschnitt 9.3.2). Das Leistungsziel ist die Gewährleistung einer definierten Verfügbarkeit einer Vielzahl von Infrastrukturkomponenten: Hardware, Datenbanken, Leitungen, Betriebssysteme sowie Systeme zur Ablaufsteuerung, Datensicherung und Archivierung. Alle diese Komponenten unterliegen einem beständigen Veränderungsprozess, in dem die Konsistenz der jeweils neueren Systeme mit dem bestehenden System gewährleistet sein muss.

Prozess zur Bereitstellung bankfachlicher Applikationen: Der Beginn dieses Prozesses liegt bei der Analyse der fachlichen Anforderungen und der zu unterstützenden Geschäftsprozesse. Auf Basis dieser Analyse wird die fachliche und technische Architektur spezifiziert. Diese Spezifikationen sind die Grundlage für die technische Umsetzung, der ein mehrstufiges Testprogramm folgt. Nach der letzten

Teststufe erfolgt die Schulung der Mitarbeiter, gegebenenfalls eine Pilotierung und dann der Roll-out.

Sourcing-Prozess: Die Entwicklung der FDL-Informatik ist von einer erheblichen Steigerung der Komplexität begleitet. Der wachsende Automatisierungsgrad geht mit einer wachsenden Komplexität der von der IT unterstützten Fachfunktionen einher. Die Erhöhung der Leistungsfähigkeit der Prozessoren und anderer Komponenten führt zur wachsenden Komplexität der Technologie selbst, und die Bank- und Versicherungsprodukte werden ebenfalls immer komplexer. Die Folge dieser seit vielen Jahren wachsenden Komplexität der FDL-IT ist eine Spezialisierung innerhalb der IT-Bereiche und die Auslagerung von Teilfunktionen an Spezialanbieter. Einfache Tätigkeiten werden in Niedriglohnländer verlagert, komplexe Aufgaben an spezialisierte Dienstleister vergeben. Die Aufgabe des IT-Bereichs ist es, den Sourcing-Prozess im Sinne der Wertschöpfung der Bank bzw. des Versicheres optimal zu gestalten.

Prozess zur Bereitstellung von Solutions: Das Solution Providing konzentriert sich weder allein auf die Bereitstellung von Infrastruktur noch allein auf die Bereitstellung von automatisierten Fachfunktionen (PRÄUER 2004). Im Solution Providing werden vollständige Prozessketten zusammengesetzt und mit einheitlichen Service Levels versehen. Auf diese Weise werden individuelle Lösungen für fachliche Aufgaben bereitgestellt, die integraler Bestandteil der Wertschöpfungskette des FDL-Unternehmens sind. Solution Providing kann vom IT-Bereich selbst wahrgenommen oder von spezialisierten Dienstleistern übernommen werden.

Über diesen Ansatz hinaus ist eine Vielzahl an Vorschlägen für die Prozessorientierung von IT-Bereichen verfügbar. Die weitaus meisten Konstrukte basieren auf dem Modell der Wertschöpfungskette von PORTER (1985). Die Abbildung 9-3 zeigt einen der typischen Entwürfe. Bei den Kernprozessen finden sich die drei Prozesse *Plan* (IT-Vorhaben), *Build* (Anwendungsentwicklung, Durchführung von IT-Projekten) und *Run* (Betrieb und Wartung von IT-Produkten). Gelegentlich wird als vierter Prozess *Monitor* hinzugefügt (Überwachung und Evaluierung der IT-Prozesse). Andere Modelle unterscheiden fünf Kernprozesse: *Evaluate*, *Plan*, *Build*, *Deploy* und *Operate*.

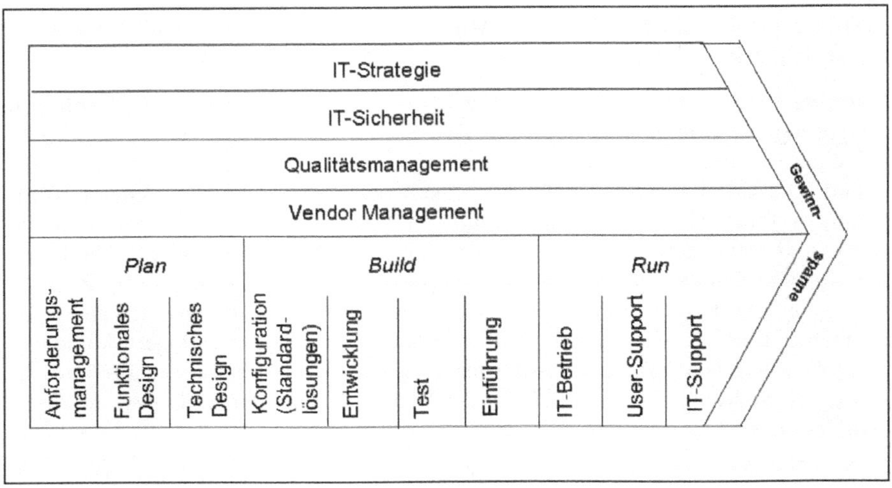

Abb. 9-3: Modell einer Wertschöpfungskette für den IT-Bereich

9.3.2   IT Infrastructure Library (ITIL)

ITIL ist heute der weltweite De facto-Standard für die Service- und Prozessorientierung von IT-Bereichen. Es ist die einzige umfassende, nichtproprietäre und öffentlich zugängliche fachliche Dokumentation zur Planung, Erbringung und Unterstützung von IT-Dienstleistungen. Die Entwicklung der Library wurde bereits Ende der 80er Jahre von der *CCTA (Central Computer and Telecommunications Agency)*, einer britischen Regierungsbehörde, begonnen. Träger ist heute die Nachfolgeorganisation *OGC (Office of Government Commerce)*.

ITIL ist ein Prozessmodell zur Gestaltung einer dienstleistungsorientierten IT. Das Modell umfasst eine abstrakte Beschreibung von mehr als 20 Einzelprozessen und deren Interaktion untereinander (zu ITIL siehe z.B. KÖHLER 2005; ELLIS/KAUFERSTEIN 2004). Im Vordergrund steht immer der Prozessgedanke, so dass ITIL zu einer verfahrensorientierten und nicht zu einer technologischen Vorgehensweise zwingt. Allgemein bekannt sind meistens die beiden Hauptbereiche *Service Delivery* und *Service Support*, die zusammenfassend auch als *IT-Service-Management* bezeichnet werden.

Die Umsetzung nach ITIL erfordert, bestehende Strukturen und Abläufe aufzubrechen. Ein Umbau nach ITIL führt zu fünf Prozessen im Bereich des *Service Delivery*, also der Lieferung von IT-Leistungen an die IT-Kunden (Fachbereiche der Banken und Versicherer):

– Service Level Management,

– Availability Management,

– Capacity Management,

– Financial Management und das

– Continuity Management.

Zu den operativen Prozessen (*Service Support*), also des Betriebs des internen IT-Bereichs, gehören fünf weitere Prozesse:

– Incident Management (einschließlich der Funktion Service Desk),

– Problem Management,

– Change Management,

– Release Management und das

– Configuration Management.

Neben den Prozessen des Service Delivery und des Service Support umfasst ITIL fünf weitere Hauptbereiche („Module") – wiederum mit einer Reihe von Einzelprozessen, die fast alle Aspekte heutiger IT-Arbeit abdecken. Die weiteren Module sind: *Business Perspective, IT Infrastructure Management, Application Management* und *Planning to Implement Service Management*. In dem Modul *Managers Set* werden strategische Aspekte des IT-Service-Managements behandelt.

Die Abbildung 9-4 zeigt die ITIL-Prozesse in einer Übersicht.

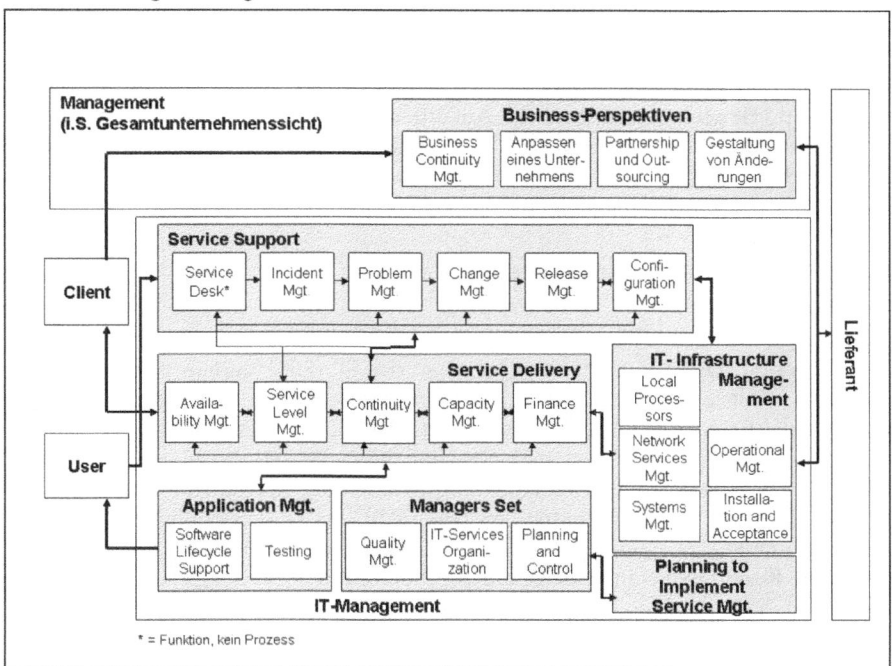

Abb. 9-4: IT-Prozesse und Zielgruppen (LIEBE 2003, S. 338)

Die IT-Bereiche großer Banken und Versicherer (u.a. Commerzbank, LBBW) sowie die RZ-Gesellschaften haben sich massiv mit ITIL beschäftigt und ihre Organisation entsprechend umstrukturiert.

Als wesentliche Vorteile für die Organisation nach ITIL gelten:

– Höhere Kostentransparenz,

– Effizienzerhöhung der IT bzw. einzelner IT-Bereiche,

– Relativierung von Outsourcing-Überlegungen durch proaktiven Kosten-Leistungsvergleich einer (optimierten) internen IT sowie

– Umsetzung von gesetzlichen Vorschriften (Basel II, Solvency II) bzw. Antwort auf Marktanforderungen, die zur Einführung eines Risiko- und/oder Qualitätsmanagements (z.B. ISO 9000, BS 15000, BS 7799) zwingen.

Kritisch ist, dass der Detaillierungsrad zwischen den einzelnen Prozessbereichen sehr unterschiedlich ist. Auch fehlt ein umfassendes Input-/Output-Schema, so dass die Prozesszusammenhänge teilweise nicht transparent sind. Die permanente Verbesserung bestehender Service-Prozesse wird nicht behandelt. Zudem steht bei ITIL der Bereich „Run" im Vordergrund, während der für Finanzdienstleister so wichtige Bereich „Change" nur am Rande thematisiert wird. Der Grund liegt darin, dass ITIL primär Infrastruktur- und Serviceprozesse abdecken soll, also Themen, die hochstandardisierbar und vergleichbar über alle Branchen sind.

Die ITIL-Sammlung gilt aber als gutes Referenzwerk für definierte Prozesse. Große Unternehmen adaptieren das ITIL-Modell für unternehmenseigene Modelle (Microsoft, Hewlett Packard usw.). Außerdem bietet ITIL die Basis für ein gemeinsames Begriffsverständnis, das Verhandlungen und Gespräche über Aufgaben innerhalb der IT erheblich vereinfachen kann.

9.3.3   Aufbauorganisation des IT-Bereichs

Die interne Struktur einer IT-Abteilung ergibt sich aus verschiedenen Gliederungskriterien. Diese können sein: Prozesse der IT (z.B. Vorhabenplanung, Entwicklung, Betrieb), funktionaler Zweck (z.B. Vertrieb, Vertragsverwaltung), Rechnerplattform (z.B. Großrechner, Arbeitsplatzrechner), Art der IT (z.B. Transaktionssysteme, Beratungssysteme), Geschäftsbereiche und die zugrunde liegende Geschäftstätigkeit (z.B. Privatkunden, Firmenkunden, Investment Banking) und die Größe bzw. Verbundstruktur des Unternehmens (z.B. Großbank, Regionalbank, Sparkasse). Diejenigen Kriterien, die den jeweiligen Bedürfnissen nach spezifischen Kenntnissen am besten entsprechen, sollten zur Organisation der IT-Abteilung herangezogen werden. Daraus folgt, dass ein Unternehmen, das die fachliche Spezifität der Anwendungen kritischer als die technische Spezifität der genutzten Hard- und Software bewertet, ihre IT-Abteilung nach Prozessen oder Geschäftsbereichen organisieren sollte; andernfalls sollte sich die Organisation der

IT-Abteilung an den technischen Gliederungskriterien wie beispielsweise Platt-formen oder Art der Systeme orientieren (ALPAR ET AL. 2002). Da Hard- und Software weitgehend als Commodity betrachtet wird, folgt die Aufbauorganisati-on – wie oben beschrieben – heute eher der Prozessgliederung.

Im Folgenden wird die Aufbauorganisation für eine IT-Abteilung am Beispiel einer Bank vorgestellt. KRUPINSKI (2005) schlägt vor, die IT-Abteilung anhand eines Vier-Säulen-Modells zu organisieren (Abbildung 9-6).

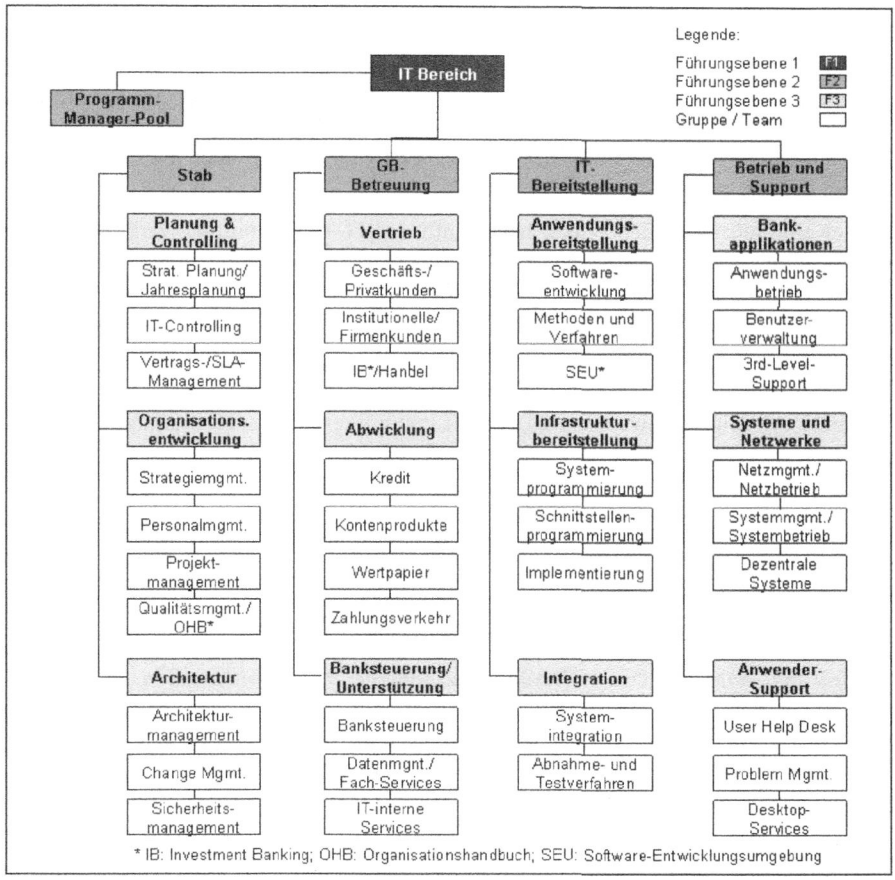

Abb. 9-5: Aufbauorganisation einer bankbetrieblichen IT-Abteilung (KRUPINSKI 2005, S. 147)

Der IT-Bereich setzt sich bei diesem Modell aus folgenden Teilbereichen zusammen:

Stab: Hier werden alle Planungsfunktionen gebündelt und alle Querschnittsaufgaben für andere Organisationeinheiten innerhalb der IT-Abteilung zusammengeführt. Der Stab gliedert sich in *Planung und Controlling, Organisationsentwicklung* und *Architektur.* Diese Felder werden in Abhängigkeit von der Unternehmensgröße wieder in weitere Teams unterteilt.

Geschäftsbereichsbetreuung: Im Sinne des Prinzips „One Face to the Customer" ist die Geschäftsbereichsbetreuung ausschließlich für die Betreuung der Geschäftsbereiche einer Bank wie Vertrieb, Abwicklung und Banksteuerung oder Privatkunden- und Firmenkundengeschäft zuständig. In der Geschäftsbereichsbetreuung werden Prozesse und Applikationen geplant, konzipiert und beauftragt. Der Schwerpunkt liegt auf einer bankfachlich orientierten Beratung der Geschäftsbereiche in Verbindung mit einem fundierten Wissen über die eingesetzten Anwendungen und Systeme.

Dieser Bereich ist in der Praxis häufig mit der IT-Bereitstellung verbunden und die Beratung daher eher technisch orientiert. Dies führt leicht zu Kommunikationsproblemen mit den Geschäftsbereichen. KRUPINSKI schlägt daher die explizite Trennung der bankfachlich orientierten Geschäftsbereichsbetreuung von der technisch orientieren IT-Bereitstellung vor.

IT-Bereitstellung: Die IT-Bereitstellung ist bislang die Hauptfunktion einer klassischen IT-Abteilung gewesen und war oft auch einer der mitarbeiterstärksten Bereiche in der gesamten Bank. Die Gestaltungsoptionen reichen heutzutage von der reinen Eigenentwicklung über den Bezug von Standardsoftware bis hin zum vollständigen Outsourcing der Applikationsentwicklung und führen daher zu erheblichen Veränderungen in den bestehenden Bereichen. Bei externem Bezug von Anwendungs- und Infrastrukturleistungen sollte darauf geachtet werden, dass ein Minimum an Know-how in der IT-Abteilung verbleibt (Retained Organization), um die Schnittstellenkompetenz im eigenen Haus zu behalten.

Betrieb und Support: Dieser Bereich betreibt die *Bankapplikationen* und ist zuständig für die *Systeme und Netze* sowie den *Anwender-Support.* Besondere Bedeutung für die Endanwender in der Bank hat der Anwender-Support. Gerade der User Help Desk (1st Level Support), der erster Ansprechpartner für die Mitarbeiter ist, trägt entscheidend zum Gesamtbild der IT-Abteilung in der Bank bei.

Programm-Manager-Pool: Mit diesem Pool wird die dauerhafte Verankerung der Projektorganisation in der IT-Aufbauorganisation unterstützt. Ziel ist es die Besetzung der wichtigsten Projekte mit erfahrenen, unternehmensinternen Projektleitern zu gewährleisten. Der Programm-Manager-Pool ist direkt an die IT-Leitung angebunden.

9.3.4 Positionierung und Integration des IT-Bereichs

Eine wesentliche Gestaltungsentscheidung der Geschäftsleitung ist die Positionierung und Integration der IT-Abteilung in die Unternehmensorganisation. Nur wenn die organisatorische Einbindung und die Prozessstruktur der IT den strategischen und operativen Anforderungen der bank- bzw. versicherungsbetrieblichen Fachbereiche gerecht werden, ist die IT überhaupt in der Lage, eine wertschöpfende Aufgabe wahrzunehmen.

Das konkrete Design des IT-Bereichs hängt somit erheblich von den Aufgaben der IT im Rahmen der Wertschöpfung der Bank ab. Diese werden wiederum von der allgemeinen Bankstrategie determiniert. Beispielsweise verlangt die Ausrichtung auf Expansion in der Regel von der IT einen Beitrag zu Innovation, Veränderung bzw. Erweiterung bestehender Abläufe, Strukturen und Systeme, um Wettbewerbsvorteile zu generieren. Dagegen verlangt die Konzentrationsstrategie von der IT die Aufrechterhaltung des Betriebs trotz aller notwendigen Sparmaßnahmen. Bevor die Struktur des IT-Bereichs festgelegt wird, muss also die strategische Ausrichtung der IT festgelegt sein. Grundsätzlich lassen sich nach AL-ANI/OSTERMANN (1999) folgende vier grobe Ausprägungen von IT-Szenarien beobachten:

- Veränderungsmanagement und Erzielung von Wettbewerbsvorteilen *(Szenario A)*: In diesem Szenario ist der größte Nutzen aus den IT-Investitionen zu ziehen, indem mit Hilfe der IT die strategische Transformation des Unternehmens ermöglicht und Wettbewerbsvorteile erzielt werden. Das Research nach neuen Organisationskonzepten und IT-Lösungen, die Pilotierung neuer Technologien, die Entwicklung neuer IT-Architekturen und IT-Lösungen sowie die Nutzung von Sourcing-Möglichkeiten gehört in diesem Szenario zu den wichtigsten Aufgaben des IT-Bereichs.

- Erreichung von Wettbewerbsvorteilen und Aufrechterhaltung des Betriebs *(Szenario B)*: Technologische Innovationen sind für Finanzdienstleister oftmals teuer und riskant. Daher kann es sinnvoll sein, zunächst Ressourcen zu sparen und aus den ersten Erfahrungen der Wettbewerber zu lernen. In diesem Szenario darf die IT somit Wettbewerbsvorteile – unter Verwendung von Erfahrungen der Branchenführern – nur in ausgewählten Bereichen umsetzen und muss zugleich die Aufrechterhaltung des Betriebs für die anderen Unternehmenssegmente sicherstellen. Die Optimierung und revolutionäre Neuentwicklung bestehender IT-Architekturen aber auch das Research nach betriebssichernden IT-Lösungen, die Optimierung bestehender Organisationskonzepte und die Wartung und Erweiterung bestehender IT-Lösungen sind in diesem Szenario zentrale Aufgaben.

- Kosteneinsparung und Aufrechterhaltung des Betriebs *(Szenario C)*: Ziel dieses Szenarios ist die Erreichung der niedrigsten IT-Kosten in der FDL-Branche, d.h. die IT wird vor allem im Rahmen von Kostensenkungsmaßnahmen eingesetzt. Gleichzeitig muss die IT trotz aller Kosteneinsparungen weiterhin voll funktionsfähig bleiben und gegenüber dem Kunden dürfen keine bzw. nur vertretbare Nutzenreduzierungen bemerkbar sein. In diesem Ansatz stehen die Aufgaben der Reduktion der IT-Kosten, der Suche nach kostengünstigeren IT-Lösungen, der Wartung und punktuellen Erweiterung bestehender IT-Lösungen sowie der Nutzung von niedrigpreisigen externen Ressourcen im Mittelpunkt.

- Veränderungsmanagement und Kosteneinsparung *(Szenario D)*: Nicht Billiganbieter zu sein ist das Ziel, sondern die Erreichung der Kostenführerschaft in der Finanzbranche. IT wird zur Realisierung von Einsparungsmaßnahmen und als Hebel zur Umsetzung von radikalen organisatorischen und technologischen produktivitätssteigernden Veränderungen verwendet. Das Research nach kostensenkenden IT-Lösungen, die Mitarbeit bei Kosteneinsparungsprogrammen, das Review und das Reengineering bestehender Organisationskonzepte, die Entwicklung und Einführung kostensenkender IT-Lösungen sowie die selektive Nutzung von externen Spezialisten sind daher die Aufgaben des IT-Bereichs in diesem Szenario.

Auf Basis der von der Bank verwendeten IT-Strategie können die IT-Prozesse und deren Bedeutung abgeleitet werden, z.B. auf Basis des ITIL-Modells. Darauf aufbauend kann die IT-Strukturorganisation entwickelt werden.

Bei der Wahl des Organisationsmodells geht es insbesondere um den *Grad der Integration* zwischen den Bereichen Organisation, Entwicklung und Rechenzentrum, die *Eingliederung der Organisationsaufgaben* und den *Grad der Dezentralisierung der IT*. Anhand eines Überblicks von AL-ANI/OSTERMANN können die verschiedenen Ausprägungen demonstriert werden (Abbildung 9-5). Die Darstellung enthält außerdem den Nutzen hinsichtlich der aufgezeigten IT-Szenarien sowie die wesentlichen Vor- und Nachteile des jeweiligen Modells.

Im Vordergrund der ersten drei Modelle stehen die Varianten der Integration zwischen Organisation (O), Entwicklung (E) und Rechenzentrum (R):

- Im *Modell 1* wird die IT als selbstständige Einheit geführt. Es liegt eine funktionsorientierte Struktur zugrunde. Eine besondere Nutzenausprägung ist nicht erkennbar. Diese Modell ist oft der Ausgangspunkt für Reorganisationsprojekte im IT-Bereich.

- Das *Modell 2* zeichnet sich durch eine enge Zusammenarbeit zwischen Organisation und Entwicklung aus. Diese Organisationsform bietet nach Al-Ani/Ostermann die höchste Nutzenausprägung. Das Staffing-Problem für Großprojekte kann durch den Aufbau einer Software Factory (intern/extern) gelöst werden.

- Dagegen erfolgt im *Modell 3* die Entwicklung gemeinsam mit dem Rechenzentrum. In diesem Fall ist jedoch eine starke Organisation mit ausreichendem IT-Know-how erforderlich, um einen hohen Nutzen zu erzielen. Zudem muss die Zusammenarbeit von Entwicklung und Rechenzentrum bewusst qualitätsgesichert werden.

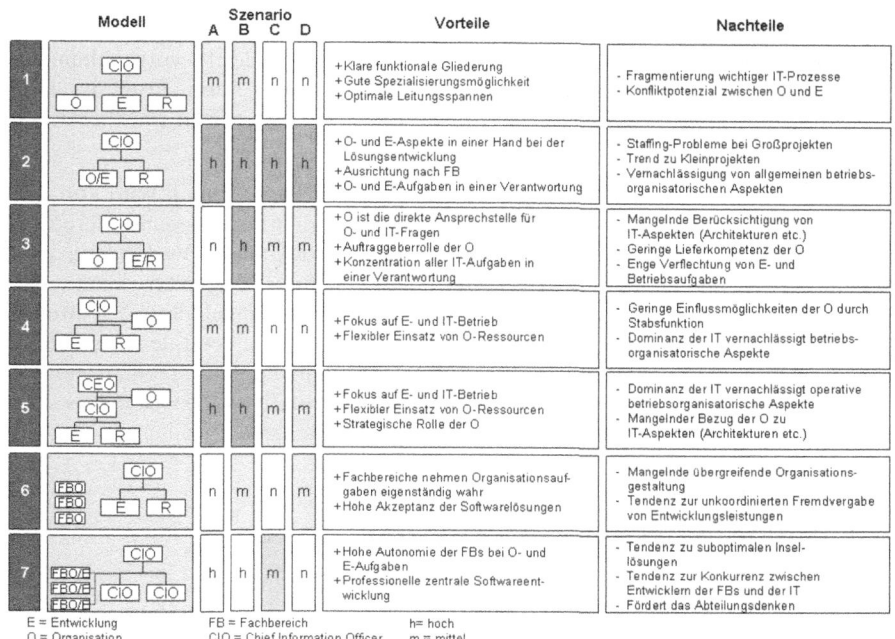

Modell	Szenario A B C D	Vorteile	Nachteile
1 CIO / O E R	m m n n	+Klare funktionale Gliederung +Gute Spezialisierungsmöglichkeit +Optimale Leitungsspannen	- Fragmentierung wichtiger IT-Prozesse - Konfliktpotenzial zwischen O und E
2 CIO / O/E R	h h h h	+O- und E-Aspekte in einer Hand bei der Lösungsentwicklung +Ausrichtung nach FB +O- und E-Aufgaben in einer Verantwortung	- Staffing-Probleme bei Großprojekten - Trend zu Kleinprojekten - Vernachlässigung von allgemeinen betriebsorganisatorischen Aspekten
3 CIO / O E/R	n h m m	+O ist die direkte Ansprechstelle für O- und IT-Fragen +Auftraggeberrolle der O +Konzentration aller IT-Aufgaben in einer Verantwortung	- Mangelnde Berücksichtigung von IT-Aspekten (Architekturen etc.) - Geringe Lieferkompetenz der O - Enge Verflechtung von E- und Betriebsaufgaben
4 CIO O / E R	m m n n	+Fokus auf E- und IT-Betrieb +Flexibler Einsatz von O-Ressourcen	- Geringe Einflussmöglichkeiten der O durch Stabsfunktion - Dominanz der IT vernachlässigt betriebsorganisatorische Aspekte
5 CEO CIO O / E R	h h m m	+Fokus auf E- und IT-Betrieb +Flexibler Einsatz von O-Ressourcen +Strategische Rolle der O	- Dominanz der IT vernachlässigt operative betriebsorganisatorische Aspekte - Mangelnder Bezug der O zu IT-Aspekten (Architekturen etc.)
6 FBO FBO FBO / CIO E R	n m n m	+Fachbereiche nehmen Organisationsaufgaben eigenständig wahr +Hohe Akzeptanz der Softwarelösungen	- Mangelnde übergreifende Organisationsgestaltung - Tendenz zur unkoordinierten Fremdvergabe von Entwicklungsleistungen
7 FBO/E FBO/E FBO/E CIO CIO / CIO	h h m n	+Hohe Autonomie der FBs bei O- und E-Aufgaben +Professionelle zentrale Softwareentwicklung	- Tendenz zu suboptimalen Insellösungen - Tendenz zur Konkurrenz zwischen Entwicklern der FBs und der IT - Fördert das Abteilungsdenken

E = Entwicklung   FB = Fachbereich   h= hoch
O = Organisation   CIO = Chief Information Officer   m = mittel
R = Rechenzentrum   CEO = Chief Executive Officer   n = niedrig

Abb. 9-6: Ausgewählte Organisationsmodelle der IT (AL-ANI/OSTERMANN 1999, S. 485 f.)

Die folgenden zwei Modelle unterscheiden sich hinsichtlich der Eingliederung der Organisationsaufgaben:

- Das *Modell 4* zeigt die Positionierung der Organisation als Stabsstelle des IT-Managements. Dann aber muss die Organisationsgestaltung aktiv in die Entwicklung integriert werden. Die Organisation kann bei diesem Modell als Interner Organisationsberater eingesetzt werden.

- Im *Modell 5* wird die Organisation ebenfalls als Stabsstelle eingerichtet, allerdings wird sie nun der Geschäftsleitung des Finanzdienstleisters zugeordnet. Bei diesem Modell liegt das Schwergewicht auf der effizienten Entwicklung und dem effizienten RZ-Betrieb.

Bei den nächsten zwei Modellen steht der Grad der Dezentralisierung der IT im Vordergrund:

- Beim *Modell 6* geht es um die Verlagerung von Organisationsaufgaben in die jeweiligen Fachbereiche (FB). Die Entwicklung sowie der RZ-Betrieb bleiben im IT-Bereich. Das Modell setzt ausreichende und dezidierte Organisationskapazitäten in den Fachbereichen voraus. Unternehmensweite IT-Projekte erfolgen unter der Steuerung eines Fachbereichs.

– Das *Modell 7* geht noch einen Schritt weiter und verlagert auch Teile der Entwicklungsaufgaben (Kleinprojekte, Wartung) in die jeweiligen Fachbereiche. Es wird allerdings eine zentrale Entwicklungseinheit in der IT vorgehalten, die für Gesamtarchitektur, Basissysteme und Großprojekte verantwortlich ist. Dieses Modell kann von hohem Nutzen bei sehr diversifizierten Fachbereichen sein.

Das Modell mit zusammengefasster Entwicklung und Organisation wird von AL-ANI/OSTERMANN aufgrund der Bündelung der (internen) Kundenanforderungen als besonders vorteilhaft angesehen, da es zu einer fruchtbaren Verbindung zwischen Systementwicklung und Organisationsgestaltung kommen kann. Die Nachteile, etwa die Tendenz zu Kleinprojekten und die mangelnde übergreifende Koordination, können durch zentrale Komponenten wie die zentrale Abwicklung von Großprojekten sowie ein übergreifendes Qualitäts- und Risikomanagement ausgeglichen werden. Voraussetzung ist dafür ein straffer und koordinierter Planungsprozess durch das Bank- bzw. Assekuranzmanagement.

9.4 Durchführung von IT-Projekten

Die essenzielle Rolle der Informationstechnologie in Finanzdienstleistungsunternehmen spiegelt sich in den enormen jährlichen IT-Ausgaben wider. Doch eine erfolgreiche Umsetzung von IT-Projekten ist in vielen Fällen nicht gegeben: Zwar gibt es keine offiziellen Statistiken, aber mehrere Quellen deuten darauf hin, dass mindestens 50% aller IT-Projekte nicht dem erwarteten Erfolg entsprechen (vgl. z.B. SABHERWAL/SEIN/MARAKAS 2003). Angesichts dessen muss zukünftig noch mehr Wert auf ein erfolgreiches IT-Projektmanagement gelegt werden.

Im *Abschnitt 9.4.1* wird der Begriff IT-Projektmanagement kurz definiert, im *Abschnitt 9.4.2* werden die Elemente und Phasen der Projektdurchführung skizziert und *Abschnitt 9.4.3* hat die Quantifizierung des Projekterfolgs zum Inhalt. Einen Schwerpunkt des Kapitels bilden die typischen Fehler in IT-Projekten *(Abschnitt 9.4.4)* sowie Projektmanagementmethoden, die den Projekterfolg unterstützen sollen *(Abschnitt 9.4.5)*. Das Kapitel wird mit einem Fallbeispiel abgeschlossen, der die verschiedenen Elemente des IT-Projektmanagements in FDL-Unternehmen verdeutlicht *(Abschnitt 9.4.6)*.

9.4.1   Definition des IT-Projektmanagements

Als *Projekt* wird eine einmalige Aufgabe bezeichnet, die einen definierbaren Anfang und ein definierbares Ende hat sowie den Einsatz mehrerer Produktionsfaktoren erfordert. Es handelt sich um ein Vorhaben, das sich durch klare Zielvorgaben, eine vorgegebene zeitliche Begrenzung und beschränkte Ressourcen charakterisieren lässt. Unter einem *IT-Projekt* ist ein Vorhaben zu verstehen, das die Erstellung, Implementierung oder Optimierung von Informationssystemen zum Inhalt hat.

In der Praxis werden Projekte aufgesetzt, wenn es komplexe Probleme zu lösen gilt, die vom Auftraggeber aufgrund zeitlicher oder politischer Gründe bzw. fehlendem Fachwissen nicht selbst abgewickelt werden können und die für die Erfolgssicherung des Unternehmens große Bedeutung haben. Die zu lösende Aufgabe wird auf ein Projektteam übertragen, das geeignete Fachkräfte verschiedener Unternehmensbereiche und gegebenenfalls externe Spezialisten umfasst.

Innerhalb des Projekts müssen die notwendigen Ressourcen beschafft und zielorientiert eingesetzt werden. Diese Aufgabe wird durch das Projektmanagement im Sinne projektorientierten Führens erfüllt. Der Begriff *Projektmanagement* wird in der DIN 69 901 als Gesamtheit von Führungsaufgaben, -organisationen, -techniken und -mitteln definiert, die für die Planung, Steuerung und Kontrolle eines oder mehrerer Projekte notwendig sind. Darüber hinaus spielt der professionelle Umgang mit den Einflüssen des Projektumfelds eine wesentliche Rolle.

9.4.2 Elemente und Phasen von IT-Projekten

Projekte sind von der Linienorganisation losgelöste bereichsübergreifende Einheiten. Es gibt aber in den meisten Banken und Versicherungsunternehmen klare Projektstrukturen, die je nach Projekttyp, -größe und -umfeld als Matrixorganisation, Stabsorganisation oder autonomes Projektmanagement ausgestaltet sein können. Am Projekt beteiligte Personen sind Projektleiter, Teilprojektleiter sowie interne und externe Projektteammitglieder. Darüber hinaus sind die Rollen des Auftraggebers, des Lenkungsausschusses (Steering Committee)[92] und gegebenenfalls des Sponsors, Beratungsgremiums sowie Review-Teams, die jeweils koordinierende und überwachende Tätigkeiten ausüben, in der Praxis in unterschiedlichen Ausprägungen zu finden (Abbildung 9-7).

---

[92] Im Lenkungsausschuss sind die Entscheidungs- und Verantwortungsträger für das Projekt zusammengefasst. Dieser Ausschuss ist ein temporäres und projektbegleitendes Gremium, das in der Projektorganisation als vorgesetzte Instanz des Projektteams fungiert (Berichtsinstanz).

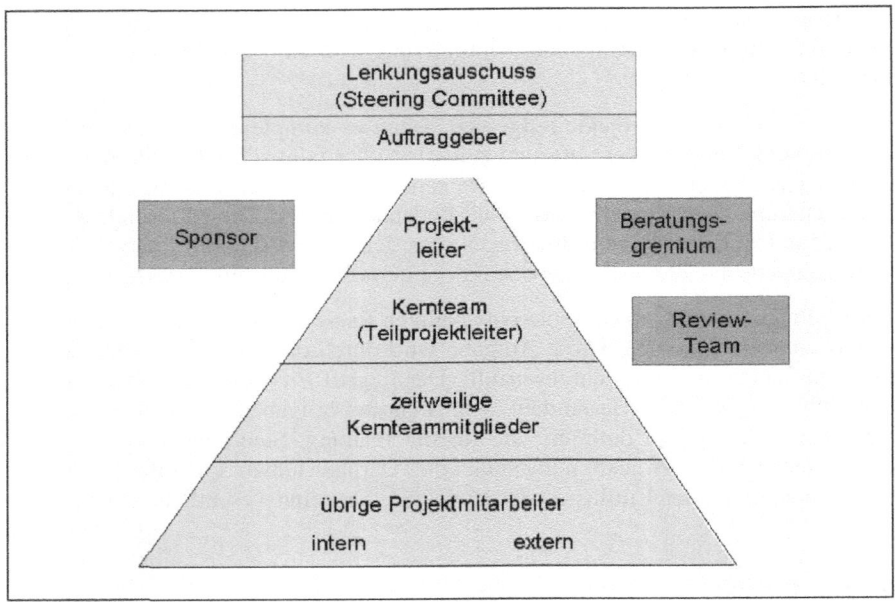

Abb. 9-7: Elemente der Einzelprojektorganisation (PFETZING/ROHDE 2001, S. 36)

Das Projektteam muss – geführt von der Projektleitung – einen komplexen Problemlösungsprozess durchlaufen. Um das angestrebte Ziel möglichst effizient zu erreichen, kalkulierte Zeit- und Budgetrahmen einzuhalten und pro Teilaufgabe saubere Grundlagen für die weiteren Arbeitsschritte zu schaffen, wird eine dezidierte Planung durchgeführt. Dies erfolgt durch die Einteilung des Projekts in Teilphasen sowie Teilaufgaben. In der Abbildung 9-8 wird ein Überblick über die typischen Phasen eines Projekts gegeben.

Das Projekt beginnt mit der Erteilung des *Projektauftrags* durch den Auftraggeber. Der Projektauftrag ist die Ausgangsbasis für eine umfassende Analyse der gestellten Anforderungen, der vorhandenen Ressourcen sowie der wesentlichen Einflussfaktoren im Projektumfeld. Vor dem offiziellen Projektstart wird zwischen dem Projektauftraggeber und der Projektleitung die exakte Zieldefinition hinsichtlich Sach-, Kosten- und Terminzielen vorgenommen.

Um ein gegenseitiges Kennenlernen innerhalb des Projektteams zu ermöglichen und alle Projektmitarbeiter auf einen gemeinsamen fachlichen Ausgangspunkt zu bringen, wird ein Kick-off-Meeting durchgeführt. Dies ist das Startsignal für die sich anschließende *Konzeptphase*, in der – ausgehend von einer Ist-Analyse – mit verschiedenen Methoden mögliche Lösungsideen erarbeitet werden. Die Phase endet mit dem Konzept einschließlich der präferierten Lösungsidee des Projektteams. Konzept und Idee müssen vor der Fortführung des Projekts vom Lenkungsausschuss genehmigt werden.

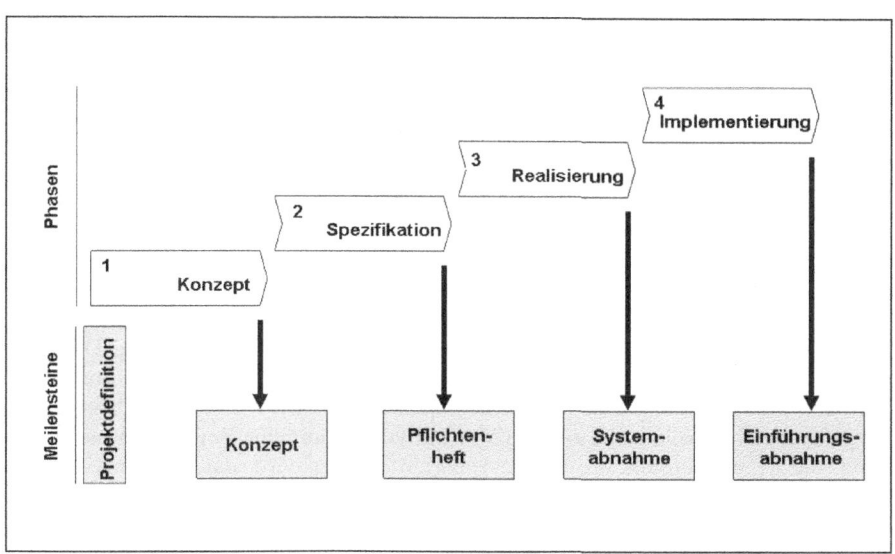

Abb. 9-8: Phasen des IT-Projektmanagements (KESSLER/WINKELHOFER 2002, S. 124)

Es schließt sich die *Spezifikationsphase* an, in deren Rahmen ein exakter Projektablaufplan erstellt wird und auch Objekte und Funktionen strukturiert werden. So werden beispielsweise Feinspezifikationen bezüglich des gewünschten Endergebnisses oder Feinkalkulationen von Kosten, Ressourcen, Zeit und Nutzen durchgeführt. Sobald das daraus resultierende Pflichtenheft, das die einzelnen Anforderungen und Spezifikationen enthält, durch den Auftraggeber freigegeben ist, werden Projektleiter sowie Projektteam mit der Fortführung des Projekts betraut.

In der *Realisierungsphase* werden die im Pflichtenheft definierten Arbeitspakete abgearbeitet. Gleichzeitig muss eine fortwährende Kontrolle der Planeinhaltung sowie der Qualität der Anforderungsumsetzung vorgenommen werden. Bei IT-Projekten wird die gewünschte Funktionalität durch umfangreiche Tests überprüft. Dies erfolgt in der Regel durch erste Testläufe in der Fachabteilung und eine Qualitätssicherung durch den Auftraggeber.

Innerhalb der *Implementierungsphase* sind die Projektergebnisse in allen relevanten Fachabteilungen einzuführen. Zudem ist ein Wartungsprozess einzurichten. Daneben erfolgen die Nacharbeiten für das abgeschlossene Projekt. Hierzu zählen die Erstellung des Abschlussberichts sowie die Projektdokumentation (u.a. Auswertungen, Fach- und DV-Konzept-Dokumentationen sowie Abrechnungen). Nach erfolgreicher Abnahme der Projektergebnisse durch den Auftraggeber werden Projektleiter und Projektteam entlastet.

9.4.3   Quantifizierung des Projekterfolgs

Ziel eines IT-Projekts ist ein System, das die im Vorfeld definierten fachlichen und softwarespezifischen Anforderungen erfüllt. Entspricht die durch das Projekt erzielte Qualität nicht den Erwartungen entstehen in der Regel hohe Folgekosten. Die Sicherung der Qualität im Projekt und damit vom Endprodukt muss demnach oberste Priorität haben.

Der Projekterfolg ergibt sich nicht ausschließlich aus dem Vergleich von erwarteter und erzielter Qualität des IT-Systems, sondern aus der Differenz zwischen aufgewendeten Mitteln und erzieltem Nutzen. Um den Erfolg bzw. Misserfolg eines Projekts feststellen zu können, müssen vor dem Projektstart Kriterien zur Definition von Kosten und Nutzen (Qualität) festgelegt werden. Die *Kosten* in Form von Zeit und Budget sind meist problemlos quantifizierbar. Wesentliche Voraussetzung für die Kontrolle stellt eine im Vorfeld vorgenommene Zeit- und Kostenplanung, die gegebenenfalls um Risikoszenarien ergänzt wird, dar. Die Quantifizierung des *Nutzens* und der erwünschten Qualität setzt dagegen eine klare und für alle transparente Zieldefinition im Rahmen des Anforderungsmanagements voraus. Die Quantifizierung der Zielerreichung erfordert bei IT-Projekten dann oft die Durchführung umfangreicher und adäquater Systemtests. Diese Messungen können durch Kriterien wie die Zufriedenheit des Auftraggebers oder der zukünftigen Systemanwender ergänzt werden. Doch diese Messungen sind während der Projektlaufzeit schwierig, sodass die Erfolgsmessung meist erst nach Projektabschluss durchgeführt wird. Der Projekterfolg wird dadurch fast zum Glücksspiel. In vielen Banken und Versicherungen findet eine transparente Erfolgsmessung von IT-Projekten schlicht nicht statt.

9.4.4   Typische Fehler in IT-Projekten

IT-Projekte bergen eine hohe Wahrscheinlichkeit des Projektmisserfolgs (dessen Definition allerdings von den jeweiligen Kriterien abhängt). Doch welche Fehler innerhalb des Projektmanagements bestimmen den Projektmisserfolg in der Praxis? Auf Basis der Literatur zum IT-Projektmanagement wurde eine Klassifizierung in vier Fehlersegmente vorgenommen, die sich mit den Begriffen „Projektdefinition", „Projektdurchführung", Projektleiter/-mitarbeiter" und „Management" beschreiben lassen. Die Tabelle 9-1 zeigt die Literaturquellen und ihre Einordnung hinsichtlich der vier Fehlersegmente.

Der Projekterfolg hängt entscheidend von der Qualität	Boy/Dudek/Kuschel (1996)	Budich/Richter (2004)	Gag/Plewan (2004)	Jeffery (2004)	Keil (1995)	Kirsch (1996)	Kubicki/Wißemann (2003)	Kumar (2001)	Leichtfuß/de Ploey/Kestens (2000)	Marchand/Kettinger/Rollins (2000)	Matta/Krieger (2001)	McKenney/Mason/Copeland (1997)	Mergelmayer/Mittelstädt (2003)	Murray (2001)	Philipona (1996)	Sabherwal/Sein/Marakas (2002)	Wheelwright/Clark (1992)
... der Projektdefinition ab.	x			x	x	x	x	x						x		x	
... der Projektmethoden bzw. -durchführung ab.		x	x	x							x	x			x	x	x
... des Projektleiters und der -mitarbeiter ab.	x				x	x							x	x	x	x	
... der Unterstützung des Managements ab.			x	x	x			x			x	x	x		x	x	x

Tab. 9-1: Typische Fehlerquellen in IT-Projekten

Fehlersegment 1: Projektdefinition

Viele Projektleiter sehen in der Projektdefinition lediglich einen formal notwendigen, aber für den langfristigen Projekterfolg unbedeutenden Akt des Projektstarts. Doch die meisten Projekte verfehlen den gewünschten Erfolg aufgrund unzureichender Projektdefinitionen.

In mehr als 50% der in der Literatur erwähnten Fälle führen falsche, ungenaue oder zu spät erkannte Anforderungen zu Fehlern in Softwareprodukten, schlimmstenfalls sogar zum Verfehlen des Projektauftrags. Häufig liegt dies daran, dass Projektziele und -aufgaben nicht eindeutig zwischen Auftraggeber und Auftragnehmer abgesprochen wurden. Die detaillierte Diskussion der Aufgabenpunkte wird häufig als mühsam und zeitaufwendig empfunden, da die einzelnen Punkte für beide Seiten „eindeutig" formuliert erscheinen. Wird jedoch auf eine detaillierte Beschreibung des Projektumfangs verzichtet, entsteht das Risiko von unterschiedlichen Vorstellungen bei Auftraggeber und Auftragnehmer. Eine spätere Verweigerung der Projektergebnisabnahme durch den Auftraggeber ist oft die Folge. Projektmisserfolge entstehen auch aufgrund fehlender Analysen hinsichtlich Risiko und Abhängigkeit: Häufig werden Risiken und Abhängigkeiten, die sich durch andere Projekte oder Schnittstellen ergeben und damit möglicherweise die Erreichung der gestellten Anforderungen und Funktionalität verhindern, nicht entdeckt bzw. nicht ausreichend hinterfragt.

Neben den Projektzielen müssen die für das Projekt notwendigen Ressourcen und Budgets geplant werden, so dass das Management auf dieser Basis eine Entscheidung über die Wirtschaftlichkeit des Projekts treffen kann. Im Nachhinein muss oft zur Kenntnis genommen werden, dass die Aufwandsschätzungen viel zu ungenau waren, anfallende Aufgaben oder Zusatzkosten vergessen wurden und der Aufwand für Teilaufgaben unterschätzt wurde.

Kritisch ist auch die fehlende Festlegung von Verantwortlichkeiten für Aufgaben, Ergebnisse und Qualitätssicherung bei der Projektdefinition. Dies führt schließlich zu Unsicherheiten innerhalb des Projektablaufs.

Fehlersegment 2: Projektdurchführung

Die Durchführung eines IT-Projekts ist ein komplexes Unterfangen, bei dem viele Aspekte beachtet werden müssen. Um dieser Komplexität zu entgehen, konzentrieren sich viele Projektleiter ausschließlich auf die konkreten Projektanforderungen und lassen komplexe Zusammenhänge außer Acht. Dies führt zur Ignoranz der notwendigen Funktionalitäten und existierenden Geschäftsprozesse, so dass das IT-System nicht an diesen ausgerichtet wird. Der Endanwender erkennt dann kaum einen Nutzen in dem neu entwickelten System. Ein Beispiel hierfür ist der Kauf einer Standardsoftware, bevor über die spätere Verwendung ausreichend nachgedacht wurde. In diesem Fall wird erst nach der Softwareeinführung festgestellt, dass wichtige Funktionalitäten fehlen, so dass individuelle Ergänzungen notwendig werden, die möglicherweise dem Ressourcen- und Budgetaufwand einer kompletten Neuentwicklung entsprechen.

Die Komplexität von IT-Projekten entsteht oft durch eine unausgereifte Projektplanung. Die einzelnen Phasen eines Projekts müssen hinsichtlich der Ziele, des notwendigen Know-hows in Form von Projektmitarbeitern sowie des Budgets geplant und mit den entsprechenden Entscheidungsträgern abgestimmt werden. Erst eine planende Vorausschau macht eine zielorientierte Aufgabenabarbeitung möglich. Es ist allerdings zu beachten, dass zu detaillierte Projektdefinitionen und – planungen die notwendige Flexibilität und Handlungsfähigkeit der Projektmitarbeiter einschränken können. Folgende Punkte können zu einer unzureichenden Projektplanung führen:

– Fehlende Projektstandards und Qualitätsmaßstäbe,

– fehlendes Projekt-Office (d.h. fehlende Koordination des Zusammenspiels von Management, Fach- und IT-Bereichen, Testorganisation und externen Mitarbeitern),

– keine eindeutigen Termine für Entscheidungen und Teilaufgaben,

– keine klaren Verantwortungsregelungen bezüglich der Teilaufgaben,

– fehlender oder mangelhafter Aufbau einer expliziten Testorganisation sowie
– fehlendes Projektcontrolling (d.h. keine Transparenz über Systemfehler, ungeplanten Aufwand oder nicht getestete Softwarebestandteile).

Fehlersegment 3: Projektleiter/-mitarbeiter

Die Projektleitung hat die Aufgabe, das Projekt zum Erfolg zu führen, d.h. die vereinbarten Ziele gemeinsam mit dem Projektteam zu erreichen. Jedoch kann bei fehlender technischer, bank- bzw. versicherungsfachlicher, methodischer oder organisatorischer Kompetenz des Projektleiters die notwendige Führungskompetenz für die Zielerreichung den Projektmitarbeitern oft nicht glaubhaft gemacht werden. Fehlende fachliche Kompetenz der Projektleitung kann unter Umständen durch die Projektmitglieder ausgeglichen werden. Im Gegensatz dazu ist die Sozialkompetenz in Bezug auf Projektführung, Motivation und Konfliktlösungsfähigkeit ein – wenn nicht sogar „der" – Erfolgsfaktor. Oft konzentrieren sich Projektleiter nur auf die Planung der direkt quantifizierbaren Faktoren: Ressourcen und Zeit. Sie vergessen dabei, dass zwischenmenschliche Konflikte wie Antipathie oder das Auftreten von Unklarheiten bezüglich zu lösender Aufgaben den Projekterfolg erheblich beeinflussen.

Projektmitarbeiter agieren als Fachspezialisten und unterstützen die Projektleitung bei der Erfüllung der Projektziele. Innerhalb eines IT-Projekts sind sowohl Mitarbeiter mit technischem als auch mit fachlichem Know-how und Erfahrungsschatz erforderlich. Die große Kunst und auch Schwierigkeit für die Projektleiter besteht darin, das Wissen der beiden Parteien zusammenzubringen. Zudem greift ein Großteil der Finanzdienstleister aus Ressourcen- und Know-how-Gründen auf externe Unterstützung (Beratungsunternehmen, IT-Spezialisten) zurück. Dabei wird oft nicht beachtet, dass die „eingekauften" Projektmitarbeiter über kein Wissen hinsichtlich hausinterner Strukturen verfügen. Höhere Kosten sind dann die Folge. Wird der Know-how-Transfer gesichert und werden Fachspezialisten für ein bestimmtes, abgegrenztes Gebiet verwendet, kann der Einsatz von Externen jedoch wesentlich zum Projekterfolg beitragen.

Fehlersegment 4: Management[93]

In vielen Banken und Versicherungsunternehmen laufen zur selben Zeit IT-Projekte in zwei- bis dreistelliger Zahl. Demzufolge ist die Steuerung des Gesamtportfolios aller Einzelprojekte von zentraler Bedeutung. Doch häufig fehlt dem Management der Gesamtüberblick. So wurden z.B. in einer Großbank aus Unwissenheit vier verschiedene CRM-Software-Tools gleichzeitig benutzt. Auch empirische Untersuchungen zeigen, dass von 1.000 befragten Unternehmen 47% ihre

---

[93] Unter Management wird hier sowohl die Geschäftsleitung als auch das Management des IT- und des Fachbereichs verstanden.

Projekte nicht zentral verfolgen, 57% keine Kriterien zur Definition des Projekterfolgs haben und 68% den Nutzen von Projekten nicht quantifizieren können (JEFFERY 2004). Es ist somit nicht verwunderlich, dass aufgrund des fehlenden Projektüberblicks oft zu viele Projekte genehmigt werden.

Wird ein Projekt vom Management genehmigt, übt das Management zu Beginn des Projekts meist sehr viel Druck auf das Projektteam aus, um die Entscheidung durch den Projekterfolg rechtfertigen zu können. Dabei wird nicht beachtet, dass die durch Druck erzeugte Leistungskraft in der Folge stark nachlässt. Zudem verschwinden die Aktivitäten des Managements nach der ersten Euphorie für das Projekt oft sehr schnell, so dass das Projekt sein Eigenleben entwickelt. So wird auch nicht bemerkt, dass verschiedene Einflussfaktoren die Zielerreichung des Projekts gefährden und in manchen Fällen sogar enorme finanzielle Verluste verursachen können. Das Abbrechen eines Projekts kann in einigen Fällen eine sinnvolle Alternative sein. Doch gerade Managern fällt dies schwer. Da die Einstellung eines laufenden Projekts häufig mit persönlichem Versagen des Managers verbunden wird, sind gerade bei nicht erfolgreichen Projekten hohe Folgekosten /-investitionen zu beobachten.

Letztlich wird der Erfolg des IT-Projekts nicht durch die Qualität des Endprodukts, sondern durch die erfolgreiche Anwendung in der Fachabteilung bestimmt. Hier liegt eine weitere Fehlerquelle, denn in der Praxis fehlt oft die nötige Managementunterstützung für Kommunikation, Schulungen und die Schaffung eines Anreizsystems zur Nutzung neuer IT-Applikationen.

9.4.5   Projektmanagementmethoden

Nachdem die vier typischen Fehlersegmente aufgezeigt wurden, sollen nun die wichtigsten Projektmanagementmethoden zur Vermeidung dieser Standardfehler dargestellt werden. Einen Überblick hierzu gibt die Tabelle 9-2. Nachfolgend werden die fünf Managementmethoden „Risikomanagement", „Projektstandards", „Projektcontrolling", „Coaching" und „Projektmanagement-Tools"

Sicherung des Projekterfolgs	... mit Hilfe der Installation			
... durch die Steigerung der Qualität	... eines Risiko-manage-ments	... von Pro-jektstan-dards	... eines Projekt-controll-ings	... eines *Coaches*
... der Projektdefinition	X	X		
... der Projektmethoden bzw. -durchführung	X	X	X	
... des Projektleiters und der Projektmitarbeiter		X	(X)	X
... und durch die Unterstützung des Managements			(X)	(X)
	... von Projektmanagement-Tools zur generellen Quali-tätssteigerung			

Tab. 9-2: Managementmethoden zur Sicherung des Projekterfolgs

Risikomanagement

Um die notwendige Qualität der Projektdefinition und -durchführung für den Pro-jekterfolg zu erzielen, ist die Auseinandersetzung mit den Risiken des Projekts unumgänglich. Zur Sicherstellung des Projekterfolgs sollte ein projektbezogenes Risikomanagement installiert werden, das das Projekt ab dem Zeitpunkt der Pro-jektinitiierung begleitet. Ein systematisches Projektrisikomanagement beinhaltet folgende Phasen:

1. *Risikoanalyse:* Die Identifikation von Risiken kann mit Hilfe von Brainstor-ming, Mind-Mapping oder Risiko-Checklisten erfolgen. Es bietet sich an, die darauf aufbauende Bewertung und Priorisierung der Risiken anhand von Checklisten durchzuführen, die das „Risikoereignis", die „Auswirkungen des Ereignisses" sowie die „Eintrittswahrscheinlichkeit des Ereignisses" berück-sichtigen.

2. *Projektkontrollen:* Es sollten Projektkontrollen, die speziell auf die Risikoana-lyse ausgerichtet sind, installiert werden. Die Definition von Risikoindikato-ren und deren permanente Messung und Beurteilung könnte ein hilfreicher Ansatz sein.

3. *Maßnahmenplanung zur Risikosteuerung:* Es müssen Maßnahmen definiert werden, die bei Überschreiten eines Risikoindikatorwerts umgesetzt werden. Ebenso können Präventivmaßnahmen für die Risikovermeidung, -vermin-derung, -verlagerung oder -akzeptanz getroffen werden.

4. *Laufende Verfolgung der Projektrisiken, -kontrollen und -maßnahmen*

Projektstandards

Mit Hilfe von Projektstandards kann die Erstellung der Projektdefinition sowie die Projektdurchführung in einen systematischen Ablauf verwandelt werden. Der Projektleitung wird mit dem entsprechenden „Tool-Kit" ein Rahmen vorgegeben, so dass die Methoden und Techniken zur Projektplanung und -steuerung nicht wieder neu entwickelt werden müssen. Das Setzen von Standards ist somit eine Möglichkeit, die Komplexität der Projektarbeit zu verringern und die Lösungssuche zu unterstützen. In diesem Zusammenhang sind Standards für Aufwandsschätzungen, Ablauf-, Ressourcen-, Zeit- und Kostenplanungen sowie Risikoanalysen wichtig. Schon die Einführung eines Standardprotokolls für Projektmeetings kann für manche Projekte hilfreich sein.

Projektcontrolling

Sowohl die Projektleitung als auch das Management benötigen den ständigen Überblick über den aktuellen Projektstand, um Ergebnisse überwachen, Abhängigkeiten erkennen und bei Änderungen der Rahmenbedingungen adäquate Maßnahmen einleiten zu können. Das Projektcontrolling ermöglicht es, Termine, Kosten und Sachleistungen sowie in zweiter Linie Arbeitsbedingungen, Motivation der Mitarbeiter und Führungsverhalten laufend festzustellen und zu beurteilen. Abweichungen (Plan/Ist) sind zu analysieren und Vorschläge für Korrekturmaßnahmen zu erarbeiten. Hilfreich ist das Bereitstellen von Vergleichsdaten früherer IT-Projekte hinsichtlich kritischer Faktoren wie Ressourcen und Budget. So kann z.B. ein Projekt-Benchmarking durchgeführt werden. Zusätzlich sollten die Ergebnisse der Risikoanalyse einbezogen werden. Das Projektcontrolling muss von Projektbeginn an eine kontinuierliche Aufgabe des Projektleiters und des Managements sein.

Coaching des Projektleiters

Erfolgreiche Projektdurchführung setzt die effiziente Einbeziehung von Know-how sowie Erfahrung der Projektleitung und -mitarbeiter voraus. Doch das Wesen von Projekten liegt in der Einmaligkeit, so dass notwendiges Wissen oft nicht vorhanden ist oder aus Unerfahrenheit ineffizient eingesetzt wird. Daher sollte das Management den Einsatz eines Coaches für einzelne Projekte erwägen. Unter Coaching wird hier die zielgerichtete Unterstützung und Anleitung des Projektleiters bei der Vorbereitung und Durchführung eines IT-Projekts verstanden. Die Projektleitung erhält dazu eine vom Auftraggeber des Projekts unabhängige Person als „Sparring-Partner", mit dem die Vorstellungen zur Projektvorgehensweise diskutiert werden. Grundsätzlich sind fachliches und methodisches Coaching zu unterscheiden, so dass Projektleitung und Coach gemeinsam fachliche und/oder methodische Lösungsvorschläge erarbeiten. Im Gegensatz zur Beratung konzentriert sich das Coaching auf den Ausbau der individuellen Kompetenzen und Fähigkeiten der projektbeteiligten Aufgabenträger und nicht nur auf die Lösung der konkreten Aufgabe. Ein guter Coach sollte Expertenwissen im Projektmanagement, Erfahrungen als Projektleiter und Coach, fachliches und branchenspezifisches Know-how sowie eine fundierte Ausbildung in Moderations- und Gesprächstechniken vorweisen.

Projektmanagement-Tools

Üblicherweise werden bei IT-Projekten Software-Tools eingesetzt, die die Projektleitung bei der Projektplanung und -steuerung unterstützen (z.B. Berichts- und Analysenerstellung, Kapazitätsverwaltung, Termin- und Kostenüberwachung). Darüber hinaus bieten einige Tools die Möglichkeit zur Simulation von Alternativplänen, zur Visualisierung der Termin- und Aufwandsplanung einschließlich Netzplanabhängigkeiten und zur automatischen Risikoanalyse anhand von Risikoindikatoren.

9.4.6 Case: Entwicklung eines Beschwerdemanagementsystems

In diesem Abschnitt wird anhand eines konkreten Beispiels die Vorgehensweise innerhalb eines IT-Projekts in einem Finanzdienstleistungsunternehmen gezeigt. Dabei handelt es sich um ein Projekt überschaubarer Größe. Die Ausgangssituation stellt sich wie folgt dar:

Der Vorstand eines Finanzdienstleisters beschließt, dass die Beschwerden aller Kunden zukünftig systematisch zu erfassen sind, um daraus Anregungen zur Verbesserung der operativen Prozesse ableiten zu können. Das zu entwickelnde „Beschwerdemanagementsystem" soll in das bestehende CRM-System integriert werden, da dort bereits alle Kundendaten vorgehalten werden. Darüber hinaus soll das neue System einen strukturierten und einheitlichen Prozess zur Abarbeitung von Beschwerden unterstützen und Auswertungsmöglichkeiten bieten, um die Beschwerden analysieren zu können.

Projektdefinition

Zunächst ist eine Projektdefinition zu erstellen, in der der Vorhabensauftrag, die Abhängigkeiten und die Risiken exakt umrissen werden; zudem ist eine klare Abgrenzung zu anderen Vorhaben notwendig:

In das bestehende CRM-System wird ein Modul „Beschwerdemanagement" integriert. Dieses bietet die Möglichkeit, Beschwerden von Kunden in einem fest definierten Prozess zu erfassen, Maßnahmen zur Beschwerdebearbeitung zu generieren und zu delegieren, ergebnisorientiert abzuschließen und nach erforderlichen Aspekten auszuwerten. Dabei sollen insbesondere ein einheitliches Ablaufschema sowie eine standardisierte Auswertungsmöglichkeit geschaffen werden. Risiken und Abhängigkeiten innerhalb des Vorhabens sind nicht zu erkennen. Eine Abgrenzung ist hinsichtlich des Prozessmodells für die Beschwerdebearbeitung (Arbeitsanweisung) erforderlich. Das Modell ist Grundlage für die technische Umsetzung. Bestehende Arbeitsanweisungen und Prozessschritte müssen bezüglich der Beschwerdebearbeitung des Instituts im Hinblick auf Stringenz, Validität und Effizienz überprüft und gegebenenfalls angepasst werden.

Neben der detaillierten Beschreibung des Vorhabens ist eine Zeit- und Ressourcenplanung innerhalb der Projektdefinition vorzunehmen. Hinsichtlich der personellen Ressourcenplanung ergibt sich die in Abbildung 9-9 gezeigte Aufteilung.

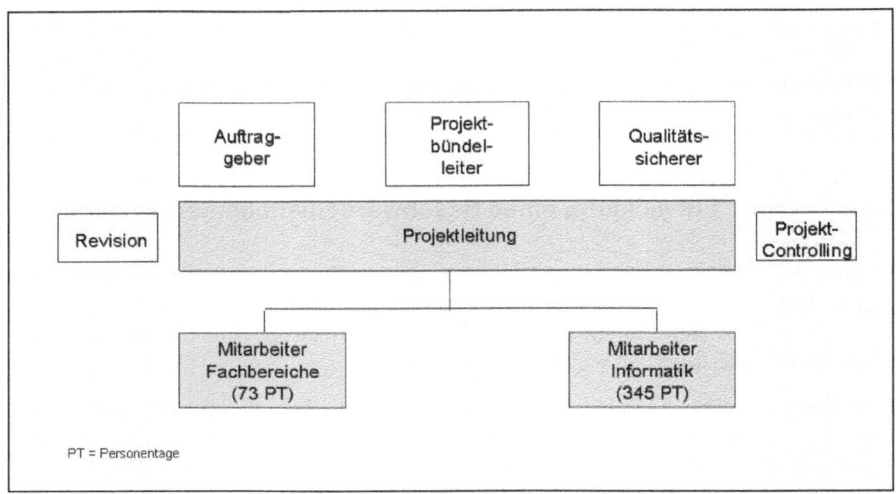

Abb. 9-9: Projektteam „Beschwerdemanagement"

Das Vorhaben ist für einen Zeitraum von 10 Monaten bzw. 40 Wochen geplant (einschließlich Urlaub, Fehlzeiten etc.), wobei nachfolgender Grobzeitplan zu Grunde gelegt wird (Tab. 9-3).

Schließlich erfolgt in der Projektdefinition die Gegenüberstellung von Kosten und Nutzen. Da in diesem Projekt ausschließlich auf Mitarbeiter und Programmierer des eigenen Hauses zurückgegriffen wird, fallen nur Reisekosten und Hardwarekosten (Kauf eines neuen Servers) in einem überschaubaren Rahmen von ca. 100.000 € an. Hinzu kommen die Kosten für Mitarbeiter, in diesem Fall 580 MAK. Unter der Annahme eines Verrechnungssatzes von 1.000 Euro/Tag pro MAK ergeben sich weitere 580.000 Euro. Der Nutzen ist dagegen schwer zu quantifizieren, da eine Kostenersparnis in monetär messbarem Umfang nicht zu erwarten ist. Dagegen kann eine signifikante Verbesserung des Prozesses der Beschwerdebearbeitung angenommen werden, was sich in der Kundenzufriedenheit widerspiegeln wird. Außerdem können durch die systematische Erfassung und Auswertung von Beschwerden Prozessfehler und operationelle Risiken identifiziert und in der Folge reduziert werden.

Projektphase	Zeitraum
Projektdefinition	1. Woche
Konzept: Erstellung der fachlichen Konzeption inklusive aller Nutzeranforderungen	2. bis 10. Woche
Spezifikation: Erstellung der Datenverarbeitungskonzeption einschließlich der Beschreibung aller technischen Merkmale wie Tabellenstruktur, Nutzeroberfläche, Auswertungsmöglichkeiten etc.	10. bis 18. Woche
Realisierung (inklusive Test): Realisierung der fachlichen Anforderungen und technischen Beschreibungen durch die Programmierung des Beschwerdemanagementsystems im bestehenden CRM-System sowie Durchführung von umfangreichen Tests innerhalb der Textumgebung, um die erstellte Applikation bezüglich aller fachlichen Anforderungen zu überprüfen	18. bis 35. Woche
Implementierung (inklusive Schulung): Durchführung von Schulungen, um die zukünftigen Nutzer mit dem System vertraut zu machen, sowie Roll-out des Systems in die Produktivebene	36. bis 40. Woche

Tab. 9-3: Projektablaufplan „Beschwerdemanagementsystem"

Nachdem das Vorhaben mit seiner detaillierten Projektdefinition vom Auftraggeber und Lenkungsausschuss genehmigt wurde, startet das Projekt.

Konzeptentwicklung

Zunächst werden im Kick-off-Meeting alle Projektmitarbeiter über das Projekt und den geplanten Verlauf informiert. Das Vorgehensmodell wird erläutert, so dass allen Projektmitgliedern zu jeder Zeit die Abfolge der Projektschritte bekannt ist. Im weiteren Verlauf des Projekts sind regelmäßige Status-Meetings mit Projektleiter und -mitarbeitern durchzuführen.

Im ersten Schritt ist mit den fachlichen Projektmitarbeitern ein detailliertes Fachkonzept zu erstellen, in dem alle Anforderungen der späteren Nutzer des Beschwerdemanagementsystems beschrieben sind. Ausgangspunkt der Überlegungen ist der Beschwerdebearbeitungsprozess im eigenen Haus: Zunächst wird dem Kunden verdeutlicht, dass das Institut an allen Anliegen des Kunden interessiert ist und diese gern entgegennimmt. Beschwert sich ein Kunde, wird seine Beschwerde mit dem Versprechen der sofortigen Bearbeitung sorgfältig erfasst. Danach ist die Klärung der Beschwerde erforderlich. Nimmt dies einen erheblichen Zeitraum ein, sollte dem Kunden eine Zwischenmeldung gegeben werden. Nachdem der Beschwerdegrund geklärt worden ist, wird dem Kunden eine Rückmeldung mit entsprechender Entschuldigung, Wiedergutmachung oder Entschädigung gegeben. Ein Controlling der Beschwerdebearbeitung und die ständige Auswertung der Beschwerdegründe ist erforderlich, um prozessuale Mängel in den Geschäftsabläufen und operationelle Risiken erkennen zu können.

Der Beschwerdebearbeitungsprozess ist nun hinsichtlich seiner einzelnen Arbeitsschritte und Schnittstellen zu anderen internen Bereichen zu spezifizieren, so dass jeder einzelne Arbeitsschritt nachvollziehbar ist. Danach muss der Prozessablauf auf die Systemebene des CRM übertragen werden, in dem sich das Projektteam die Frage stellt, wie die einzelnen Prozessschritte vom System unterstützt werden sollen. Am Beispiel „Beschwerdeannahme" wird die Frage beispielhaft beantwortet: Bei der Beschwerdeannahme sollte systematisch der Kunde, der Beschwerdeerfasser, der Beschwerdegrund, das Eingangsmedium, die Forderung des Kunden und der Beschwerdebearbeiter erfasst werden. Daneben ist es sinnvoll, Dokumente (wie z.B. den Beschwerdebrief) im System abspeichern zu können. Abbildung 9-10 zeigt die Vorstellung der Anwender über die Erfassung einer Beschwerde im CRM-System, die sie im Fachkonzept detailliert beschreiben müssen.

Auch wenn die Fachkonzeption im Aufgabengebiet der fachlichen Projektmitarbeiter liegt, sollte eng mit den IT-Spezialisten zusammen gearbeitet werden. Beispielsweise müssen die Entwickler zeitnah wissen, ob sich essenzielle Veränderungen in der Vorhabensdefinition oder in dem Vorhabensablauf ergeben. Ebenfalls ist es sinnvoll, die fachlichen Anforderungen ständig auf technische Umsetzbarkeit zu überprüfen, damit kein überflüssiger Aufwand bei der Erstellung von nicht umsetzbaren Fachanforderungen entsteht. Die Projektleitung ist deshalb für eine optimale Kommunikationsvernetzung verantwortlich.

Nach erfolgter Qualitätssicherung durch die Qualitätssicherer des Projekts wird das Konzept an die Auftraggeber und an den Lenkungsausschuss zur Abnahme übermittelt. Die Entscheidungsträger haben die Möglichkeit, das Projekt in jeder Phase zu stoppen – beispielsweise wenn das Fachkonzept nicht den definierten Anforderungen entspricht oder das Projekt nicht mehr in einem adäquaten Kosten-Nutzen-Verhältnis steht.

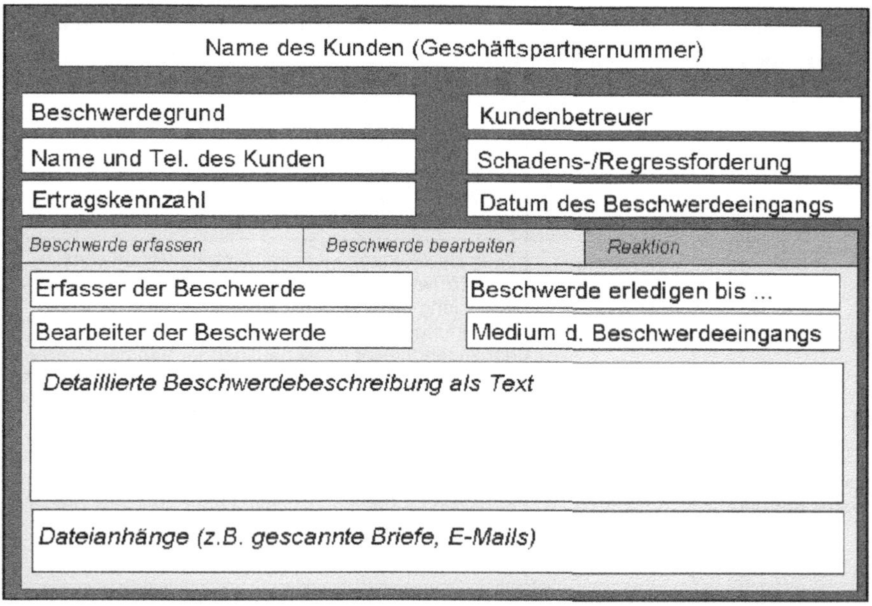

Abb. 9-10: Systemunterstützung bei der Beschwerdeannahme

Spezifikation

IT-Entwicklung bedeutet nicht mehr in erster Linie Programmierung, sondern die Definition und Modellierung von Anforderungen. Wichtig ist, ein Verständnis für die Problematik der Anwender zu erhalten, die durch die Applikation gelöst werden soll. Innerhalb der Spezifikation erfolgt auf Grundlage des Fachkonzepts die Erstellung des Pflichtenhefts, auf dessen Basis die Entwickler die erforderlichen Programmierarbeiten durchführen können. Dazu werden die Anforderungen in technische Merkmale wie Feldnamen, Feldarten und Feldfunktionalitäten aufgeschlüsselt und hinsichtlich der Tabellenstruktur, der Nutzeroberfläche und den Auswertungsmöglichkeiten spezifiziert. Die Tabelle 9-4 zeigt einen Ausschnitt der Spezifikation am Beispiel „Beschwerdeannahme".

Ausserdem ist in der Spezifikationsphase ein Berechtigungskonzept und ein Testplan festzulegen. In diesem Beispiel soll sich das Berechtigungskonzept an dem schon bestehenden Konzept für das CRM-System orientieren. Für den Test wird in der 36. bis 38. Projektwoche das programmierte System auf einem Test-Server bereitgestellt. Die fachlichen Projektmitarbeiter müssen in dieser Zeit das Gesamtsystem und das Zusammenwirken von Einzelkomponenten anhand von festgelegten und individuellen Testfällen überprüfen. Nach erfolgreichen Tests und gegebenenfalls Einzelanpassungen wird das Beschwerdemanagementsystem in der 40. Woche im Produktivsystem bereitgestellt. Ein Notfallszenario muss für den Fall des Systemausfalls nicht erstellt werden.

Feld	Feldart	Funktionalität
Beschwerde-grund	Auswahlfeld, Pflichtfeld	Klassifizierung des Beschwerdegrunds anhand der Auswahlliste der Anlage, wobei nur ein Beschwerde-grund ausgewählt werden kann.
Kundenbetreuer	Vorbelegtes Feld, Pflichtfeld	Allen Beschwerden ist eine zentrale Verantwortlich-keit zuzuweisen. Verantwortlich ist immer der für die Betreuung des Kunden zuständige Betreuer. Die Zuordnung erfolgt systemseitig nach der Kun-denzugehörigkeit (Geschäftspartnernummer).
Name und Tele-fonnummerdes Kunden	Eingabefeld, Pflichtfeld	Eingabefeld zur Erfassung des Namens und der Tele-fonnummer desjenigen, der die Beschwerde vor-bringt. Der Anwender kann hier Freitext eingeben.
Schaden-/Re-gressforderung	Eingabefeld	Hier ist (sofern erforderlich) der voraussichtliche Schaden für das Finanzinstitut oder die Höhe der Regressforderung des Kunden in € anzugeben.
...	...	...

Tab. 9-4: Technische Spezifikation der Anforderungen

Nach erfolgter Qualitätssicherung wird das erstellte Pflichtenheft an die Auftrag-geber und an den Lenkungsausschuss zur Abnahme übermittelt.

Realisierung

Der Anteil der reinen Programmierung macht nur 20% des Gesamtprojektauf-wands aus, da das Pflichtenheft ein reines Abarbeiten des Codes ermöglicht und parallele Programmierungen üblich sind. Ein Teil der Entwickler erstellt z.B. die Benutzeroberfläche, während ein anderer Teil an den Hintergrundprogrammen des Beschwerdemanagementsystems arbeitet. Neben dem Programmablauf und der Oberfläche ist die Datenbank (Tabellenstruktur) des bestehenden CRM-Systems zu erweitern. Um die spätere Pflege und Wartung des neuen Systems zu erleich-tern, werden Plausibilitätsprüfungen durchgeführt und anschließend eine War-tungsoberfläche implementiert.

Während der Realisierung des Beschwerdemanagementsystems wird jeder Schritt in Schriftform festgehalten. Diese Dokumentation dient dazu, auch später den Aufbau des Systems nachvollziehen und gegebenenfalls Änderungen daran vor-nehmen zu können. Einen Teil dieser Arbeit nimmt die heutige Technik ab. Pro-gramme wie z.B. TestDirector zeichnen Ergebnisse auf und katalogisieren sie in einer Datenbank. Mit Hilfe dieser Dokumentation wird das Softwareprodukt beschrieben. Innerhalb der Realisierung und speziell im Test wird die Produktbe-schreibung von den Projektverantwortlichen immer wieder verifiziert.

Bevor das Beschwerdemanagementprogramm auf dem Primärsystem (*Produktiv-ebene*) eingesetzt werden kann, müssen Testversionen auf einem Zweitrechner (*Testebene*) installiert werden. Das Testsystem muss vollkommen identisch mit dem Primärsystem sein, beginnend mit der Vernetzungsart des Nutzers bis hin zur Speicherkapazität. Hier werden Tests unter realistischen sowie erschwerten Rah-menbedingungen durchgeführt. Vom Projekt unabhängige Anwender der jeweili-gen Fachbereiche führen die realistischen Tests selbst durch, da sie ihre Anforde-rungen und Rahmenbedingungen am besten kennen. Für diese Tester ist eine Ein-führungsveranstaltung erforderlich, da sich diese Personen in den meisten Fällen nicht mit Programmierung und IT-spezifischen Aufgaben auskennen. Um das Be-lastungslimit des Systems zu prüfen, werden unter erschwerten Bedingungen so genannte Lasttests durchgeführt. Hierbei wird z.B. eine große Anzahl an Zugriffen auf das System in derselben Sekunde simuliert um zu überprüfen, ob dem System ausreichend Ressourcen zur Verfügung stehen.

Damit die Resultate der Tests ausgewertet werden können, müssen die Tester die Fehler in einem Fehlererfassungstool dokumentieren. Dieses Tool zeigt dem ver-antwortlichen Projektmanager und den Entwicklern die Fehlerform, die Fehlertest-ID, den Fehlernamen und den Kommentar des Testers an, so dass die Fehlerbehe-bung schnell und unkompliziert erfolgen kann. Die behobenen Fehler sind in ei-nem zweiten Lauf abermals zu testen bis die Systemabnahme durch die Auftrag-geber und gegebenenfalls durch den Lenkungsausschuss erfolgen kann.

Implementierung

Die Implementierung des Beschwerdemanagementsystems besteht aus zwei Schritten: Die Installation des Systems und die Einführung bei den Mitarbeitern. Die *Installation* stellt eine eher technische Aufgabe dar, die meist aufgrund der ausführlichen Tests unproblematisch verläuft. Das Beschwerdemanagementsystem ist von der Entwicklerumgebung auf das Produktivsystem zu überführen, die Schnittstellen sind zu überprüfen und die entsprechenden Einstellungen vorzu-nehmen. Ein kurzer Test durch die Entwickler schließt die Migration ab. Dagegen ist der zweite Schritt, die *Einführung bei den Mitarbeitern*, kritischer zu sehen. Gerade eine Applikation zur Erfassung von Beschwerden kann letztlich an der mangelnden Akzeptanz durch die Nutzer scheitern, wenn diese beispielsweise den Eindruck bekommen, dass das System primär zur Leistungsmessung von Mitar-beitern dient (z.B. je mehr Beschwerden, desto schlechter die Leistung). Daher müssen die Projektleiter unter Einbeziehung des Managements auf diesen Schritt besonderen Wert legen.

Zunächst sind die Ziele, der Einsatzbereich und die Nutzung des neuen Beschwer-demanagementsystems allen betroffenen Mitarbeitern der Fachbereiche zu vermit-teln. Dazu werden Benutzerhandbücher von fachlichen Projektmitarbeitern in Zusammenarbeit mit den Testern erstellt. Dann sind Schulungen durchzuführen, die im Idealfall auf 9 bis 12 Personen begrenzt sind, damit eine hohe Konzentration unter den Mitarbeitern und eine individuelle Betreuung gewährleistet sind. Der Kick-off-Termin der Schulungen liegt nicht mehr als 14 Tage vor dem Beginn der Migration, da die Gefahr, dass die Mitarbeiter das Gelernte wieder vergessen, bei einem längeren Zeitraum zu groß ist. Auch wird eine Hotline für Fragen der Anwender eingerichtet. Daneben ist sicherzustellen, dass beim Roll-out alle betroffenen Mitarbeiter die Berechtigung zur Benutzung des Systems haben und keine Barrieren durch fehlende Berechtigungen aufgebaut werden.

Am Ende des Projekts wird die endgültige Abnahme durch die Auftraggeber des Beschwerdemanagementprojekts und den Lenkungsausschuss durchgeführt. Formal endet das Projekt mit der Übergabe in die Produktion. Trotz der Abnahme ist es bei jedem System erforderlich, Nachjustierungen durchzuführen. Aus diesem Grund werden Updates im Laufe der Zeit erforderlich, mit denen auf Veränderungen reagiert wird und auftretende Fehler eliminiert werden können. Dies kann im Rahmen der Produktpflege und Wartung des CRM-Systems oder des Beschwerdemanagementsystems erfolgen.

9.5 Steuerung der FDL-Informatik

Die Informationstechnologie spielt für die Erbringung von Finanzdienstleistungen eine mit den Fertigungsanlagen der Industrieproduktion vergleichbare Rolle. Leistungsfähige Maschinen sind eine wesentliche Voraussetzung für die Wettbewerbsfähigkeit eines produzierenden Unternehmens. Welche Maschine ist für welchen Produktionsprozess am besten geeignet? Wie hoch ist der optimale Grad der Automatisierung? Teure, vollautomatische Anlagen mit hohen Produktionskapazitäten sind für ein Unternehmen mit individueller Fertigung und kleinen Losgrößen ebenso ineffizient wie kostengünstige, aber wenig automatisierte Fertigungsanlagen in der Massenproduktion. Was also ist das optimale IT-Budget? Über welche Mittel sollte der IT-Bereich verfügen und wie kann die Leistungsfähigkeit der IT gemessen werden? Nach welchen Kriterien sollte die IT der Finanzdienstleister gesteuert werden?

Die Bank- bzw. Versicherungsbetriebslehre hat auf diese Fragen noch keine umfassenden Antworten gefunden. Die folgenden Ausführungen zeigen die aktuelle Situation der Steuerung der FDL-Informatik *(Abschnitt 9.5.1)*. Darauf aufbauend wird ein Ausblick gegeben, wie zukünftig die Steuerung der IT in der Bank und dem Versicherungsunternehmen gestaltet werden sollte, nämlich im Sinne des Beitrags der IT im Wertschöpfungsprozess von Finanzdienstleistern *(Abschnitt 9.5.2)*. Daran schließen sich Überlegungen bezüglich der Preise bzw. Verrechnung der IT an *(Abschnitt 9.5.3)*.

9.5.1 Klassische Steuerung des Einsatzes der Informationstechnologie

Finanzdienstleister wenden jährlich erhebliche Mittel für die Informationsverarbeitung auf. Die Entscheidungen darüber, wie die Mittel verwendet werden, sind ein wichtiges Instrument zur Steuerung der IT bei Banken und Versicherern. In der Praxis finden die Entscheidungsprozesse über die IT-Budgets im Rahmen jährlicher Budgetplanungen statt. Die Höhe der Budgets und ihre Verwendung orientieren sich einerseits an der Ertragslage der Institute und andererseits an dem Argumentationsgeschick der Fachbereiche bzw. der Aufgeschlossenheit der Vorstandsmitglieder. Die Frage nach dem Wertbeitrag der IT zur Wertschöpfung der Bank oder des Versicherers wird selten gestellt und noch seltener quantifiziert. Dementsprechend wird die Leistungsfähigkeit von IT vor allem unter dem Gesichtspunkt der Kosten gesehen. Die Höhe der Budgets wird über Kostenvergleiche beurteilt. Damit ist Druck auf die Budgets ein zyklisch wiederkehrender Vorgang. Vergleichsweise niedrige IT-Kosten werden als Merkmal einer besonders leistungsfähigen IT angesehen.

Wenn aber die Leistungsfähigkeit der IT sich umgekehrt proportional zur Höhe der IT-Kosten verhalten würde, müssten Institute mit geringem Einsatz der Informationstechnologie die leistungsfähigsten IT-Abteilungen aufweisen. Institute mit hohem Automatisierungsgrad und dementsprechend hohen IT-Ausgaben müssten dagegen einen weniger leistungsfähigen IT-Bereich haben. Diese Überlegung zeigt plastisch, dass die Betrachtung der Kosten nicht das alleinige Kriterium für die Definition eines optimalen IT-Budgets sein kann. Entscheidend ist die Frage, wie hoch der Beitrag der IT zur Wertschöpfung des Instituts ist und welcher Return aus dem Einsatz der Mittel für die IT erzielt wird.

9.5.1.1 Budgetierungs- und Piorisierungsprozess

Die Steuerung der IT erfolgt in der gegenwärtigen Praxis als mehrstufiges Budgetierungs- und Priorisierungsverfahren. Zur Durchführung sind Steuerungsgremien installiert, in denen Manager der Fachbereiche und der IT vertreten sind.

In einer *ersten Stufe* werden die Anforderungen der Fachbereiche gesammelt und von den Verantwortlichen der IT auf Machbarkeit und Ressourcenbedarf bewertet. Ergebnis dieses Identifizierungsprozesses ist ein Portfolio möglicher IT-Vorhaben. Da der Ressourcenbedarf zur Umsetzung aller Vorhaben die vorhandenen Mittel regelmäßig übersteigt, wird ein Priorisierungs- und Auswahlprozess durchgeführt. Dafür werden von Seiten der Promotoren eines Vorhabens die Notwendigkeit und der Nutzen des Vorhabens für das Unternehmen dargestellt; von Seiten der Informationstechnologie sind der Ressourcenbedarf und potenzielle Projektrisiken darzustellen und zu bewerten. Die Notwendigkeit eines IT-Vorhabens wird in den meisten Instituten anhand von drei Kategorien bewertet:

1. Das Projekt ist aufgrund gesetzlicher Vorgaben erforderlich.
2. Das Projekt ist zur Anpassung bestehender Verfahren an veränderte Rahmenbedingungen erforderlich.
3. Das Projekt ist erforderlich, um neue Produkte zu ermöglichen.

Projekte, die zur Erfüllung gesetzlicher Auflagen oder zur Anpassung bestehender Verfahren an veränderte Rahmenbedingungen notwendig sind, erfordern bei den meisten Instituten schon mehr als 75% des Gesamtbudgets. In Zeiten knapper Budgets kann dieser Prozentsatz auf über 90% ansteigen. Da diese Projekte durchgeführt werden müssen, um den laufenden Geschäftsbetrieb aufrecht zu erhalten, werden sie in Banken unter dem Begriff „Run the Bank" zusammengefasst. Im Bereich der Softwareentwicklung werden diese Vorhaben auch „Wartungs-" oder „Maintenance"-Projekte genannt. Die Budgets für neue Projekte („Change the Bank") sind in fast allen Instituten relativ zu den laufenden Arbeiten sehr klein, weshalb die Priorisierungsverfahren auch als „Mangelverwaltung" angesehen werden und der Kampf um Innovationen in einer Bank häufig ein Kampf um die knappen Change-the-Bank-Budgets ist.

Im *zweiten Schritt* wird die Priorisierung durchgeführt. Die Steuerungsgremien definieren in einem festgelegten Verfahren diejenigen Projekte, die realisiert werden können und vergeben Projektaufträge zur Umsetzung der Vorhaben. Die Entscheidungskompetenzen in den Gremien sind nach Größe, Risiken und strategischer Bedeutung der Vorhaben differenziert. Entscheidungen über zentrale Projekte und über Schwerpunkte der Budgets, die sich aus der Unternehmensstrategie ergeben, liegen beim Vorstand.

Der *dritte Schritt* besteht aus einer Überwachung der laufenden Projekte. Schwerpunkt der Überwachung ist die Einhaltung der Ressourcen- und Terminplanung. Da die Anforderungen und Aufgabenstellungen häufig auch noch nach dem Projektstart verändert werden, ist das Anforderungsmanagement auch während der Durchführung der Projekte fortzusetzen. In der Regel sind für die laufende Überwachung und auftretende „Change Requests"[94] die für das Priorisierungsverfahren verantwortlichen Gremien zuständig.

9.5.1.2 Kostenermittlung und -überwachung

Die Darstellung der IT-Kosten eines Finanzdienstleisters orientiert sich einerseits an den handelsrechtlichen Vorschriften, andererseits an den im vorherigen Abschnitt dargestellten Steuerungsmechanismen.

---

[94] Es kommt häufig vor, dass eine Anpassung der Rahmenparameter des Vorhabens – die in der Vorhabensdefinition hinterlegt und genehmigt wurden – unvermeidlich ist. Dies betrifft Auftrag/Ziel und/oder Endtermin, Budget, interne Ressourcen. Dieser Anpassung dient das Change-Request-Verfahren. Der Change Request stellt letztlich die Fortschreibung der Vorhabensdefinition dar.

- Die Kosten gliedern sich zunächst nach Kostenarten in vier große Blöcke:
- Kosten für Hardware,
- Kosten für Softwarelizenzen,
- Personalkosten und
- Kosten für Gebäude bzw. Räume.

Diese Kostenarten werden in der Gewinn- und Verlustrechnung unter der Position „Sonstige Verwaltungsaufwendungen" zusammengefasst. Anschaffungen von Hardware und Einmallizenzen werden über Abschreibungen periodengerecht verteilt. Aufwendungen für selbst erstellte Software werden entsprechend den handelsrechtlichen Vorschriften in der Erstellungsperiode als Aufwand betrachtet.

Für die Budgetierung und Budgetüberwachung werden die Kostenarten auf *Kostenstellen* verteilt. Der Kostenstellenplan orientiert sich an der Budget- oder Kostenverantwortung innerhalb des Unternehmens. Im Rahmen der Budgetierung werden Plankosten definiert, denen im laufenden Jahr die Ist-Kosten gegenübergestellt werden. Budgetabweichungen werden laufend überwacht.

Im Rahmen der Nutzenargumentation im Priorisierungsverfahren werden häufig ROI-Betrachtungen[95] angestellt. In diesen Betrachtungen werden die Aufwendungen als Investitionen dargestellt, denen mögliche Einsparungen oder auch Mehrerlöse gegenübergestellt werden. Eine Ex-post-Betrachtung dieser Nutzenargumentation (z.B. als Nachkalkulation einer ROI-Betrachtung) findet selten statt. Die Ursache dafür liegt in den im Vergleich mit der Fertigungsindustrie gering entwickelten Controlling-Instrumenten und der häufig fehlenden Zahlenbasis.

Kosten für Projekte werden kostenstellenübergreifend zusammengefasst und nach Projektphasen gegliedert den Projekten zugeordnet. Da die Projektplanung hinsichtlich der Budgetierung in der Regel auch auf der Ebene der Projektphasen erfolgt, können Abweichungen von der Projektplanung schon während der Projektlaufzeit erkannt werden. Dieses „Projekt-Controlling" ist ein wichtiges Frühwarnsystem gegen zeitliche und finanzielle Überschreitungen der für das Projekt genehmigten Ressourcen.

Viele Banken und Versicherer haben die Aktivitäten des IT-Bereichs auf Tochtergesellschaften übertragen. Allerdings besteht zwischen dem Finanzdienstleister und der Informatik-Tochter in der Regel ein Kontrahierungszwang, so dass die gesellschaftsrechtliche Ausgründung am grundsätzlichen Verfahren des IT-Managements wenig ändert.

---

[95] ROI = Return on Investment.

9.5.1.3 Grenzen des heutigen Steuerungsverfahrens

Die Darstellung der IT in den Steuerungsinstrumenten einer Bank oder eines Versicherers konzentriert sich auf eine Kontrolle von Kosten. Die Informationstechnologie wird weniger als Investition, sondern überwiegend als Kostentreiber verstanden. Ziel des Controlling ist klassischerweise die Kostenkontrolle. Die Kontrollprozesse sind in den meisten FDL-Unternehmen umfassend implementiert. Damit ist die Verantwortung dafür, dass die Mittel optimal für die Wertschöpfung des Finanzdienstleisters eingesetzt werden, auf die Kostenverantwortlichen übertragen.

Den Verantwortlichen für die Kosten stehen bislang nur wenige Instrumente zur Verfügung, um beurteilen zu können, ob die Ausgaben in der IT tatsächlich optimal für die Wertschöpfung des Unternehmens verwendet werden. Sie sind letztlich auf ihre Intuition und ihren Sachverstand angewiesen. Tatsächlich wird aber nicht der Nutzen für die Bank oder den Versicherer, sondern der Überlebenswille des Managers in der Unternehmenshierarchie das wesentliche Entscheidungskriterium darstellen. Jeder Kostenstellenverantwortliche wird um ein möglichst großes Budget kämpfen, da seine Position und sein Einfluss im Unternehmen von der Größe des Budgets und der Anzahl seiner Mitarbeiter abhängt. Die Durchsetzung von IT-Projekten hängt deshalb letzten Endes von dem Einfluss des Managers ab, in dessen Verantwortung das Projekt durchgeführt werden soll.

Eine Verbesserung der Steuerungsmöglichkeiten kann erst erreicht werden, wenn man die IT nach dem Vorbild der produzierenden Industrie als Fertigungsanlage betrachtet. Diese Fertigungsanlage wäre kostenrechnerisch eine Investition, die auf Basis der Wiederbeschaffungskosten über die Nutzungsdauer abgeschrieben werden würde. Eine derartige kostenrechnerische Betrachtung der IT als Investition würde vor allem eine Periodenverschiebung der Kosten bewirken: Die Kosten würden nicht mehr zum Zeitpunkt der Softwareerstellung verrechnet, sondern über die gesamte Nutzungsdauer verteilt werden.

Durch diese Periodenverschiebung der Entstehung der IT-Kosten in den Fachbereichen wird eine Unabhängigkeit der Investitionstätigkeit von der aktuellen Ertragslage der Institute erreicht. Außerdem sollte durch die Verrechnung der Kosten zum Zeitpunkt der Nutzung eine periodenkongruente Darstellung der Erträge und der Kosten erreicht werden. Diese Maßnahmen führen dazu, dass der Entscheidungsspielraum für Neuentwicklungen deutlich erhöht wird. Die Erhöhung der Entscheidungsspielräume würde durch eine größere Kapitalbindung erkauft werden und würde deshalb zu einer Verteuerung der IT um die entsprechenden Kapitalkosten führen. Gleichzeitig würde die tatsächliche Kapitalbindung betriebswirtschaftlich korrekt dargestellt werden.

Die moderne wertorientierte Betriebswirtschaftslehre ersetzt die kostenrechnerischen Abschreibungen durch eine Planung der tatsächlichen Finanzströme, die auf den heutigen Zeitpunkt zu einem Barwert diskontiert werden. Durch diese Vorgehensweise werden die Kapitalkosten wesentlich genauer ermittelt. An die Stelle der Kostenkontrolle und der „Mangelverwaltung" tritt die Fragestellung, ob ein IT-Vorhaben mindestens seine Kapitalkosten verdient. Eine solche Fragestellung würde in vielen Banken und Versicherungsunternehmen einen Paradigmenwechsel in der Steuerung der IT bedeuten.

9.5.2 Wertschöpfungsorientierte Steuerung der Informationstechnologie

Wertschöpfungsbezogenes Denken in der IT wirft insbesondere die Frage auf, welchen Einfluss eine IT-Investition auf die Leistungsfähigkeit der Geschäftsprozesse hat. Ansätze zur Beantwortung dieser Frage sollen in diesem Abschnitt entwickelt werden. Dazu wird zunächst eine kurze Darstellung der Spezifika von Geschäftsprozessen in FDL-Unternehmen vorgenommen, um darauf aufbauend die Wirkungen von IT-Vorhaben auf die Geschäftsprozesse darstellen zu können.

9.5.2.1 Geschäftsprozesse und Service Levels

Die Wertschöpfung in Unternehmen erfolgt in Geschäftsprozessen. Am Beispiel von Banken soll dies verdeutlicht werden: Banken fungieren je nach geschäftspolitischer Ausrichtung als Sammelstelle für Einlagen, als Kreditgeber, als Vermittler von Krediten und Anlagen oder auch als Dienstleister im Zahlungsverkehr. An die Stelle der Produktionsprozesse von Industrieunternehmen treten Service-Prozesse, die der Bereitstellung der Finanzdienstleistungen dienen.

Zwei Situationen sollen das verdeutlichen:

Bank A hat ihren Schwerpunkt im Retail-Geschäft. Im Rahmen ihres Vertriebsprozesses akquiriert sie Kunden für Geldeinlagen und für die Kreditvergabe. Nach Vertragsabschluss erbringt die Bank die versprochenen Leistungen: Sie stellt dem Kunden ein Konto zur Verfügung, der Kunde kann Einzahlungen vornehmen, erhält den Kredit etc. Art und Umfang der technischen Bereitstellung des Geldgeschäfts sind in den AGB beschrieben und spiegeln sich in den Geschäftsprozessen der Bank wider.

Bank B hat ihren Schwerpunkt im Corporate-Banking. Dabei geht es für die Firmenkunden u.a. um die Durchführung des Zahlungsverkehrs. Die Leistungen des Zahlungsverkehrs sind in den Produktbeschreibungen definiert und in den Zahlungsverkehrsprozessen abgebildet. Für individuelle Leistungen werden individuelle Verträge mit individuellen Anpassungen der Zahlungsverkehrsprozesse vereinbart. Die Zahlungsverkehrsprozesse sind Teil des Geschäftsprozesses „Auftragsabwicklung" der Bank. Je individueller die Leistung ist, desto stärker ist der Abwicklungsprozess auf die Anforderungen des Kunden anzupassen. Auch hier dienen die Geschäftsprozesse der technischen Bereitstellung des eigentlichen Geldgeschäfts.

Die Umsetzung der vertraglich vereinbarten Leistungen in die Geschäftsprozesse von Finanzdienstleistern erfordert die Definition von Service Levels. Darin sind die Standardleistungen eines Geschäftsprozesses beschrieben, um die vertraglich vereinbarten Dienste erbringen zu können. Die Ausgestaltung der Service Levels hängt von der Art der Dienstleistung ab. Folgende Inhalte sind jedoch regelmäßig Bestandteil ihrer Definition (ELLIS/KAUFERSTEIN 2004):

– Art der Leistung mit möglichen Parametern (z.B. Anlieferung von Belegen oder Antragsformularen an definierten Orten),

– zeitlicher Rahmen (Anfang und Ende der Bereitstellung, Dauer einer Aktivität etc.),

– Möglichkeiten der Veränderung der Leistung (Change Request),

– die Konsequenzen einer Leistungsstörung,

– Sanktionen bei Leistungsstörung,

– Vertragsende und Kündigung sowie

– der Preis für die Leistung.

Die Service Levels beziehen sich auf das Ergebnis eines vollständigen Geschäftsprozesses („End-to-End"), auf Ergebnisse von Teilprozessen oder auf beides, wenn die End-to-End-Service-Levels schon auf der Ebene von Teilprozessen konkretisiert sind.

9.5.2.2 Messung der Wertschöpfung

Das Controlling der Banken und Versicherer ist in den meisten Fällen nicht in der Lage, die Wertschöpfung eines Geschäftsprozesses darzustellen. Die übliche Form, das Ergebnis einer Geschäftätigkeit darzustellen, ist die Deckungsbeitragsrechnung. Darin werden die Kosten wie bereits dargestellt in Kostenblöcke aufgeteilt (z.B. nach Kostenstellen, einer Summe von Kostenstellen oder nach Kostenarten). Die Einnahmen werden diesen Kosten gegenübergestellt, wodurch ermittelt wird, inwiefern die Kosten durch Erlöse gedeckt sind.

Will man die Wertschöpfung darstellen, so müssen die Einnahmen und Ausgaben bzw. Kosten und Erlöse einer Geschäftseinheit oder einer Dienstleistung zugeordnet werden. Für eine nachhaltig betriebene Geschäftseinheit werden zukünftige Einnahmen- und Ausgabenströme als Barwert auf die Gegenwart diskontiert. Es soll im Folgenden vom Barwert eines Geschäftvorfalls gesprochen werden. In Abbildung 9-11 wird dieser Gedanke am Beispiel eines Kreditwunschs gezeigt.

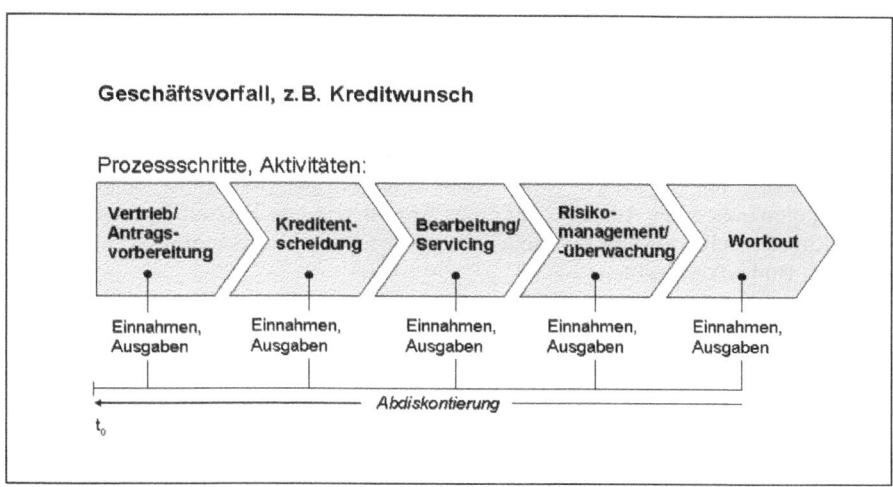

Abb. 9-11: Basiskonzept zur Messung der Wertschöpfung

Diese Darstellung ist in der Praxis deshalb schwierig, weil sich eine für den Kunden erbrachte Finanzdienstleistung aus einer Reihe von Einzelaktivitäten zusammensetzt. Die Service Levels der Einzelaktivitäten müssen dazu auf die Gesamtdienstleistung abgestimmt sein. Wird beispielsweise dem Kunden einer Bank versprochen, dass ein Zahlungsauftrag, der bis zu einer definierten Uhrzeit in einer definierten Form eingeliefert wird, bis zu einem bestimmten Zeitpunkt gebucht und an das Empfängerinstitut weitergeleitet wird, müssen alle Aktivitäten auf dieses Versprechen ausgerichtet werden. Zur Ermittlung des Barwerts einer Geschäftätigkeit müssen die Einnahmen- und Ausgabenströme aller Aktivitäten eines Prozesses berücksichtigt werden.

Eine weitere Schwierigkeit bei der Zuordnung von Einnahmen- und Ausgabenströmen zu einer Gesamtdienstleistung liegt darin, dass einzelne Teilleistungen für unterschiedliche Gesamtleistungen genutzt werden. Die Prozessketten eines Finanzdienstleisters bestehen aus einer Hierarchie von Einzelleistungen, die zu unterschiedlichen Leistungen für die Kunden gebündelt werden. Will man die Geldströme erfassen, die durch eine Geschäftätigkeit generiert werden, müssen die Einnahmen den Einzelaktivitäten zugeordnet werden.

Eine dritte Schwierigkeit besteht darin, dass die Ausgaben zu einem hohen Grad nicht direkt einer Geschäftätigkeit zugeordnet werden können, sondern unabhängig vom Umfang der Geschäftätigkeit anfallen. Ein bekanntes Beispiel sind die Mietkosten einer Filiale, die letztlich allen Filialprozessen zuzurechnen sind.

Die Probleme einer detaillierten Darstellung der Wertschöpfung sind in der Praxis und der Wissenschaft noch wenig analysiert. Sie entsprechen jedoch den täglichen Fragestellungen in Industrieunternehmen. Die Erfahrungen aus der Industrie in

Verbindung mit dem Verständnis der Geschäftsprozesse in den Banken und Versicherungsunternehmen können wichtige Hilfestellungen zur weiteren Analyse liefern. Die zweifellos vorhandenen praktischen Probleme dürfen nicht dazu führen, dass eine prozessorientierte Analyse der Geschäftstätigkeit generell abgelehnt wird. Erst die prozessorientierte Betrachtung ermöglicht es, Ausgaben als Investition zu betrachten. In vielen Fällen kann eine weniger detaillierte Analyse des Ertragspotenzials einer Ausgabe mit einer Anzahl von geschätzten Parametern die Investitionsentscheidung besser unterstützen als die auf Kostenkontrolle ausgerichteten Budgetkennzahlen.

9.5.2.3 Einfluss der IT auf die Wertschöpfung

Die IT ist ein wesentliches Element der Geschäftsprozesse eines Finanzdienstleisters, und sie hat erhebliche Auswirkungen auf die Gestaltung und Leistungsfähigkeit der Geschäftsprozesse. Der Einfluss der IT wird daher in der Zukunft weiter zunehmen.

Will man die Wirkung des Einsatzes von IT auf die Wertschöpfung einer Bank oder eines Versicherers analysieren, so muss der Einfluss der IT auf die Geschäftsprozesse untersucht werden. Neben den direkten Wirkungen der IT auf die Bankdienstleistung (z.B. beim Online-Banking) sind auch indirekte Wirkungen zu berücksichtigen, die zu einer Qualitätsverbesserung führen und damit wertsteigernd wirken können. Dabei sind drei Ebenen des Einflusses zu unterscheiden:[96]

- Die *Ebene der Leistungsabgabe,* in der die Leistung selbst definiert ist („Was leistet die IT im Prozess?"). Hier übernimmt die IT selbst Fachfunktionen und ist Teil des Wertschöpfungsprozesses (z.B. Kontenaggregation bei Firmenkunden).

- Die *Ebene der Effizienz der Geschäftsprozesse,* in der die Organisation selbst regelmäßig überprüft und angepasst wird („Läuft der Prozess richtig?"). Der Einsatz von IT verlangt eine genaue Prozessdefinition, eine möglichst weitgehende Standardisierung, Fehlerfreiheit und Auslastung der Prozesskapazitäten. Durch den Einsatz der IT werden entweder Kosten gesenkt oder Service Levels verbessert.

- Die *Ebene der Effektivität der Geschäftsprozesse,* in der jeder Geschäftsprozess als Ganzes bezüglich der Zielsetzung der Leistungserbringung analysiert wird („Ist es der richtige Prozess?").

Geschäftsprozesse unterliegen einem ständigen Wandel. Wichtige Treiber für den Wandel sind Veränderungen der Märkte und des Kundenverhaltens, der Wettbewerbssituation, der Ertragssituation des Instituts, der Technologien und ihrer Kos-

---

[96] BERNHARD/LEWANDOWSKY/MANN (2004) unterscheiden vier Stufen. Die vierte Stufe stellt eine eher strategische Ebene dar, auf die hier nicht eingegangen werden soll.

ten, der Lieferantenstruktur sowie gesetzliche Veränderungen. Die Dynamik des Umfelds hat Auswirkungen auf die unternehmensweite Topologie der Geschäftsprozesse: Einmal als optimal definierte Prozesse werden suboptimal durch Veränderungen der Ausgangs- und Endpunkte der Prozesse, des Grads ihrer Standardisierung, der Verkettung von Prozessen und der Differenzierung von Teilprozessen. Die Informationstechnologie liefert keinen unmittelbaren Beitrag zur Anpassung der Prozesstopologie an veränderte Bedingungen. Im Gegenteil: Die hohen Investments führen häufig zu einer Fixierung bestehender Strukturen, die Hinderungsgründe für die notwendige Anpassung der Prozesstopologie darstellen können.

Umgekehrt definieren jedoch Art und Umfang des Einsatzes von IT die optimale Topologie der Prozesslandschaft. Ein Vergleich der Geschäftsprozesse von der Lochkartenzeit bis zur heutigen Zeit macht deutlich, dass der technologische Entwicklungsstand auch die Aktivitäten, ihre Sequenz, ihre Fixpunkte bzw. Gliederungspunkte und damit die Leistungsfähigkeit der Prozesse insgesamt definiert. Hinsichtlich der Effektivität ist die Informationstechnologie Antreiber für das Prozessmanagement.

Die IT beeinflusst auf allen drei Ebenen die Architektur der Geschäftsprozesse. Die IT-Verantwortlichen werden die Einflussgrößen analysieren und die Prozesse innerhalb der IT darauf ausrichten, dass die Geschäftsprozesse des Instituts ein Optimum an Wertschöpfung erreichen. Dabei wird es im Wesentlichen um folgende Fragestellungen gehen:

- Welche IT und wie viel IT unterstützt die Geschäftsprozesse optimal?
- Wie können die Prozesse innerhalb der IT verbessert werden? Gibt es Möglichkeiten der Vereinfachung, der Standardisierung und der Automatisierung?
- Kann durch Sourcing oder Kooperation mit externen Dienstleistern eine Verbesserung der Leistungsfähigkeit der IT-Prozesse erreicht werden?

9.5.3 Preise bzw. Verrechnung der IT

Bei der Diskussion von Preismodellen ist zwischen Dienstleistungen von externen Anbietern oder Leistungen durch die interne IT zu unterscheiden.

Externe IT-Hersteller und -Dienstleister haben in den letzten Jahren innovative Geschäftsmodelle entwickelt. So orientieren sich die Preise für IT-Infrastruktur zunehmend an Kennziffern wie *Total Cost of Ownership (TCO)*. Preise für Softwareprodukte orientieren sich dagegen am Umfang der Geschäftstätigkeit der Institute oder dem Nutzen der Technologie für die Wertschöpfung des FDL-Unternehmens. Kennziffern für die Bepreisung von Lizenzen sind z.B. die Anzahl der Nutzer, die Anzahl gespeicherter Dokumente, die Anzahl unterstützter Schnittstellen oder die Anzahl abgewickelter Geschäftsvorfälle. Mit diesen Preismodellen orientieren sich die externen Anbieter an dem Beitrag der jeweiligen Leistung zur Wertschöpfung der Bank bzw. Versicherungsunternehmens.

Bei Leistungen der *internen IT* werden in der Regel die Kosten verrechnet. Dies gilt auch dort, wo die IT-Bereiche in rechtlich selbstständige Einheiten ausgegliedert wurden. Die Bewertung der Informationstechnologie für die Wertschöpfung des Finanzdienstleisters erfolgt aufgrund der Erfahrung der Fachbereiche.

Eine wertorientierte Betrachtungsweise der internen Leistungen der IT-Bereiche würde es ermöglichen, die Verrechnung der IT-Leistungen an den Einnahmen aus der Geschäftstätigkeit des Unternehmens und damit an dem Beitrag der IT zur Wertschöpfung der Bank oder des Versicherers zu orientieren. Diese Betrachtung würde in vielen Fällen wertvolle Erkenntnisse für die Steuerung der IT liefern. Darüber hinaus kann eine wertorientierte Betrachtung wichtige Aussagen über sinnvolle Investitionsvolumina generieren. Bei einer wertorientierten Betrachtungsweise würde die Belastung der Fachbereiche zeitgleich mit der Generierung von Einnahmen durch die Fachbereiche vorgenommen werden. Der Barwert dieser Einnahmenströme stellt die Investitionsobergrenze für das IT-Vorhaben dar. Mit dieser Betrachtung gelingt es einerseits, die Kriterien für die Größe der IT-Budgets zu entwickeln. Gleichzeitig wird die Höhe des in der IT gebundenen Kapitals erkennbar, wodurch wichtige Kriterien für eine Make-or-Buy-Entscheidung vorliegen. Die Geschäftsleitung kann auf dieser Grundlage die Entscheidung treffen, ob das verfügbare Kapital in die eigene IT oder in ein Geschäft mit einem Kunden investiert werden soll.

Literatur zum Kapitel 9:

AL-ANI, A./OSTERMANN, P. (1999), *Die Organisation des IT-Bereichs in Banken*, in: MOORMANN, J./FISCHER, T. (Hrsg.), Handbuch Informationstechnologie in Banken, 1. Aufl., Wiesbaden: Gabler, S. 467-490

ALPAR, P./GROB, H.L./WEIMANN, P./WINTER, R. (2002), *Anwendungsorientierte Wirtschaftsinformatik*, 3. Aufl., Wiesbaden: Vieweg

ANNUSCHEIT, F. (2005), *Entwicklungsperspektiven der Banken-IT: Veränderung als Change*, in: Die Bank, E.B.I.F-Sonderausgabe, Informations-Technologie in Banken, S. 16-18

BERNHARD, M.G./LEWANDOWSKI, W./MANN, H. (Hrsg.) (2004), *Service-Level-Management in der IT*, 4. Aufl., Düsseldorf: Symposion

BOY, J./DUDEK, C./KUSCHEL, S. (1996), *Projektmanagement: Grundlagen, Methoden und Techniken, Zusammenhänge*, 3. Aufl., Offenbach: Gabal

BRENNER, W./ZARNEKOW, R./PÖRTIG, F. (2003), *Entwicklungstendenzen im Informationsmanagement*, in: ÖSTERLE, H./WINTER, R. (Hrsg.), Business Engineering, 2., vollst. neu bearb. u. erweit. Aufl., Berlin: Springer, S.147-168

BROWN, J.S./HAGEL III, J. (2003), *Does IT Matter?*, in: Harvard Business Review, 81. Jg., Nr. 7, S. 109-112

BUCHTA, D./EUL, M./SCHULTE-CROONENBERG, H. (2004), *Strategisches IT-Management*, Wiesbaden: Gabler

BUDICH, C./RICHTER, T. (2004), *IT-Projektmanagement kann Risiken und Fehlerquellen minimieren*, in: Betriebswirtschaftliche Blätter, 53. Jg., Nr. 2, S. 69-71

CARR, N.G. (2003), *IT Doesn't Matter*, in: Harvard Business Review, 81. Jg., Nr. 5, S. 41-49

ELLIS, A./KAUFERSTEIN, M. (2004), *Dienstleistungsmanagement. Erfolgreicher Einsatz von prozessorientiertem Service Level Management*, Berlin: Springer

FÄSSLER, P. (2005), *Transformation in der Informatik: Mitarbeiter im Mittelpunkt*, in: Die Bank, E.B.I.F-Sonderausgabe, Informations-Technologie in Banken, S. 50-54

GAG, J./PLEWAN, H.-J. (2004), *Stringente und strukturierte Vorgehensweise – ein Erfolgsgarant für IT-Projekte*, in: Betriebswirtschaftliche Blätter, 53. Jg., Nr. 2, S. 67-68.

GROTE, M. (2001), *Change-Management: Organisations- und Personalentwicklung in Banken*, Frankfurt/M.: Bankakademie-Verlag

HORVÁTH, P./RIEG, R. (2001), *Grundlagen des strategischen IT-Controllings*, in: HMD – Praxis der Wirtschaftsinformatik, Nr. 217, S. 9-17

ITGI (Hrsg.) (2006), *CObIT Mapping: Overview of International IT Guidance*, 2. ed., www.isaca.org/ContentManagement/ContentDisplay.cfm?ContentID=25408 (Zugriff: 2.4.2006)

JEFFERY, M. (2004), *Best Practices in IT Portfolio Management*, in: MIT Sloan Management Review, 45. Jg., Nr. 3, S. 41-48

JOHANNSEN, W./GOEKEN, M. (2006), *IT-Governance*, in: HMD – Praxis der Wirtschaftsinformatik, Nr. 250, August 2006

KEIL, M. (1995), *Pulling the Plug: Software Project Management and the Problem of Project Escalation*, in: MIS Quarterly, 19. Jg., Nr. 4, S. 421-447

KESSLER, H./WINKELHOFER, G. (2002), *Projektmanagement. Leitfaden zur Steuerung und Führung von Projekten*, 3. Aufl., Berlin: Springer

KIRSCH, L. (1996), *The Management of Complex Tasks in Organizations: Controlling the Systems Development Process*, in: Organization Science, 7. Jg., Nr. 1, S. 1-21

KÖHLER, P.T. (2005), *ITIL. Das IT-Servicemanagement Framework*, Berlin: Springer

KUBICKI, A./WIßEMANN, J. (2003), *eProjekte erfolgreich managen: Anforderungs- und Architekturmanagement als erfolgskritische Aufgabe für Team und Unternehmen*, in: Information Management & Consulting, 18. Jg., Nr. 4, S. 6-11

KUMAR, R. (2002), *Managing Risks in IT Projects: an Options Perspective*, in: Information & Management, 2002, 40. Jg., Nr. 1, S. 63-74

KRCMAR, H. (2005), *Informationsmanagement*, 4., überarb. u. erw. Aufl., Berlin: Springer

KRUPINSKI, A. (2005), *Unternehmens-IT für Banken*, Wiesbaden: Vieweg

LEICHTFUß, R./DE PLOEY, W./KESTENS, J. (2000), *Bankenfusionen: Die goldenen Regeln des Erfolgs*, in: Die Bank, Nr. 6, S. 370-375

LIEBE, R. (2003), *ITIL – Entstehen eines Referenzmodells*, in: Bernhard, M.G./Blomer, R./Bonn, J. (Hrsg.), Strategisches IT-Management, Bd. 1: Organisation – Prozesse – Referenzmodelle, Düsseldorf: Symposion, S. 325-363

MARCHAND, D./KETTINGER, W./ROLLINS, J. (2000), *Information Orientation: People, Technology and the Bottom Line*, in: MIT Sloan Management Review, 41. Jg., Nr. 4, S. 69-80

MCKENNEY, J./MASON, R./COPELAND, D. (1997), *Bank of America: The crest and trough of technological leadership*, in: MIS Quarterly, 21. Jg., Nr. 3, S. 321-353

MATTA, N./KRIEGER, S. (2001), *From IT Solutions to Business Results*, in: Business Horizons, 44. Jg., Nr. 6, S. 45-50

MELARKODE, A./FROM-POULSEN, M./WARNAKULASURIYA, S. (2004), *Delivering Agility through IT*, in: Business Strategy Review, 15. Jg., Nr. 3, S. 45-50

MEYER, M./ZARNEKOW, R./KOLBE, L.M. (2003), *IT-Governance: Begriff, Status quo und Bedeutung*, in: Wirtschaftsinformatik, 45. Jg., Nr. 4, S. 445-448

MERGELMEYER, D./MITTELSTÄDT, I. (2003), *Projektmanagement – Der programmierte Misserfolg*, in: Detecon Management Report, 6. Jg., Nr. 5, S. 24-27

MURRAY, J. (2001), *Recognizing the responsibility of a failed information technology project as a shared failure*, in: Information Systems Management, 18. Jg., Nr. 2, S. 25-29

ÖSTERLE, H./BRENNER, W./HILBERS, K. (1992), *Unternehmensführung und Informationssystem – der Ansatz des St. Galler Informationssystem-Managements*, 2., durchges. Aufl., Teubner: Stuttgart

PFETZING, K./ROHDE, A. (2001), *Ganzheitliches Projektmanagement*, Zürich: Versus

PHILIPONA, D. (1996), *Informatikprojekte: Probleme und Lösungsansätze in der Anwendungsentwicklung bei Schweizer Banken*, Bern: Haupt

PORTER (1985), *Competitive Advantage*, New York: Free Press

PRÄUER, A. (2004), *Solutions Sourcing*, Wiesbaden: Gabler

SABHERWAL, R./SEIN, M./MARAKAS, G. (2003), *Escalating commitment to information system projects: findings from two simulated experiments*, in: Information & Management, 40. Jg., Nr. 8, S. 781-709

STAHLKNECHT, P./HASENKAMP, U. (2005), *Einführung in die Wirtschaftsinformatik*, 11., vollst. überarb. Aufl., Berlin: Springer

VAN GREMBERGEN, W./DE HAES, S./GULDENTOPS, E. (2004), *Structures, Processes and Relational Mechanisms for IT Governance*, in: VAN GREMBERGEN, W. (Hrsg.), Strategies for Information Technology Governance, London: Idea Group, S. 1-36

WHEELWRIGHT, S./CLARK, K. (1992), *Creating Project Plans to Focus Product Development*, in: Harvard Business Review, 70. Jg., Nr. 2, S. 70-82

Abkürzungsverzeichnis

4GL	Fourth Generation Languages
AGB	Allgemeine Geschäftsbedingungen
ARIS	Architektur integrierter Informationssysteme
ATM	Asynchronous Transfer Mode
BaFin	Bundesanstalt für Finanzdienstleistungsaufsicht
BAP	Bankarbeitsplatz
BCA	Bank Customer Accounts
BPO	Business Process Outsourcing
BPR	Business Process Redesign/Reengineering
BS	British Standard
CASE	Computer Aided Software Engineering
CEO	Chief Executive Officer
CICS	Customer Information Control System
COBOL	Common Business Oriented Language
CRM	Customer Relationship Management
CTI	Communication Telephony Integration
dBS	durchschnittliche Bilanzsumme
DC	Data Communication
DV	Datenverarbeitung
EAI	Enterprise Application Integration
EDV	Elektronische Datenverarbeitung
ERP	Enterprise Resource Planning
EstG	Einkommensteuergesetz
EU	Europäische Union
EVA	Elektronische Vertriebsanwendung
EZB	Europäische Zentralbank
FDL	Finanzdienstleister
FDR	First Data Resources
FinTS	Financial Transaction Services
GAA	Geld(ausgabe)automat
GAA	Geldausgabeautomat
GDV	Gesamtverband der Deutschen Versicherungswirtschaft e.V.
GRZ	Genossenschafts-Rechenzentrale Norddeutschland GmbH
GSC	Gesellschaft für Sparkassen-Consulting mbH
GuV	Gewinn- und Verlustrechnung
GZS	Gesellschaft für Zahlungssysteme
HBCI	Homebanking Computer Interface
IAS	International Accounting Standards
IFRS	International Financial Reporting Standards
IMS	Information Management System

IS	Informationssystem
ISO	International Organization for Standardization
IT	Informationstechnologie
ITIL	IT Infrastructure Library
IuK	Information und Kommunikation
IV	Informationsverarbeitung
KAD	Kontoauszugsdrucker
KAG	Kapitalanlagegesellschaft
KMU	Kleine und mittelgroße Unternehmen
KORDOBA	Kundenorientiertes Dialogsystem für Banken
KWG	Kreditwesengesetz
LAN	Local Area Network
MaH	Mindestanforderungen an das Betreiben von Handelsgeschäften
MaK	Mindestanforderungen an das Kreditgeschäft der Kreditinstitute
MAN	Metropolitan Area Networks
MaRisk	Mindestanforderungen an das Risikomanagement
MBS	Modulare Bankensoftware
MiFID	Markets in Financial Instruments Directive
OO	Objektorientierung
PABA/Q	Privat- und Auslandsbankensystem/Qualität
PC	Personal Computer
POS	Point of Sale
PROMET	PROzess METhode
RZ	Rechenzentrum
SB	Selbstbedienung
SEPA	Single European Payment Area
SOA	Service-orientierte Architektur
STP	Straight Through Processing
TOM	Termin- und Organisationsmanager.
UMTS	Universal Mobile Telecommunications System
VAG	Versicherungsaufsichtsgesetz
WAN	Wide Area Network

Autoren

Prof. Dr. Jürgen Moormann ist Professor für Bankbetriebslehre an der HfB – Business School of Finance & Management, Frankfurt am Main.

Prof. Dr. Günter Schmidt ist Inhaber des Lehrstuhls für Informations- und Technologiemanagement, Universität des Saarlandes, und Gastprofessor an der Hochschule Liechtenstein.

Stichwortverzeichnis

The manufacturer's authorised representative in the EU is Springer
Nature Customer Service Centre GmbH, Europaplatz 3, 69115 Heidelberg,
Germany. If you have any concerns regarding our products, please
contact ProductSafety@springernature.com

Printed and bound by CPI Group (UK) Ltd, Croydon, CR0 4YY
28/04/2026
02098496-0001